U0437186

国家社科基金
后期资助项目

郑珍小学研究

The Study on Zhengzhen's Chinese Philology

史光辉 姚权贵 著

上海古籍出版社

国家社科基金后期资助项目（16FYY004）

国家社科基金后期资助项目
出版说明

后期资助项目是国家社科基金设立的一类重要项目,旨在鼓励广大社科研究者潜心治学,支持基础研究多出优秀成果。它是经过严格评审,从接近完成的科研成果中遴选立项的。为扩大后期资助项目的影响,更好地推动学术发展,促进成果转化,全国哲学社会科学工作办公室按照"统一设计、统一标识、统一版式、形成系列"的总体要求,组织出版国家社科基金后期资助项目成果。

全国哲学社会科学工作办公室

目 录

第一章 绪论 … 1
第一节 郑珍小学研究现状 … 3
一、小学文献搜集整理 … 3
二、小学专著专题研究 … 4
三、综合评价研究 … 7
第二节 郑珍小学研究的价值和意义 … 8
一、能够拓展小学研究的材料和内容 … 8
二、能够丰富小学研究的理论和方法 … 9
三、有助于小学学术史的梳理和贯通 … 10
四、为传统学术提供地方学术范式 … 11
第三节 本书的研究方法 … 12
一、研究目的 … 12
二、研究内容 … 13

第二章 郑珍的生平与著述 … 15
第一节 生平 … 16
一、主要事迹 … 16
二、学术交游 … 18
三、师承与学术渊源 … 21
四、郑知同 … 22
第二节 郑珍的小学著述 … 23
一、郑珍学术论著述要 … 24
二、《说文》逸字的一家之言——《逸字》 … 24
三、《说文》新附研究的力作——《新附考》 … 30
四、研究《汗简》的首部专书——《笺正》 … 42
五、辞书式的训诂学专著——《亲属记》 … 46
六、精研三礼的结晶——《仪礼私笺》 … 52

第三章　郑珍的《说文》学 ……………………………………… 57
第一节　清代《说文》学大观 ………………………………… 58
一、清初《说文》学的崛起 …………………………………… 58
二、乾嘉《说文》学的勃兴 …………………………………… 59
三、郑珍《说文》学的特点与地位 …………………………… 61
第二节　郑珍《说文》学的内容 ……………………………… 64
一、逸字范围的廓清 …………………………………………… 64
二、新附字的深入考证 ………………………………………… 78
三、《说文》义例的进一步阐发 ……………………………… 86
四、传世《说文》文献梳理 …………………………………… 91
五、《说文》版本考踪 ………………………………………… 97
六、"六书"理论的拓展 ……………………………………… 102
七、郑氏父子的转注学说 ……………………………………… 108
第三节　郑珍《说文》学的方法 ……………………………… 116
一、以文字勘文献 ……………………………………………… 116
二、文献的内外求证 …………………………………………… 119
三、文字考释与名物考证相结合 ……………………………… 121
四、根据社会用字情况考察典籍文字 ………………………… 123
第四节　郑珍《说文》学的特色与成就 ……………………… 125
一、丰富了《说文》学的内容和方法 ………………………… 125
二、树立了科学的《说文》学观念 …………………………… 126
三、重视文字"形音义"的系统性 …………………………… 135
四、对清儒《说文》学成果的继承与发展 …………………… 136

第四章　郑珍的文字学 ………………………………………… 145
第一节　古文字研究 …………………………………………… 146
一、系统笺正《汗简》古文 …………………………………… 147
二、甄别古文正误 ……………………………………………… 148
三、甄别古文真伪 ……………………………………………… 149
四、鉴订《汗简》释文 ………………………………………… 151
五、考证古文出处 ……………………………………………… 153
六、兼释古文音义 ……………………………………………… 155
七、辨明《汗简》古文的来源与性质 ………………………… 156
第二节　近代汉字研究 ………………………………………… 159
一、考证字形源流 ……………………………………………… 160

二、疏通音义变化及关系 …………………………………… 163
　　三、阐明古籍用字特点与通例 ……………………………… 165
　　四、明辨汉语正俗字 ………………………………………… 168
　　五、沟通字际关系 …………………………………………… 175
　第三节　郑珍考释文字的方法 ………………………………… 178
　　一、以形考字 ………………………………………………… 178
　　二、以音考字 ………………………………………………… 184
　　三、以义考字 ………………………………………………… 191
　　四、综合形音义考字 ………………………………………… 192
　　五、以用考字 ………………………………………………… 193
　第四节　郑珍文字学的特色与成就 …………………………… 199
　　一、具有汉字发展史眼光 …………………………………… 199
　　二、重视汉字的俗写俗用 …………………………………… 201
　　三、揭示了汉字演变的规律 ………………………………… 203
　　四、形成了一批考字术语 …………………………………… 205

第五章　郑珍的训诂学 ……………………………………………… 211
　第一节　郑珍训诂学的主要内容 ……………………………… 212
　　一、文字梳理 ………………………………………………… 212
　　二、词义考释 ………………………………………………… 216
　　三、章句厘通 ………………………………………………… 218
　　四、名物典制考订 …………………………………………… 220
　　五、人物年代辨订 …………………………………………… 220
　第二节　对亲属称谓的专门研究 ……………………………… 222
　　一、全面汇释亲属称谓词汇 ………………………………… 222
　　二、推动亲属称谓研究进入语言科学新领域 ……………… 224
　　三、拓展亲属称谓词研究的途径与方法 …………………… 230
　　四、提升亲属称谓词的学术价值 …………………………… 236
　第三节　郑珍的训诂学术语 …………………………………… 248
　　一、曰、为、谓之 …………………………………………… 248
　　二、谓 ………………………………………………………… 249
　　三、犹 ………………………………………………………… 249
　　四、也、者 …………………………………………………… 250
　　五、当为、当作 ……………………………………………… 251
　　六、其他术语 ………………………………………………… 251

第四节　郑珍的训诂学方法 ………………………………… 252
　一、因声求义法 …………………………………………… 252
　二、因形求义法 …………………………………………… 253
　三、类例归纳法 …………………………………………… 253
　四、综合互求法 …………………………………………… 254
第五节　郑珍训诂学的特色与成就 ………………………… 255
　一、申明训诂陈说 ………………………………………… 256
　二、考辨经义疑难 ………………………………………… 258
　三、详循语词源流 ………………………………………… 259
　四、初具词汇史观念 ……………………………………… 261

第六章　结语 ………………………………………………… 263
第一节　郑珍的学术地位与贡献 …………………………… 263
　一、对《说文》学 ………………………………………… 263
　二、对文字学 ……………………………………………… 266
　三、对训诂学 ……………………………………………… 271
　四、对辞书编纂 …………………………………………… 273
第二节　郑珍小学的特色与影响 …………………………… 275
　一、深谙以字通经 ………………………………………… 275
　二、经学、小学相得益彰 ………………………………… 276
　三、考据翔实，源流并重 ………………………………… 277
第三节　郑珍小学的历史局限与不足 ……………………… 278
　一、以今揆古，以论说实 ………………………………… 279
　二、门户之见，固守之弊 ………………………………… 280
　三、考论尚可商榷 ………………………………………… 281

附录 …………………………………………………………… 287
　一、《说文逸字》叙目 …………………………………… 287
　二、贵州省博物馆藏《说文新附考》考述 ……………… 287

参考文献 ……………………………………………………… 301

第一章 绪 论

清代是我国古代语言学发展的鼎盛时期,王力先生在评价中国历代学者对汉语史的贡献时曾说:"十七世纪到十九世纪(清初到太平天国)是中国语言研究最有成绩的时代。……一般学者多被迫离开现实而从事于古书的整理和考证,汉语的古义和古音在这个时代都有很大的发现。这种作风很像汉儒,所以叫做'汉学';因为这种学问是实事求是的,所以又叫做'朴学'。"①清代朴学昌盛,不仅研究领域广阔,并且大师辈出,顾炎武、惠栋、戴震、段玉裁、王念孙、王引之、钱大昕、孙诒让等人各领风骚,蜚声海内外,以广博之学识、谨严之学风共同铸就中国古代学术史上最为辉煌的时代。亦正因有"乾嘉学派"倡言于前,"章黄学派"响应于后,我国朴学才得以继往开来,源远流长。

道咸年间,郑珍(1806—1864)、莫友芝(1811—1871)崛起贵州,继踵清代朴学,学林并称郑、莫为"西南巨儒"。而郑珍所著《仪礼私笺》一书《续修四库全书总目提要》评价称:"珍崛起偏隅,名重海内,虽与独山莫友芝并称'莫郑',而经术深湛,非莫所可及也。其所著书,以高密为宗。是编亦犹此旨。诸条并皆精核。此虽短简,不同苟作也。"②郑珍乃道咸间朴学之翘楚,以其高洁之人格和卓越之学术,赢得了崇高的学术地位,也赢得了后世学界的关注。

郑珍出生于儒医世家,自幼好学不倦,"寓目辄能记诵"③。随后师从"天下文章宗伯"的程恩泽④,乃"期许鸿博,为提倡国朝师儒家法,令服膺

---

① 王力《汉语史稿》,中华书局,1980年,第11页。
② 《续修四库全书总目提要·仪礼私笺》(稿本)第一册,齐鲁书社,1996年,第708页。
③ 黎庶昌《郑珍君墓表》,见黎庶昌《拙尊园丛稿》,中国文史出版社,2007年,第56页。
④ 程恩泽(1785—1837),字云芬,号春海,安徽歙县人,清代学者、官员,与阮元并为嘉庆、道光间儒林之首。嘉庆十六年进士,授翰林院编修,历官贵州学政、侍读学士、内阁学士,官至户部侍郎。熟通六艺,善考据,工诗,是近代宋诗运动之提倡者,著有《国策地名考》《程侍郎遗集》等。

许、郑"①,于是"进求诸声音、文字之原,与古宫室、冠服之制"。醉心学术的郑珍却仕途坎坷,道光年间中举后屡试不第,辗转做过镇远府学训导、荔波县学训导,曾在贵州、云南、湖南等地当过幕僚和教习,晚年受特旨以知县征江苏补用,却未行而病卒。郑珍一生,洵如其子郑知同所言:"僻处偏隅,生出晚季,羁身贫窭,茶檗备尝,暂位卑官,文章事业,半得之忧虞艰阻之境,却学术醇备,著述精富。"②这是对郑珍人生得失最好的总结。

郑氏学宗许、郑,又绍继乾嘉诸儒,博通经史子集,对宫室冠服、官制礼法、版本目录、金石名物、文字音韵、文献校勘均有著述,尤长于考释文字,善治《说文》。《清史稿·列传一百六十三》载云:"郑珍有异才,特优异之,饷以学,卒为硕儒。"③时任礼部尚书的潘祖荫认为郑珍乃"黔之通人"④。王锳、袁本良先生在点校《郑珍集·小学》时亦评价认为:"他一生仕进不利,迭遭坎壈,却潜心学问,勤于教学和著述。在为贵州培养大批有用人才的同时,也为后人留下了一批足以代表贵州古代最高学术水平的著作。"⑤这真实再现了郑珍的学术生涯,也奠定了他崇高的学术地位。

郑珍生平经历晚清嘉庆、道光、咸丰、同治四朝,主要活动于道咸年间,此时正是清代朴学由盛转衰、寻求转型之际,王国维(1877—1927)曾精辟地总结这段学术史:"我朝三百年间,学术三变:国初一变也,乾嘉一变也,道咸以降一变也。……故国初之学大,乾嘉之学精,道咸以降之学新。……道咸以降,学者尚承乾嘉之风,然其时政治风俗已渐变于昔,国势亦稍稍不振,士大夫有忧之而不知所出,乃或托于先秦西汉之学,以图变革一切,然颇不循国初及乾嘉诸老为学之成法。"⑥俗言有云,"创业不易,守业更难",身处时代巨变时期的郑珍以渊博的学识和精辟的论述,续往圣之绝学,可谓上承"乾嘉之盛",下启"章黄之新",最终既成就了自己的一代学术风流,亦为清代学术史留下了绚丽的一笔。作为道咸年间难能可贵的朴学代表人物,郑珍的学术地位不容忽视,其学术实践和治学方法,理应成为中国语言学史尤其是传统小学研究的重要对象和内容。

---

① 郑知同《敕授文林郎征君显考子尹府君行述》,国家图书馆藏清宣统元年(1909)铅印本。
② 郑知同《敕授文林郎征君显考子尹府君行述》,国家图书馆藏清宣统元年(1909)铅印本。
③ 赵尔巽《清史稿》,1928年清史馆铅印本。
④ 参杨瑞芳《郑珍〈说文新附考〉研究》,首都师范大学硕士学位论文,2003年,第2页。
⑤ 王锳、袁本良点校《郑珍集·小学》,贵州人民出版社,2001年,第7页。
⑥ 王国维《沈乙庵先生七十寿序》,《观堂集林》卷第二十三《缀林一》,河北教育出版社,2003年,第574页。

第一节　郑珍小学研究现状

郑珍去世一百多年来，其学术实践和成就一直为人们所熟知和关注，他在我国学术史上的重要地位逐渐得到显现。郑珍研究呈现"从冷落到关注"的趋势。至二十世纪五六十年代，学界一直侧重从"宋诗派"的角度研究郑珍，成果十分稀少。从八十年代开始，郑珍研究受到国内外学界的关注和重视，不仅出现一些专门的郑珍研究学术机构，还定期开展郑珍学术研讨会，研究内容也扩展到文学、小学、经学、交游、书法、沙滩文化等多个方面。国内学界，以王锳、钱仲联、袁本良、黄万机、白敦仁、龙先绪、杨元桢等为代表的学者在郑珍研究方面取得了很多重要成果。国外学者，则主要以加拿大汉学家施吉瑞（Jerry Schmidt）先生为代表，他甚至指出："要了解中国近代史，就必须研究郑珍。"①但正如莫友芝曾经预言："论吾子平生著述，经训第一，文笔第二，歌诗第三。而惟诗为易见才，将恐他日流传，转压两端耳。"②总体上，学界以往关注最多的是郑珍的文学成就，而对传统经学、小学等领域关注较少甚至没有涉猎，因此以小学、经学为专题的研究非常少见。

曾秀芳将郑珍研究现状分为"19世纪中叶至民国时期：启蒙发展期"、"新中国成立后的最初三十年：沉寂萧条期"、"20世纪80年代以来：研究繁盛期"③三个主要阶段，十分精当，但着重从文学史和诗学角度来论述。我们根据所掌握的资料，重点梳理了与小学相关的研究，从三个方面分述：

一、小学文献搜集整理

学界对郑珍全集的整理出版一直在进行，但小学文献的专门整理并不多。二十世纪九十年代初，王锳先生率先发起对郑珍经学、小学古籍的整理研究，所著《郑珍集·经学》（1991）对郑珍《巢经巢经说》《仪礼私笺》《轮舆私笺》《郑学录》四本经学著作作了点校，这些著作在字词考证和名物训诂方面，实际多与小学相通。随后，杨元桢先生《巢经巢诗集校注》（1992）和白敦仁先生《巢经巢诗钞笺注》（1996）则先后对郑珍诗集作了文字校读释

---

① 曾秀芳《从冷落到关注：郑珍研究的回顾与思考》，《贵州社会科学》2010年第12期，第117—118页。
② 莫友芝《巢经巢诗钞序》（望山堂本），见白敦仁《巢经巢诗钞笺注》下册，巴蜀书社，1996年，第1506页。
③ 曾秀芳《郑珍研究》，中国社会科学出版社，2016年，第4—20页。

例。二十一世纪初,王锳、袁本良两位先生点校的《郑珍集·小学》,收录点校了《说文逸字》(以下简称《逸字》)、《说文新附考》(以下简称《新附考》)、《汗简笺正》(以下简称《笺正》)、《亲属记》四本专书,书前都有两位先生的"点校前言",并整理出了郑珍的自序,以及刘书年、莫友芝、姚觐元、郑知同等学者为两书所作的序,对郑珍的小学成就作了客观评析。该小学集在底本选择上比较考究,并且对郑珍小学著述作了较多的考述,是比较精当的郑珍小学本子。

黄万机先生为代表的学者整理出版了《郑珍全集》(2012)七卷本,该书为"遵义沙滩文化典籍丛书"之一,主要汇集了郑珍《遵义府志》《巢经巢经说》《轮舆私笺》《仪礼私笺》《逸字》《新附考》《笺正》《巢经巢诗钞》《巢经巢文集》等具有代表性的学术著作,每种著作都附有整理者的校勘记,是近年来比较全面完善的郑珍著作集。而黄万机、黄江玲《巢经巢文集校注》(2013)则是在全集整理基础上,选择部分专书所作的校注工作。

新近王红光、朱良津等学者在组织整理《贵州省博物馆藏珍稀古籍汇刊》(2015)时,收录了郑珍《说文新附考三卷》(清咸丰元年程恩泽批校稿本)、《郑珍著作残稿》《亲属记(存七页)》(清绿格钞本)、《轮舆私笺二卷(存四页)》(稿本)、《巢经巢藏书目不分卷》(清郑知同钞本)、《凫氏为钟图说一卷》(清光绪七年贵阳高氏资州官廨本)等稀见小学著录①,大多是之前未刊布之稿本、钞本,极具文献、版本、目录学价值,惜多数稿本并非完璧。

上述文献搜集整理工作,在发掘郑珍小学文献方面成就显著,为后续开展郑珍小学的深入研究打下了坚实的基础。

二、小学专著专题研究

一是《说文》学专题研究,主要围绕《逸字》和《新附考》两部专著进行。这方面大多是单篇论文,较早有陈奇《郑珍对〈说文〉逸字的补正》(1985),考察了郑珍《逸字》一书的特点和成就。二十一世纪初,袁本良先生在整理校勘郑珍学术著作的过程中,首先注意到郑珍的小学研究,并陆续发表了《郑珍〈说文逸字〉论略》《郑珍〈说文新附考〉论略》和《郑珍父子的〈说文〉逸字研究》等系列论文,考察了《逸字》和《新附考》两书的内容,对郑珍的学术思想、研究方法和治学态度作了评论,集中阐述了郑珍父子在《说文》学研究领域的突出贡献。

---

① 王红光、朱良津等编《贵州省博物馆藏珍稀古籍汇刊》(第2册),广西师范大学出版社,2015年。

随着郑珍研究的逐渐深入,开始形成以郑珍《说文》学为专题的研究。单篇论文方面,主要有杨瑞芳、宋均芬《郑珍〈说文新附考〉研究》(2006)等系列文章,专门解析了郑珍《新附考》一书在《说文》学方面的特点与价值。樊俊利《浅析郑珍〈说文逸字〉的历史局限》(2006)、《试论郑珍〈说文逸字〉的贡献》(2009)两文,则专门对《逸字》一书的学术贡献和历史局限作了分析。学位论文方面,杨瑞芳《郑珍〈说文新附考〉研究》(2003)和樊俊利《郑珍〈说文逸字〉研究》两篇,主要是考察《逸字》和《新附考》的成书和体例。盖金香《〈说文〉新附字研究》(2002)一文介绍了郑珍研究《说文》新附字的部分成果和在清代说文研究中的地位。姚权贵《郑珍说文学研究》(2013)在分析《新附考》和《逸字》两书体例和内容的基础上,较为系统地阐发了郑珍《说文》学研究的特点与成就①。新近则有陈秋月博士论文《郑珍〈说文逸字〉研究》,在系统梳理《逸字》一书内容的基础上,总结了郑珍《说文》学的学术思想,并以《逸字》为基点,对郑珍学术研究中的继承和发展进行了溯源和追踪。

二是古文字学专题研究,主要以《汗简笺正》一书为资料。《汗简笺正》一书集中体现了郑珍古文字研究的特点与成就,但目前对该书的研究还比较少。二十世纪八十年代,陈奇先生在《郑珍对古文的研究》(1987)一文中,便较早研究了《笺正》一书的内容和古文字学成就,梳理了《汗简》"古文"的来源、字形的讹脱等,并对《笺正》所作的考证作了进一步的分析。彭银《郑珍和〈汗简笺正〉》(1997)一文则通过整理该书内容,对《汗简》及其《笺正》的研究价值作了评述。而袁本良先生《郑珍〈汗简笺正〉论略》(2001),则从体例、内容和考证方法出发,论述《笺正》一书的价值和成就,该文后来作为《郑珍集·小学·汗简笺正》的"点校前言"。其他研究《笺正》的论文,只是在研究《汗简》一书或相关古文问题时有所涉及,都没有展开系统性研究。花友娟硕士论文《郑珍〈汗简笺正〉研究》(2016)对《笺正》全书的体例、内容做过系统整理,并分析了该书的古文字学研究特色。

三是训诂学专题研究,主要围绕《亲属记》一书展开。《亲属记》是郑珍的训诂学代表作,但其研究十分薄弱。《尔雅·释亲》首次以辞书的形式,辑录了我国古代亲属称谓,并构建了以父、母、婚姻、宗族为核心的亲属称谓体系。之后,亲属称谓及其系统便成为历代学者关注的重要内容,古代学者的研究以不同的角度和方式对古代亲属称谓进行了辑存和传承。至近现代,学界对汉语亲属称谓展开了更为全面深入的研究。体现在:一是研究涉及

---

① 姚权贵《郑珍说文学研究》,贵州师范大学硕士学位论文,2013年。

的语言材料非常广泛。有的是从专书角度对古籍中的亲属称谓作研究,代表性主要成果有马丽《〈三国志〉称谓词研究》(2005)、李燕芳《〈儿女英雄传〉亲属称谓研究》(2010)和何秋菊《〈说文〉亲属称谓研究》(2012)等。有的则选择从传世古籍或出土文献语料中整理研究亲属称谓,如徐小婷《晚清四大谴责小说称谓词语研究》(2009)、邢慎宝《魏晋南北朝石刻称谓词研究》(2013)、许秋华《九部宋人笔记称谓词语研究》(2013)等文章。二是对亲属称谓的研究视角越来越广。有的是从亲属称谓的语言文化角度,例如陈佳《从汉语血缘亲属称谓看语言对文化的反映》(2002)等;有的是从词汇的历时演变角度,如张世方、包小金《汉语堂表亲属称谓的历时兴替》(2007)等;有的则是从方言角度,对亲属称谓加以考察,例如林彬《吴川方言亲属称谓词》(1991)、宋均芬《河北定县七堡村呼母作"婆"考》(1994)等文章。专著方面,王琪研究认为,现有对亲属称谓的研究主要有断代研究、专题研究、综合研究、辞书研究等几个方面①。

  这些成果表明,汉语亲属称谓具有重要的语言研究价值。然而,郑珍所著《亲属记》作为历史上最完备、最重要的亲属称谓辞书,其研究却相当冷落。单篇论文方面,杨祖恺先生八十年代撰有《郑子尹及其著作》一文,首次论述了《亲属记》一书在语言方面的研究价值,其后研究一度停滞。直到二十一世纪初,王锳、袁本良两位先生在整理郑珍小学著述文献的过程中,才重新对《亲属记》作了全面的校勘整理,并通过梳理原书内容,作了客观的评价分析。随后,曾昭聪《郑珍〈亲属记〉论略》(2011),刘玉红、曾昭聪《〈称谓录〉〈亲属记〉收词与释义比较研究》(2012)等文章,进一步从考察明清俗语辞书的角度,对《亲属记》和梁章钜《称谓录》作了比较研究。窦属东、姚权贵《论郑珍〈亲属记〉的辞书学价值》(2013);窦属东、史光辉《论郑珍〈亲属记〉的语言学价值》(2013)等系列文章,则分别从文化、语言、词汇史等角度,对郑珍《亲属记》的学术价值作了专题讨论。窦属东的硕士论文《郑珍〈亲属记〉研究》(2014)对《亲属记》作了专书研究,该研究详细解读了《亲属记》的体例、内容、词汇训诂等,并利用《亲属记》对古代亲属称谓词汇作了一定的理论分析,对学术价值作了系统性的专题研究。曾昭聪《〈亲属记〉版本内容考异》(2015)一文,通过古籍整理与校勘,对《亲属记》的版本、内容、条目和考语作了细致梳理和校订,进一步阐发了《亲属记》的学术价值。姚权贵《汉语冠"从"亲属称谓的体系及其词汇分析》(2017)一文,利用《亲属记》所提供的词汇资料,对汉语冠"从"亲属称谓的语义、构词方式和

---

① 王琪《上古汉语称谓研究》,浙江大学博士学位论文,2005年。

特点作了理论分析。目前还没有研究《亲属记》的专著出现。

还有一些研究郑珍训诂学的成果，散见于对郑珍经学考证的论述中。较早有黄万机先生《评郑珍的经学成就》(1986)一文，介绍了郑珍经学研究的特点与成就。魏立帅的硕士论文《晚清汉学派礼学研究》(2007)论及郑珍小学、经学研究在晚清学术思想史上的价值和地位。张超人的硕士论文《郑珍〈仪礼私笺〉研究》(2015)对《仪礼私笺》的体例内容、学术思想、训诂方法、经学价值等作了专书研究。

三、综合评价研究

早在二十世纪八十年代末，黄万机先生就著有《郑珍评传》(1989)一书，对郑珍的学术研究的成就做过综合评价。近几十年来，不少学者在郑珍文献整理的基础上，从不同角度对郑珍的学术研究加以研究。文字学方面，易闻晓《郑氏字学抉要》(2011)一文以郑珍《笺正》一书为主要对象，总结评析了郑珍的文字学特点与成就。其他研究《汗简》《古文四声韵》，以及传抄古文的文章中，例如陈荣军《〈汗简〉研究综述》、王丹《〈汗简〉〈古文四声韵〉研究综述》、徐海东《〈古文四声韵〉疏证》、杨慧真《〈汗简〉异部重文再校订》等，都分别对《笺正》一书的价值与成就作了评价。李春桃《传抄古文综合研究》《据考古资料考释古文四则》《〈汗简〉〈古文四声韵〉所收古文误置现象校勘》系列文章，王丹《〈汗简〉〈古文四声韵〉传抄古文试析》等文，分别对《笺正》中的一些笺语作了评析，并征引《笺正》的一些考释结论，对《汗简》《古文四声韵》进行了校理。《说文》学方面，孙雍长先生《转注论》(1991)一书对郑氏父子的转注学说给予较高评价。钟如雄在《汉字转注系统研究》(2015)一书中亦分析了郑氏父子对《说文》"转注"的阐发并与清儒的转注学说作了比较。训诂学方面，胡士云的博士论文《汉语亲属称谓研究》(2001)以及王琪的专著《上古汉语称谓研究》(2008)，都对郑珍的训诂学专书《亲属记》有部分引用和参考，并利用相关语料，展开了较为深入的词汇研究。史光辉《绝代经巢第一流：西南大儒郑珍的小学研究》(2018)一文，在前人研究的基础上，专题论述了郑珍在传统小学研究领域取得的成就，并评价认为"郑珍继承和发展了清儒朴学治学传统，自成一家，对晚清学术转变产生了积极影响，推动了'黔学'纳入主流学术史，开启了清代朴学的黔派范式"①。是对郑珍小学比较全面客观的评析。

---

① 史光辉《绝代经巢第一流：西南大儒郑珍的小学研究》，《孔学堂》2018年第4期，第71—78页。

总的来看，郑珍的小学研究已经逐渐引起了学界的重视，并在各个领域取得了一定成果，但现有研究仍存在一些不足，体现在：1. 偏重文献整理，缺乏系统研究。目前的郑珍研究大多以文献搜集整理为目标，没有对相关文本展开深入的理论研究。2. 没有把郑珍及其学术研究纳入学术史，充分解读其学术思想，客观评价其学术地位。3. 没有充分利用郑珍学术文献，并利用新的研究方法，开展有创新性的学术研究。因此，我们认为，郑珍的学术实践及其学术著作，特别是其在小学发展史上的思想特点和地位，仍然具有尚待发掘的深厚学术潜力和价值。

第二节 郑珍小学研究的价值和意义

郑珍是清末著名学者，对他的小学展开系统的研究，具有以下几个方面的价值和意义：

一、能够拓展小学研究的材料和内容

一方面，郑珍作为晚清朴学的代表，他的小学著述本身就是小学研究的珍贵语料。例如《逸字》一书，是考证《说文》逸字的专著，对于恢复许慎原书原貌，以及《说文》的版本校勘，都有重要的价值。而郑珍之前，包括乾嘉学者在内，对《说文》逸字的研究几近空白，郑珍的逸字研究刚好填补这一空白。另一方面，郑珍在考释文字音韵时，旁征博引，参考很多古书典籍，这些古籍对于传世古籍文献的辑佚和校勘都有十分重要的价值。例如《逸字》一书引用历代典籍达48种之多，为同类著作之最。这些征引的文献，对于考证《说文》一书的版本源流，以及整理历代文献中的佚文，都有很高的价值。

此外，郑珍小学著述中，其考证往往触类旁通，留下了大量的文字、音韵和训诂材料。例如《新附考》卷二"说"字条：

【说】

　　直言也。从言，党声。多郎切。

　　按：《尚书·皋陶谟》"禹拜昌言"，《孟子·离娄》赵注引作"说言"，作"说"盖《今文尚书》。《文选·东都赋》注引《字林》云："说，美言也。"《书·释文》及《景福殿赋》注引《声类》云："说言，善言也。"与《说文》"昌"训"美言也"合，知"说"即"昌"字。《书》伪孔传以"当言"训"昌言"。《释文》云："当，本亦作说。"作"说"是也。伪孔即以今文

解古文。据《逸周书·祭公》解"拜手稽首党言"、汉《刘宽碑》"对策嘉党"、《张平子碑》"党言允谐","党"皆即"说"字。故《西岳华山亭碑》有"邑令先谠",《樊毅修西岳庙碑》作"先党"。盖"昌"初止借"党",后乃加言。《汉书》例作"谠",《景君铭》云"达英宗谠",知从言汉世字。"党言"古训"善言",亦训"直言",义本相因。《荀子·非相篇》"博而党正",杨倞注云:"党,与'谠'同,直言也。"汉已后止行直言之义矣。(246)①

从这条考证中,我们就可以梳理出以下六条小学材料:① 文献中训"善言"、"美言"之"谠"即"昌"字;② 文献"当言"本字作"谠";③ "谠言"即古"党言";④ "昌"初止借"党",后加言旁;⑤ 作"谠"是汉以后产生的俗字;⑥ "谠言"古训善言,亦训直言,汉以后只行直言之义。这些材料中,既有对汉字字形的考订,也有对汉字假借关系的沟通,还有对汉语词义发展演变的考述。依据这些材料,不仅考清了《说文》新附字的源流,也为小学研究提供了丰富的语料。

二、能够丰富小学研究的理论和方法

王锳、袁本良先生在评价郑珍的小学成就时指出:"郑珍研治经学和小学,继承了乾嘉以来清代朴学家治学的传统,即以识字为读经之始,以穷经为识义理之途。"②郑珍是深谙"以字通经"之道的,乾嘉学派所探索遗留下来的,诸如训诂笺释、版本校勘、文字考释、经典辨伪、文献辑佚等治学方法和手段,在郑珍的著述中都有不同方式和层面的展现。而细读郑珍论著,又不难发现,他不但继承清儒治学传统,考据上颇具乾嘉遗风,又时常检讨前贤之得失,填补了前人在传统小学领域的诸多空白,从而开辟新的学术视野和治学途径。

与其他清儒相比,郑珍在具体的文字考释、文献校勘工作中,还具有以下一些特色:

1. 注重文献的内外求证。欲探清文献中的语言文字现象,郑珍尤其注重该文献内部义例的阐发和类比,同时再参照外部文献加以验证,从而增加了考释结论的可信度。

---

① 本文所引《说文新附考》,皆据王锳、袁本良点校《郑珍集·小学》(贵州人民出版社,2001年)本《说文新附考》,引文后面括号中的数字代表该书页码,以下同。
② 王锳、袁本良点校《郑珍集·小学》,贵州人民出版社,2001年,第7页。

2. 注重汉字形、音、义的结合及其相互关系。在考释文字时，把汉字当作形音义的结合体，辨析其源流；同时通过形音义之间的辗转相因，厘清汉字之间的字际关系，大大提升了考字水平。

3. 注重小学、经学之间的融会贯通。小学与经学本来就密不可分，郑珍毕生致力于文字、音韵、训诂之学，其小学与经学可谓兼济。他既求声音、文字于《说文》《汗简》，又求义理于十三经，许多成果往往互有印证和沟通，从而达到小学、经学融会贯通。这一治学心得，也是郑珍能以小学、经学成就奠定"西南巨儒"学术地位的重要原因。

分析和归纳郑珍的治学方法和理论是本书的研究目的之一，这无疑将丰富传统小学研究的理论和方法，为深入探索传统文字、音韵、训诂研究以及《说文》学的发展规律提供更多的个案。

三、有助于小学学术史的梳理和贯通

小学作为中国传统语文学，源远流长。汉代曾把文字学称为"小学"，因儿童入小学必先习文字，故名；隋唐以后，小学逐渐成为统称文字学、训诂学、音韵学的学术概念。若单从小学所包含的三个门类的变迁史看，其起源可能更早，周大璞认为春秋战国时代训诂学在春秋战国时代已经萌芽，战国末期后开始逐步发展①。早期的小学被认为是专为解经而设，因此一直被当作经学的附庸。但以阐释和解读我国古代典籍为主要研究方向的小学，始终发挥着特殊重要的作用，晚清名臣张之洞（1837—1909）在《輶轩语·语学二》中说："汉学所要者二：一音读训诂，二考据事实。音训明，方知此字为何语；考据确，方知此物为何物，此事为何事，此人为何人，然后知圣贤此言是何意义。"②而小学正是以音读训诂和考据事实见长，在历代学者的共同推动下，逐渐形成独立的理论基础和研究体系，在研究内容和方法上都形成了自身的特色，并最终成为中国传统学术的重要门类。

小学学术史上，历代名家辈出，而至于清代达到鼎盛，这时小学研究方法和理论得到更好的总结和实践，新的小学研究领域（如古音学）奠定基础，新的小学材料被大量发现和使用，一大批高水平的小学论著相继问世。而纵观整个清代，几乎各个时期都涌现杰出的小学大师，尤其是乾嘉时期的戴震、段玉裁、王念孙、王引之、钱大昕等，以及清末的俞樾、孙诒让等，共同谱

---

① 周大璞《训诂学要略》，湖北人民出版社，1984年，第8—12页。
② 张之洞《輶轩语·语学二》，《丛书集成续编》第六十二册本，新文丰出版公司，1988年，第511页。

写了清代辉煌的学术史。而在这中间,清代学术曾出现过一段低迷徘徊的时期,那就是郑珍所处的道咸之际。梁启超(1873—1929)在总结清代学术史时认为:"这个时代的学术主潮是:厌倦主观的冥想而倾向于客观的考察。"①但国势见衰,人心骚动,难循乾嘉为学之法的道咸时期,能把乾嘉之精博付诸客观考察的庶几无人,身处时代巨变下的郑珍,是乾嘉学术不可或缺的传承和发扬者,作为小学后继者,他既深得前贤治学之精深,同时又以自身深厚的学术根基,大力开拓新视野和新途径,在诸多领域做出了力图超越前人的可贵努力。作为该时期难得的代表人物之一,郑珍对于学术史的梳理和贯通可谓举足轻重。正是因为郑珍等为代表的道咸学者,将"乾嘉之精"延传至清末,中国学术才迎来了举世瞩目的"章黄之新"。因此,充分考察郑珍的学术活动,总结他的学术思想和治学精神,必将有助于小学学术史的完整梳理和准确书写。

四、为传统学术提供地方学术范式

贵州偏处西南,文化地域本属偏远,而相较于其他西南诸省,贵州学术和文化又处于尤为落后的境地,因此贵州学术和地方文化自古以来常被忽略。郑珍在清代学术史上有"西南巨儒"的美誉,是贵州学术和地方文化的典范,他的学术著作是贵州学术的载体,是外界了解和认识贵州学术的窗口。多年以来,通过数代学人的积极宣传和深入研究,以郑珍为代表人物的"沙滩文化"已经为世人所瞩目,"贵州文化在黔北,黔北文化在沙滩"的文化认同也深入人心。在这样的背景下,我们进一步全面深入地开展郑珍小学研究,无疑将有助于进一步弘扬贵州学术和地方文化,从而改善贵州文化长期处于弱势的处境,改观长期以来对贵州"因地废人"的片面认识,从而提高贵州在中国学术史的地位。而作为贵州地方学术的代表,郑珍的学术方法与思想,亦能为丰富和发展我国传统学术提供个案和研究范式。

此外,本研究能进一步深化对郑珍的学术研究,并为相关古籍整理工作提供帮助。以往学界对郑珍的研究主要是从文学史、诗纪事的角度展开的,研究成果多集中于讨论郑珍的诗歌、散文、文集、语录的特点和成就,因此大多属于文学、历史学视角,而对于郑珍半数以上的经学、小学著作不甚措意,因此研究成果非常零散,且至今没有系统性的专著出现。我们一方面对郑珍的小学著述作了全面搜集和整理,一方面对其小学研究展开深入系统的考察,力求对郑珍展开新的理论研究。这在一定程度上能够弥补固有研究

---

① 梁启超《中国近三百年学术史》,中国书店,1985年,第1页。

的不足，从文学、历史和语言角度全面推进郑珍研究。贵州一直在组织出版《郑珍全集》，我们以郑珍小学文献为基础材料，刚好能够为该项工作提供一些帮助。对郑珍学术著作进行重新整理和研究，亦必将推动我国古籍整理校勘的发展。

第三节 本书的研究方法

一、研究目的

本书选择郑珍的著作作为小学研究的对象，出于以下几个方面的考虑：

1. 中国传世文献浩如烟海，目前传统小学所侧重的仍然是传世文献的整理与研究，而对于前人已有的研究论著还来不及进行系统的再研究。即使偶有论及，也是在对传世文献的研究过程中附带提及的。同时，由于侧重文献而鲜少关注前代学者其人，因此这方面还缺乏深入系统的个案和一般性方法，研究存在困难。一如对郑珍的研究，目前学界主要偏重于他的文学和诗学，而对他的经学、小学尚无深入考察，而且已有成果大多属于文献的整理和再出版，还没有理论和学术史上的再研究。

2. 从研究内容和领域上看，传世文献的整理研究已经取得了令人瞩目的成果，传统小学要取得新的突破和发展，必须发掘新的研究内容，开拓新的研究领域。在当前新的学术背景和条件下，对历史上具有时代代表性的小学大家的研究成果进行重新考察和总结，用更为科学的方法和手段，以小学理论体系为指导，开展新的小学研究，对于继承和弘扬我国小学学术传统，无疑具有十分重要的意义。

3. 传统小学所包含的文字、音韵、训诂都是我国语言学的基础学科，文献考证和文本分析的准确性和深浅程度，关系着相关分支学科研究水平的高低，个案的选择显得十分重要。郑珍是清代颇具学术地位的小学代表人物，他的研究成果非常丰富，影响极为深远，对他的小学成就、治学方法、理论和实践进行充分的再研究具有很好的参考价值和必要性。

4. 以郑珍小学为个案的研究，有助于扩大对清代学术史和清儒群体的认识和研究视野，通过比较其他小学大家诸如段玉裁、王念孙、王引之、钱大昕、孙诒让等人的理论和方法，以及明末清初、乾嘉、道咸、清末民初等不同时期的学术流变，能够全面理清清代学术史及其思想特点，系统地总结明清以来传统小学的发展、方法与成就，从而丰富和完善小学及相关分支学科的理论体系。

二、研究内容

本书研究的主要内容，是在爬梳整理郑珍所撰涉及《说文》学、文字学、训诂学以及文献校勘、金石考证和经学考据等相关领域的小学著作基础上，一方面分析和归纳郑珍小学研究的方法、理论和学术思想，并同传统小学理论和方法以及清代其他小学大家进行比较，总结郑珍的治学特点，并从学术史角度客观评价其成就和影响；另一方面，对郑珍论著中的小学成果重新进行审视和考察，采用新研究方法对其成果提出补正或商兑，为今后开展小学研究涉及相关问题时，提供一定的参考。

郑珍小学成果有两大来源：一是直接来源于其小学专著，代表作如《逸字》《新附考》《说文大旨》《转注本义》《说文谐声》《说隶》《补钱氏经典文字考异》《笺正》《亲属记》等；二是来源其他文学、经学、文集、史志、语录等撰述中的小学考证内容，如《轮舆私笺》《巢经巢经说》《郑学录》《郑学书目》《老子注》《世系一线图》《无欲斋诗注》《遵义府志》《播雅》等。本书在研究这些专著时，采取详略原则，即以小学专著为主，以其他涉及小学内容的著述为辅，同时小学专著又以《逸字》《新附考》《笺正》《亲属记》等几部内容系统且完整的书为主。

本书主体内容共分为四个部分：

1. 郑珍小学研究的现状、价值、意义，以及郑珍的生平与著述。简要叙述清代小学学术史，介绍郑珍的生平与交游及其在清代学术史上的地位，附带介绍郑珍之子郑知同的生平和学术贡献。精要评述郑珍的小学代表作，介绍本文研究的基础语料。

2. 郑珍的《说文》学。以《逸字》和《新附考》两书为主要材料，深入考察郑氏《说文》学研究的内容、方法和特色，以及他在讨论《说文》相关问题时所体现出来的思想观念，比较郑珍研治《说文》与其他清儒的异同，总结其理论和方法，以及逸字、新附字研究的学术意义和价值，最后客观评析郑珍《说文》学研究的成就。

3. 郑珍的文字学。以郑珍《笺正》为主要资料，结合《逸字》《新附考》等书中的文字资料，分析郑珍研究古文字和近代汉字的成就和特色，阐述他在考释文字过程中所体现出来的形义观、音义观，以及对汉字发展演变的观点，梳理他考释文字的基本方法，以及对字际关系的说解和沟通。并从说字术语、考字结论、字书编纂等方面，考察郑珍文字学成果的价值。最后总结郑珍在文字学方面的特点与成就。

4. 郑珍的训诂学。以训诂代表作《亲属记》为主要材料，结合《仪礼私笺》《轮舆私笺》《巢经巢经说》等经学著述中的小学考证，考察郑珍训诂研究的内容、方法和理论，总结他的字词观念和词汇史观念。同时，总结郑珍在研读古代经典文献时所作的名物典制考订、人物年代辨析和词义章句分析，以及相较于其他清儒所取得的创新性成果。

最后，从小学学术史的角度，全面分析郑珍的小学特点和学术思想，总结其成就和价值，并客观分析其不足。由于郑珍的小学著作涉及面广、数量大，占有的文献语料十分丰富，本书在研究过程中采取主次对待、详略区分的原则；我们在研究郑珍小学过程中，尽可能与其他清儒相比较，以彰显其治学特色，并将其纳入清代学术史，客观评价其成就与不足，尽量拓展小学研究的深度和广度。但小学学术史尤其是清代学术思想史相关问题比较复杂，我们只能依据现有资料作出初步探讨，许多问题力所不逮，留待以后进一步深入研究。

第二章　郑珍的生平与著述

郑珍,字子尹,号柴翁、巢经巢主、子午山孩、且同亭长等,贵州遵义人,生于嘉庆十一年(1806)三月,卒于同治三年(1864)九月,晚清道咸年间著名学者、文学家。道光五年(1825)拔贡生,十七年举人,二十四年大挑二等,以教职用,次年二月,署古州厅任训导,兼掌榕城书院。咸丰四年,选荔波教谕,五年告归。同治二年(1863),大学士祁寯藻(1793—1866)密荐海内学问之士14人于朝,以郑珍列首,莫友芝次之,并特旨郑珍分发江苏补用知县,因病未能成行,后人因称"郑征士"。① 是年,曾国藩(1811—1872)许意相见,郑珍因喉疾发作,亦未能成行。同治三年(1864)九月,郑珍即因喉病逝,年五十九,门人私谥"文贞"。

郑珍一生偏居黔隅,于外交游无多,而且终生未第,迭遭坎坷,但于读书、著述甚勤,直至晚年饱受病痛折磨,亦未尝释卷辍笔。郑珍涉猎广博,著述兼及经史子集,凡与传统小学相关者,他几乎都有所撰及。以著述观之,郑氏治小学,不立异、不苟同,在当时学术界自成一家,为世人所瞩目称道,故《清史稿》《清国史》皆列之儒林,与独山莫友芝(1811—1871)并称"西南大师"。又因其作为晚晴宋诗派的代表人物,对文坛影响巨大,后世之人称颂为"经师祭酒,词坛老宿"②。

但遗憾的是,郑珍直至病卒,尚有许多未竟之作,他个人的想法有些只留下只言片语,或是残缺的手稿,来不及缀集成册。欣慰的是,其子郑知同曾于西南诸省传布郑珍之学,在郑氏门人的协助下,对郑珍遗稿作了许多整理刊刻工作,郑珍具有代表性的论著都得以陆续传世。现如今,经过几代贵州学人的努力,上海古籍出版社于2012年出版了《郑珍全集》七册,成为当前搜集整理郑珍著述最为详尽的版本。

---

① 见赵尔巽等撰《清史稿》卷四百八十二《儒林三》,中华书局1977年,第13287页。白敦仁《巢经巢诗钞笺注》附录三《国史儒林传采访册》,第1466页。吴道安《郑子尹先生年谱》。王钟翰点校《清史列传》卷六十九《儒林传下二》,中华书局1987年,第5647页。
② 王锳、袁本良点校《郑珍集·经学》,贵州人民出版社,1991年,第10页。

郑珍全集的整理出版,为进一步系统深入开展郑珍研究提供了十分珍贵的语料。尽管郑珍的著述,仍有待于更为全面的搜集、整理和研究,但就现有的资料来看,已经为学界所见的郑珍著述,尤其是其中至今仍有着重要影响力的小学专著,已完全能够见证郑珍晚清"朴学人师"的成就和地位了。

第一节　生　平

郑珍生平,《清史稿·列传·儒林》《清国史·儒林全传》和《清代朴学大师列传·皖派经学家列传》等皆有所载[①],另有黎庶昌《拣发江苏知县郑子尹先生行状》和《郑征君墓表》、郑知同《敕授文林郎征君显考子尹府君行述》、凌惕安《郑子尹年谱》所记尤详。贵州乡贤王燕玉先生(1923—2000)曾撰有《郑珍年历考要》(1994)一文,较为细致地梳理了郑珍一生之主要事迹。这里,我们择其精要,从主要事迹、学术交游和师承渊源三个方面略述郑珍生平,附带介绍其子郑知同。

一、主要事迹

郑氏家族原籍江西吉水,七世祖郑益显于明万历年间随"晚明第一猛将"刘綎(1558—1619)征讨播州杨氏,平播后刘军留部旧兵万余人分置各处,耕作防守,益显因此驻屯在遵义城西六十里之水烟,郑氏子孙后代遂于遵义西乡定居。郑珍曾祖名崧,字雪容,曾迁郑氏于天旺里河梁庄,崧独子名仲侨,字学山,乾隆诸生,因体弱多病,其母乃令其学医,后医名大著。学山长子文清,字雅泉,布衣终身,亦精于医道,秉承父辈俭约奉己、淡泊自守之家风,有儒医之名。郑珍母黎氏,遵义东乡沙滩塾师黎安理(1751—1819)第三女,家境贫寒,自幼养成勤俭朴素之品德。郑珍即出生于此儒医世家,其一生道德情操、为人处世至品格受其父母影响颇深。

郑珍幼年聪敏好学,年14时,黎氏为求郑珍有更好的学业,毅然迁居东乡乐安里,并令郑珍随仲舅黎恺(1788—1842)问学。一年有余,伯舅黎恂(1785—1863)自浙江辞官归田,恂学识通达,早有诗名,身边行李有大量书籍。郑珍遂改从伯舅受业,初通经义。在母亲黎氏的苦心经营下,郑珍受黎

[①] 曾秀芳《从冷落到关注:郑珍研究的回顾与思考》,《贵州社会科学》2010年第12期,第114页。

氏家学循诱，"随发府君所藏书数千卷，纵观古今，殚心四部，日过目数万言"①。郑珍读书勤奋异常，往往通宵达旦、衣不解带，经数年而学以大明。他曾在《埋书》一诗中回忆自己早年的读书生涯："生小家壁立，仅抱经与传。九岁知有子，《山海》访图赞。十二识庾、鲍，十三闻《史》《汉》。十四学舅家，插架喜偷看。始知览八千，旧是先生贯。"②

道光五年（1825），郑珍时年20，当时有"儒林之首"之称的程恩泽主考贵州拔贡生，选七十五名，郑珍的文章受到程的赏识，遂选为"拔贡"，并亲授知。师事程门，学许（慎）郑（玄）考经论字之道，程氏"举贵州最早学者东汉尹珍（字道真）从许慎学归教乡里以期许之，为改字子尹"③。道光六年，郑珍与舅黎恺赴京参加会试，未取，归黔，不久程恩泽调任湖南学政，招郑珍前往岳州，从此一面随程氏受研汉学，一面随程氏往赴各地校士。道光七年，又视学道州，后随程至长沙。为参加当年乡试，郑珍回到贵州，受知于莫与俦（1763—1841），并与其子莫友芝结识。莫氏藏书甚丰，郑珍于是治经宗汉、析理尊宋，讲求文字、声音、训诂，精通三礼及先秦制度，并继承乾嘉考据成说，上规许郑，学问大为精进。

道光八年，郑珍年23，乡试再次落选的他开始整理自己的藏书和书稿，并于家照顾病母，达数年之久，而他的几部重要论著如《巢经巢诗集》《新附考》等就是在这期间写就的。29岁时，郑珍附书时任礼部侍郎的程恩泽，并于当年秋季参加会试，仍未中。道光十五年，30岁的郑珍再次入京参加会试，惜仍见黜，乃拜谒时任工部侍郎的程恩泽，多识中州之士，是年夏天，随舅父黎恂再次回到乡里。此后一两年，郑珍随黎恂辗转到过云南，所至皆识其掌故。

道光十八年，33岁的郑珍与莫友芝一起入京会试，结果因病再次落第，此时程恩泽已去世一年。这年夏天，郑、莫返黔，途经贵阳，时任贵州巡抚的贺长龄（1785—1848）曾留二人勘《贵阳府志》，郑珍因病告归遵义。冬，遵义知府山阴平翰聘郑、莫二人共修《遵义府志》，其间修志工作因政事几经停滞，至道光二十二年（1842），纂《遵义府志》成，凡48卷，虽为遵义府志，但涉及全省事迹，体例精深，考证渊博，一时传为一流志书。

五年后，38岁的郑珍再次入京参加春试，然而刚到京城，就患病昏厥，几日后才苏醒过来，带病入闱的他最后以交白卷的方式，结束了平生最后一

---

① 郑知同《敕授文林郎征君显考子尹府君行述》，国家图书馆藏清宣统元年（1909）铅印本。
② 龙先绪《巢经巢诗钞注释·后集卷六》，三秦出版社，2002年，第649页。
③ 王燕玉《郑珍年历考要》，《贵州师范大学学报》（社科版）1994年第3期，第3页。

次科考。此后，他以大挑二等的身份充任教职，做过古州厅（今广西榕江县）训导，掌职榕城书院，往来求学者竟达百余人，时称郑珍为"广文郑老"。道光二十六年，郑珍父卒。郑珍卸任教职，归遵义，经营子午山，扩容望山草堂，立意不再出仕而专心治学，教课子女。晚年时期的郑珍，述二十年苦心所积，发奋著述，整理典藏，他的不少专著、文集都在这时写就付梓，同时与子郑知同游走西南诸省布道郑氏之学，于西南之学影响渐笃。

咸丰初年，大清国势日趋衰颓，乡里祸乱不断，时人四处躲散。而郑珍依然自守墓庐，潜心著书，《逸字》《仪礼私笺》《轮舆私笺》等书皆于乱世之中写成。同治二年，大学士祁寯藻（1793—1866）密荐海内有知者14人破格任用，所荐者以郑珍为首，莫友芝次之。时任江苏巡抚的李鸿章（1823—1901）特旨荐郑珍等13人以知县分发江苏选任，58岁的郑珍终以博学而有出仕之用。次年，晚清重臣曾国藩（1811—1872）许意见郑、莫，郑珍拟出山以见知己，终因口疾发作未能出行，秋九月，郑珍喉管穿溃，病卒，门人私谥"文贞"。

二、学术交游

早在二十世纪九十年代初，龙先绪先生就先后作《郑子尹交游考》（1992）及《续考》（1994）两文①，考证郑珍生平交游甚为详细，据白敦仁先生《郑子尹交游考辨》（1994）统计，龙氏所考与郑珍直接、间接有关者，竟多达百余人②。郑珍一生出黔无多，往来交流者大多为黔地之儒，今拣其要，略述与郑珍小学相关者如下：

1. 遵义黎氏：黎安理、黎恂、黎恺。郑珍母黎氏是遵义东乡（今禹门乡）沙滩塾师黎安理（1751—1819）第三女，郑母曾为郑珍学业，举家迁至东乡，在黎氏家族附近落居，因此，郑珍从小的德业受遵义黎氏影响极深。黎氏与郑珍有交游者，首先是外祖黎安理，字履泰，号静圃，乾隆四十五年（1780）举人，嘉庆十八年（1813）任山东长山（今邹平县）知县，因病去职，晚年曾前往浙江桐乡其子黎恂任处观政。静圃有家学，精于《易》学，善诗，其文质朴而浑厚，郑珍曾为其刊刻书稿和诗集见诸世。静圃一生际遇坎坷，但恪守孝职，体察民情，贤名远扬，其人生经历、德行情操和学识言行，对少年时期的郑珍影响深远。

黎恂（1785—1863），字雪楼，黎安理长子，郑珍伯舅、岳父。嘉庆十五

---

① 两文分别见《成都大学学报》（社科版）1992年第3期、1994年第3期。
② 白敦仁《〈郑子尹交游考〉序》，《贵州文史丛刊》1994年第2期，第94页。

年(1810)举人,十九年(1814)进士,先后在浙江桐乡、云南平夷(今富源县)、新平、大姚、姚州(治今姚安)等地做过知县、知州。雪楼善治经、史,经学多参汉魏诸儒之学;史学则以《资治通鉴纲目》为主。黎恂从浙归黔时,曾购书数十箱之多,郑珍在舅父指导下多研习程朱理学,于作诗亦多所点拨,学术大进。

黎恺(1788—1842),字子元,黎安理次子,郑珍二舅。黎恺自幼聪慧,能传家学,道光六年(1826)举人,曾在贵州印江县、贵阳府开州(今开阳)等地作过儒学训导,最后病逝于任上。郑珍从小随黎恺学习,又曾两次一同进京应试,甥舅情谊非常深厚,黎恺生性纯孝,乐于助人,能淡泊以自守,对郑珍为人为学有很大影响。

除了黎安理父子,遵义黎氏与郑珍有交游者,还有黎恂长子、子尹表兄黎兆勋(1804—1864),以及黎恺长子黎庶焘(1827—1865),而黎恺四子就是后来成为郑珍门人的黎庶昌。

2. 独山莫氏:莫与俦、莫友芝。莫与俦(1762—1841),字犹人,嘉庆三年(1798)举人,次年春闱进士,授翰林院庶吉士,后来在四川茂州(治今茂县)、盐源等地做过知县,颇有政声,因侍奉老母而告归,十数年不曾出山。道光三年(1823),莫与俦以教职身份任遵义府学教授,直至道光二十一年病卒于遵义府学舍,莫与俦一直在遵义教授生徒和莫氏子弟,这期间,郑珍汉学受其影响颇深。莫与俦继承乾嘉之学,治学以许、郑为宗,兼及程、朱理学,穷经为要,是贵州汉学的拓荒者,可以说郑珍、莫友芝等黔土文士的汉学素养都是他培养起来的。与俦生平主要著述皆辑入《独山莫氏邵亭丛书》。

莫友芝(1811—1871),字子偲,自号邵亭,莫与俦第五子,与郑珍并称"西南巨儒"。友芝自幼荫家学,与俦教授遵义时,友芝同往,遂与郑珍、黎兆勋等同龄人同学交游。道光十一年(1831)莫友芝获乡试第一名,但后来数次入京会试,皆落选。道光十八年,他辅佐郑珍编纂《遵义府志》,反响极高。后来他做过几年遵义湘川书院讲席,以养家糊口。晚年时期的莫友芝,仍有志于进仕,但皆未如愿。咸丰十一年(1861)如曾国藩幕府。莫友芝喜好搜集文献,乐藏秘籍,治学善文字、音韵、训诂之考源,尤精版本目录之学,著有《邵亭知见传本目录》16卷、《宋元旧本书经眼录》3卷、《邵亭书画经眼录》4卷等。小学方面则有《韵学源流》《声韵考略》《古刻抄》等,所著《唐写本〈说文〉木部笺异》一卷(1864),尤为学界所称道。

郑、莫二人交谊最深,友芝九弟莫祥芝(1827—1890)曾忆曰:"当是时,遵义郑子尹学博珍,教授府君学官弟子之高足也,与先生为同志,益以朴学相砥砺,由是遐迩知名,道光中黔中言学者,人以郑、莫两君并称焉。"①郑珍虽稍长友芝几岁,但二人多年同学于遵义府学,莫与偕亲自教授,而莫氏藏书甚丰,子尹多所凭借。二人曾相偕赴京应试,为贵州学术四处奔走,于人生、学问皆同病相怜之。郑珍三女赟于,后来许嫁于友芝长孙莫彝孙,可知二人私交甚笃。今检二人文集,诗文唱和、论学切磋、书信来往者实多,郑珍为友芝诗集所作序中云:"自子偲来吾郡,即兄视余,今又姻也。交三十年,知独深。"②足见郑、莫交游往来之至深。

独山莫氏与郑珍有交游者,还有莫庭芝(1817—1889),字芷升,友芝六弟。芷升曾师从郑珍,研习《说文》和群经,晚年寓居贵阳,任学古书院山长,为人宽厚,颇有美名。而郑珍另一个门人黎庶昌,正是庭芝妹夫,庭芝长子莫祈又是庶昌次婿,曾任两淮盐大使。由此可知,独山莫氏与遵义郑氏、黎氏交游甚深。

3. 遵义唐氏:唐树义、唐炯。唐树义(1792—1853),字子方,郑珍表叔。嘉庆三十年(1816)乡试中举,后官至陕西按察使、湖北布政使、湖北按察使等职。道光二十九年(1849)引疾归,归乡后常与郑珍、莫友芝诸儒流连诗酒、论天下之事。树义喜藏书画、好诗文,提倡搜集整理乡邦文献,曾资助郑珍刻印《播雅》一书,帮助莫友芝辑录《黔诗纪略》等书。

唐炯(1829—1908),字鄂生,树义三子。炯少习科举,诗文兼治,咸丰四年(1845)曾率众阻击桐梓杨凤义军,因公分发四川,任南溪知县。是时义军四起,唐炯先后在四川、云南、贵州等地平乱,后官至云南巡抚。唐炯与表哥郑珍感情甚笃,曾多次出资帮助郑珍全家度过饥寒,又以己之力,资助刻印郑珍遗稿数种,于郑珍文献及学问之所传,颇有功劳。

4. 张琚(?—1859),号子佩,贵州黔西人。自幼勤奋好诗,曾创始"桐荫诗社"。道光五年(1825)乡试获选,深受主考程恩泽喜爱,次年即随程赴湖南,深得程恩泽教益,学识大进。六年(1826)郑珍入京应试归,入程恩泽幕,与张琚同游巴陵,吟诗唱和。子佩一生不仕,除做过短期幕僚和教学外,皆以诗文自娱。与郑珍结识,才学互敬,数十年未绝往来,时人誉称"黔中二子"。

5. 贵阳黄氏:黄辅辰、黄彭年。黄辅辰(?—1870),字琴坞(一作"鸥"),贵州贵筑(今贵阳市)人。幼年家贫,无钱置书,得湖北按察使唐树

---

① 莫祥芝《清授文林郎先兄邵亭先生行述》,参张剑辑《莫友芝诗文集》(下册),人民文学出版社,2009年,第1115页。

② 郑珍《〈邵亭诗钞〉序》,参郑珍著、黄万机、黄江玲校注《巢经巢文集校注》(卷二),中央民族大学出版社,2013年,第90页。

义遣送书籍，以致博览经史。道光十五年（1835）进士，累至官山西知府等职。郑珍于咸丰四年（1854）与辅辰父子相识于贵阳，遂成好友，多年交游未断。辅辰子黄彭年（1824—1890），字子寿，道光二十五年（1845）进士，累升至湖北布政使等职。子寿学识渊博，颇有政声，与郑珍相识于贵阳，吟诗论学，针砭时事，引为知交。郑珍对黄彭年极为推重，评曰："故集鄂生、子寿诸人食诗，有'喜此席上人，几尽坤西南'之句。"①郑珍遗稿《康成传注、年谱、书目、弟子目》一书，后由子寿整理编次付梓，并为之作序，改名《郑学录》行于世。

除上述几人，与郑珍有交游的贵州学者，还有遵义蹇臣（？—1869）、桐梓赵旭（1811—1866）等人。

此外，道光七年（1827）在湖南居幕程恩泽期间，郑珍曾与湖南诗人欧阳绍洛（1767—1841）、邓显鹤（1777—1851）、黄本骥（1781—1856）等人交流，切磋文笔诗歌，郑珍于本骥家中得览先秦两汉以来金石墨本数千卷②，大开眼界。这也是郑珍一生交游中，为数不多的几个外省学者。

三、师承与学术渊源

郑珍处偏隅，但是德业双馨，终能崛起贵州成为西南硕儒，除了自身的发奋努力外，与其师承存在密切关系。郑珍自幼祖荫郑、黎两家家学，少年时主要在外祖黎安理、舅父黎恂的指导下初习学业，打下一定的国学基础。但对他的学术促进最大的，当属莫与俦、程恩泽二师。

近代学者张舜徽先生（1911—1992）在《清人文集别录·巢经巢文集六卷》中说："有清一代，贵州学术，自独山莫与俦开其先，至珍而乃大。当乾嘉朴学极盛时，与俦奋自僻邑，出游名都，得与姚文田、王引之、张惠言、郝懿行辈同登进士，出阮元之门，师友濡渐，讲求朴学，退而教授遵义，以经术倡导后进，珍实为其嫡传。居贫力学，底于大成，西南朴学，殆未有能胜之者。余尝考其学问渊源，自莫与俦外，其讲求文字、训诂之学，实程恩泽最先启之。复受义理于贺长龄，受诗法于其舅氏黎恂，是集有与三家论学书札，固可推寻其授受之迹，三家皆博学通识，沾溉及于一人，宜其能诣高远也。"③

与俦教授遵义府学时，郑珍方18岁，正是为学举业的黄金期，莫与俦的治学乃直承乾嘉诸儒之门径，亲自授业，这对后来郑珍的学术旨归产生了直

---

① 凌惕安《郑子尹先生年谱·卷一》，上海商务印书馆，1945年，第19页。
② 王燕玉《郑珍年历考要》，《贵州师范大学学报》（社科版）1994年第3期，第3页。
③ 张舜徽《清人文集别录》（下册），中华书局，1963年，第468页。

接影响。而程恩泽之于郑珍,可谓"慧眼识真杰",郑珍深受程氏喜爱,不仅为改字"子尹",给予很高的期许,还曾招郑珍入幕,走出贵州,游学问道,师事程门期间,程氏在朴学、诗学方面都对郑珍产生巨大影响,尤其在文字、音韵、训诂方面,更是郑珍最直接的引路人。《清史稿·列传二百六十九·儒林三》载云:"珍初受知于歙县程恩泽,乃益进,求诸声音、文字之原,与古宫室、冠服之制。……于经最深三礼。"故郑珍精于文字、音韵、训诂,又博通古礼,在考据阐理上甚见功力,而尤以小学最为精拔。《清史稿·列传一百六十三》又云:"郑珍有异才,特优异之,饷以学,率为硕儒。"[1]郑珍晚年在诗中写道:"我为许君学,实自程父子。忆食石鱼山,笑余不识字。从此问铉、错,稍稍究《滂喜》。相见越七年,刮目视大弟。为点《新附考》,诩过非石氏。公时教惠、王,归沐辄奉几。每叹伯申丧,无一可共语。"[2]

可以说,正是因为与莫、程二师有着直接而深刻的师承渊源,郑珍学术方得以许、郑之学为皈依,在朴学、经学方面得其大成,亦才最终成为乾嘉学术的继承和发扬者。

从师承关系和学术渊源上看,郑珍的治学思想和方法系属"皖派",其总体特点:一是善于从文字、音韵入手,来准确判断和正确释读古代经典的内容含义,即清初以来"以字通经"、"因声求义"的治学门径;二是注重对"三礼"名物、制度的考证,郑珍在这方面有不少代表作,都体现了这一特色。而同时,郑珍治学又能够取别派所长,坚持"不立异,不苟同"的原则,既精审考证又力避烦冗,因而能推陈出新,多所发明。从服膺的学术门派和自己的术业专攻上看,郑珍作为后起之秀,他受到皖派前儒戴震、段玉裁、王念孙、王引之等人的影响是很深的,才得以位列"皖派经学大师"之林。

四、郑知同

讨论郑珍学术,不得不提及其子郑知同。郑知同(1831—1889),字伯更,郑珍次子,清末贵州著名学者、文学家。《续遵义府志》卷二十载:"(知同)幼时征君即口授四子书、六经。稍长为讲《说文》形声训诂之学。征君既通儒,而知同亦精敏勤力,趋庭习礼,敦敦自持。年二十以《说文》受知于常熟翁同书,取列庠序。"[3]后入张之洞幕府,在四川传布其父郑珍之学。光

---

[1] 赵尔巽《清史稿》卷三七六《程恩泽传》,中华书局1977年,第11576页。
[2] 龙先绪《巢经巢诗钞注释·后集卷二》,三秦出版社,2002年,第483页。
[3] 周恭寿修,赵恺、杨恩元纂《续遵义府志(民国)》,黄加服、段志洪主编《中国地方志集成·贵州府县志辑》第35册,巴蜀书社,2006年,第59页。

绪十三年(1887),张之洞设广雅书局,招郑知同任书局总纂,仅两年便去世。郑知同学宗许、郑,造诣深邃,年少时即随父习家学,小学精拔,得父真传。代表成果有《说文正异》《说文述许》《说文商议》《说文伪字》《经义慎思篇》《愈愚录》《隶释订文》《楚辞通释解诂》《转注考》《漱芳斋文稿》和《屈庐诗稿》等,所著《楚辞考辨》尤为后世学界所推崇。郑珍在《逸字·序》中云:"儿子知同,间有窾启,取其略得,增成一家之说。劭凯雍泰,昔例可援,不嫌附之。"①郑知同绍继家学,以小学鸣于学界。因此,郑氏父子"俱以经训绩学名冠西南,时人以之比王氏引之、惠氏栋宇父子,称'大小郑'"②。郑珍的几部小学专著如《逸字》《新附考》《笺正》和《亲属记》等,因有知同补苴之功,其学说方益得彰显。

知同自小慧敏,能阐家学,郑珍对他寄予厚望,曾归田亲自授业。郑珍临终之时,曾对知同言曰:"吾平生腹稿尚夥,若加我数年,庶几尽有成书,而今已矣。第所存稿亦不为检,汝力犹能校订,其未次者,当善排比,无使紊乱遗失。及汝世能梓行之,则吾子也。"③郑珍在生时,知同便多所辅助参详,郑珍去世后,他的几部重要著作以及未刊遗稿,皆由门人及知同整理刊印,这些著作的陆续面世,才逐渐奠定起郑珍"朴学大师"的地位。

综观郑珍一生之行述,正如贵阳学者陈田(1850—1922)所云:"吾黔郑先生子尹,以名孝廉处荒山中,诏不起。当世大人先生作书屡及之,称为西南硕儒,以是得列《儒林》。"④我们认为,郑珍生平事迹是当时学术背景和朴学家学术命运的一大缩影,而郑珍在经学、小学领域的学术活动,更是道咸年间极为珍贵的学术史资料,应该引起当今学界足够的重视。

第二节 郑珍的小学著述

尽管仕途不利,一生困苦,但郑珍学术醇厚,潜心教学与著述,为后世学人留下了一批高水平的学术著作,至今仍有不可或缺的启迪作用和学术价值。这一节,我们先整体概述郑珍的学术著作情况,然后选择几部具有代表性的小学著述分别作详细介绍。

---

① 王锳、袁本良点校《郑珍集·小学》,贵州人民出版社,2001年,第30页。
② 龙先绪《郑子尹家世及其后嗣考》,《遵义师范高等专科学校学报》2001年第1期,第3页。
③ 郑知同《敕授文林郎显考子尹府君行述》,国家图书馆藏宣统元年(1909)铅印本。
④ 陈田《亲属记·序一》,见王锳、袁本良点校《郑珍集·小学》,贵州人民出版社,2001年,第1072页。

一、郑珍学术论著述要

郑珍撰著涉及十分广泛，郑氏门人、晚清著名外交家、学者、散文家黎庶昌（1837—1896）曾总结郑珍生平著述："盖经莫难读于《仪礼》，昏、丧尤人道之至重，则为《仪礼私笺》；古制莫晦于《考工》，则为《轮舆私笺》《凫氏图说》；小学莫尊于《说文》，以段玉裁、严可均二家之说綦备，则为《说文逸字》及《说文新附考》；奇字莫详于郭忠恕《汗简》，而谬俗实多，则为《汗简笺正》；汉学莫盛于康成，则为《郑学录》。每勘一疑、献一义，刊漏裁诬，卓然俟圣而不惑，斯亦天下之神勇也。"①

晚年时期的郑珍，一心扑在乡邦文献的整理和自己所积学术的著述上，但遗憾的是，天不假年，哲人其萎，郑珍的很多学术理想尚未实现，许多言论尚未成节，多数书稿虽有发明，但终究纂著未竟，故可知郑珍生平著述而今传世者，不过其半。据笔者统计，郑珍学术著作今传世者有：《新附考》6卷、《逸字》2卷、《笺正》7卷、《亲属记》2卷、《轮舆私笺》2卷、《凫氏图说》1卷、《仪礼私笺》8卷、《巢经巢经说》1卷、《郑学录》4卷、《郑学书目》1卷、《母教录》1卷、《樗茧谱》1卷、《巢经巢文集》6卷、《诗集》9卷、《诗后集》4卷、《遗诗》1卷、《播雅》24卷等。这些著作，《清史列传》有载，现已收入《巢经巢全集》。此外，还有今散佚不存的专著，如《补钱氏经典文字考异》《说文大旨》《转注本义》《说文谐声》等数种。另据吕友仁所考，郑氏所著而尚未刊行的还有《说隶》《老子注》《世系一线图》《无欲斋诗注》等书②。

此外，最为世人所称道的，是郑珍、莫友芝共同纂辑的《遵义府志》48卷，刊成于道光二十二年（1842），体大思精，是清代方志中的佼佼者，晚清名臣张之洞称其为"善本"，梁启超赞誉该志为"天下第一府志"，时任礼部尚书的潘祖荫（1830—1890）亦因此认为郑珍乃"黔之通人"③。足见郑珍治学范围之广和用功之勤。

二、《说文》逸字的一家之言——《逸字》

1. 成书与版本

《逸字》一书正文二卷，是郑珍所考"《说文》原有而今之铉本亡逸者"，

---

① 黎庶昌《郑征君墓表》，白敦仁《巢经巢诗钞笺注》（下册）附录三，巴蜀书社，1996年，第1472页。
② 吕友仁《乾嘉朴学黔省，西南大师第一人——郑珍学术成就表微》，《河南师范大学学报》（哲社版）1997年第2期，第58页。
③ 参杨瑞芳《郑珍〈说文新附考〉研究》，首都师范大学硕士学位论文，2003年，第2页。

凡165文。附录一卷,是郑知同承父命所撰录"传本讹旁、楚金窜衍、鼎臣误增,及诸家引他籍冒许,或引者讹改不应今本,今本讹改不应所引,今行《韵谱》阑入俗书"者,共292字。《逸字》内外求证,又证之文献典籍,既详考逸字来源,又廓清逸字范畴。与有清一代《说文》学诸家的卓越成就相比,《逸字》一书在对《说文》收字,尤其是逸字的鉴定上,有其独有价值,可谓郑珍研究《说文》逸字的一家之言。

《逸字》刊行于咸丰十八年(1858),最早的版本是望山堂家刻本,分上下二册。后来的版本主要有:无名氏袖珍本(与《新附考》合刻),"天壤阁丛书"本,《巢经巢全集》本,1931年商务据望山堂原刻铅印本,1936年商务《丛书集成初编》据"天壤阁丛书"影印本,1940年贵州省政府据吴鼎昌初印《巢经巢全集》刷印本①。二十一世纪初,由王锳、袁本良两先生点校的《郑珍集·小学》(2001)中《逸字》一卷,以望山堂本为底本,参校《丛书集成》本、《巢经巢全集》等诸本,是点校水平很高、内容最完整的版本。

2. 编排体例

细读《逸字》一书,可见该书在体例的编排上十分考究,具有以下特点:

(1)书前列有《说文逸字叙目》(见本书《附录一》),分卷上85字,卷下80字。郑珍自序其后,指出了《说文》逸字产生的原因乃"历代移写,每非其人。或并下入上,或跳此接彼。浅者不辨,复有删易。逸字之多,恒由此作",总结了历代学者逸字研究的成果,说明了考证逸字的正确方法、编纂此书的目的和重要性。末署"咸丰戊午孟陬之月朔日戊寅遵义郑珍序"。正文上下卷编录了郑珍所考"《说文》原有而今之铉本亡逸"的165字,两卷开头分别注明"遵义郑珍子尹记"字样。

(2)部首排列依铉本《说文》原序不变。按郑珍所言:"谨依部次,粹而记之。"《逸字》全书165字,前后共分布于93部,各部中有逸字的则列出,没有的则跳过。如郑珍认为铉本的一部、上部没有逸字,便从示部开始,然后逐一考察,最后到乙部、酉部。如(训释略):

示部:禮(禮)、襦、𥛱、褅、祽

玉部:璍

……

乙部:甏

酉部:畲、酨、酸(酸)

---

① 王锳、袁本良点校《郑珍集·小学》,贵州人民出版社,2001年,第18页。

根据实际情况,93 部 165 字,各部平均不足两字。因此各部的逸字数量不尽相同,多数部首仅一字或两字,如:玉部"瑿",步部"歺",辵部"蓬",巾部"希",大部"㠯"等,皆一字之例。口部"喁"、"咬",殺部"殺"、"㣇",目部"睆"、"瞖",儿部"兔"、"亮"等,皆两字之例。某些部首则多达数字,如:言部共有呷、詢、詔、謠、誌、讄、禠、諜等 8 字;竹部共有笒、籓、个、筸、桮、筇、第、簻等 8 字;馬部共有馻、驊、鷔、騾、馼、駘等 6 字。

(3) 部首为纲,正篆为标,训解按语附后。每一款目,郑珍先列部首名称,然后以所考逸字的正篆为标目,便于查检。标目之后,首先仿照《说文》旧例进行训解,然后列举诸本所引、各家所言,最后加考者的按语。训解和考语之间,以"○"间隔以明之。例如:

支部

𣂞(敹),毁也。从支,裒声。○此文二徐本皆有。宋铉本以与土部"壤"籀文"敹"复,删。今部末有者,毛扆补也。段氏谓此部古无此字,仍削去。(下略)(45)①

又:

竹部

笒(笒),长节竹也。从竹,公声。○段公路《北户录》称《说文》有"长节竹",谓之"笒",自注"音锺",谓即罗浮山之龙钟竹。按,《玉篇》《广韵》训同。(下略)(55)

(4) 用按语加以论证时,郑珍的按语后间有子知同的按语加以补苴,从而使论证更为严密,材料更为充实。知同的按语,是在郑珍考释之后,另起一行,并缩进一格,以"知同谨按"为标志。郑珍在自序中说:"儿子知同,间有欸启,取其略得,增成一家之说。劭凯雍泰,昔例可援,不嫌附之。"②知同的工作虽然只是承父命编撰附录一卷,但在正文的考释中,郑珍的按语往往详略不一,有的仅寥寥数语,而知同的按语则每每广征博引,资料充实,与父说相互印证,并时有发挥。例如:

---

① 本文所引《逸字》和《新附考》的全部例子,皆引自王锳、袁本良点校的《郑珍集·小学》,括号里的数字表示例字在该书中的页码,下同。
② 王锳、袁本良点校《郑珍集·小学》,贵州人民出版社,2001 年,第 30 页。

予部

矜,怜也。从予,令声。《华严音义》上卷云:"矜,《毛诗传》曰'矜,怜也。'《说文字统》:'矜,怜(俗憐字)也。'皆从予令。"(下略)(50)

知同谨按……其时复于篆字下便以隶书照之……《诗》之"矜怜"字为韵者,《菀柳》以叶"天"、"臻",《桑柔》以叶"旬"、"民"、"填"、"天",皆真谆部中字。古"矜"、"憐"通用。《书》"予惟率肆矜尔"、《论语》"则哀矜而勿喜",《论衡》引两"矜"字并作"怜"。……自汉人以二形相似,隶体杂书。……至晋潘岳《哀永逝文》用"矜怜"之"矜"叶"兴"、"承"、"升",乃混入真谆部。降及《玉篇》,乃概作一"矝"字(今本作"矜",宋陈彭年等所改)。至《广韵·十七真》云:"穜,矛柄也。古作矜,巨斤切。"……《字样》借为"矜怜"字,居陵切。又概作一"矜"字,而分矛柄义入真,分矜怜义入蒸,互易二字古读。此古今音义之大变。《广韵》以后,"矜"独行而"矝"遂亡。《说文》亦因以删削矣。慧苑所称《毛传》在《鸿雁》篇,今经传俗并改"矜"。(50)

例中,知同补充说明了《说文字统》"复于篆字下便以隶书照之"的体例,进一步引《诗》《菀柳》《桑柔》例从文字、音韵角度分析"矜"字,证明"古'矜'、'憐'通用"。接着,利用各时期文献语料梳理了"矜"、"矝"二字"自汉人以二形相似,隶体杂书",经晋潘岳《哀永逝文》误用叶音而"混入真谆部",《玉篇》又"乃概作一'矝'字",至《广韵》《字样》又"概作一'矜'字,而分矛柄义入真,分矜怜义入蒸,互易二字古读"等"古今音义之大变",导致《广韵》以后"'矜'独行而'矝'遂亡"的事实。论证过程极为严密,可谓面面俱到。

综观《逸字》全书,除 31 字与父共注按语外,还有筭、砵、肪、赴、弓等 5 字下仅有知同的按语。知同按语凡 36 字,约占 22%,乃见其力。

3. 说解内容

郑珍在考释文字时,其说解往往力求涉及汉字的形、音、义,有时还会附带指出逸字产生的原因,解答一些古籍文献疑难问题,内容非常丰富。

(1) 就文字的形音义而言,《逸字》所考 165 字,含《说文》原有正文(篆文)101 字,重文 64 字,基本每考一字都会详细说解形音义。以所释重文为例,有以下三种情况:

一是古文 31 字:襧、廪、瑆、胃、芌、蓬、卌、罕、禠、䜌、殻、筭、肪、炅、堃、肖、籴、帇、廿、采、抲、𡰪、畾、𤴐、赴、弓、鹼、卉、剹(鐂、鎦)、几、禺。例如:

䉷,古文"祈"。(33)

䛔,古文"言"。言部古文偏旁皆作此。(39)

𨔷,古文"巡"。见《汗简·辵部》。《古文四声韵·十九谆》引此。从古文"舜"为声。(37)

坒,古文"垩"。见《系传》,段氏已补。按,宋本此部总数"文二"之下有"重一"两字,知故有此篆,与小徐同。"往"古文"𢔎"、"狴"古文"惺"并从此。(63)

罵,古文"詈"下从罓。今本"詈"注有"古文'詈'下从罓"六字,知有此文。后脱误,以其解并如上注。(122)

二是篆文或体 24 字:䕝、晥、朋、簋、个、章、櫹(樽)、癞、反、顛、禰(祿)、𦵩、黛、恕、濂、瞟、愧、魂、冦、䇳、薑、蟻、陷。例如:

䕝,"埶"或从艸。《系传·木部》"樕"重文"樕"云:"或从䕝。"火部"爇"云:"从火,䕝声。"则原有"䕝"字,当为"埶"之或体。"埶"从丮坴会意,后更加艸。今铉本"樕"下云:"或从艸。""樕"训"木相摩",与艸无涉,明系以无"䕝"字改;惟"爇"下"䕝声"未改也。(43)

晥,"睍"或从完。此大徐所增十九文之一。据艸部"莞"从晥声。知必为原有。但以为"睅"之重文,未详所出。今按,《诗》"睍睆黄鸟",《御览》卷九百二十三引韩《诗》作"简简黄鸟",知"睍睆"亦是叠字,"晥"乃"睍"之重文也。段氏《毛诗定本》谓毛本作"睍睍",诚是;惟未知"睍"、"晥"同字,不烦改耳。玄应《音义》卷十九引《仓颉篇》:"晥,目出貌。"与《说文》"睍"训正同。其为"睍"或体,尤是明证。(46)

朋,"骳"或从肉。今本"骳"注末云:"骳或从肉。"此四字乃重文之注。传写脱篆,遂连上写。(53)

癞,"癘"或从赖。《诗·思齐》,《正义》曰:"《说文》:'癘,疫疾也。或作癞。'"则"癘"字原有重文。今本"疫疾"作"恶疾"。(75)

顛,"顲"或从页黄。《玉篇·黄部》"顛"下引《说文》"面急顛顛也。云粉切。"页部"顲"下引《说文》"面色顲顲也。有衮切。"按,今《说文》止有"顲",训"面色顲顲貌。读若陨"。无"顛"字。据《玉篇》知"顲"下原有重文。顾氏两部所引,实一字之训。凡许书重文与正篆偏旁异者,《玉篇》并各归部属而两引其训,此其例也。"色"作"急"、"皃"作"也",亦与今本异。"面急"者枯槁不和柔之意,面醮顇则色黄,"顲"下所谓"饭不饱,面黄起行也。"故字从页黄会意。《广韵》以下不

载。(88)

祳,或从豕示("示"字铉本无,《系传》误为"作",皆不合重文注例,今正)。宗庙之田野,故从豕示。(96)

燅,"𤈷"或从炙,羨声。《广韵·廿四盐》云:"燅,《说文》曰'汤中爚肉也。'""𤈷,《说文》同上。"按,今《说文》"燅"或作"䕰",从炙从熱省,与"䕰"从炙羨声绝不相类。当本有两重文,今脱此。(99)

黱,"𪒑"或从代。《六书故》卷三"黱"下云:"𪒑字唐本《说文》或从代,徐本《说文》无'黱'字。"按此则元有。(99)

㤴,"念"或从𠛜。疒部"𤷏"从㤴声。大徐以本书无"㤴",疑"从心,契省声",非也。按"念"训"忽也",引《孟子》曰"孝子之心,不若是恝。"据赵注本"恝"作"㤴",云"㤴,无愁之貌"。"无愁"与"忽"义同,则"㤴"当为"念"之或体。"𠛜"从丰声,"丰"读若"介",从"介"从"𠛜"一也。(102)

䕞,"綼"或从其。此大徐所增十九文之一,盖据"䕞"、"璂"之偏旁增。按,《诗》"出其东门",《正义》引《说文》:"䕞,苍艾色也。"正"綼"字训语,是所据本未脱。(117)

蠆,"𧒽"或如此。按,隶体"蠆"作"蠆"。今《说文》止有"蠆"、"蠹"二文。据"蠦"字云"蠆声","𧓑"、"厲"两字并云"蠆省声","𧓑"重文"邁"、"厲"重文"厉"并云"或不省",又"嘖"、"癘"并云"蠆省声",知"蠆"本有此重文。"𧒽"字全体象形,书时间以形涉"𧒽"字,遂并"𠂉"作之,因有"蠆"一体。古字似此增变者,多可互证也。其他从萬者,言部"講"、贝部"購"、力部"勘",今本并云"萬声",当必原是"蠆省声",后人以无"蠆"字改。(下略)(118)

三是籀文9字:燮、殺、卤、桑、橐、髻(髽)、婁、匡、亟。例如:

燮,籀文"燮"。从羊,羊读若湿。(43)
殺,籀文"殺"。(44)
卤,籀文"𠧪"不省。今本篆作𠧟,注云:"从乃省,卤声。籀文'卤'不省。"按,𠃉与乃是一,并无所省。𠧟与𠧪从𠃉形同。(57)
桑,籀文"桑"。《集韵·十一唐》《类篇·叒部》"桑"下并称《说文》"籀作'𣕎'",是据铉校原本。(63)
橐,籀文"槖"。见《玉篇·肉部》。按,《史篇》汉后尽亡,顾氏籀文全出许君,惟此与"𠀇"(㡭)、"曲"(壺)、"㐵"(禿)不见《说文》。考

"厅"乃分"疾"之偏旁("疾"籀作"疾",详后"廿"下);"曲"乃去"㔟"之上盖;"禿"乃不知《说文》"禿"下称王育说,育即注《史篇》者,其说固从禾也。三字盖陈彭年等妄增,独以必顾氏据《说文》之旧。肉部止"槀"、"槀"二文。籀体"肉"作"𩫖",故"槀"、"槀"之籀皆从𩫖。今脱此。(下略)(68)

𦥑,籀文从介。今本止有"𦥑"字,"𦥑"是大徐新附。据曹宪《广雅·释诂》"𦥑"下《音义》云:"按《说文》即籀文'𦥑'字。"是隋本有"𦥑",其重文作"𦥑",注云"籀文"。今本以籀当篆,误矣。其髟部注中诸"𦥑"字并作"结",盖以本书无"𦥑"改,不知有"𦥑"字存,亦不当作"结"。惟宋本"𦥑"下作"𦥑",是。今毛本亦改作"结"。(下略)(89)

婁,籀文"婁"。从人中女,白声。见《系传》,段氏已据补。按,《集韵·十九侯》《类篇·女部》"婁"下并载此籀文,知铉本原有。秦《绎山碑》《诅楚文》"數"字作"數",左旁即此,惟中稍变。今部末有"婁",毛扆增。(113)

(2)指出逸字产生的原因。《说文》逸字产生的原因很多,郑珍除了在自序中做过总结以外,在考证逸字时也常常论及。比如有一类逸字,其实是"大徐新附而许君原有者",所谓新附字,即徐铉认为"经典相承传写及时俗要用而《说文》不载者"。但郑珍考证发现,部分新附字实为许君之旧。此类新附,《逸字》所载共计禰、詢、誌、㴱、䏮、劇、叵、歙、𩰫、𩰫、駢、㴱、閵、緅等14字。它们亡佚及其被大徐认为新附的原因,分以下七种情况:与别部字相复而删者、经典常用而不得遗漏者、本书偏旁有之而诸部不见者、他籍所引古本《说文》者、他字注义有之而诸部不见者、本书序例有之而诸部不见者、误以重文当篆者,此类例子不胜枚举。此外,还有一些新附字,是徐铉据本书偏旁、叙例、注义新增者,其实都是《说文》原有之字,此类共7字:詔、晥、魋、借、笑、志、綦。

总之,《逸字》一书在探求逸字产生原因、廓清逸字范围方面,有很多创获,是郑珍优于其他清儒之处,我们在第二章将会专门论及。该书虽以逸字的考证为目标,但对于恢复许慎真本、阐发《说文》义例、揭示文字演变规律,都有着独特的参考价值。

三、《说文》新附研究的力作——《新附考》

1. 成书与版本

《新附考》六卷,力在考证徐铉等附益《说文》的 402 字,郑珍在书中对每一个新附字逐一进行考定,"于文字正俗,历历指数其递变所由"。《新附考》一方面考定出许书原有而传本写脱、先秦经典有之而许氏失收、先秦其他典籍有之而许氏不收的字;一方面从时代和源流上,辨明了后世新增的俗字。郑知同于补苴父说、驳正钮说(钮树玉《说文新附考》)亦多所发挥,提高了该书的学术价值。

《新附考》初创于道光十三年(1833),及郑珍晚年,又命子知同重新厘定,知同不仅承父命"广稽载籍,务求确当古字",而且在见到钮树玉《说文新附考》之后"遍揭其违失凡若干事,一一辩诘,各附当条之末"。直到光绪四年(1878)刊刻,历时长达四十多年,《新附考》是郑氏父子两代共同付出心血的《说文》学著作。《新附考》有三种重要的版本:第一种是刻于光绪四年(1878)的姚觐元咫进斋丛书本。第二种是民国二十五年(1936)上海商务印书馆"丛书集成"两册本。第三种是1985年中华书局"丛书集成初编"两册影印本。① 第四种2001年王锳、袁本良两先生点校的《郑珍集·小学》中的《新附考》,此本以商务印书馆影印的咫进斋丛书本为工作底本,以《巢经巢全集》本和《说文解字诂林》本等为主要参校本,是点校水平很高,内容最完整的版本。故我们主要征引王锳、袁本良两位先生的点校本。

2. 编写体例

(1)书前是郑珍的《自序》,序中认为徐氏新附于《说文》的402文非其本意,而是碍于承诺;指出徐氏校定《说文》的两大弊病:"有注为后人加者,外皆意古有矣,不知其正体《说文》具未暇审,如讹变者具注中;至古有《说文》俄空焉亡矣,并有据,若补录,善于醜䶊等而不能。"②而世多以铉本《说文》为许君旧书,导致"乱旧章,迷后学"。虽"好古者矫之",但"又不别其为讹写隶变,概俗之不屑道"。因此,郑珍"乃胪列之。稽诸古,推著其别于汉或变增于六代之际;使《说文》正字,犁然显出。"落款署"道光昭阳大荒落岁壮月郑珍书于巢经巢之东室"。

(2)正文之前列有《说文新附考标目》,类似于检索目录。该标目显示,《新附考》全书共考证了402个新附字所分布的81个部首,并将81部分于六卷进行阐述,最后标注"都记新附四百二文"。各卷中,首先标明卷次,然后排列各部名称,注明该部的字数,隔行缩进一格列出所考新附字。例如:

---

① 杨瑞芳《郑珍〈说文新附考〉研究》,首都师范大学硕士学位论文,2003年,第2页。
② 见郑珍《说文新附考·自序》,王锳、袁本良点校《郑珍集·小学》,2001年,第194页。

卷一

示部　文四

　禰祧袄祚

卷二

言部　文八

　詢讛譜詎誃謎誌訣

(3) 正文行文,所考诸部按《说文》原序排列,对诸部各字逐一考察。《新附考》全书81部,始于"示"而终于"酉",中间有新附字的则列出,没有的则跳过。例如:

禰,亲庙也。从示,爾声。一本云:古文"禮"也。泥米切。此文《说文》原有。说详逸字。(207)

祧,迁庙也。从示,兆声。他彫切。按,古无"祧庙"正字。《周礼》"守祧"注云:"故《书》'祧'作'濯'。"郑司农读"濯"为"祧"。是古止借"濯"字。汉人加作"祧",盖本读敕宵切,故《礼记·祭法》注云:"祧之言超也。"为因声见义也。他彫切乃后世音变。

　　知同谨按,古兆声、翟声之字多相通。《书·顾命》"王乃洮頮水",郑君注云:"洮,澣衣成事。"(下略)(207)

酪,乳浆也。从酉,各声。卢各切。

　　知同谨按,《礼运》:"以为醴酪。"《杂记》:"饮水浆,无盐酪。"《礼记》此字两见,无他可代,恐先秦本有。(下略)(437)

醍,清酒也。从酉,是声。它礼切。按,《礼运》:"醴醆在户,粢醍在堂,澄酒在下。"(下略)(439)

(4) 各部名称在《标目》中已经注明,正文行文中不再标注部首名称。一个部首中的新附字考证完后,直接考证下一部首,中间不以部首名称为界。例如:

祚,福也。从示,乍声。臣铉等曰:凡祭必受祚。祚即福也。此字后人所加。徂故切。按,《左传·隐公八年传》"胙之土而命之士"、《周语》"天地之所胙"、《法言》"天胙先德",此"福胙"古字之见经典者。他书皆改从俗作"祚",汉《帝尧碑》《华山亭碑》及孙根、夏承诸碑皆有"祚",是汉世后出(后凡称汉晋人碑,并见《隶释》《隶续》《汉隶字珈,妇人首饰。从玉,加声。《诗》曰:"副笄六珈。"古牙切。按,《毛诗》"副笄六珈",传云:"珈笄(句),饰之最盛者。所以别尊卑。"笺云:"珈之言加也。副既笄而加饰,如今步摇上饰。"正义云:"珈者,以玉加于笄为饰。"依文义求之,知经传本皆作"加"。(下略)

知同谨按,古通作"哿"。《太玄》"男子折笄,妇人易哿",范望注云:"哿,笄饰。男子有笄,妇人哿之以饰。"此"哿"同是"加"义。足明本加饰于笄,因名其饰为"哿",后易"珈"为专字尔。(209)

芙,芙蓉也。从艹,夫声。防无切。(216)

蓉,芙蓉也。从艹,容声。余封切。按,《说文》"蕳"字、"荷"字注止作"夫容",《汉书》凡"夫容"字皆不从艹。魏晋后俗加。(216)

(5) 每一款目,以所考新附字的正篆为标目,然后先引徐铉注文,再下考语。如:

犝(犝)

无角牛也。从牛,童声。古通用"僮"。徒红切。

按,《周易释文》:"童,无角牛也。《广仓》作'犝'。"知诸家《易》本皆作"童",唯《广仓》乃从俗收"犝"字。大徐云:"古通用'僮'",据《说文》"告"下引《易》"僮牛之告"言之。(223)

眸(眸)

目童子也。从目,牟声。《说文》直作"牟"。莫浮切。

按,《说文》"盲"注"目无牟子",徐说所本。《荀子·非相篇》云"尧舜参牟子"、《周官·小司寇》注云"观其牟子",亦皆作"牟"。加目汉已后字。(257)

(6) 每一款目中,所下按语,除郑珍的外,还有郑知同的按语。知同的按语,在郑珍之后,以"知同谨按"为标志。例如:

贻,赠遗也。从贝,台声。经典通用"诒"。与之切。按,《说文》:"诒,相欺诒也;一曰遗也。"义本明备。"来"下引《诗》"诒我来麰",亦作"诒"。

知同谨按,《诗·雄雉》《天保》传及《谷风》《小明》《思文》《有駜》笺,《考工记·梓人》与《表记》注并云:"诒,遗也。"他处或作

"贻"。经传中多"詒"、"贻"互见,作"贻"皆汉后所改。古亦省作"台"。《尔雅》"台,予也。""予"与"遗"一意。(288)

恎,用心也。从心,合声。苦洽切。按,六朝已前书无此字。唐人诗乃常用之,义为适当。齐梁已来俗语也。"用心"之义本《唐韵》,未详所出。

　知同谨按,钮氏云,《玉篇》无"恎";《广韵》"恎",《集韵》作"念",合也;乞洽切,引《太玄经》"瘶而念之"宋惟幹读。据《诗·正月》"洽比其邻"毛《传》,"洽"训"合",与《集韵》"念"义同,疑为"洽"之俗。今审扬雄好学奇字,"念"字殆亦早有,但非唐已来所用"恎"字义,亦非《唐韵》"用心"之"恎"。(373)

阷,陵也。从𨸏,凡声。所臻切。按,《尔雅》"东陵阷"之文不再见他书。许君所据古本《尔雅》必不从𨸏,故无其字。

　知同谨按,钮氏疑"阷"当是"营"。《汉·志》"北海郡有营陵",本注云:"或曰'营邱'。"应邵曰:"师尚父封于营邱。陵亦邱也。"东陵之名当本"营陵"。《尔雅释文》引《字林》:"阷,所人反。亦与"营"合。不知"阷"与"营"韵部各别,古今皆不同。"所人切"何得与"营"合?舍音韵言文字,近代莫如此君。凡事于古有不可知者,阙之可也,奚必强为之说?(436)

《新附考》乃"征君少作,本有全文,中年自忖其每未审核,且闻钮氏书率典赡,初不欲传;继聆友人数辈誂钮氏动疏舛,晚境再思厘订,而懒于穷搜插架,爰乙去未谠。命子縝䍩许书,广稽载籍,务求确当古字。凡数易稿,征君覆为点定,而后告竣"。这一过程中,"顾其说半为伯更所益"。因此,可以说《新附考》乃郑氏父子"竭两世精能,积数十年攻讨之勤,宜其洞晰及此也"。① 综观全书,有知同所加按语者共计 172 文,约占 42.8%。具体而言,父子二人的按语有三种情形:

一是只有郑珍的按语。此类字共计 230 例,含单字 202 个,连绵字 14 组,约占 57.2%。如:

璫,华饰也。从玉,当声。都郎切。按,《史记·司马相如传》"华榱璧璫",《索隐》引韦昭云:"裁玉为璧,以当榱头。"司马彪云:"以璧为

---

① 见姚觐元《说文新附考·姚序》,王锳、袁本良点校《郑珍集·小学》,贵州人民出版社,2001年,第 195 页。

瓦之当也。"("瓦当"与《韩子·外储说》"玉卮无当,瓦卮有当"同作"底"解。)知古止作"當"字。……又其后义。(212)

迢,迢逓也。从辵,召声。徒卿切。按,"迢逓"、"迢遥"皆超远之意。古当作"超"。《方言》:"超,远也。东齐曰超。"《楚辞·九章》:"平原忽兮路超远。"《九辩》:"超逍遥兮今焉薄。"颜延之《秋胡诗》:"超遥行人远。"即唐以来所言"迢遥"、"迢远"也。《广雅》:"超遥,远也。"尚不作"迢",知改从辵在魏晋后。(235)

二是只有郑知同的按语。此类字共计 65 例,含单字 57 个,连绵字 4 组,约占 16.2%。例如:

嬋,嬋娟,态也。从女,單声。市连切。(409)
娟,嬋娟也。从女,肙声。於缘切。

　　知同谨按,"嬋娟"凡两义。为妇女色美者,古"娟"作"嫚"。《说文》:"嫚,好也。"小徐注即古"娟"字。《上林赋》"柔桡嫚嫚"用之,《汉书》《文选》同字(宋本《文选》讹作"嫚嫚",李注音於圆切可证)。《史记·相如传》作"嬛嬛",古文假借(近胡氏克家据徐、《广》音娟,谓"嬛"亦"嫚"之误。小司马引《广雅》"嫚嫚,容也"。今《索隐》亦讹作"嬛"。说亦有理。)汉人止言"嫚嫚",后叠言"嬋娟",乃制"嬋"字配"娟"。依《集韻》,"嬋"通作"嬗"。所见有作"嬗娟"者。(下略)(409)
勘,校也。从力,甚声。苦绀切。

　　知同谨按,"勘"训"校"本《唐韵》,《玉篇》训"覆定"。据《书·康王之诰》"戡定厥功","勘"训"定"义当出此。古戡胜、戡定字,经典史籍通用"戡"、"钱"、"堪"、"龛"四形,而《说文》四字注皆无其说。盖"戡"、"堪"有别义训"胜"训"定"。勘定书籍,又其后一义也。钮氏依《玉篇》《广雅》"刊"训"定",疑古作"刊"。"勘"与"刊"义同,音韵各别,不可强合也。(431)

三是父子二人都有按语。此类字共计 107 例,含单字 95 个,连绵字 6 组,约占 26.6%。例如:

珙,玉也。从玉,共声。拘竦切。按,《玉篇》《广韵》"珙"并训"大璧"。据《左氏·襄三十一年传》"与我其拱璧"、《老子》"虽有拱璧,以先驷马",古止作"拱"字。

知同谨按,《毛诗》"受小共大共",《传》训"共"为"法",《笺》云:"共,执也。小共大共,犹所执摺小球大球也。"《正义》云:"汤受小玉而执之,受大玉而执之。执主摺班,与诸侯为法,是'小大'即上文'小球大球'。'共'者,执摺之,非玉名。"乃高诱注《淮南子》云:"挚读《诗》'小珙大珙'。"是又傅会《诗》之"共"为执玉而加玉旁。汉时经本已多此等俗字,正如"六加"之为"珈"也。(215)

潺,水声。从水,孱声。昨闲切。(380)

湲,潺湲,水声。从水,爰声。王权切。按,二字两见《楚辞·九歌》,宜为先秦古字,而许君不录。注解依《说文》通例,当于上字云"潺湲,水声",下字云"潺湲也",始合。

知同谨按,《楚辞》中形容叠字,许书阙如,不特此"潺湲"也。若"侘傺"、"崴嵬"、"跮踱",与"暧暧"、"忳忳"、"鬐鬐"等皆无之。又如玉名曰"珵船",名曰"舲风"、名曰"飓池",名曰"瀛"之类亦不载。此非后人改本,原文故已如是。(下略)(380)

此外,若需作进一步说明的,加"又按"补充之。"又按"主要为知同所加。例如:

睚,目际也。从目厓。五懈切。按,"睚眦"之语,始见《韩策》,《史》《汉》通有之。依《汉·孔光传》云"厓眦莫不诛伤",知古止借作"厓"字。

知同谨按,目际之义亦非。《玉篇》:"睚,裂也。"《广雅》:"睚眦,裂也。"《文选·长杨赋》注引晋灼云:"睚眦,瞋目貌。"盖盛怒之容,如《淮南子》所谓"瞋目裂眥"。"眦"亦非本文。(下略)

又按……"眥"为目旁,"厓"为水边,故训"目厓"作譬况语,与"厓眥"字同义异。(257)

(7)逸者详前考,不复言。在《新附考》之前,郑珍曾作《逸字》一书,考证了"《说文》原有而今之铉本亡逸"的165字。其中,部分字被徐铉列之新附。这类字,《新附考》只列徐铉原注,并注明"说详《逸字》",仅个别增加材料详论之。例如:

黰,黑色也。从玄,旅省声。义当用黸。洛乎切。说详《逸字》。(263)

朘,赤子阴也。从肉,夋声。或从血。子回切。说详《逸字》。(263)

勀,尤甚也。从刀未详,壳声。渠力切。说详《逸字》。(266)

歈,歌也。从欠,俞声。《切韵》云:"巴歈,歌也。"按《史记》,渝水之人善歌舞,汉高祖采其声,后人因加此字。羊朱切。按,此本歑歈字,义为手拉相笑,今《说文》脱去。详见《逸字》。

> 知同谨按,"歈"别义训"歌",《广雅》《玉篇》诸书皆然,非巴歈歌专字。据屈子《招魂》言"吴歈蔡讴",知名歌为"歈"在汉高前。"巴歈"者,巴人之歌也,与渝水无涉。《史记·相如传》作"俞",文云:"巴俞、宋蔡、淮南、干遮,四者皆乐歌名。"《集解》引郭璞云:"巴西阆中有俞水,僚人居其上,皆刚勇好舞。汉高募此以平三秦。后使乐府习之,因名巴俞舞。"《华阳国志》亦云:"阆中有渝水,賨民多居水左右,天性劲勇。初为汉前锋陷阵,锐气喜舞。帝善之曰:'此武王伐纣之歌也。'令乐人习学之。今所谓巴渝舞。"盖晋时例以渝水解"巴歈",又易"歌"为"舞",与相如赋文不协。小颜注《汉书》乃全袭其文。大徐知"巴歈"是歌非舞,故此注用其说,变言"采其声"。然"歈"字要非因巴渝而加也。(334)

(8) 未详所出,另行注明,以示读者。例如:

珝,玉也。从玉,羽声。况主切。按,当即"瑀"之别。《左氏春秋·昭三十年》"徐子章禹",《榖梁经》作"羽"。古"禹"、"羽"通,故"瑀"或作"珝",但未见出何书。(214)

3. 说解内容

《新附考》对徐氏新附 402 字逐一论列,其说解体例类似于札记形式,但其考订"究源竟委","缕析条贯","于文字正俗,历历指数其递变所由",具有学术性专著的规模和内涵。其说解内容主要有以下几个方面:

(1) 考辨先秦古文。主要是指出许书失收、错收的先秦古文及其未收的原因。包括以下几种情况:

一是先秦古字而《说文》逸收者。例如:

琛，宝也。从玉，深省声。丑林切。

按，"琛"系古字，《说文》未收。凡经典中字不见《说文》者，多汉魏以来俗改，求之许书必有本字；而亦偶有古文，许君搜罗未尽，十四篇中阙如者。故大徐所附，十九例是俗书，其采自经典者不无一二，为三代正文如此。"琛"字见《诗》是也。庄氏述祖说"琛"古无正体，当依《说文》作"珍"。郝氏懿行则云《诗》用"琛"与"金"韵，若作"珍"则失韵；"琛"与"珍"同训"宝"而音则不同，古必"琛"、"珍"各字。郝说是也。或又谓俗"珍"作"珎"，左旁似草书"罙"，六朝人书"探"、"深"作"扴"、"氵"可证，以"珎"正书之，即成"琛"。说固有理，而古音要不可合。《玉篇》体亦作"瞮"，则益非"珍"矣。(211)

馘，虐也。急也。从虎从武。见《周礼》。薄报切。

按，《周礼》"暴"皆作"馘"，唯《秋官》"禁暴氏"作"暴"。郎瑛云："刘歆尝从扬子云学作奇字，故用以入经。"可知古经原皆作"暴"。"禁暴氏"特改所未尽者耳。然"馘"实先秦所传奇字。《易·系辞》"以待暴客"，《释文》云："暴，郑作'馘'。"郑君易即费氏古文也。

知同谨按，秦《诅楚文》石刻已有"馘"字，樊毅《修华岳庙碑》用其文，许君未收耳。其形当左武右虎，此体误书。今《诅楚文》传刻左旁作"戒"，亦出临摹之过。(270)

梀，梀也。从木，策省声。所厄切。

按，《尔雅》："梀，赤梀。"《诗》"隰有杞梀"毛《传》《说文·木部》"梀"注并本之。"梀"与"梀"并是古名。恐古有此字，许君或一时失收；或《说文》传本写脱。俱未可定。

知同谨按，钮氏据《说文》"樲"训"木，可作大车輮"与《尔雅》郭注"梀，中为车辋"同，谓："'樲'、'梀'音近可通。《玉篇》'梀，丑足、七足二切。短椽，亦本名。'《广韵·一屋》'梀'训'赤梀，木名，桑谷切。'《集韵》'梀，苏谷切。赤梀，木名，可为车辋。'尤为郭注合。"此说误也。"樲"从戚声，古音如"慼"。"梀"从朿声，音近"刺"之入声。故《尔雅释文》"梀，上厄反"、称郭氏"霜狄反"。二字音韵迥异，理无可通。《说文》别有"梀"，从约束之束，"短椽也，丑录切"。《玉篇》《广韵》乃认木名之"梀"为短椽之"梀"，误合为一。(下略)(281)

二是两字叠见错出而许书只及古字者。例如：

荪,香草也。从艸,孙声。思浑切。

按,《庄子·外物篇》"得鱼而忘荃",《释文》:"荃,崔音孙,香草也。可以饵鱼。""荃"即古"荪"字。《说文》"荃"训"芥脆"。"香草"别义,许君未及。(下略)(218)

迄,至也。从辵,气声。许讫切。

按,《尔雅》"迄"训"至"。《说文》"訖"训"止","止"亦"至"也。经典"訖"、"迄"二文互出。"止"、"至"二义错见,古止作"訖"。宋祁校《汉书·扬雄传》引《字林》"迄,至也"。是汉世别增。亦借作"愬"。"哀公问愬乎天下","愬"训"至"是也。(233)

三是非中夏战国时语,许君不录者。例如:

鞾,鞮属。从革,華声。许胿切。
　　知同谨按,《释名》云:"鞾本胡服,赵武灵王所服。"(今本无,依《广韵》引)则"鞾"非中夏所有,战国时胡语,故许君不录其字。(下略)(252)

四是古文有之,而《说文》录其误字者。例如:

栀,木实,可染。从木,卮声。章移切。
按,今《说文》"桅"字即"栀"篆之误。大徐不察,乃别附此文。《韵会》所引小徐本"栀"篆不误。段氏注《说文》已据改正。(276)

(2)先秦其他典籍有之而许书不收的古文。这一类,主要是"所纪异物"之字,郑珍往往会证明其字非后世俗字,并指出许书未收原因。例如:

荀,草也。从艸,旬声。臣铉等按,今人姓荀氏,本郇侯之后,宜用郇字。相伦切。
按,《广韵》"荀"注:"草名。亦姓。本姓郇,后去邑为荀。"徐说所本。
　　知同谨按,《通志·氏族略》:"荀氏有二。本侯国也,晋荀林父以邑为氏。"今考,侯国字作"郇",见《僖二十四年左传》。文王子所封,《诗》所谓"郇伯"。其后以为姓,诚如大徐说宜作"郇"。《桓九年传》"郇侯"作"荀侯",后人所改。《正义》谓《世本》"荀"

为姬姓，晋大夫有荀氏。盖灭之以赐大夫。《竹书纪年》云："晋武公灭郇，以赐大夫原黯，是为荀叔，即荀林父之先。"然则晋荀林父所食邑本故郇国。后以邑为氏，仍当作"郇"。汉时荀为颖川著姓，字例作"荀"，不知何以改从艸。大徐训"艸"，本《山经》："青要之山有草名荀。"为言别字别义。凡《山经》所有异物，许例不录其字。（216）

犍，犗牛也。从牛，建声。亦郡名。居言切。

按，犍牛古止言"犗"。"犍"系后世语，《字林》始收之。若诸犍兽见《山海经》，字本兽名。凡《山海经》所有鸟兽草木虫鱼诸不经见之物，许君例不录其文，亦太史公谓"《山海经》所有怪物予不敢言"之意。（下略）（222）

跎，蹉跎也。从足，它声。徒何切。

按，《楚辞·九怀》："骥垂两耳，中坂蹉跎。"《文选·西京赋》注引《广雅》："蹉跎，失足。"此本义也，故字从足，因用为失时。推原其始，行道蹉跌不得所与，命数差舛不值时，皆差池之意。《诗·燕燕》云"差池其羽"，所以状燕之横斜交错。《传》云："燕之于飞，必差池其羽，非燕飞无此状也。"其义本从"参差"而出。大徐认"差池"为本字，是也；但今经史无用"差池"为"蹉跎"者？岂所见古本有之欤？（239）

膌，肥肠也。从肉，啟省声。康礼切。

按，《山海经》有"无膌之国"，"在长股东，为人无膌。"郭注："膌，或作'綮'。"作"綮"正字。《庄子·养生主》所言"肯綮"，《释文》引司马云："綮犹结处也。"肥肠为筋所结处，故谓之"綮"。肥肠《唐韵》作"腓肠"，《说文》"疋"字注及《广雅》《山海经》注并同。别作"肥肠"，亦见《山海经》注。又名"腨肠"，一作"膊肠"。（263）

（3）**判断指出汉后出字**。许书之后，犹有许多古籍字书，多载古文，郑珍参引历代典籍、碑铭等材料，详细讨论这类字的产生过程，并说明其出现的原因。其中大部分是汉魏六朝的后出字。例如：

邈，远也。从辵，䫉声。莫角切。

按，《诗》"既成藐藐"，即古"邈"字。故《广韵》引《字书》："藐，远也。"王逸《楚辞》注：文汉《杨统》《武班》《薛君》诸碑作"藐"，即"藐"之变。作"藐"见《武荣碑》，本字也。（232）

邋，巡也。从辵，羅声。郎左切。

按,《汉·扬雄传》"杖镆邪而罗者以万记"、《吴志·孙坚传》"分部人兵以罗遮贼状","罗"皆即"邏"字。巡邏者,网罗、罗列义之引申。《众经音义》卷十五"人邏"注云:"力贺反,戍属也。谓游兵,以御寇者也。"佛书尚止作"罗",从辵盖晚出。(235)

麼,细也。从幺,麻声。亡果切。

　　知同谨按,"麼"字古有数文。……又借作"麿"。《汉·班超传》"幺麿不及数子",颜注云"细小曰麿"是也。《众经音义》卷七引《三仓》云:"麼,微也。"是汉世字。(262)

椸,衣架也。从木,施声。以支切。

按,《曲礼》本作"枱架"。《内则》"男女不同椸枷",《释文》:"本'椸'作'枱'。"皆古字也。《说文》:"枱,落也。"谓篱落编木为之。枱架制相似,故得"枱"名。《五经文字》云"枱"(当作"椸"),《字林》又作"枱架"也。经典多以"枱"为之。知本加人作"柂",作"椸"尤后出。(278)

(4) 驳正钮说。因为郑珍生前并未见过钮树玉《说文新附考》一书,这项工作主要归功于郑知同,他对钮说的批评主要是指瑕,由于钮书本身"多纰缪",因此《新附考》书中,知同驳斥的例子很多,兹不赘述。但也有少数地方,知同在自我考证的同时,肯定并参考钮氏的正确意见,表现了其客观评价,辩证吸取的治学态度。例如:

皸,足圻也。从皮。軍声。矩云切。

　　知同谨按,《众经音义》卷十一云:"皸,居云、去云二反。经文或作'龟'。《庄子》有'不龟手之药',注云'其药能令人手不龟圻'。"玄应意以"龟"即古"皸"字。钮氏云:"《说文》'鞼,攻皮治鼓工也',重文作'䩱'。郑注《礼记·祭统》云:'鞼谓䩱磔皮革之官。''鞼'义与'皸'合。从革、韋、皮义同,知'皸'为'鞼'别体。"今审钮说为当。(下略)(254)

翎,羽也。从羽,令声。郎丁切。

　　知同谨按,《众经音义》卷十九云:"毬,鸟羽也。经文作'零'。又作'翎'、'翴'二形,近字也。"玄应意以"零"为古字。钮氏云:"《内则》:'羊泠毛而毧,羶。'注:'泠毛毧毛别聚于不解者也。'《释文》:'泠音零,结毛如氈也。'与《广韵》'毬'训'结毛'合。'翎'、'毬'并'泠'别体。"今审钮说可信。(下略)(259)

在郑珍之前，清儒就对新附字做过大量研究，钮树玉等学者还形成了专著，但就新附字的考释而言，《新附考》对文字的考证尤为精深，不仅旁征博引，而且能够融会贯通，考字水平远超前人。相较于同领域的著作，所考虽然都以《说文》新附字为主，但《新附考》同时还做了大量汉字源流考辨和演变规律辨析工作，这对于新附字研究乃至汉字学的研究都具有十分重要的参考价值。

四、研究《汗简》的首部专书——《笺正》

1. 成书与版本

郑珍《笺正》一书是对五代末宋代初书画家、文字学家郭忠恕（？—977）所撰《汗简》一书的笺释考证，力在明古文源流演变。郑珍作《笺正》的原因和目的，其子郑知同在《笺正·题记》中说："先君子为古篆籀之学，奉《说文》为圭臬。恒苦后来溷乱许学而伪托古文者二：在本书中有徐氏'新附'，在本书外有郭氏《汗简》。世不深考，漫为所掩。自宋以还，咸称'新附'为《说文》，与许君正文比并，已自诬惑；而《汗简》尤若真古册书之遗，眴其奇侅者至推为遭秦所劫，尽在于斯，而反命许书为小篆，何其倒也。……先君子有慨于是，自少壮辄致力潜探确求，所以推本详证，各得所当。先成《说文考附》，随修《汗简笺正》。"①

《笺正》之版本，郑知同题记云："孝达张公总制粤中，开广雅书局，知同幸与纂修。公亟属先成是编，然后始末厘定，画归一律，亲摹其文，校雠无爽，一如传本，付诸厥氏。"可知最早的刊行本，是清光绪十五年（1889）的广雅书局本（四本八卷）。后来的版本，主要有黎氏影广雅书局本、文通书局铅印本、贵州省府刊印《巢经巢全集》本等。王锳、袁本良先生（2001）点校的《郑珍集·小学》本，是以贵州大学图书馆所藏广雅书局本为底本，参校《巢经巢全集》本，是最为精当的本子。本书主要使用王、袁点校本，若涉及《汗简》原书释文内容，则参考引用黄锡全先生（1990）《汗简注释》本。

2. 编写体例

郑氏《笺正》紧依《汗简》原书部次，逐字考证。该书的编写体例，郑珍除了在序言中有所交代外，在一些字条的笺语中往往亦有所披露。例如《笺正》"弌（一）"字条云："薛季宣所注《古文尚书》'一'作此。郭氏所采《尚

---

① 郑知同《〈汗简笺正〉题记》，参王锳、袁本良点校《郑珍集·小学》，贵州人民出版社，2001年，第465页。

书》即据此本。后例称'薛本'。其文合郭氏所载者，例注'同'；字有不同，则加笺考。凡此伪本所用奇古字，细检核之，大半以《说文》、三字石经为主，而别采他书以足之。……后凡属《说文》古字，郭氏或采《说文》，或取《尚书》石经及他家，例先注'古'字，以定其体。郭氏书例，不取《说文》籀体，惟别载他书间有与籀合者，亦例注'籀'字。"(502)这条例子，反映郑珍《笺正》的体例主要有三：(1)《汗简》所谓《尚书》是薛季宣所注《古文尚书》，郑珍笺正称之为"薛本"；(2) 薛本所载古文与释文与《汗简》相合，《笺正》注曰"同"或"薛本同"；(3) 凡《说文》所载古文，无论《汗简》引自何处，笺正时皆注曰"古"；《说文》所载籀文，则注曰"籀"。

除此之外，《笺正》一书的编写体例还有以下一些特色：

(1)《汗简》字头，先检《说文》有无，《说文》若无，则明言无某字；若有则详考之，并指出徐铉增订或他书来源。例如：

㓨：刐。○《说文》无"刐"字。(630)

㓨：剔。○仿古文"遏"作"遜"为之。《说文》本有"髡"无"剔"，徐铉新增。《一切经音义》卷十一云："剔，又作'狢'。"盖汉后字书有之，《义》《云》所本。(630)

今按，《说文》原本无"㓨(刐)"、"㓨(剔)"二字，郑珍据《一切经音义》所引"剔"或作"狢"，认为今本"剔"字为汉以后字书所载，徐铉据以新增。考《广雅·释诂》有："刐，剔也。"又《一切经音义》卷十一云："古文刐、铬二形同。"《说文》有"铬"无"刐"，而"铬"训"髡也"，汉以后字书"刐"训"剔"而谓同"铬"者，盖其或体。

(2) 部首作字头者，不作笺正。郑珍在《笺正》第一个字头"一"下云："后部首形与《说文》同者不复笺，有异乃明之。"(502)这类部首字为数不少，例如：上、三、王、气、丨、屮、艸、八、牛、告、皿、走、止、癶、此、辵、彳、行、宀、瓜、炙、焱、赤、糸、系、且、六、宁、戈、户、刃、韧等部首，字形皆与《说文》正篆相同，遂不复笺。而有与《说文》不同的，郑珍则详考辨之。例如《汗简》"竝(皿)"字，《笺正》云："《说文》'槃'籀文'盤'皿形如此。夏载《汗简》作竝，与石经同。古器物铭文亦有此两形。又作𠔿、𠕁，要止是𠕃之变。凡皿之属皆从皿。"(654)查《说文》"皿"正篆作𧖘，而"盤"字籀文鎜下"皿"即其变体，《汗简》《古文四声韵》收作竝亦皆其变。类似的与《说文》正篆存在差异的字形，《笺正》所释者还有如"≋≋(水)"为《说文》"𡿨𡿨𡿨"横书(875)；"朿(土)"为古文"玉"讹变(514)；"庀(虎)"为《说文》"𧆞"形微异,古文正体为"虐"字所从"㿞"(652)。通过这一体例,郑书对《汗简》所收部首字与《说文》正篆的关系作了沟通。

(3)《汗简》收字归部虽依《说文》原例,但常因字形讹误而至归部不当。凡此类不合《说文》归部体例者,郑珍皆笺正之。细检《汗简》书中,导致归部失误者有多种情况和原因:

有传写笔画讹脱、误增者,例如"㿟(顿)"字,《汗简》在"中"部,但郑珍认为:"形当作'㿟',左从屯……传写脱一笔,郭因误入中部"(518),"顿"字古文字皆从"屯",传抄古文常有讹脱一笔者,遂与"中"形近相讹。又如"㿞(㨰)"字,《汗简》入"耑"部,《笺正》认为此形原作"㲅",右误多一画,故误入"耑"部(733)。

有郭氏误认、误写偏旁而至归部失误者,例如"㿞"字,《汗简》以为"气"字,故归在气部;而郑珍认为是"雾"字,《说文》"氛"或从雨,因此宜入"雨"部(514)。类似的例子还有"㕥(明)"字,《汗简》归入"日"部,而不知"㕥"即"明"部也(705),《说文》"朙"、"㫚"皆"明"部字。而"㿞(冒)"(747)、"㿞(最)"(748)字,本皆从"冃",《汗简》误写从"冖",《笺正》认为皆宜入上"冃"部。

有因上下两部写脱连合而混淆不清者,如"㿞(握)"字,《汗简》归入韧部,郑珍则认为当属"丰"部,因丰部写脱,遂连上以为韧部字(633)。"㿞"形从"韧"不可说解。类似的还有"㿞(昆)"字本是"弟"部字,因"弟"部写脱,遂连上入"韦"部(675)。又如"㦾(幡)"字,《汗简》在"巿"部,郑氏以为"幡"本从"巾"非从"巿",因"巾"部写脱,故误移入"巿"部(751)。

有形近误认者,如"㦾(生)"字,《汗简》归入"生"部字,《笺正》则认为此字为"放"之"敖"字,本从"㞢",当属"之"部字,因其篆形作"㞢",与"生"篆形"㞢"形近,郭氏误认(693)。类似的例子不少,又如"㿞(空)"字(738),《汗简》在"宀"部,盖"宀"、"穴"二部俗书本不别,但其形义本实有差异,"㿞(空)"本从"穴"不从"宀"。《说文》从穴、从宀之字区别明显。

有郭氏分部自乱其例者,一是同一字前后归部不同,例如"㦾(省)"字(717),郑氏以为本从"目"不从"囧",郭氏所收"㦾"、"㦾"皆已入"目"部,"㦾"则入"目"部,前后矛盾。二是目录所载部首与正文部首不同,例如"㦾(乃)"字,郭书目录作"弓",正文部首则作"㦾",并因此释"亦'及'字"(644),郑珍认为当以目录作"弓"为是,且"及"古作"弓",与"乃(弓)"不同。且郭氏以"㦾"为部首以辖"弓"字,恰好前后颠倒,郑珍认为"当互易"(644)。

3. 笺正内容

《笺正》八卷,包括正文前"书目笺正"一卷,正文笺释考证六卷,末《略叙》和《目录》笺正合一卷。每一部分的内容都博引众籍,考证详实。蕴含的内容十分丰富。兹略述如下:

(1) 书目笺正。陈奇先生在论及郑珍对古文的研究时,曾提道:"《汗简》所征引的七十一种古文典籍版本,问题很多。至清代,考据学取得了辉煌成就,具备了对这些版本作一番辨正工作的条件。"①郑珍《笺正》一书,首卷即详考郭书所引典籍,所谓"抉其底蕴,为之笺正"。对71种书目,逐一考证其版本真伪、流传演变情况以及郭忠恕从该书采录古文的情况,从而辨明了古籍流传所存在的伪本、讹本、误本等具体问题。

例如魏《三体石经》,乃邯郸淳于曹魏正始元年用古文、小篆、隶书三种字体书经刻石而成。后原碑毁,至宋代,洪适《隶续》收录其石经遗字凡819,其中古文307。然"其文颠倒错乱,罕成文理"。据清孙星衍考证,《隶续》古文字体"不过十五不背《说文》,时有省变,亦多杂谬体"。而《汗简》录石经古文,依据的"马氏家藏开元所得《春秋》一十三纸",据郑珍较之于《隶续》:"十九皆在,可知所谓'《春秋》一十三纸'仍是《春秋》《尚书》两经遗文,其本亦必似《隶续》差舛无文理"。因此,《汗简》据以收录的古文亦常存在讹误,不可尽信。

(2) 正文笺正。对《汗简》正文的笺正,主要工作是对古文字形的考订,同时对汉字的音、义也多所考证,对相关古籍文献也时有校勘。就字形笺释而言,包括甄别字形正误、甄别古文真伪、鉴定原书释文、考证古文出处等几个方面。

例如《汗简》体例,字头之后,先出"古文"字形,然后"于本字之下直作字样之释,不为隶古,取其便识"②。但其中却常有"释文与字头古文不相符合"者,有的是《汗简》释误,有的则是传抄《汗简》时写误。郑珍笺正《汗简》,逐字论列考证,不但理清了以异体、假借字为"古文"的情况,还根据他书所载,校理了释文中的脱注、误释。例如"🐎(满)"字,郑珍《笺正》云:"中从古文'馬',隶写即是'圛'字,《玉篇》囗部有'圛',音縶,盖🐎之隶变。🐎从口绊马足,作隶即不便于四点中加口,因改作此体。误认作'满',不知自《义云》抑自郭氏。至从古文'馬'作之,则郭氏也。"(698)依郑珍所言,

---

① 陈奇《郑珍对古文的研究》,《贵州文史丛刊》1987年第2期,第115页。
② 郭忠恕《汗简》原序,见王锳、袁本良点校《郑珍集·小学》,贵州人民出版社,2001年,第464页。

《说文》"禹"字正篆作"󰀀",或体作"󰀁",与"圂"构形有别。而《玉篇》误以"圂"字为"禹","圂"实则从口馬声,而"满"字明母元部,与"圂"双声。此类字是《汗简》因不明字形而误认。

《笺正》一书,显示了郑珍在疏证古文、校勘文献方面所做的努力,从今天我们对这些字形和文献的重新审视来看,郑珍的很多结论都是值得信从的。在郑珍之前,清儒虽研究金石文字,但尚未如郑珍一样以专书为对象,对古文和古籍进行系统的考证校释,他的研究成果显示着清代文字学和文献学的发展与进步。正如陈奇先生所评:"随着历史的推移,古籍的翻刻以及随之而来的版本贻误,在所难免。正确的态度是在研究工作中采取审慎态度,多方参阅考校。各个历史时代的学者们,在当时的历史条件下都能做到有所校正,又有所不能校正。郭忠恕已经作过一番努力,郑珍在他的时代又有所进步。"①

五、辞书式的训诂学专著——《亲属记》

1. 成书与版本

《亲属记》二卷,是郑珍在考释文字、解读经义之暇,为"阐述礼经记载中历代宗族亲属称谓"而"考证其源流演变"的著作,书名取自孔壁中《亲属记》一种。《亲属记》刊行于光绪十二年(1886),郑知同与陈矩共同"补缀"而成。较之历代辑录亲属称谓的古籍,《亲属记》"内容集中,阐释引证极为周详;精通古礼,长于文字声训,在辨异同、订违失上,颇多可取"。与《亲属记》差不多同时问世的还有梁章钜《称谓录》,二书并称于世,但《亲属记》在收录亲属类称谓方面更为详细系统。《亲属记》是考察郑珍训诂学成就和贡献的重要语料。

《亲属记》问世后一百余年间,其"主要版本依次为贵阳陈氏刻本、《广雅丛书》本、《巢经巢全集》本、中华书局1996年标点本"。时间最早的是贵阳学者陈田、陈矩兄弟所刻"陈氏刻本",在陈钜为《巢经巢全集》本所作"跋"中提到,称"(陈氏刻本)上卷开雕于光绪丙戌十二月(1887年1月),完工于丁亥九月(1887年10月)"。又称"下卷余已补缀成书矣,付之钞胥,不慎于火,为荧惑下取。数月心力,灭没于烟焰中"。可知"陈氏刻本"不久便只遗存上卷,并且亦很难见到。

《广雅丛书》本署有"光绪壬辰孟冬广雅书局校刊",即1893年11月。此时,正值郑知同在广雅书局谋事,于是对"陈氏刻本"开始全文校订,然后

---

① 陈奇《郑珍对古文的研究》,《贵州文史丛刊》1987年第2期,第116页。

在《广雅丛书》中增加《亲属记》二卷。但内容上,《丛书》本仅收有直系亲属称谓词,而旁系亲属称谓则缺收多半,只是将"陈氏刻本"所存一卷析分为二卷,亦非全卷。至1929年,赵恺纂修《续遵义府志》时,又从陈田、陈矩兄弟处得到原刻《亲属记》的补订本。这个本子的第二卷所收即旁系亲属称谓,是比较接近郑珍原著二卷本《亲属记》的,后来被收进《巢经巢全集》,正可补全《广雅丛书》本之所缺。但1996年中华书局所出标点本,却是根据原广雅书局校订本,因此内容也不完整。2001年,王锳、袁本良两位先生点校的《郑珍集·小学》收录《亲属记》二卷,以《巢经巢全集》本为工作底本,以《广雅丛书》本为参校本,并逐条核对正文,正文前附有《点校前言》和该书序、跋,词条之后又作了校勘记,是目前最为精善的《亲属记》本子。

2. 编写体例

《亲属记》以全面收录亲属称谓词为目标,各词条详加疏解,在编写体例上:

(1) 首先,全书两卷,第一卷收录直系亲属称谓,第二卷主要收录旁系亲属称谓,分类明确。从"类目"上看,第一卷主要收录了"父"、"母"、"父之父母"、"祖之父母"、"妻"、"子"、"女"、"孙"、"曾孙"等类别称谓,都属于以"己"为中心,上下各追述数辈的直系亲属称谓。第二卷则收录了"兄"、"姊"、"父之兄弟"、"兄弟之子"、"祖之兄弟"、"母之父母"、"母之兄弟"、"母之姊妹"、"妻之父"、"妻之兄弟"、"妻之姊妹"、"夫之父母"、"夫之兄弟"、"夫之姊妹"、"婚"、"姻"、"婿"等类别,都属于以"己"为中心所述旁系亲属称谓。此外,《亲属记》卷末还附带收录了"奴"、"婢"、"家眷"、"宗族"、"师"、"生"等几类社会称谓。

(2) 其次,设立"类目"①以辖各类词条。无论直系、旁系亲属,《亲属记》先对每一类称谓设立了一个类目来囊括所收词条,类目与其所辖词条,并不是同源词或同词异写的关系,而是称谓意义相同的一类词。例如:

父曰翁、曰公、曰叟、曰爸(捕可切)、曰奢(正奢切)、曰爹(屠可切)、曰爺(以庶切)、曰尊老、曰莫贺、曰郎罢。殁曰考、曰皇考、曰显考、曰先公、曰先君、曰先子、曰亡考、曰先君子。在庙曰祢。(1082)

母曰媪、曰媓、曰媞(承旨切)、曰姐、曰䭾、曰社、曰妣(衣遇切)、曰嫳(卑结切)、曰嬭(奴礼切)、曰妈(莫补切)、曰孃(女良切)、曰嫛、曰

---

① 曾昭聪《郑珍〈亲属记〉论略》(《贵州文史丛刊》2011年第4期)称为"提要",为便于分析和表述,我们称之为"类目"。

媺（弥计切）、曰负、曰家家、曰驰八、曰尊上。殁曰妣、曰皇妣、曰显妣、曰先妣。（1087）

兄曰伯氏，曰伯兄，曰尊兄，曰荒，曰哥。其妻曰嫂、长嫂，曰巨嫂，曰邱嫂。弟曰仲氏，曰仲公。其妻曰新妇。兄弟曰同产。【陈补】尊兄下，曰阿兄，曰况。【陈补】同产下，曰同胞。

其中，父、母、兄都是"类目"，其后所辖皆该类目中的词条，从中亦可看出，各类目辖词数量并不相同，多则数十条，少则一二，这与该"类目"称谓的社会地位、亲疏关系是相关的。值得注意的是，各"类目"之间也存在亲疏远近和意义上的关联，一般而言，前后相依的两个"类目"及所辖称谓关系更近。例如类目"母曰……先妣"下，先后系联了"父之前妻"、"父之后妻"、"父之出妻"、"为父命母己者"、"庶母"、"父妾"、"他人妇养己者"、"他人妇保抱而不乳哺者"、"庶母或他人妇为父使教己者"等10个称"母"的小类。这种编排方式，不但系统收录了同类亲属称谓词，还能对每一类称谓之间的关系、意义区别作出考释，从而构建出整个亲属称谓系统。

（3）最后，词条考证。《亲属记》既从历代典籍中搜集亲属称谓词条，又依靠古籍所载来考释这些词汇，从而辨明这些词汇的形、音、义，以及在古籍中的使用情况。例如：

【嬢】《玉篇》："嬢，母也。"《古木兰诗》："不闻爷嬢唤女声。"杜子美诗："耶嬢妻子走相送。"苏轼《龙川杂志》："仁宗谓刘氏为大嬢嬢、杨氏为小嬢嬢。"按，"嬢"与"娘"字虽同读女良切，《篇》《韵》"娘"训少女之貌，而俗称母作娘。如《南史·竟陵王子良传》："子良曰：'娘今何处，何用读书？'"《北史·韦世康传》："世康与子弟书曰：'娘春秋已高，温清宜奉。'"《隋书》太子勇语卫王曰："阿娘不与我一好妇，亦是可恨。"皆通用"娘"字，其相混盖久。（1089）

今按，据郑珍所考，汉魏以来称母本作"嬢"，与"嬢"同音的有一个"娘"字，《篇》《韵》等文献收"娘"皆训"少女之貌"，俗用则亦作称母之谓。郑氏认为汉魏以来典籍称母皆通用"娘"，与"嬢"相混已久。从郑氏所引《篇》《韵》《隋史》《南史》《北史》等文献来看，二字混用汉魏以来已经开始，而唐宋时期"皆通用'娘'字"，这一结论是否正确呢？张涌泉先生考证认为："'娘'本指少女，引申指妻子、主母等，六朝碑刻中已多见用例，而'嬢'指母亲，可靠的用例唐代初期始见，二字用法本有严格区别；大约晚唐五代开始，表母称的'孃'亦或写作同音的'娘',才出现了二字混用的情况;到了宋元以后,二字的用法就完全混淆了。"①可证郑珍所考是大致准确的。

又如:

【家】《北史·南阳王绰传》:"绰兄弟皆呼父为兄兄,嫡母为家家,乳母为姊姊,妇为妹妹。"又琅琊王俨既诛和士开等,后主使人召之,俨曰:"士开谋废至尊,剃家家头使作阿尼,臣故矫诏诛之。"后主见兵不解,启太后曰:"有缘更见家家,无缘永别。"按《四朝闻见录》云:"宋高宗欲以宪圣吴氏为后,谓之曰:'俟姐姐归,当举行。'"此姐姐指其母韦太后,姐姐、家家为一音之转。(1090)

【家】《周官·媒氏》:"司男女之无夫家者而会之。"夫、家对文,家谓妻也。《诗·芄楚》:"乐子之无家。"《左传·桓公十八年》:"男有家,女有室,毋相渎也。"又《僖公十五年》:"侄其从姑,六年,其逋逃归其国而弃其家。"杜注:"家谓子圉妇怀嬴。"(1104)

今按,上引两例"家"字,是古代亲属称谓中的一个多义词。第一例"家"是嫡母之称,第二例"家"则是"妻"之谓。据郑珍所考,称母之"家"为"姐"之一声之转。"姐"本为母称,《亲属记》"姐𡡉"条云:"《说文》:'蜀人谓母曰姐,淮南谓之社。'《广雅》:'𡡉姐,母也。'……'𡡉'、'姐'为一字。"(1088)"姐"或体作"𡡉",皆方言母亲之称,"家"其音转,汉魏以来亦作母称。而"家"称妻则是上古汉语常用词。"家"本义为住所,《说文·宀部》:"家,居也。"后因男子为一家之主,引申指"夫",《字汇·宀部》:"家,妇谓夫为家。"《左传·桓公十八年》:"女有家,男有室。"皆其例。而据郑珍所考,"家"亦指妻,所引《周官》《诗》中例皆可证,又其所引《左传·桓公十八年》作:"男有家,女有室。"与今本《左传》形成异文,亦可知"家"古既指夫,也可指妻。

通过上述方式和体例,郑珍对历代亲属称谓作了汇录和考释,在考证此条时,郑珍引用参考的文献典籍包括《左传》《韩非子》《南史》《北史》《隋书》等史籍,以及《方言》《广雅》《说文》《篇》《韵》等汉魏以来语文辞书,从而考清了亲属称谓词的源流及其时代性。

值得一提的是,今天能看到的《亲属记》本子,除郑珍正文所收词条外,还有清末贵阳学者陈矩补缀的词条,陈氏所补依亲属称谓之类别、意义,分

---

① 张涌泉《说"爷"道"孃"》,《中国语文》2016年第1期,第93页。

别附在郑珍原书各类词下,《亲属记》全书由陈矩补缀者,共计 62 词。并且每一条亦仿郑书之体例,有类目、小类和考证。例如原书类目"母曰……先妣"下"陈补"云:"母下曰㜷、曰媎、曰姁、曰䘈迷、曰米、曰阿摩敦、曰先亲。"(1087)又如类目"妾曰小妻……曰养"下"陈补"曰:"妾曰小妻下,曰嫈,曰旁妇。"(1106)除了补充亲属称谓词条,陈矩在校补过程中,有时也会对郑珍的考语续作补正。如"尊上"条,郑珍考云:"《宋书·何子平传》:'尊上年实未八十,亲故所知。'按宋人称父曰尊老,母曰尊上。"(1091)陈补云:"按《南史》,尊上实顾觊之称子平之母,此当列入称人之父母下,而移尊老于此。又按《南史·郭原平传》:'瑶乃自往,曰:今岁建安棉好,以此奉尊上下耳。'则'尊上'系人称无疑。"(1091)于"尊上"一词的意义源流说解更为详细。

3. 主要内容

《亲属记》是收录古代亲属称谓词的专书,其主要内容是梳理并考证古今亲属称谓词。我们据现有版本统计,《亲属记》全书共收有 106 大类亲属称谓,辖词总计 606 条。按照全书编排体例,分为上卷直系亲属,下卷旁系亲属,由于在收词上具有系统性,考证上具有历时性,《亲属记》为我们完整呈现了古代汉语亲属称谓词汇系统及其历史演变。自《尔雅·释亲》首次收录古代亲属称谓以来,亲属称谓不仅随个人地位和辈分的不同而产生不同的称谓方式,其体系也随着亲属称谓词汇系统的新陈代谢而不断发生变化。

即以《亲属记》为例,其主要内容就可以分为直系、旁系、姻亲、宗族四个大的方面,这里,以亲属称谓中的"自己"作为出发点,对《亲属记》的称谓系统作静态梳理和描写。

(1)直系亲属。指与自己具有直接血统或婚姻关系的亲属,包括祖孙、父子、母女、夫妻等关系。《亲属记》中,以"自己"为中心,直系亲属体系的主线可归纳为:祖/祖母(及以上)→父/母→自己/妻→子/子妻→孙/孙妻(及以下)。在这一体系中,《亲属记》对每一辈分的亲属称谓词作了整理与考释。从收词角度看,"祖/祖母"辈还可以向上追述数辈,例如"祖之父母曰曾祖父曾祖母,曰曾祖王父曾祖王母,曰曾大父曾大母。殁曰皇考皇妣"(1099)、"曾祖之父母曰高祖父高祖母,曰高祖王父高祖王母。殁曰显考显妣"(1100)是由"己"而上四辈亲属称谓,从第五辈起,由于辈分太远,且大多已不在生,故使用统称,如"由曾祖而上统谓之曾祖高祖,由高祖而上统谓之远祖,或谓之先君。连己身或不连己身上数之,各视其数谓之几世祖"(1101)。而"孙/孙妻"辈也可以向下追述数辈,例如"子之子曰孙,孙之子曰曾孙,曾孙之子曰玄孙,玄孙之子曰来孙,来孙之子曰罢孙,罢孙之子曰仍孙,仍孙之子曰云孙"(1118),由"己"往下,共追述了七辈亲属称谓。亦使用统称,如"又自曾孙以下皆曰曾孙,曰玄孙,亦曰裔孙"(1118)。

(2)旁系亲属。是与自己存在间接血缘关系的亲属。《亲属记》中,以"自己"为中心,旁系亲属体系的主线可归纳为:祖之兄弟姊妹/祖之兄弟之妻(及以上)→父之兄弟姊妹/父之兄弟之妻→己之兄弟姊妹/兄弟之妻。在这些亲属称谓中,除了辈分一般向上或向下追述三辈以外,为清楚表述有些亲属关系,往往会冠以具有特定汉语的亲属称谓语素。例如《亲属记》中:"祖之兄弟曰从祖祖父、从祖祖母,曰从祖王父、从祖王母,视行次加伯叔,又曰堂伯祖。其子曰从祖父、从祖母,又曰同堂伯叔父、同堂伯叔母。其孙曰从祖兄弟姊妹,父曰再从兄弟姊妹。其曾孙曰从祖兄弟之子。"(1130)是冠"从"的亲属称谓。姚权贵研究认为:"语素'从'的基本含义是'从某而称谓',它是比'族'小一级的称谓单位,只限定在连己之兄弟房的四代亲属关系内。"①而更高一级描述旁系亲属称谓的语素就是"族",《亲属记》云:"曾祖之兄弟曰族曾祖父、族曾祖母,视行次加伯叔,曰族曾某祖某,又曰族曾王父、族曾王母。其子曰族祖父、族祖母。其孙曰族父族母,亦皆视行次曰族某祖、族某父。其曾孙曰族兄族弟,又曰三从兄弟。其玄孙曰亲同姓,曰族子。"(1131)对比"从"的基本含义可知,"族"是在超越"从"所能限定的辈分之后,对旁系亲属的称谓方式,即超过"己"之四辈后,就视为同族,因此用"族"来称谓这些亲属。

可见《亲属记》通过收录直系、旁系亲属,来共同呈现古代汉语的亲属称谓系统。在这个系统中,不仅每一类称谓表达着相应的亲属关系,同时能看出其中的亲疏远近,比如以"自己"为中心,直系亲属中关系最近的是"父/母→己/妻→子/妻",而旁系亲属中关系最近的是"父之兄弟姊妹/父之兄弟之妻→己之兄弟姊妹/兄弟之妻"。

(3)姻亲关系。指的是由婚姻关系而形成的亲属关系。《亲属记》中,以"自己"为中心,姻亲称谓体系的主线可归纳为:母之父母/母之兄弟姊妹→己妻之父母/己妻之兄弟姊妹→子妻/女夫及其父母兄弟姊妹。这一体系的亲属称谓主要用语素"外"来描述,《亲属记》云:"母之父母曰外祖父外祖母,外王父外王母,曰外大父外大母,曰家公家婆,曰外公外婆。祖曰外曾王父外曾王母。伯叔父曰外伯叔祖父母。"(1139)"外"本有疏远义,《说文·夕部》:"外,远也。"用于亲属称谓,主要指与"己"族存在婚姻关系的外

---

① 姚权贵《汉语冠"从"亲属称谓的体系及其词汇分析》,《中国语言文学研究》,2017年春之卷,第44页。

族、外戚,包括母族、妻族,以及姐妹、女儿出嫁后形成的亲属等。此外,《亲属记》在姻亲关系的亲属称谓系统中,还专门对什么是"婚"、"姻"及其关系作了阐释:"婿之父曰姻,妇之父曰婚,妇之父母婿之父母相谓曰照婚姻。妇之党曰婚兄弟,婿之党曰姻兄弟。"(1159)

(4)宗族关系。主要指同宗、同族的亲属。《亲属记》在收录古代亲属称谓时,非常注重古代"宗族"制度,并且对"宗族"类亲属称谓作了具体的考证。例如:"世嫡继始祖者曰大宗,嫡继高曾祖祢者曰小宗,皆曰宗子列,同曰宗兄弟,不同止曰宗子,其妻曰宗妇。"(1134)又比如:"同高祖亦曰六亲,曰同族。族内外通曰亲戚。"(1136)又如:"同姓无服者曰疏属,曰同宗,曰宗人。列同曰始族兄。"(1138)

上述四个方面是《亲属记》的主要内容,郑珍不仅对古代宗族、礼法有深刻的把握,从而对古代亲属称谓作出准确阐释;并且通过系统整理亲属称谓词汇,既对"婚"、"姻"、"内"、"外"、"从"、"堂"、"表"、"宗"、"族"、"亲戚"等语素所表达的亲属关系作了界定和考据,并且从历时和共时角度,对《尔雅·释亲》以降古代汉语亲属称谓系统的发展演变作了梳理。此外,郑珍对每一条亲属称谓词所作的考证,不仅有助于汉语亲属称谓的溯源讨流,还能为相关辞书编纂,以及进一步的理论研究提供语料。

六、精研三礼的结晶——《仪礼私笺》

郑珍所服膺的许(慎)、郑(玄),皆东汉经学大儒,郑珍致力于此二家之学几三十余年,因此他一生之学术概为两端:一者《说文》,二者"三礼"。郑珍精通三礼,有不少撰述,这些经学成果与其所治小学相辅相成,而很多的经学考证与其小学研究亦相互贯通。郑珍研究三礼最具代表性的成果是《仪礼私笺》。

1. 成书与版本

《仪礼私笺》八卷,是郑珍毕生经学研究的代表作品,一经问世,便受到学界士林的广泛认可,即使在有清一代经学大兴、著述如林的大环境下,亦占有重要地位。关于《仪礼私笺》的版本,据张超人《郑珍〈仪礼私笺〉研究》(2015)考察,主要有同治五年(1866)成山唐氏刻本、广雅书局本、《皇清经解续编》本、《黔南丛书》本、《巢经巢全集》本、清抄本、清稿本等版本[①],后面几种版本大多是据唐氏本翻刻。以王锳先生为代表的学者曾对郑珍所著四部经学著作做过点校工作,其中《仪礼私笺》一书由李华年先生(1991)点

---

① 张超人《郑珍〈仪礼私笺〉研究》,贵州师范大学硕士学位论文,2015年,第19—23页。

校,该书即以唐氏本为工作底本,其他版本作参校,是比较完善的本子。

2. 体例与内容

《仪礼私笺》今存八卷,是郑珍研习《仪礼》及郑玄注的成果,因中年丧乱,郑珍未及对《仪礼》全书加以笺释,内容仅概及《仪礼》之四篇,其中卷一、卷二为《士昏礼》,卷三为《公食大夫礼》,卷四至卷七为《丧服》,卷八为《士丧礼》。全书讨论经义共计106条,每条长者数千言,短者20余字,内容涉及礼学、经学、小学等相关领域的问题。

《仪礼私笺》的编写体例,首先是以《仪礼》经文原句为条目,然后经文下首列郑玄之注,注文则以郑珍按语形式加以考释论证。例如卷二《士昏礼》:

庶妇,则使人醮之,妇不馈。

注:庶妇,庶子之妇也。使人醮之,不飨也。酒不酬酢曰醮。亦有脯醢。适妇酌之以醴,尊之,庶妇酌之以酒,卑之,其仪则同。不馈者,共养统于适也。

按,同使赞者礼妇耳,礼适妇亦无酬酢,以庶妇用酒与适用醴异,斯谓之醮也。妇挚见舅姑,则舅姑礼之;妇盥馈舅姑,则舅姑飨之。礼与飨各有所因,截然两事。妇不分适庶,无不见舅姑者,因无不礼之者。故虽舅姑已没,而妇既奠菜,以象生时之见,犹必老醴妇房中,以象生时礼之也。若庶妇既不盥馈,因亦不重以飨礼矣。注以经言庶妇之异于适者,独不养未着,故因醮并明之。文于庶子之妇下云"使人醮之,不飨也"者,犹云庶子之妇,使人醮及不飨也。原非以不飨释醮,《疏》谓"以醮替飨",非也。盛氏世佐乃并斥《注》为误,其不明《注》意,与《疏》同。(80)①

此外,《仪礼私笺》在体例内容上还有以下特色:

(1)申明郑注之隐义,补充郑注之未足。郑玄《三礼注》简奥,许多注文极为简略乃至于隐晦,读之往往难得其真义,后世治礼者往往备感其乏,甚至造成对经文、注义的误读、误解。郑珍以"善读经,尤善读注"著称,据郑知同的回忆,郑珍对于注文的一言一事,往往"思之数日不识所谓,始亦讶其不合,迨熟玩得之,觉涣然冰释"。②

---

① 李华年点校《仪礼私笺》本,见王锳等点校《郑珍集·经学》,贵州人民出版社,1991年,第170页。本书引《仪礼私笺》例证,皆出自此版本,引文后直接加括号注明页码。
② 郑知同《仪礼私笺·序》,见王锳等点校《郑珍集·经学》,贵州人民出版社,1991年,第170页。

例如卷一《士昏礼》曰:"主人筵于户西。西上,右几。"郑玄注云:"筵,为神布席也。"贾公彦疏仅曰:"云'筵,为神布席也'者,下文礼宾云'彻几,改筵',是为人设席,故以此为神席也。"贾疏虽然结合下文,解释了郑注"为神布席"的合理性,但"神"究竟指何神? 贾氏未言明。郑珍乃考证指出:"神,祖父之神也。"并引用郑玄《驳五经异义》里相关文字作为证据:"卿大夫无主几筵以依神,故少牢之祭,有尸无主。布席讫,主人将以当行之事告,凡六礼皆然,使若祖父临之。"(60)其义乃明。

又如同卷:"妇乘以几,姆加景。乃驱,御者代。"其中"御者代"三字,郑玄仅曰"御者乃代壻",贾疏更只字未提。而郑珍相加考释云:"此车,夫家所供御,以来迎者为夫家之人,今若御妇,殊碍,代御者,当是女家之子弟。"(62)

又如:"壻乘其车,先俟于门外。"郑玄注只言"俟"为"待",门外为大门之外,其旨难显,郑珍补充考云:"壻授綏于代者,即下车出大门外,乘其车先发,诸从壻者亦随之而发。及己家大门外,其赞壻者及妇人讶者,亦当同俟。"(62)皆一语中的,洵为郑注之功臣。

(2) 评议诸家之歧说,维护郑义之确凿。《仪礼私笺》广泛征引魏晋以来各家解经之说,其中颇有不同于郑玄注者,郑珍则通过考证,排除异议,维护郑注之义,所谓"于古今聚讼之地,必研究康成立说之所以然,穷源导款,见为凿不可易而后已焉"①。

例如卷六《丧服·大功九月章》曰:"为夫之昆弟之妇人子适人者。"郑玄注曰:"妇人子者,女子子也,不言女子子者,因出见恩疏。"晋人陈诠不同意郑说,他认为"妇人子"三字指的是两个人,其言曰:"妇人者,夫之昆弟之之妇;子者,夫之昆弟之女子子适人者,此是二人。先儒以'妇人子'为一人,此既不语,且昆弟之子妇复见何许也?"清初著名学者徐乾学(1631—1694)也认为陈诠之说较郑玄为优。而郑珍则直斥:"其说新而实非。"他从全经文例出发,对郑玄注作了补充考证:"经称'妇人',此条外凡四见,皆与'丈夫'对举,为男子、女子之称,则此'妇人子'亦犹女子子耳。注义原确。"进而指出陈诠说法之荒谬:"若是侄妇,曰昆弟之妇可也,今曰'昆弟之妇人',反不语甚矣。世叔父母为侄妇之服,经皆不见。必以此为服昆弟之子妇,世叔母见矣,世叔父服之又见何许乎?"(128—129)

又卷一《士昏礼》:"宾升西阶,当阿,东面致命。"郑玄注:"阿,栋也。入

---

① 郑知同《仪礼私笺·后序》,见王锳等点校《郑珍集·经学》,贵州人民出版社,1991年,第169页。

堂深,示亲亲。今文'阿'为'庪'。"郑珍进一步笺释云:"男女非受币不交不亲,礼至纳征,始昏定而受币,甫行采择,尚不为亲,何亲亲之有?所谓'示亲亲'者,盖女家于六礼皆为神设席,使若祖父临其礼者然。而其神位在阿之后,后楣之前,使者当阿致命,其意壹似亲近几筵,令主人之亲闻之者然,所以示亲近主人之亲也。不然,主人在阼阶上,宾乃深至栋下,以致来命,何为哉?此康成所以必从古文也。或以栋下与主人南北甚相悬,庪,或别名为阿,当从今文,安知郑义!"(61—62)这里,郑珍解释了郑玄注中"示亲亲"三字的本意为"示亲近主人之亲",因而对一些人不同意郑玄从古文的观点进行了有力驳斥。

(3) 利用小学方法考辨经义之疑难。精研小学,以字通经,是清儒治学的鲜明特色,郑珍亦是其中的代表之一。他笺释《仪礼》的过程中,表现得尤为突出。亦正是因为能发挥小学之特长,才使得他的经学考证每每批隙导窾。

例如卷八《士丧礼》:"握手,用玄,纁里,长尺二寸,广五寸,牢中旁寸,着组系。"郑玄注:"牢读为楼,楼谓削约握之中央,以安手也,今文楼为缪,旁为方。"郑珍进一步考释云:"握手,笼手之指掌衣也。《说文》'握,搤持也',手指散,以此具握之则附固,故名'握手'。《释名》谓'以物着尸手中,使握之',非其义。用玄为表、纁为里,则是夹者,'着'与上幎目之'着'同,以绵褚其中也。"又按曰:"'牢'与'楼'同声,故古文假牢为楼,今文以其义与上鬠笄之'缪中'同是两头宽中央狭,故书作一例,亦以'楼'、'缪'声相近也。凡言'楼'者皆有收敛之意,《诗》'式居娄骄',娄,敛也。从手之'搂',《尔雅》训'聚也',聚亦敛意。从木之'楼',是重屋,而屋之再重、三重者,必渐敛狭而上,是所以名'楼'者,正以削约得名,字与搂通。故《尔雅》'楼'本或作'搂'。(见《音义》)或谓此'楼'必本从手,未观其通。今文'旁'作'方',古'方'、'旁'通用,而作'旁'于义尤明。"(158—159)郑珍先引《说文》与《释名》确诂"握手"之义,然后综合运用声训、形训方法发现了凡古音读如"楼"者,皆有"收敛"之意,并引《诗经》《尔雅》之古注为证,可谓发前人所未发。

又如同卷:"主人髺髮,袒,众主人免于房。妇人髽于室。"郑玄注:"髺髮者,去笄纚而紒。众主人免者,齐衰将袒,以免代冠。冠,服之尤尊,不以袒也……今文'免'皆作'絻',古文'髺'作'括'。始死,妇人将斩衰者,去笄而纚,将齐衰者,骨笄而纚。今言髽者,亦去笄纚而紒也。齐衰以上,至笄犹髽。髽之异于髺发者,既去纚而以发为大紒,如今妇人露紒,其象也。"郑珍笺释云:"括髪、免、髽三者,皆去笄而露紒之名。("紒"即"髻"字)特男子称括髪、免，妇人称髽，以相别耳。……括髪者，犹云束髪，《说文》：'括，絜也。'（絜，《说文》'麻一端也'。一端犹一束，故'缪'训枲之十絜，'絮'训絜缊，则'絜'是'束'义，凡物圆束而量之，即曰'絜'。贾子'度长絜大'，《庄子》'絜之百围'，皆是也。）'絜'束其散漫者，则物皆总会其中，结髪亦然，故称括髪，省文则止称括。以'括'与'会'声同，有称'会'，《庄子》'会撮指天'是也。以其总髪，故又称'总'。此经'括笄'、'括用组'，记'括无笄'，古文皆止作'括'，今文以是死者束髪，别用'会'，而从彡作'髺'，为尸髺专字，犹之古文作括髪，今文改从彡作髽，以为丧髻专字耳。髺，《周礼·弁师》注引文又从手作擓，要皆由'括'字增变。"（163—167）对于《仪礼》经文中用"括髪"、"髺髪"、"髽髪"等丧礼专用词汇，郑珍认为所谓"括髪"就是"束发"，并引《说文》之释义和《庄子》文句为证，因"括"与"会"古音相同，故衍生出"髺髪"、"髽髪"等不同表达，又补充《周礼注》之引文为佐证，令人信服。

《仪礼私笺》作为郑珍精研三礼的结晶，充分体现了他的广博学识和精湛学术，不仅廓清了不少前人遗留下来的谬说与偏见，还为更好地阅读和解读《仪礼》乃至"三礼"提供了富有价值的参考意见。

综上，我们概述了郑珍的学术著作，并详细解读了他的小学、经学代表作，这些著作反映了郑珍在传统学术领域的方法、特色，以及取得的学术成果。本书即以上文介绍的几部小学、经学代表作为基本语料，通过解析这些书的语言材料，对郑珍的小学成果和成就，展开更为深入系统的研究。

第三章 郑珍的《说文》学

《说文》学,它"是我国传统语言学一个分支,属于小学范畴,与文字学、音韵学、训诂学有着依存关系。……它以东汉许慎所撰《说文解字》为主要研究对象。"①余国庆先生指出:"《说文解字》在我国学术史上有着非常崇高的地位。自它问世以来,历代对其研究之作,不绝如缕,至清代蔚为大观,而成为专门的学科,人们称之为'许学',或'《说文》学'。"②万献初先生则认为:"《说文》学(许学),是以许慎《说文解字》为研究对象的专门学问,实际就是'传统汉字学'。"③有清一代,尤其是乾嘉诸儒的学术研究,大多是以《说文》学为核心内容的,他们在校理古籍、考释文字、阐释经义的过程中,每每以《说文》为必备参考资料,从而形成并系统完善了"以字通经"的治学方法。郑珍作为道咸后学,对乾嘉以来《说文》学及其学术方法有着重要的继承发展之功。

一般认为,《说文》学是研究《说文解字》的学问,故属于"传统汉字学",但《说文》学有其独立性,完整的《说文》学不仅仅研究汉字字形,还关注《说文》的文献流传与校勘,这属于文献学范畴;亦关注《说文》作为字典的编纂思想与体例,这属于辞书学范畴;亦关注《说文》的内部义例和说解内容,这属于考据学范畴。而《说文》540部首、"六书"理论及其应用等,都是《说文》学作为一个专门学科所研究的内容,与传统文字学虽然相关,但并不相同。此外,历代学者研究《说文》积累的成果,以及《说文》的学术发展史,也是《说文》学本身要关注的内容。王宁先生曾指出:"在某种意义上说,《说文》学几乎可以囊括了中国的传统语言文字学的全部。"④因此,我们认为从研究方法和内容的角度,可以将《说文》学与传统文字学区别对待,以显示其特点。郑珍对《说文》素有研究,而且成果尤其显著,为彰显其《说文》学的

---

① 宋均芬《谈谈说文学》,《汉字文化》1997年第3期,第41页。
② 余国庆《说文学导论》,安徽教育出版社,1995年,第1页。
③ 万献初《〈说文〉学导论》,武汉大学出版社,2014年,第1页。
④ 王宁《论章太炎、黄季刚的〈说文〉学》,《汉字文化》1990年第4期,第34页。

特色和成就，我们把郑珍《说文》学单独提出来，作为与文字学、训诂学并列的研究内容。

第一节　清代《说文》学大观

东汉许慎（约58—约147）所纂《说文解字》是我国第一部字典，也是世界上最早的字典之一，对我国语言文字之学影响深远。《说文》成书以后，历代都有学者对其展开讨论研究，至今相关成果已然汗牛充栋，这些以《说文》为对象的研究，共同构成了《说文》学的研究内容。但受不同时代学术风气的影响，人们对《说文》在传统学术上的利用价值及其重视程度，是逐渐变得清晰明朗的。乾嘉朴学大师钱大昕（1728—1804）曾批判："自晋代尚空虚，宋贤喜顿悟，笑问学为支离，弃注疏为糟粕，谈经之家，师心自用，乃以俚俗之言诠说经典。"①晋、宋以来凿空的学风，不仅使人们很难真正识读经典；主观臆断的治学方法，更严重阻碍了传统语言文字之学的发展，文人以登科进仕为荣，于科场、八股之外，甚至不知有《说文》之学。

一、清初《说文》学的崛起

明末清初，一批有识之士开始反省历史教训，并认为只有振兴文化事业才能促进民族崛起，顾炎武（1613—1682）、黄宗羲（1610—1695）、王夫之（1619—1692）等人倡导治学应博通经史子集，当经世致用，为清代的文化勃兴和学术繁荣奠定了基础。顾炎武更是提出"读九经自考文始，考文自知音始"②的精辟论道，开有清"因声求义"之先河。当时，受宋元明以来空疏学风的影响，传统学术尤其是《说文》之学一蹶不振，以致学者们连一本完整的《说文》都见不到。顾炎武是清代古音学的创始人，于《说文》虽没有专著，但他在另一本名著《日知录》中曾专门评论《说文》指出："自隶书以来，其能发明六书之指，使三代之文尚存于今日，而得以识古人制作之本者，许叔重《说文》之功为大，后之学者一点一画莫不奉之为规矩，而愚以为亦有不尽然者。且以六经之文，左氏、公羊、穀梁之传，毛苌、孔安国、郑众、马融诸儒之训，而未必尽合；况叔重生于东京之中世，所本者不过刘歆、贾逵、杜林、徐巡

---

①　钱大昕《经籍籑诂序》，阮元《经籍籑诂》（嘉庆阮氏琅嬛仙馆刻本），《续修四库全书》第一九八册，上海古籍出版社，2002年，第291页。
②　顾炎武《音学五书·答李子德书》，中华书局，1982年，第5页。

等十余人之说,而以为尽得古人之意,然与否与? 一也。五经未遇蔡邕等正定之先,传写人人各异,今其书所收率多异字,而以今经校之,则《说文》为短。又一书之中有两引而其文各异者,后之读者将何所从? 二也。流传既久,岂无脱漏? 即徐铉亦谓篆书湮替日久,错乱遗脱,不可悉究。今谓此书所阙者必古人所无,别指一字以当之,改经典而就《说文》,支离回互,三也。……今之学者能取其大而弃其小,择其是而违其非,乃可谓善学《说文》者与?"①

这一评论既揭示了《说文》之于文字研究的地位和价值,同时揭露《说文》本身存在的字形失收、说解体例不严等缺陷,以及《说文》在流传过程中所出现的脱漏谬误,并指出当时学者研究《说文》所存在取大弃小、择是违非的弊端,即对《说文》既要重视,同时又不能盲从盲信。这不仅正清了明代以来研究《说文》的各种错误思想,同时树立了关于《说文》学的正确学术观念,为清代《说文》学的进一步发展奠定了理论基础。

随后,吴派鼻祖惠栋(1697—1758)开始对汲古阁《说文》加以校读,稽古考俗,明辨文字古今源流,同时对《说文》音义通假之原理加以考辨。皖派大师戴震(1724—1777)则曾专撰《六书论》三卷,论及《说文》六书之条例,并认为"文字虽广,统之不越六书",惜该书未行于世。清初以来,研治《说文》的学者虽非专力专为,但这些零星的认识和讨论,乃至于论及《说文》时的只言片语,都是清代《说文》学的早期成果,为《说文》学的蓬勃发展打下了基础。

二、乾嘉《说文》学的勃兴

乾隆、嘉庆时期,清朝的经济和社会文化都逐渐繁荣,一方面继续以"文字狱"维护统治,一方面又大力笼络文化人才,组织大规模的文献搜集整理,广辑经史子集之善本。戴震、惠栋、王鸣盛、钱大昕、段玉裁、王念孙、王引之等一大批饱学之士得到朝廷任用,这些学者不仅领衔各类文献的校辑工作,还纷纷以自身学术修养和术业专攻对传世经典展开深入研究,在各自的领域做出辉煌的成果。一代儒宗钱大昕曾如是描述乾嘉时期的学术风气:"国家崇尚实学,儒学振兴,一洗明季空疏之陋。"②在这种良好的朴学氛围中,《说文》之学取得了前所未有的发展,学者几乎人人都精读《说文》,并致力

---

① 顾炎武《日知录》卷二十一《说文》,黄汝成《日知录集释(全校本)》,上海古籍出版社,2006年,第1202—1204页。
② 钱大昕《经籍纂诂序》,阮元《经籍纂诂》(嘉庆阮氏琅嬛仙馆刻本),《续修四库全书》第一九八册,上海古籍出版社,2002年,第291页。

于创新己见,对《说文》展开了全方位的研究,成果卓著的《说文》学也因此成为清代朴学的重要组成部分。

乾嘉时期,学者们在社会稳定、经济发达、文化繁荣的时代背景下,从事学术研究的机会和条件更加优越,这是以《说文》学为主流的清代传统学术迅速勃兴的根本原因。朴学大师戴震曾精辟论断语言文字之重要:"宋儒讥训诂之学,轻语言文字,是欲渡江河而弃舟楫,欲登高而无阶梯也。"①在乾嘉学者的观念中,传统语言文字之学,是文化复兴的决定因素和显著标志。而《说文》作为语言文字学研究的重要资料,自然受到学界的重视和青睐。而这时,文字、音韵、训诂等传统学术领域也迎来了新的突破,特别是古音学的发展,使清代学者掌握并运用"因声求义"的科学方法,取得了远超古人的成绩。何九盈先生就曾指出:"古音学的发展是乾嘉语言学兴旺发达的决定性原因。"②而其他如金石文字和古籍校勘之学,更是将《说文》作为必须参照的权威性文献。这些语言学领域的发展,不仅与《说文》学相得益彰、交相辉映,也大大促进了《说文》学本身的进步与完善。

在乾嘉学者群中,有不少是《说文》学的大家,并且都有具有划时代意义的成果。巨儒钱大昕在他的《潜研堂文集》和《十驾斋养新录》两书中,专门对《说文》的体例和内容作了分析论述,发现了《说文》"举一反三"、"连篆读"、"读若"等隐晦的体例,并对《说文》在收字、析字和引用经典等方面存在的问题,提出自己的看法。此外,钱氏还对徐铉、徐锴校订《说文》所存在的音读错误提出了批评匡正。钱氏对《说文》体例和内容的研究,起到了发凡起例的效果,学者们纷纷注意到阐释《说文》体例、订正传世《说文》音义、校订《说文》传本的重要性。钱氏晚年所收门人,后来成为"《说文》四大家"之一的朱骏声(1788—1885)所著《说文通训定声》,同为四大家的桂馥(1736—1805)所著《说文义证》,王筠(1784—1854)所著《说文句读》《说文释例》,都是这方面的高水平代表作。

学界的热烈讨论,掀起了人们研究《说文》的时代浪潮,不少学者积数十年之功,只为寻找《说文》之真义,求《说文》之真本。乾隆四十七年(1782),清代著名藏书家、篆刻家汪启淑(1728—1799)重刊徐锴《说文解字系传》,成为普及学林的善本,《说文》之学于是大行。而三年后,位居《说文》四大家之首的段玉裁(1735—1815)所著《说文解字注》全书刻成,这本作者耗时三十年的巨著一经问世,便引起巨大的轰动,后世学者推崇称为"段注"。该

---

① 戴震《与段若膺论理书》,《戴震全集》(第一册),清华大学出版社,1991年,第213页。
② 何九盈《中国古代语言学史(修订本)》,北京大学出版社,2006年,第240页。

书贯串《说文》全书,条分缕析,逐字逐句加以注释,不仅深入阐发了《说文》在文字、音韵、训诂等传统语言文字之学方面的重要价值,并且融会贯通许多研究字词音义的方法,拓展出许多语言文字研究的新内容和新门径,直到今天仍有深远的影响力。段氏书出,即被公认为古今中外《说文》学研究的最高成果,同为戴氏门人的王念孙(1744—1832)更是直言:"千七百年来无此作矣。"

除了研究人才大量涌现外,乾嘉《说文》学昌盛的另一个特点是研究领域和研究内容更加宏阔,《说文》版本校订、许慎"六书"、《说文》体例、引经、重文、新附、部首、义类、声读,以及传世典籍"引《说文》"的考证等,涉猎之广,成果之巨,真可谓"包罗万象"。总之,清代乾嘉时期的学术研究,尤其是其中的代表学者及《说文解字注》等代表成果,不仅反映了当时学术研究的空前盛况,并且直接将中国语言研究推向了近代革命,直到今天,对于传统学术研究和现代语文工作仍有指导意义。

三、郑珍《说文》学的特点与地位

乾嘉之盛,留下了许多卓有意义的研究命题和治学心得,通过师承渊源和学术交游,相互切磋促进,不仅共同提高了《说文》学的研究质量,也培养了一大批后继者。但是道光中期以后,清朝国势见衰,昔日学风也急转直下,传统学术陷入低迷徘徊,学者们似乎已很难超越前贤,再造辉煌。

王宁先生在总结清代乾嘉学者《说文》学研究的成绩时,认为主要有四个方面:"(一)对《说文》本书校讹夺、辨误正、疏条例、释来源,使《说文》定本更加完善;(二)以许慎在《说文叙》中提出的'六书'定义为中心,为分析汉字提供了更为详尽的条例,又在这一过程中进一步发展了汉字形义统一的理论;(三)考证文献,参以金、甲,进一步探讨九千三百五十三个汉字的本义,并提出词义引申的理论,初步显现了汉语词义发展的系统性;(四)整理《说文》提供的形声系统和读若材料,丰富了古音韵的研究手段,进一步探求了汉语的上古音系。"①可以说,过了乾嘉,《说文》学已经再难登上更高的巅峰,不惟后世之人,即便是乾嘉诸儒的直系后学,要站在《说文》学的终点上,进一步做出成绩,也是相当困难的。

而郑珍正是在这种深厚而复杂的学术背景下,成长起来的《说文》学继踵者。他身处偏远贵州,艰苦的条件下,他并没有受到良好的教育,但却凭着惊人的毅力,打下坚实的学术基础,并以一己之力,积极奔走,积极倡导,

---

① 王宁《论章太炎、黄季刚的〈说文〉学》,《汉字文化》1990 年第 4 期,第 34 页。

在《说文》学领域做出了力图超越前人的可贵努力。郑氏对《说文》学有着不可磨灭的继承和发扬之功,主要体现在三个方面:

1. 关注到前儒未曾专力专为的《说文》学领域

一是《说文》逸字。郑珍认为,研治《说文》先必须解决传世《说文》版本的三个问题:一逸字,二伪字,三误字误注。关于伪字、误字误注,前人已经做过大量的考证研究,尤其是段注,更是"十证七八,厥功甚伟"。但对于逸字,前代学者虽时有论及,但皆没有专力专为,郑珍在精确解析《说文》本书偏旁、序例、注义的基础上,再利用其它外部文献加以印证,专门订补逸字,考得逸字凡 165 字,为历代学者之最。《逸字》一书不仅廓清了逸字的范围,还进一步阐发了《说文》的条例,提出了考证逸字的有效方法,对于恢复许慎《说文》的原貌,以及《说文》文献的校勘,都有着重要的参考价值。

二是《说文》新附字。自徐铉校订《说文》增加新附字后,新附字的研究一直是《说文》学的重要内容。对于新附字的来源和性质,学者颇有争议,因此多不措意,段玉裁的《说文解字注》甚至将 402 个新附字全部删除,显得十分苛刻。在郑珍以前专门研究新附字的有钱大昭(1744—1813)《徐氏说文新补新附考证》和钮树玉(1760—1827)《说文新附考》,但郑珍《新附考》将 402 文一一考论,较钱、钮二氏更为精审,同时郑知同又对该书作了很多续考增补,对钮氏等人考论有很多驳正,大大增加了该书的含金量。《新附考》一书,不仅概论了新附字的来源,并且明辨汉字的时间、源流和相互关系,其创获远超同类著作。

《逸字》和《新附考》二书,在材料运用和研究方法上,在文字的考证工夫上,都体现出郑珍对前代诸儒《说文》学研究范围和成果的超越。

2. 对前儒陈说续有补充和驳正

除了《说文》学专著,郑珍在其他文字学著作中亦常常驳正前贤考证《说文》的结论和观点,他曾著有《补钱氏经典文字考异》,但未行世,对钱大昕考证经典文字的结论时有补充,并多所驳正,表达自己研读古书的见解。在《逸字》和《新附考》两书中,对钱大昕、段玉裁、钱大昭、钮树玉等人的考释结果,亦常有补苴和驳正。

例如《说文》新附"䝉"字,郑珍按云:"《公羊隐公元年传》'车马曰䝉',何休注:'䝉,犹覆也。'《左传正义》引服虔注同。《御览》引《春秋说题辞》曰:'䝉之为言覆也。'皆就覆冒为说。疑古止作'冒'。读抚凤切者,汉已后别字别音尔。钱氏大昕说目部'䁃'即古'䝉'字,形义皆非。"(286)钱大昕以为"䁃"即古"䝉"字,郑珍通过考释"䝉"字形音义,驳正认为与"䁃"形义皆不相同,是两个不同字。

又如新附"鬧"字,《新附考》知同按云:"钮氏认'譟'为'鬧'之古字,非也。'譟'音苏到切,与'鬧'叠韵。凡钮氏推证古字,或以韵部从不相通者合为一文,或以同韵音读迥异者合为一文,皆不得其本字,漫为之说耳。"(253)指出了钮氏在考证新附字,以及阐述古文源流方面所存在的缺陷。

此外,据笔者统计,《逸字》《新附考》二书中引段玉裁说共82次,其中35例是直引其说来印证自己的观点,有11例对段说作了申发,有36例则对段说之误作了修正,体现了郑珍对段玉裁《说文》学成果的继承发展①。

3. 在《说文》学研究中提出自己的学术观点和方法

在《说文》学实践中,郑珍很好地发挥了"皖派"善于理论总结的特点,不仅推陈出新,还能提出自己的观点和方法,形成自己的研究特色。比如,在考证逸字、新附字的过程中,郑珍不仅使用传统的利用《说文》本书互勘的方法,阐发义例,考证《说文》旧貌,还提出文字考释的"外部求证"法,即利用今本《说文》以外的其他文献典籍或字书来印证逸字和新附字,从而增加考释结果的可信度。外部求证法,要求对传世典籍有非常开阔的眼界和深厚的功底,这一点正是郑珍过人之处。例如《逸字》一书中,为获得外部证据,郑珍征引的典籍由汉至宋,共有48种之多,为同类著作之最。

此外,郑珍还明确提出自己关于汉语俗字的观点,并明于正、俗之辨。他在《新附考》一书指出,新附字除了《说文》失收的先秦古文,绝大多数是汉魏以来产生的俗体。而对待俗字,即便乾嘉鸿儒也难免带有世俗的偏见,比如段玉裁尽删新附402文,而钱大昕亦认为:"新附四百余文,大半委巷浅俗,虽亦形声相从,实乖《苍》《雅》之正。"②显示出"古正后俗"的成见,但是郑珍却在《新附考·自序》中针锋相对地指出:"《说文》新附四百二字,徐氏意乎? 非也,承诏焉耳。然实徐氏病近俗乎? 非也,不先汉,亦不隋后,字孳也,何俗乎尔?"(194)认为汉字产生正、俗的辩证关系,是汉字孳乳的必然结果,这对于客观评价新附字,以及厘清汉字发展规律,都具有直接的参考价值。而这些超越时代的学术观点,显示了郑珍对于汉字发展的远见卓识,是他超越前人的重要体现。

此外,细读郑珍的《说文》学著作中,还可以归纳出严于字词之辨、排比文字书写常例、文字考证与名物考证相结合、利用社会用字印证古籍文字等

---

① 史光辉、姚权贵《郑珍对段玉裁〈说文〉学成果的继承和发展——以逸字和新附字为中心》,原载《宏德学刊》第五辑,江苏人民出版社,2016年;《人大复印资料·语言文字学》全文转载,2017年第11期,第99页。

② 钱大昕《说文新附考序》,参钮树玉《说文新附考》(丛书集成初编本),商务印书馆,1939年,第1—2页。

学术思想和考字方法,这对于《说文》学、文字学的研究至今仍有借鉴意义。

总之,郑珍在《说文》学领域的学术实践和成果,不仅很好地继承和发展了乾嘉以来的朴学传统,并且对于道咸时期清代学术的复兴和转型,更是具有不可或缺的贡献。据现代学者统计,近人丁福保先生(1874—1952)所著《说文解字诂林》总结有清一代治《说文》者有203位,其中最为有名的就有五十家,今有可考的著作达412种①。而丁先生在该书中亦常常征引郑珍的《逸字》和《新附考》二书,足见其参考价值之广泛。因此,放诸整个清代,郑珍的《说文》学研究也是有一席之地的,他是《说文》学研究的代表学者,他的著作是《说文》学研究的代表成果。

第二节　郑珍《说文》学的内容

作为清代贵州地区最早从事"许郑之学"研究的学者之一,郑珍研治小学的主要内容就是《说文》学。郑珍小学著述,不仅有针对《说文》的专门性著作《逸字》二卷、《新附考》六卷、《转注本义》《转注考》《说文谐声》等,还有利用《说文》等古文资料考证文字的《汗简笺正》《说隶》《补钱氏经典文字考异》等。可见,郑珍《说文》学的内容是非常广博的。这与郑珍的《说文》学观念有关,《清史稿·列传二百六十九·儒林三》载云:"(郑珍)谓小学有三:曰形、曰声、曰义,形则三代文体之正,具在《说文》。"他精研《说文》,一是因为《说文》对于文字研究具有很高的权威性,二是因为《说文》是乾嘉以来学界学术研究的核心,他钻研《说文》,是要向当时的学术中心靠拢,让贵州学术与时代学术靠拢。

但令人遗憾的是,郑珍的《说文》学著作,得以刊行并流传至今的只有《逸字》《新附考》两种。两书对《说文》的收字、字形的考订、文献版本的勘定等都作了很多梳理与考证,是郑珍《说文》学的"姊妹篇",也是反映郑珍《说文》学方法与成就的重要资料。今细读此二书,可以发现,郑珍不仅仅是对逸字、新附字作了深入研究,还提出了许多自己的《说文》学思想,拓展了《说文》学的研究内容。

一、逸字范围的廓清

《说文》逸字,是《说文》原书本有而今本(主要是徐铉校订本)亡逸的

---

① 李爱国《钱大昕小学研究》,世界图书出版广东有限公司,2014年,第33页。

字。逸字反映了《说文》在流传过程中所发生变化,包括讹、夺、衍,以及人为校勘出错等方面,考清逸字有助于探寻《说文》原本。郑珍《逸字》一书的写作目的就是要考察逸字产生的原因、廓清逸字的范围,从而最大程度恢复许慎原书。

郑珍首先在《逸字》自序中总结了逸字产生的原因:"历代移写,每非其人。或并下入上,或跳此接彼。浅者不辨,复有删易。逸字之多,恒由此作。"这样,就将研究逸字所要处理的对象分为两个:一是《说文》本书,二是其他相关文献。郑珍由此出发,考证出数量可观的逸字。为明确《说文》逸字的范围,我们将这些逸字细分为以下十大类:

1. **本书偏旁有之而诸部不见者**

这类字即《说文》中收有从某偏旁得形(形旁)、得声(声旁)的字,但却没有这个偏旁,故认为该偏旁为逸字。郑珍自序说:"偏旁逸者凡三十有七(蘮、哥、歨、卌、罒、蕔、由、睆、雔、馭、拜、叁、吴、牛、堂、半、肖、米、刂、帝、廿、㐺、反、兎、庰、騂、夵、尸、志、契、畾、妥、鬸、綦、薑、劉、畬),(铉)又止补'雔'、'綦'、'睆'三字。"(29)郑珍补订了其他 34 个逸字。例如:

蘮,古文"祈"。……"祈"下当原有此字。自"蕲"失偏旁,俗因改"蘮省声"为"靳声",不计"靳"为何字矣。(33)

哥,古文"謌"。本书"瑎"、"犒"、"敔"、"楇"、"幠"、"薵"、"擖"、"堨"、"醐"并从"哥"声,而无"哥"字。(35)

歨,古文"步"。古文"遠"作"遶",陟"作"偖",并从此。本书宜有此字。(36)

罒,古文"言"。言部古文偏旁皆作此。许书古文与篆异者,其偏旁或不正载。(39)

馭,断也。从奴从八。本书"蔽"、"郍"、"聲"皆从馭声,而无"馭"字。(52)

吴,古文"矢"。按,匕部"矾"字注云:"吴声。吴,古文矢字。"知"矢"下原有此文。(58)

牛,从反屮。此为屮之反形部首。"抪"字注云:"从屮、牛相背。"……则"抪"从屮牛,绝不得阙"牛"字,但其意不可知矣。(60)

米,古文"旅"。白部"者"字注云:"从米声。米,古文旅字。"按,今本"旅"重文作"𤦛",与"米"不类,当原有两文,后脱此。(67)

叏,"叏"或从又。今铉本"叏"注云:"柔皮也。从申尸之后。尸或从又。"(84)

𨯿,古文"繼"。反"𢇍"为"𨯿"。今本"繼"下云:"一曰反'𢇍'为'繼'。"语不可了。(116)

劉(劉),戕也。从金刀。丣声。一曰杀也。鎦(鎦),古文"劉"。本书"藰"、"瀏"并从劉声,而无"劉"字。小徐《疑义篇》云"脱漏",是也。(121)

2. 本书序例有之而诸部不见者

此类字即《说文》序例中存有的字,但在正文各部首中未见收录者,徐铉虽有辑录,但没有补全。郑珍在《逸字》叙目中说:"(徐铉)叙例则录'詔'、'偕'而遗'叵'、'㫄'、'蓻'、'第'四文。"(29)可知,这类逸字实际有6例:

詔,告也。从言召,召亦声。此大徐所增十九文之一。……大徐据叙例增,盖未可议。(39)

蓻,"埶"或从艸。《系传·木部》"樄"重文"橫"云:"或从蓻。"……今铉本"樄"下云:"或从艸。""樄"训"木相摩",与艸无涉,明系以无"蓻"字改;惟"熱"下"蓻声"未改及。(43)

第,次也。从竹,弟声。段氏已据《毛诗正义》卷一之一所引《说文》补,云:"其在弟部抑竹部,不可知。"按,《榖梁疏》卷一亦引《说文》"第",训"次"。(56)

叵,不可也。从反可。此字大徐新附。按,《说文·叙》中有"叵"字。(58)

㫄,疏也。从巾,从爻,与"爽"同意。本书"蒂"、"睎"、"脪"、"郗"、"唏"、"稀"、"俙"、"欷"、"豨"、"絺"皆从㫄声,必有"㫄"字。(76)

借,假也。从人,昔声。此大徐所增十九文之一。段氏谓许君《叙》云:"六曰假借。"又部"叚"下云:"借也。"当有"借"。(82)

3. 他字注义有之而本文不见者

即《说文》在一些字的注解中出现过某字,但正文相关部首下却没有见到该字,徐铉曾增补过这类逸字,但大多并不可取。郑珍指出:"(徐铉)其余见注义者,'志'、'笑'而外,又皆出后世俗增。"①可见这类字中,郑珍认为徐铉所增仅二字可取,其余则并非许书真正原有。《逸字》在指正徐氏错

① 郑珍《说文逸字叙目》,王锳、袁本良点校《郑珍集·小学》,贵州人民出版社2001年,第29页。

误基础上,稽考此类逸字,另得 11 字。例如:

劇,甚也。从刀,豦声。此字大徐新附。……本书"勉"训"尤劇也","瘚"训"劇声也","苛"训"尤劇也"(玄应《音义》卷一、卷十二引),皆有"劇"之明证。惟"劳"训"劇",系"勮"之误。(54)

肖,古文"贵"。女部"妻"古文"叟",下云"肖,古文贵字。"知今本脱。(65)

采,古文"保"。今本"保"下云:"养也。从人,从采省。'采',古文'孚'字。"重文二:"呆,古文保;𠈃,古文保不省。"是"保"、"保"皆从采,一省一不省也。(下略)

知同谨按,衣部"褒"下云:"采声。采,古文'保'。"此尤"保"下有"采"之明证。(81)

志,意也。从心㞢,㞢亦声。此大徐所增十九文之一。段氏仍之,改"从心,㞢声"为"从心㞢,㞢亦声"。(101)

忕,习也。从心,大声。见《诗·小雅·四月》正义、《大雅·荡》音义、《左氏桓十三年传》正义引。本书犬部"狃"下云:"犬性忕也。"训解亦有之。(101)

姒,夏禹吞薏苡目生,因以为姓。从女,目声。按,"鄧"下云:"姒姓国。""娍"下引《诗》:"褒姒灭之。"已见注义,不应录"姚"、"妫"、"姬"而遗有夏国姓也。(112)

4. 本书偏旁、叙例、注义皆有而本文不见者

这类字,是前述三种情况的综合考察,《逸字》一书常常结合偏旁、序例和的情况来蠡测逸字,论证更为严密,可信度更高。例如:卌、灵、牛、肖、米、志等 6 字是皆见于偏旁和注义。蓻、㐬等 2 字是皆见于偏旁和叙例。

5. 注义二文相连而写脱一文者

即《说文》在注解文字时,本来二字相连,但其中一字写脱,导致正文中该字亡逸,原《说文》注义出现"连上写"的脱误。此类共 14 字,例如:

燮,籒文"燮"。从羊,羊读若湿。今本"燮"下云:"和也。从言,从又炎。籒文燮从羊,羊音饪,读若湿。"自"籒文"下原是重文之注,误接上写。段氏已补正,删"音饪"二字。惟移"读若湿"于"燮"下,似可不必。《玉篇》"燮"下出籒文"燮",希冯所见《说文》固未脱误。(43)

䴙,鷿䴙也。从鸟,娄声。今《说文》止有"鷿",训"蔞鹅也。"……

今本脱"艭",而改"䱐"注为"䓤鹅",于古无稽。(48)

肍,"𩪧"或从肉。今本"𩪧"注末云:"𩪧或从肉。"……传写脱篆,遂连上写。(53)

卤,籀文"𠧢"不省。今本篆作卤,注云:"从𠂤省,卥声。籀文'卤'不省。"按,𠂤与𠂤是一,并无所省。卤与卤从𠂤形同。"卤"注止云"从𠂤",而"卤"云"从𠂤省",上下不应。《系传》本作"从𠂤,卥省声"。盖得许君之旧(段氏非之,误)。以知卤篆原是从卥,省作卤。"籀文'𠧢'不省"五字,盖重文之注。篆省卥,籀不省卥,则今之正篆卤字原是籀文。从卥,亦正是籀文卤字。此缘初误卤作卤,即篆籀两文是一。浅者谓是复写,因删下字,而合二注为一,遂成今本。今补正。李阳冰《掮先茔记》"𠂤"作卤,盖用籀体,止易卥作卥为异。伪《古文尚书》又作卤,见《汗简》部末。(57)

覃,"覃"或但从口。"覃"字注云:"从回,象城覃之重,两亭相对也。或但从口。"按,末四字盖重文之注,传写脱并。回,象城覃之重;口,则专象覃。(59)

鼏,鼎覆也。从鼎,冖声。今二徐本但有"鼏"篆,而训解乃是"鼏"。传写以"鼏"当"鼏"。"鼏"之篆、"鼏"之注两脱。段氏补正如此,说详彼注。(70)

袀,玄服也。从衣,匀声。袗,禅衣也。从衣,㐱声。按,今本篆用"袗"、训用"袀",脱误与前"鼏"、"鼏"同。(83)

𤉢,"㷠"或从炙,灷声。《广韵·廿四盐》云:"㷠,《说文》曰'汤中爚肉也。'""𤉢,《说文》同上。"按,今《说文》"㷠"或作"燅",从炙从熱省,与"燅"从炙灷声绝不相类。当本有两重文,今脱此。(99)

懼,古文"悡"。《庄子·天运篇》"吾始闻之懽",《释文》云:"懼,一本作'懽',音况缚反。"按,《说文》"懼"是正字,"懽"古文。是《说文》原有"懽"、"悡"两古文,今脱此。(101)

罵,古文"詈"下从𠬪。今本"詈"注有"古文'詈'下从𠬪"六字,知有此文。后脱误,以其解并入上注。(122)

乾,籀文"乾"。今本籀文大徐作"乾"(宋本如此,今毛扆依错改),小徐作"乾"。或疑二徐本必有一误,非也。《集韵·二仙》《类篇·乙部》"乾"下并云:"籀作'乾'、'乾'。"二书概本大徐,绝无从小徐采异体者。则大徐原有两籀文,今脱此字。

知同谨按,"乾"从倝部之"𩂣"。"𩂣"注阙。错称李阳冰云:"从三(当作"二")日,旦在倝中,盖籀文。"阳冰知"𩂣"籀文,以此

"乾"字从之也。《汗简·乙部》载"乾",注"石经"。此魏正始《石经》用籀体,又可证"乾"字不误。(123)

6. 他字重文有之而本文不见者

即《说文》一些正篆下有某个重文,但正文中却未见该重文,这不符合《说文》注例。重文可分三种情况:篆文或体、古文和籀文。今本有言"某为某之重文"者,皆此类逸字。例如:

脤,筋头也。从肉,昏声。见《龙龛手鉴·肉部》引。今本"脤"为口部"吻"之重文。据《玉篇》,"吻"古文作"唔",从口,非从肉,此必《说文》之旧。自传写讹"唔"为"脤",浅人认肉部为重出,因删此文。(53)

帚,古文"寝"。见《汗简·宀部》,《汉隶字原·四十七寝》引。按,今本有籀文"寷",省"侵"旁"人",古更省"又"。木部"梼"重文"檀"从此,其注"或从寷省。寷籀文寝。"当作"或从帚。帚,古文寝。"后以本书无"帚"改。(72)

廿,古文"疾"。今本"疾"下有籀文"𤻮"、古文"𤕩",无此文。据"童"籀文"蕫"下云"廿以为古文疾字"、"竊"下云"廿,古文疾",其"𤻮"字亦本"廿"字加"𤻮"省声,知许君原有"廿"字。(下略)(74)

尼,古文"夷"。此字今本为"仁"之古文。按本书偏旁俱是"夷"字。"遟"或作"迡",从尼声。"叜"从尼又持火会意。尼,平也;又持火以平之。知"夷"下本有此古文。(99)

7. 依收字条例不得阙者

《逸字》在考证中,为说明问题,往往会对《说文》原书的收字条例进行阐明,从而通过排比相同条例,论证不应阙失的逸字。例如:

牛,从反屮。此为屮之反形部首。"抖"字注云:"从屮牛相背。"通考本书,"𣥂"从止𣥂、"步"从止𣥂相背、"行"从彳亍、"曰姓"从爪爪、"𨞵"从邑邑、"巴"从𠃉巴之类,皆合反正两文会意,与"門"、"𩠐"等象形不同。而"𣥂"、"亍"等皆见各部。则"抖"从屮牛,绝不得阙"牛"字,但其意不可知矣。

知同谨按,屮部末"𠂹"从反屮,苦瓦切;"冬"字从之,非"牛"字为"抖"所从也。《广韵》"抖"下引《说文》而云"屮,中几切;

牛,古瓦切。"知唐时已无"牛"字,误谓"抖"从乎矣。以后字书凡说"抖"字,无不云"从乎"者,皆谬于许书。(60)

赿,古文"撒"从止疋。见《系传》。

知同谨按,《系传》此字下张次立有校语,是其本原有。或以移徙字不合为"撒",系俗增。考《说文》重出字数十,惟"蓝"、"薀"、"吁"、"吹"、"右"、"歔"、"歗"、"挙"、"擎"、"敖"、"慢"、"愷"十二文音训无别,一系俗增。若"昪"、"廿"、"韐"、"劃"、"芰"、"孌"及此"徙"七正篆,为"得"、"疢"、"馨"、"畵"、"蒞"、"孀"、"撒"之古文;"劇"、"柅"、"嫩"、"慹"、"蛋"、"輟"六正篆,为"敵"、"尿"、"呦"、"哲"、"蠹"、"疉"之或体。并音同义别,或义略相似。又古文"孚"、"保"同作"柔","保"、"孟"同作"承","夷"、"仁"同作"尸","豕"、"亥"同作"布",并声义俱异。此皆许君就所见古籍一体二用,因两出之,不得谓非《说文》原有(若"璿"籀文作"璧",讹同深明之"叡";瓜菹之"薀",讹同染青草之"蓝";"然"重文作"蘸",讹同草名之"蕕";"寍"重文作"院",讹同训"坚"之"院";"沈"古文作"㕣",讹同缘木之"沿";"馬"籀文作"影",讹同古文"影";"墉"古文作"𩫟",讹同城章之"章";"飪"古文作"恁",讹同下斋之"恁";"玄"古文作"𢆯","申"古文作"𢒖",并讹作"𢆯"。凡此等俱非重出字)。(107)

8. 依注义条例推合者

依《说文》条例,凡重并两形之字,其注形、义俱全者,于所从必是两文。此类逸字共7个,例如:

奎,二左也。阜部"陸"从奎声,必原有"奎"字。凡《说文》重并两形之字,其注形、义俱全者,于所从必是两文;其止注"二某也",于所从实是一字(说详"犇"下)。此从二左而为"陸"之声,知即"左"字也。大徐以"陸"从二左,非。(57)

瘰,族瘰,皮肥也。从疒,纍声。《左氏桓六年传》"瘭蠡",《音义》云:"蠡,《说文》作'瘰'(今本作"瘰",俗省;《说文》无"累"字),云'瘭瘰,皮肥也。'"知原有"瘰"。其"瘭"字今本亦无。据许君注义,二字一事者,则详注上字。若有"瘭",则"瘭瘰,皮肥"语当在"瘭"下。而陆氏此语在"瘰"下,是本无"瘭",于古当作"族"。陆氏自用俗增字。今《说文》"脞"下云"一曰族象"。本当作"瘰"字。(76)

魑,鬼捷健也。从鬼。堯声。玄应《音义》卷十二、二十并云:"勍,《说文》作'魑'。"卷十三云:"勍,《说文》作'魑',健也。"卷十五、十九云:"勍,《说文》作'魑',捷健也。"卷二十又云:"勍,《说文》作'魑',便捷也。"是唐本有。……按许君训字必顾部首,当原训"鬼捷健也"。而凡捷健皆得曰"魑",故玄应皆不称"鬼"字。(90)

灘,灘瀺,水小声也。从水,毚声。瀺,灘瀺也。从水,毚声。今本上有"瀺",训"水小声也"。按,《史记·司马相如传》"灘瀺賈坠",《索隐》曰:"灘,士湛反;瀺,士卓反。《说文》云:'水之小声也。'"知《说文》本有"灘"、"瀺"二篆,依注例当如此。《文选·长笛赋》"硙投灘穴",李注引《说文》:"灘,水注声。"以赋文无"瀺",故不并引"瀺"。改"小"作"注",亦从赋意。然可见确有"灘"字。(102)

闠,闠闤,市门也。从門,環声。闤,闠闤也。从門,貴声。今本止有"闠",训"门市也"。"闤"在新附,训"市垣"。按,玄应《音义》卷二十二、《太平御览》卷百八十二并引《说文》:"闠闤,市门也。"是本有"闤"。今依全书注例补正。《文选·西京赋》李注引《仓颉篇》:"闠,市门。"是盖《仓颉》中正字。(106)

9. 因形似而误脱者

《说文》中本来收有某两个字,但因为这两个字形体近似,让人误以为其中一字为衍,传抄误脱该字,形成逸字。上文举到灘瀺、闠闤等皆此类字,此外还有数例,如:

瘷,屰气也。从疒,欶声。见玄应《音义》卷十、卷十八、十九、二十二引。按,本部有"瘷,屰气也"。"瘷"、"瘷"必同侧,因形似误脱此文。《周礼》"嗽,上气疾",《唐石经》及诸本并从口,《玉篇》有"嗽"无"瘷",皆从俗。《释文》云:"本亦作'欶'。"盖省借。《广韵》乃分"欶"为上气、"瘷"、"嗽"为欶瘷,失"欶"吮本义。(75)

驤,马行徐而疾也。从马,與声。《诗》曰:"四牡驤驤。"驤,马腹下声。从马,學省声。今本无"驤",其"驤"下云"马行徐而疾也。从马,學省声"。按,《集韵·九鱼》《四觉》《类篇·马部》"驤"下并称:"《说文》'马行徐而疾',引《诗》'四牡驤驤'。"(凡《说文》所引经,二书俱加"引"字)"驤"下并称:"《说文》'马行徐而疾也;一曰马腹下声。'"是所据铉校初本如此。……铉本虽如丁度、温公所引,其"驤"注亦非许旧。盖行步不徐不疾,原止当作"與與如"之"與"。加"走",为安行之趣";加心,为趣步之"悉"。此马行舆舆,故加"馬"作"驡"。若"驡"从"學",宜拟其腹鸣,与石声之"礐"音义相似,于马行无所取。《玉篇》《广韵》"驡"字注并止云"马腹下声",当是依许君之旧。其增入"驡"义者,或以形似误写彼注,数写又加"一曰"二字也。(93)

10. 存篆文或体而失正篆正解者

《说文》中有正篆,有篆文或体,传抄过程中,误将或体当为正篆而收录,原正篆则亡逸。例如:

榑,榑櫨,柱上枅也。从木,薄声。一曰壁柱也。榑,"榑"或省。櫨,榑櫨也。从木,盧声。伊尹曰:"果之美者,箕山之东,青凫之所,有凫之所,有櫨橘焉,夏孰也。"一曰宅櫨木,出宏农山也。……珍按,玄应《音义》卷二、卷七、卷十四、十五引《说文》与《选》注同。今本诚逸"榑"字。至"榑"字,若从薄省声,即仍是"榑"。若从蓴声,据《楚辞·大招》"苴蓴"训"蘘荷"、《九叹》"蘘荷"训"蓴菹";"蓴"字《说文》止作"蒩","蘘"下云"蘘荷,一名葍蒩"是也。则本无"蓴"字。何得为"榑"之偏旁?段氏盖未审此。《说文》原本"榑"盖"榑"之或体,"榑"下当有"壁柱"一义。今脱"榑"之正篆正解,止存别篆别解耳。又《篇》《韵》"榑"为"壁柱","榑"为"榑櫨",系陈彭年等依《说文》"榑"与"榑櫨"别字分之,段氏亦误据。(61)

以上十类逸字,既是郑珍搜寻逸字的范围,也是逸字的来源和类型,同时体现了郑珍考证逸字的方法特点。这十类逸字,皆郑珍通过《说文》原书体例,于《说文》本书互勘而考。所谓"本书互勘",是指"从今本《说文》自身的材料出发,发现矛盾,揭示讹脱,考证哪些字是古本所有今本所逸。"这种通过内部求证来考释逸字的方法,并非郑氏首创,自徐铉校《说文》至段玉裁注《说文》,都采用过这种方法来考逸补漏。但相较而言,郑珍在这方面所下的工夫更深,体现了比前人更为精细审慎的态度,体现在:一是他集中精力对《说文》全书做了互勘,因而搜求的逸字数量最多;二是梳理的《说文》条例更多、更具体,有些条例虽然是前人已经指出过的,但他不仅找到相应的例证,还可以用该条例来考证逸字;三是除了利用《说文》本书偏旁、序例、行文条例、注文等来勘察逸字外,还对《说文》所逸正文和相关注语进行校勘补正。例如前引"牜"、"羍"、"牪"等例,不仅通过《说文》条例论证它们是逸字,还通过注文条例的排比归纳,充分证明所逸诸字的意义,找到它们原本所处的位置,这种考证方法较前人更有说服力。

而郑氏在逸字研究方面长于前人之处,除了他善于系统运用"内部求证"以外,还在于他善于运用"外部求证"法,即通过比勘《说文》以外的其他字书、典籍来考证逸字。前文我们提到,郑珍《逸字》一书引书非常丰富,可见郑珍在考证逸字时,首先是充分占有语料,做了很多的文献汇集和校勘工作,因为他明确地认识到,其他字书、传世典籍中往往保存着古本《说文》的某些面貌,而这些保存于他籍中的字形和注语,都是考察逸字的重要材料。用这种方法来推进逸字的考察工作,使郑珍的逸字研究远超前人成就。

《逸字》中,通过外部求证考得的逸字很多,我们主要归纳介绍以下四种来源和类型的逸字:

1. 唐本《说文》

此本为唐李阳冰(生卒年不详)本,郑珍认为:"唐本者,宋晁说之据所得诸旧本作参,记许氏文字书其中所载者也。凡戴氏所称唐本,皆出此书。"①这类逸字共有 15 个,例如:

卌,四十并也。古文,省。《广韵·二十六辑》"卌"下引《说文》:"数名。"知唐本有此字。(38)

謡,徒歌也。从言,䏚声。《六书故》卷十一云:"徐本《说文》无'謡'字。'䏚,徒歌也,从言从肉。'唐本曰:'䏚,从也,从言从肉,肉亦声。''謡,徒歌也。'"(40)

个,"箇"或作"个",半竹也。《六书故》卷二十三称《说文》唐本曰:"箇,竹枚也。或作个,半竹也。"徐本阙"个"字。(55)

穊,从禾,嵩声。按《诗·黍离》,《音义》云"離,《说文》作'穊'"。是唐本有此字。其义不可知。(下略)(71)

搞,古文"何"。玄应《音义》卷三云:"《说文》:'何,古文"搞"同。胡歌反。'"卷六云:"何,古文'搞'。《说文》'胡歌反。''何,儋也。'"则唐本有此古文。(82)

亮,明也。从儿,从高省。《六书故》卷八云:"徐本《说文》无'亮'字;唐本曰'明也。从儿,从高省'。"段氏已据补。钱氏大昕谓古训"佐"之字当作"倞",隶变移"人"旁于"京"下作"亮",又省中一笔,遂作"亮",此未知有唐本可据也。(86)

---

① 见郑珍《说文逸字》卷上"謡"条,王锳、袁本良点校《郑珍集·小学》,贵州人民出版社,2001 年,第 40 页。

魑,鬼捷健也。从鬼。羲声。玄应《音义》卷十二、二十并云:"勰,《说文》作'魑'。"卷十三云:"勰,《说文》作'魑',健也。"卷十五、十九云:"勰,《说文》作'魑',捷健也。"卷二十又云:"勰,《说文》作'魑',便捷也。"是唐本有。(90)

濂,"溓"或从廉。楼钥《攻媿集·答赵崇宪书》载晁氏曰:"溓(徐"力盐切",唐"力箪反"),从水从兼。徐本曰'薄冰也;一曰中绝小水。'唐本曰'薄冰也;或曰中绝小水。又曰淹也。或从廉。'徐本阙'濂'字。"按,此盖据晁说之参记许氏文字书,则唐本"溓"下有此重文。(103)

2. 徐锴《系传》

即五代南唐时徐锴(920—974)所著《说文解字系传》(简称《系传》),《系传》是今天可见最早的《说文》注释本,世称"小徐本"。郑珍考证逸字,常引《系传》,得25字,例如:

犦,牛父也。从牛,美声。……《系传》"特"训"特牛也",止误"犦"作"特","犦"字或原有,俗从铉删。(34)

譱,古文"善"。《系传·通论》有此字,云"齐桓公谓庙邱之乡人曰:'至德不孤,善言必三。'故古'善'亦或从三言。"(42)

殺,古文"殺"。𣪠,籀文"殺"。二文见《系传》。(44)

豫,"贛"或从豪。见《系传》,段氏已据补。(107)

𢮙,摩也。从手,研声。见《系传》,段氏已据补。(110)

匷,籀文"匷"。……顾氏《系传》本"匷"作"匷",与部首不合,当是《系传》亦"匷"、"匷"两文,传写篆误涉籀,成两"匷"字,因删下籀也。(114)

陶,"匋"或从𨸏。见《系传》,马、顾本并作此体。(120)

酓,酒味苦也。从酉,今声。见《系传》,段氏已据补。(123)

3. 郭忠恕《汗简》

《汗简》中所收古文,或所引《说文》《玉篇》等字书中文字资料,有些即《说文》逸字。郑珍引《汗简》考证逸字6例,如:

珅,古文"玜"。见《汗简·玉部》引,段氏已据补。(34)

歨,古文"步"。……《汗简》"步"作"歨",所见许书似尚未脱。(36)

鐆,古文"巡"。见《汗简·辵部》。《古文四声韵·十九䄇》引此。(37)

槀,籀文"桌"。……知同谨按,《汗简·木部》"槀"注"古《尚书》"。凡《汗简》,《尚书》字皆作伪者,采自唐前古籍。此亦可证《说文》原有"槀"字。(68)

帚,古文"覆"。见《汗简·宀部》,《汉隶字原·四十七寝》引。(72)

䰜,亦古文"靁"。见《汗简·田部》及部末杂字类,《古文四声韵·十六灰》引。(105)

弓,古文"弹"。见《汗简·弓部》,《古文四声韵·廿六寒》引。(115)

4. 依字书典籍引《说文》体例而得逸字

郑珍在利用他籍材料时,往往会对这些典籍和学者引用《说文》的方式方法和体例作出说明,以此论证逸字的存在。如:

曷

　　古文"曷"。

　　……

　　此缘《说文》旧式篆注皆一行直书(钱氏大昕说),自后人注变双行,故重文往往误入上篆注末。此其一也。(下略)(35)

唁

　　古文"言"。

　　言部古文偏旁皆作此。……凡戴氏所载古文,俱十四篇之体。非如《玉篇》《广韵》诸书,古文或从别采也。则所见铉本原有。小徐于"䚩"下、"䛡"下并云"䛑,古文'言'",知《系传》本无,故注明之。(39)

槀

　　籀文"桌"。见《玉篇·卤部》。

　　按,《史篇》汉后尽亡,顾氏籀文全出许君,惟此与"肝"(疢)、"曲"(壶)、"兂"(秃)不见《说文》。(下略)(68)

希

　　疏也。从巾,从爻,与"爽"同意。

　　本书"莃"、"睎"、"胏"、"郗"、"唏"、"稀"、"俙"、"欷"、"豨"、"絺"皆从希声,必有"希"字。……段氏以郑本《虞书》"絺绣"作"希

绣",注云:"希读为黹",疑"希"为古文"黹"。按,凡郑注言"读为"者,例是经用假借、改从本字。(下略)(76)

黴

绣文如聚细米也。从黹从米,米亦声。《虞书》曰:"藻、火、粉黴。"《书·益稷》"粉米",《音义》云:"《说文》作'黺黴',徐本作'絑'(徐仙民本)。"……检《韵会》引《说文》之例,凡两部两文音义同者,多合于一字下引之,不尽是重文。又所据《说文》是《系传》本。《玉海》云,《系传》旧阙二十五卷,今宋抄本以大徐本补之。则黄氏所据糸部至卵部是补抄者,糸部必似今铉本,"絑"下无重文,所称"黴"字当在黹部。(下略)(77)

頞

眉目间也。从页,冥声。诗曰:"猗嗟頞兮。"

《集韵·十五青》《类篇·页部》"頞"下并云:"眉目间也。……按,《集韵》《类篇》引《说文》之例,有不明称《说文》者;而称《说文》所引经语,必加"引"字,以别于己所引书之称"某曰"。故当字下云"某某也,引某某",必是《说文》。(下略)(87)

顲

"顲"或从页黄。

《玉篇·黄部》"顲"下引《说文》"面急顲顲也。云粉切。"……凡许书重文与正篆偏旁异者,《玉篇》并各归部属而两引其训,此其例也。(下略)(88)

郑珍"外部求证"搜求逸字的方法,大大丰富逸字研究的材料,拓展了逸字研究的范围,并很好地将《说文》的文字考释、版本校勘、文献整理结合在一起,从而形成综合性的《说文》学成果。这种方法取得的实践成果,不仅材料新,而且证据充分,大大提高考释结论的可信度,是郑珍超越前人的重要体现,足见他更为敏锐宽广的学术眼光。

此外,值得注意的是,《逸字》尚有"附录一卷",是知同承父命所编292个"概非逸文"者,即用于澄清那些并非逸字而恐学人误以为逸字者。附录的考订,与正文正反照应、相辅相成,其目的是廓清逸字的范畴,避免《说文》传刻之讹。该附录有三个方面的特色:

1. 行文中,先注明考据的范围和类型,如本书偏旁、大徐新增、《说文系传》等;然后以考察对象为标目,标目之后,进行训解

例如:

本书偏旁

䅹(梯),艸部"稊"云"梯声"。按,"稊"即"梯稗"本字,不得别有"梯"。段氏已据《庄子》"道在稊稗"字改从阶梯之"梯"。(127)

大徐新增

璵(璵),此据"璠"字注增。按,《左传·释文》云:"璵,本又作'與',音余。"则作"與"古字,后加玉旁。(130)

2. 每一条款下的标目,本书偏旁、大徐新增、《说文系传》皆为正篆;《汗简》《古文四声韵》为古文字形;其他典籍则用原字楷体

例如:

本书偏旁

枼(枼),水部"染"云"枼声"。小徐引裴光远云:"从木者所以染,栀、茜之属也。从九者,染之数也。"则《说文》当本云"从木从九"。(129)

大徐新增

件(件),此据"牛"注增。按,"件"出六朝间俗语。今"牛"字注"牛,件也;件,事理也",本讹乱不通,据之先误。(132)

《说文系传》

漨(漨),大水也。从水,夆声。此字在"泽"上,当是"泽"之形误重出。训"大水"仍依泽水义。《集韵》以为"淕"之别体。"漨水"见《山海经》,许亦不录。(134)

《汗简》

𠂤,部首"身"作此,注"《说文》"。按,《古文韵》此系《古老子》。(139)

《古文四声韵》

虞,姥韵引古"虞"。按,《汗简》注"《演〈说文〉》",此脱"演"字。(142)

《龙龛手鉴》

拜,手部云:"拜,《说文》同'拜'。"按,"拜"已从两手,俗不知偏旁者,又加"手"。字书皆无此字,唯释典有之。(148)

3. 典籍所出,不足一一与辨者,亦具出之

如《说文篆韵谱》下录110余文,例如:

《说文篆韵谱》

小徐以《说文》依《切韵》编次此书。厥后大徐刊正,止加其新增十九文,明见于前后《序》。今本乃多以新附字羼入,复取《广韵》所载,后世俗加之字,沾一百余文,不详何代人所为。新附字易别,其他恐有惑者。虽不足一一与辨,亦具出之。以其字本俗隶,即从隶书。

菓(下略)(171)

这种明确指出哪些是逸字,又明确指出哪些不是逸字的方法,有助于《说文》逸字的研究,显示了郑氏父子学术研究的辩证思维,"非逸字"材料的汇集与考证,也是其学问精审的体现。总之,全面搜求和考证《说文》逸字,并取得超越前人的成果,是郑珍《说文》学的重要成果和内容,其价值在于:不仅拓展了《说文》学的研究领域和内容,丰富了《说文》学的文献语料,还为如何研治《说文》、校勘《说文》相关古籍提供了方法。

二、新附字的深入考证

郑珍《说文》学的另一个重要内容,就是对《说文》新附字做了深入考证。学界习称的"说文新附字",即徐铉校订《说文》时所附益的"经典相承传写及时俗要用而《说文》不载者",凡402文。新附字有四个主要来源:《说文》原有而传本误脱者(即《说文》逸字)、先秦经典有之而《说文》失收者、先秦经典有之而《说文》不收者、汉代以后产生的新字。从字形上看,这些新附字分为先秦古字和汉后俗字,而又以后者为主体。

但对于新附字的源流和性质,历代学者颇有争议,对新附字的态度并不一致,即便是乾嘉诸儒也难免有"古正今俗"的偏见,显示出字学思想的保守与局限。而郑珍则认为新附字:"不先汉,亦不隋后,字孳也,何俗乎尔?"认为新附字大多是汉魏以后产生的俗字,这是汉字孳乳演变的必然结果,这种汉字发展史的思想,具有超越时代和前人的学术眼光。因此,郑珍在考辨这些新附字时,往往勾勒古今,历数源流,沟通音义,其特点有以下几个方面:

1. 考证汉字源流

郑珍每考一字,往往利用历代典籍、传世文献和金石碑铭材料,详细考察汉字的出现时代,特别汉魏以来产生的新字俗字,同时通过形音义关系的考辨,阐明这些字的演变过程及其相互关系,从而厘清了每一个新附字的源流。例如《新附考》卷一"玉"部所考以下诸字:

【珈】

妇人首饰。从玉,加声。《诗》曰:"副笄六珈。"古牙切。

按,《毛诗》"副笄六珈",传云:"珈笄(句),饰之最盛者。所以别尊卑。"笺云:"珈之言加也。副既笄而加饰,如今步摇上饰。"正义云:"珈者,以玉加于笄为饰。"依文义求之,知经传本皆作"加"。盖后夫人惟祭服有衡笄垂于副之两旁,已是盛饰;又以六物加于笄上,故传谓"加笄,饰之最盛者。"非"加"即是首饰,乃加于笄之六物方为首饰也。若字已从玉,《毛传》"珈笄"二字作何解乎?笺云:"珈之言加",知汉人已增玉旁。郑君盖依俗行明之。(209)

　　知同谨按,古通作"哿"。《太玄》"男子折笄,妇人易哿",范望注云:"哿,笄饰。男子有笄,妇人哿之以饰。"此"哿"同是"加"义。足明本加饰于笄,因名其饰为"哿",后易"珈"为专字尔。

【琲】

珠五百枚也。从玉,非声。普乃切。

按,《广韵》"琲"注引《埤仓》云:"珠百枚曰琲,又云珠五百枚也。"大徐采后一义。凡大徐新附字,音义多取《唐韵》,与其音《说文》用《唐韵》同,今《广韵》即《唐韵》也。《文选·吴都赋》"珠琲阑干",刘逵注云:"琲,贯也。珠十贯为一琲。"不计枚数,以合《埤仓》,或十枚一贯五十枚一贯俱可。《埤仓》魏张揖撰。魏晋已前无用此字者,当出自汉代。(212)

【珂】

玉也。从玉,可声。苦何切。

　　知同谨按,"珂"者以螺蛤类为马勒饰之名。刘逵注《吴都赋》"珂珬"云:"老雕化西海为玭,已裁割若马勒者("若"当作"为")谓之珂。玭者,珂之本璞也。"《西京杂记》云:"武帝时,长安盛饰鞍马,以南海白蜃为珂,紫金为勒,以饰其上。"《初学记》引《通俗文》云"勒饰曰珂"是也。又美玉与石饰马鞍亦名"珂"。《广雅》云"瑊玏珂",又云"珂,石之次玉"。《玉篇》亦云:"珂,石次玉。"《初学记》说"鞍"云"魏百官各有赤茸珂石鞘尾一具"是也。未知先有马勒饰名"珂",然后移以名美石;抑先有石名"珂",然后移以名石饰鞍、贝饰勒也。要是汉已后乃见此名。后更以"珂"为佩玉,益非古矣。(212)

【珙】

玉也。从玉,共声。拘竦切。

按,《玉篇》《广韵》"珙"并训"大璧"。据《左氏襄三十一年传》"与我其拱璧"、《老子》"虽有拱璧,以先驷马",古止作"拱"字。

知同谨按,《毛诗》"受小共大共",《传》训"共"为"法",《笺》云:"共,执也。小共大共,犹所执摺小球大球也。"《正义》云:"汤受小玉而执之,受大玉而执之。执圭摺斑,与诸侯为法,是'小大'即上文'小球大球'。'共'者,执摺之,非玉名。"乃高诱注《淮南子》云:"挚读《诗》'小珙大珙'。"是又傅会《诗》之"共"为执玉而加玉旁。汉时经本已多此等俗字,正如"六加"之为"珈"也。(215—216)

上述诸例,通过郑珍的考释,可知都是汉以后产生的俗字,而从中又可以看出到汉代时期,汉字发生的演变有两种不同的情况:一是汉代产生了大量新的字形,如"珈"、"琲"、"珙"三字,其中"珈"、"珙"都有对应的古文源流,而"琲"是汉代才出现的新字。二是形义关系在汉代发生了变化,如"珂"字,本是"以蠡蛤类为马勒饰之名",在使用过程中,因"美玉与石饰马鞍亦名'珂'",故后"移以名美石",后来"珂"才有了新附所注"玉也"之释。

郑氏父子不仅详细考证每一个新附字的源流,还随时注意发见汉字发展的规律和特点,例如上引"加→珈"、"共→珙"都是汉以后增加义符"玉"产生的俗字,并认为"汉时经本已多此等俗字",这汉字发展一大显性规律。寻绎《新附考》一书,例如示部"祦"(208)字、玉部"琖"(210)、"璔"(212)、"璨"(214)、"瑄"(215)字、草部"芙"(216)、"蓉"(216)字、言部"谱"(247)字等,都是这样的例子,这样的考证对于讨论汉字源流、嬗变规律无疑具有重要的参考价值。

2. 分析字形演变

从汉字的历时演变看,汉魏以来产生的字,有些可以找到明确的古文对应,有些虽没有古文对应,但在先秦典籍中已有对该词的记录,只是字形发生了变化。而对于先秦古文、古语词,也有很多复杂的情况,有的是本字,有的是借字,有的是古正字,郑珍在考证新附字时,往往究察古文之源,古今贯通,厘正字形之演变,并阐明字形演变的原因和规律。例如:

【祚】

福也。从示,乍声。臣铉等曰:凡祭必受祚。祚即福也。此字后人所加。徂故切。

按,《左传隐公八年传》"胙之土而命之士"、《周语》"天地之所胙"、《法言》"天胙先德",此"福胙"古字之见经典者。他书皆改从俗作"祚",汉《帝尧碑》《华山亭碑》及孙根、夏承诸碑皆有"祚",是汉世后出(后凡称汉晋人碑,并见《隶释》《隶续》《汉隶字原》)。(209)

【璩】

环属。从玉,豦声。见《山海经》。彊鱼切。

按,《中山经》"穿耳以鐻",郭注云:"鐻,金银饰之名。"《魏都赋》"鐻耳之杰"用其文。《后汉书·张奂传》云"先零酋长遗金鐻八枚",义同。字本从金。《众经音义》引《字书》:"璩,玉名,耳璩也。"(《字书》,《隋书·经籍志》载三种,皆无撰人。)知汉后字别从玉。(210)

【蘧】

艸也。《左氏传》"楚大夫蘧子冯"。从艸,遽声。韦委切。

按,蔿氏出自蚡冒,为楚世卿。古字作"蔿",《左传》间作"蘧"字,见《襄十八年传》"蔿子冯"《释文》。《五经文字叙注》云:"'蘧'、'蔿'同姓,春秋错出。"盖唐已前经本早乱之。鲁亦有蘧氏。《左昭十一年传》云"蘧氏之篷",《释文》云:"本又作'蔿'。"据《隐十一年传》,鲁有鴅氏。疑"蘧氏"本即"鴅氏",后人传误,同楚之"蔿氏";又以"蘧"易之。"蔿"、"鴅"两字并见《说文》,各有本义,氏族乃出其后。若远志草名作"蘧",见《集韵》,则尤后出。(216)

【售】

卖去手也。从口,雔省声。《诗》曰:"贾用不售。"承臭切。

按,《诗·谷风》"售"字,《唐石经》磨改。钱氏大昕云:"经盖本作'雔'。"段氏玉裁云:"雔正字,售俗字。"又《抑》篇"无言不雔",《笺》云:"教令之出如卖物。物善,则其雔贾贵;物恶,则其雔贾贱。"(孔《疏》述《笺》云:"雔,报物贾。"知字本作"雔"。《释文》作"售",云:"一本作'雔'。作'雔'是也。"今诸《诗》疏本经作"雔"、《笺》作"售",依《释文》,误也)《史记》:"历书以理,星度未能詹也。"徐广云:"詹,一作'售'。"《索隐》云:"《汉书》作'雔'。'雔'即'售'也。"是"雔"为古"售"字,"售"盖隶省。(224)

上举四例中,"胙→祚"、"鐻→璩"二例,都是因所记录的词义指向不同,而字形发生了变化,如古代经典古字皆作"福胙",因义与祭祀相关,汉俗改从"示";"鐻"本为"金银饰之名",后因用作"耳环"之属,故汉后俗从"玉"。而"蔿→蘧"则是古籍异文造成的字形演变,古字本作"蔿氏",但古籍已间作"蘧",经本相乱已久,但从字形源流上看,当以"蔿"为古正字。而

"讐→售"二字的关系,学者意见颇有不同,如钱大昕认为"经盖本作讐",段玉裁则认为"讐正字,售俗字",《史记索隐》则云"'讐'即'售'也"。郑珍通过比勘古籍,比较分析诸家之说,认为:"讐为古售字,售盖隶省。"厘正汉字演变之缘由。

3. 探明声音假借

郑珍对文字的考释,除了辨清字形源流演变外,还特别注意辨明汉字的语音演变和假借关系,《新附考》"簶"字条知同按云:"凡许君引经及它书,有证本义者,有举假借者。"(267)可见,辨明声音假借,是进一步明晰新附字来源与性质的重要条件。《新附考》中这样的例子很多,此略举数例:

【瑄】

璧六寸也。从玉,宣声。须缘切。

按,古止作"宣"。《尔雅》:"璧大六寸谓之宣。"《释文》云:"宣或作'瑄'。"作"瑄"俗本也。秦《诅楚文》"吉玉宣璧",以"亘"重书。臧氏琳谓《说文》"珣,玉器。读若宣"乃"宣璧"正字,作"宣"假借。于音义亦合。(215)

【透】

跳也,过也。从辵,秀声。他候切。

知同谨按,《方言》:"遚、㺉、透,惊也。自关而西秦晋之间凡惊者谓之遚,宋卫南楚凡相惊曰㺉,或曰透。"此"透"之本义也。古字作"倏"。《贾子·容经篇》"穆如惊倏",即"透"字。《韵会》引《说文》:"倏,犬走疾也。"(今《说文》止注"疾也",文脱)"走疾",故有"惊"义。《说文》"㺉,读若愬","倏,读若叔","愬"古音入声如"朔","㺉"、"倏"一声之转。"倏"之去声则如"秀",故别从秀声作"透",古仍读叔,见曹宪《广雅音》《篇》《韵》。透音"他候切",亦有"式六切"之读,则古今音两存之。(下略)(233)

【晙】

明也。从日,夋声。子峻切。

按,古止作"浚"。《书》"夙夜浚明有家",《史记·夏本纪》作"蚤夜翊明有家。""翊"者,明也。凡经典中辅翼字作"翊",翌明字作"翌",实止一字。训"明"之"翌"系"昱"之假借。《书》古文说"浚"当训"明",故史公以"翊"代之。汉世因明义改从日。又训作"蚤",见《尔雅·释诂》。《尔雅》故多汉初字。钱氏大昕云:"晙者,明之早也。"(292)

上举三例中,郑珍首先指出古六寸璧本止作"瑄",因属玉器,故俗加"玉"旁作"瑄",遂与"宣"形成分化,后世以"瑄璧"为正字,时亦假借"宣",而凡玉器注音"宣"者,如"珣",亦皆假借。第二例则专考"透"字读音,"透"本义为"惊",古字作"俆",因"俆"之去声如"秀",故别从秀声作"透",因此仍保留古音"式六切"。查《集韵》《广韵》"透"皆有入声屋韵"式竹切",可证郑说不误。第三例则通过文字的假借,考证几个字形之间的音义关系。新附字训"明"之"晙"古本作"浚",其义同"翊明"之"翊",而经典中"辅翼"字作"翊","翌明"字作"翌",实则一字异体,"翌(翊)"之所以有"明"义,其实是"昱"的假借。正因为"浚"有明义,故汉以来俗改从日作"晙"。这样的考证,不仅仅局限于新附字本身,而是同时考清了与新附字相关的一批汉字的源流和关系。

4. 广采语料,正本清源

为考证文字,《新附考》征引的语料十分丰富,除了《史记》《汉书》等传世典籍,还有《说文》《玉篇》《广韵》《集韵》等历代字书、韵书,而为了文字的正本清源,郑珍更是广采语料,常从原始的书写材料中,去考察文字的字形、声音之源流。例如:

【邏】

巡也。从辵,羅声。郎左切。

按,《汉·扬雄传》"杖镆邪而羅者以万记"、《吴志·孙坚传》"分部人兵以羅遮贼状","羅"皆即"邏"字。巡羅者,网羅、羅列义之引申。《众经音义》卷十五"人羅"注云:"力贺反,戍属也。谓游兵,以御寇者也。"佛书尚止作"羅",从辵盖晚出。(235)

【藏】

匿也。臣铉等按《汉书》通用"臧"字,从艸后人所加。昨郎切。

按,汉《孔耽孙叔敖碑》《祝睦后碑》已有"藏"字。从艸汉人所加。(221)

【犍】

㸤牛也。从牛,建声。亦郡名。居言切。

按,犍牛古止言"㸤"。"犍"系后世语,《字林》始收之。若诸犍兽见《山海经》,字本兽名。凡《山海经》所有鸟兽草木虫鱼诸不经见之物,许君例不录其文,亦太史公谓"《山海经》所有怪物予不敢言"之意。汉儒著书传信不苟如此,非若后世徒矜奇炫博也。若汉武帝置犍为郡,汉碑皆从木作"楗",六朝人书乃作"犍"。(222)

【邈】232

远也。从辵,須声。莫角切。

按,《诗》"既成藐藐",即古"邈"字。故《广韵》引《字书》:"藐,远也。"王逸《楚辞》注问。汉《杨统》《武班》《薛君》诸碑作"藐",即"藐"之变。作"藐"见《武荣碑》,本字也。

知同谨按,《荀子·论礼篇》云"疏房檖藐",杨倞注:"藐读为邈,言屋宇深邃绵邈。"最初盖止借作"藐"。

【遐】

远也。从辵,叚声。臣铉等曰,或通用"假"字。胡加切。

按,《说文》"嘏,大远也。"即"遐"本字。凡《尔雅·释诂》《大雅》毛传,《礼经》郑注皆训"嘏"为"大";《少牢礼》注训"嘏"为"大福"。而许君独兼言"远",盖本《郊特牲》"嘏,长也"之义言之,"远"、"长"一也。《前汉·礼乐志》"假狄合处",小颜注"假"即"遐"字。此大徐所指《说文》"假",本训"至也",史借"假"作之。

知同谨按,汉《武班碑》《杨统碑》《繁阳令杨君碑》亦并作"假"。《诗·卫风》"不瑕有害"又借作"瑕"。《孔从事碑》《景君碑》阴同。《曲礼》"天王登假","假,远也"。又借作"假"。至建宁二年《侯成碑》于"假"边加辵作"遐",而他碑则真作"遐"矣。(232)

上引诸例,郑珍所采除了传统文献以外,还有《众经音义》《一切经音义》等佛经音义书,郑氏称之为"佛书",而我们都知道,这些以辑录汉译佛经中文字音义的佛书,是考察汉魏以来汉字形体、音韵演变的重要材料,郑珍在考释中大量征引佛经语料,可见他对语言材料的驾驭能力是很强的。而除了佛书,《新附考》中还有一类语料参引非常之多,那就是碑刻文献。例如"藏"字条引汉《孔耽孙叔敖碑》《祝睦后碑》;"楗"字条云"汉碑皆从木作";"邈"字条引汉《杨统》《武班》《薛君》《武荣碑》;"遐"字条引汉《武班碑》《杨统碑》《繁阳令杨君碑》《孔从事碑》《景君碑》《侯成碑》等诸碑,涉及非常广泛:一是郑氏系统搜集并掌握了大量汉碑的原始材料;二是郑氏对汉魏的语言文字内容有比较深入的考察。新附字的主体是汉魏以来产生的俗字,而汉代正处于汉字古今分野的过渡时期,这一时期的碑刻文献,是厘清汉字古今源流的重要资料。郑氏对语料的博采,不仅提高了文字考释的可信度,还大大扩充了考证的内容,丰富了《新附考》一书的价值。

5. 博采众法,的诂文字

《新附考》一书既称考,其目的就是考释文字,求其确诂。郑氏父子不仅参引了庞杂的语言材料,还运用了很多行之有效的考字方法,才取得优于前人的成果。关于郑珍的考字方法,我们将在第三章第三节详细讨论。这里,我们主要以书中对连绵字的考证为例,看看郑珍有哪些行之有效的考字方法。例如:

【朦】

月朦胧也。从月,蒙声。莫工切。(298)

【胧】

朦胧也。从月,龍声。卢红切。

按,《释名》:"聋,笼也。如在蒙笼之内,不可察也。"(依《广韵》引)《汉·扬雄传》"纷蒙笼以掍成",又"猎蒙笼",《孙子》"草树蒙茏",《天台山赋》"披荒榛之蒙茏",《蜀都赋》"蹴蹈蒙茏",是古止作"蒙笼"、"蒙茏",本无专字。其主言月色者,词赋家加"月"作之,与"瞳曨"、"瞳朧"加偏旁一例。而《文选》诸文尚不见二字,盖犹晚出。(298)

【缱】

缱绻,不相离也。从糸,遣声。去缱切。(415)

【绻】

缱绻也。从糸,卷声。去阮切。

知同谨按,《释名》:"困,绻也,藏物缱绻束缚之也。"又云:"卷,绻也,相约束缱绻以为限也。"《淮南·泛论训》"古有鍪而绻领以佐天下者",高注:"绻领,皮衣屈而袂之。"知"缱绻"乃卷束、卷屈之义,古止作"卷"。《诗·民劳》"以谨缱绻",《释文》:"缱,本或作'卷'。"是毛公原本。又《说文》本有"綣"字,训"攘臂绳"。段氏改"攘"作"纕",注云:"纕,援臂也。臂袖易流,以绳约之。……引申为凡束缚之称。"禾部"稇,綣束也",宀部"冠,綣也,所以綣发",是其义。(416)

郑珍考字往往根据文字的特点,用相应的方法加以考证,有些字的演变是单线条式的,有些字的演变却存在错综复杂的字群关系。比如上引诸例,是郑珍所言"必上下连考始明白"的连绵字,他在考证时就特别注意联系上下字的关系,上字只引铉注,下字详解。据笔者统计,此类连绵字在《新附考》全书中共计 24 对 48 字,如:璀璨、芙蓉、邂逅、逍遥、蹭蹬、蹉跎、鹧鸪、胸脑、瞳曨、朦胧、粗籹、倜傥、甗瓵、髭甑、艅艎、嶙峋、崑崙、澹濪、潺湲、嬋娟、琵琶、繾綣、蚯蚓、酩酊。郑珍通过这种方法,往往就可以清楚地判断两个字的来源与变化,以及它们出现的时代。

以上,我们仅从几个方面考察了《新附考》一书的特色和价值,若逐条寻绎,一定能够发现更多的特点和价值,与同类著作相比较,郑珍《新附考》不仅正字形之变,讨声音之源、明假借之实,还搜集整理了大量可用于考释文字的语言材料,总结了大量行之有效的考字方法,这对于新附字的进一步研究和汉字的考释工作,都具有重要的参考价值。袁本良先生评价认为:"在这一领域中,郑氏父子竭两世精能、积数十年攻讨之勤的《说文新附考》应该说是成就最高的一部著作。"①应是当言之选。

三、《说文》义例的进一步阐发

历代对《说文》义例的阐发,是《说文》学最早也是最核心的内容之一,乾嘉以来清儒对《说文》义例作了大量深入研究,在很大程度上推动了对《说文》的认识和研究。除了对文字和文献进行考证外,郑珍还对《说文》义例作了很多显幽发隐的工作,体现了他研治《说文》义例的心得体会。今对郑书略作梳理,可以看出他对《说文》义例的阐发,集中在以下几个方面:

1.《说文》收字体例

郑珍书中,首先是通过义例的梳理,揭示《说文》及相关文献的收字特点。例如《新附考·示部》"祧"字条云:"凡《玉篇》《广韵》及《众经音义》等书,所载古文最夥,大半不见《说文》,盖皆采自卫宏《古文字书》、郭训《古文奇字》、张揖《古今字诂》等书。"(207)通过稽考《说文》所收古文情况,揭示了后世字书、韵书所收古文的性质和来源。又如玉部"琛"字条:"凡经典中字不见《说文》者,多汉魏以来俗改,求之许书必有本字;而亦偶有古文,许君搜罗未尽,十四篇中阙如者。故大徐所附,十九例是俗书,其采自经典者不无一二,为三代正文如此。"(211)通过考证新附字与《说文》所收字的相互关系,说明了新附字的性质和来源,同时指出《说文》对于古文的收录原则。

又如食部"餕"字条:"许君于《仪礼》有录古文而遗今文者,有录今文而遗古文者。其所遗之古文,虽不见《说文》,要是先秦所有古字,与诸经中汉儒增变之体当分别观之。"(271)指出了《说文》在处理《仪礼》等先秦典籍文

---

① 袁本良《郑珍〈说文新附考〉论略》,《古汉语研究》2002 年第 4 期,第 70 页。

字时采取的态度,而无论是《说文》所收古文,还是所收今文,都应与汉代产生的增变之体区别开来。

再如米部"粆"字条:"今读许君之书,不必执先秦已上之文尽归囊括,遂断古籍之字不见《说文》者,辄由后人用俗书改易。即如'粔粆',明是南楚方言,虽《仓颉篇》载之,许君犹不登录。"(302)表达了郑珍对于《说文》收字的两个观点:一是不能因为古籍之字不见于《说文》,便判断这些字就是后世产生的俗字;二是对于先秦以上文字,《说文》并非尽收,而是有所选择和原则的。比如古方言字,即便《仓颉篇》见收,《说文》亦不收录。例如《新附考·髟部》"髻"条亦云:"'鬜'当是秦汉间方言,故许君不录。"(336)亦是其证。

郑珍以具体文字的考释为例,对《说文》的收字义例逐条检举,让后世学人进一步熟悉了《说文》的收字特色。根据郑珍的研究,不难发现《说文》的收字有两大重要特点:一是虽是先秦古文,但方言、奇字一般不收。例如《新附考·水部》"潑"条云:"《楚辞》中形容叠字,许书阙如,不特此'潺潺'也。若'佗傺'、'崴嵬'、'蹉跌',与'暧暧'、'忳忳'、'籋籋'等皆无之。……此非后人改本,原文故已如是。许意盖目为南楚晚出方言,无关要义,不妨略之。"(380)又如鱼部"鰩"字条:"'鰩'亦见《西山经》,或本不从鱼。……许君于《山经》此类佹怪鸟兽草木虫鱼,例不登载。"(392)皆其例证。二是汉魏以来的俗字,《说文》不收,但一般《说文》中收有这些字的本字。例如《新附考·禾部》"穏"字条云:"《说文》:'䜩,所依据也。从叒工,读与隱同。'《众经音义》卷九引作'有据也',即安稳古字。大徐谓'古用安隱',殆不识许书自有本字。"(299)即其例。这些特点,对于深入而准确地考证《说文》以及相关文献中所收文字,无疑具有很大的帮助。

2.《说文》引书体例

许慎《说文》除了收字有自身的体例和原则外,在说解文字时引用古书也有自身的一些条例。例如《新附考·米部》"粻"字条云:"'粻'系'糧'之异文。……'粻'为汉世别出字,故《说文》不录。《毛诗》古文宜亦不作'粻'。……《尔雅·释言》:'粻,粮也。'《尔雅》有汉儒增益者。此出先汉经师用古字解今字。……许君训注中本不废汉世语,只不列正文耳。"(300)指出《说文》虽不收汉代产生的新字,但却常引汉代典籍以考证文字,而引用汉代典籍时,其中的许多字却不收录于正文。

又如食部"餪"字条云:"《方言》:'餌谓之餪。'在汉时有此名,然唐已前文字罕见用者。……《方言》作'餪',殆非古体。《方言》出许君已前,《说文》多采其义而不全录其文;以其间多汉时文字,不尽出于先秦。"(272)就指出《说文》常征引《方言》一书来考证文字,但对于《方言》中所见文字并不全部收录入正文,其原因是"其间多汉时文字,不尽出于先秦"。又如赤部"赥"字条亦云:"以知《方言》多汉代奇字,故许君分别采之,不全录也。"(366)也可证《说文》征引《方言》的原则。

3.《说文》注解体例

郑珍书中有许多论及《说文》注解体例的地方,能够帮助我们进一步了解《说文》一书的注例。例如《逸字》一书"晶"字条云:"古文'靇'。本书'瑎'、'藠'、'譆'、'鷃'、'㮛'、'曡'、'儡'、'曩'、'勯'、'壘'等俱从晶声,当原有此字。……鼎臣及段氏谓无'晶',皆未悉许君注例也。考本书凡云'从某,某象形'者,其象形之某必别一古文;古文即其篆之最初字,而许君并先在篆下说之。"(104)深刻阐述了《说文》原书注解文字时的一大体例,正因为能认识到这一点,郑珍在考证逸字时比徐铉、段玉裁等人更为精拔。

除了注解字形的体例,有时又指出《说文》的注音体例。例如《新附考·山部》"岌"字条云:"《尔雅·释山》:'小山岌大山,峘。'郭注:'岌,谓高过。'许君作'敪',马部:'敪,马行相及也。读若《尔雅》曰"小山敪大山,峘"。'《说文》凡拟读,例不用本字,'读若'二字误衍。"(339)指出《说文》拟读注音不用本字的体例,在引用《尔雅》等书考证字义时皆按此条例,由此校勘出今本《说文》"敪"字条下"读若"二字为误衍之文。

郑珍亦善于根据《说文》的注解体例,厘清文字之间的正俗、古今、假借关系。例如《新附考·山部》"嵌"字条云:"据《说文》'伙'字'读若钦崟','钦崟'即'嵌崟',又可证许以'钦'为'嵌'古字。既乃讹'钦'作'嵌'。"(341)根据《说文》注解中对"读若"的使用,可以知道许慎往往用古字拟读今字之音,按此条例,郑珍考证认为"欽崟"读若"钦崟",则"钦"当是"嵌"的古字,而新附字"嵌"实为"欽"的讹字。又如《新附考·宀部》"寘"字条云:"'寘'明见古金石,义作置用,非出俗书讹体,'寘'字早矣。'迆读若寘',许君注中不妨用之,止不可列正篆耳。"(304)对于汉时产生之字,《说文》虽在注解中有所征引,但于正文中一般不收录该字。

除了考证徐铉新附字,郑珍亦往往根据《说文》原书的注解体例,来校正徐铉注解新附不尽合理之处。此举一例,如《新附考·水部》"潺湲"二字:

【潺】水声。从水,孱声。昨闲切。(380)
【湲】潺湲,水声。从水,爰声。王权切。

按,二字两见《楚辞·九歌》,宜为先秦古字,而许君不录。注解依

《说文》通例,当于上字云"潺湲,水声",下字云"潺湲也",始合。(380)

郑珍指出按照《说文》的注解通例,凡属于连绵字的上下两字,如这里的"潺湲",原书一般于上字"潺"注云"潺湲,水声",下字"湲"则注"潺湲也",而徐铉注解二字时违背了《说文》这一通例,也是徐铉增附新附字自乱其例的地方。

4.《说文》其他方面的体例

郑珍对《说文》义例的阐发并非专力为之,因此没有系统性,往往于文字考释过程中随文记之,我们只能从他的书中逐条分检之。从一些字例可以看出,郑珍对《说文》义例的阐发还有以下一些方面:

《说文》注文释义多取通俗,即以俗证古。例如《新附考·力部》"劬"字条云:"'劬'之古音如钩、苟、雊也。钮氏不审音,大抵如此。总由不识'佝'字。若走部'趚'下云'读若劬',许君注文自取通俗。"(430)又如《逸字·金部》"鐕"字条云:"见《后汉书·冯鲂传》注引。'槸'字见《尔雅》。盖汉世文许君训语中可通俗也。大徐木部附'槸'、石部附'礩',皆俗行。"(121)又竹部"篢"字条:"江文通《杂体诗》注又引《说文》曰:'篢杂字如此。'是唐本有此字,其训有'杂'、'倅'二义。李氏以意属文耳。倅者,副也。'倅'古作'萃',许君训解中自取通俗。杂则非一,副则非特,故从竹,取纷繁意。"(56)皆其例证。

《说文》说解文字时有一通例,那就是会结合该字所属的部首来解释该字的含义。例如《逸字·鬼部》"魌"字条云:"鬼捷健也。从鬼。堯声。……段氏据补,而未著其义,注云:'《说文》当云:鬼捷貌。'按许君训字必顾部首,当原训'鬼捷健也'。"(90)例中段玉裁虽补正了"魌"字,但认为《说文》当训"鬼捷貌",而郑珍认为许慎说解文字必根据部首所属义类作释,"魌"属鬼部,故原训当为"鬼捷健"。

受避讳、忌讳等因素的影响,《说文》收字、注义时亦有一定的义例可以遵循。例如《逸字·言部》"詢"字条云:"谋也。从言,旬声。此字大徐新附。经典用'询谋'者绝无他字可代,且是汉宣帝名,许君必无遗漏之理,知是写脱。"(39)又如金部"鎦"字条云:"考《玉篇·金部》云:'鎦,古文劉字。'……然则许书之旧,必'劉'为正篆、'鎦'为古文;后来本俱讹脱。二徐略说存疑,因而不改;而段氏据以改'鎦'为'劉',殆未考《玉篇》耳。其训解,许君必不用'杀'为正义,先以不祥加于国姓。《玉篇》:'劉,鈠("斧钺"字《说文》作"戉",此假銮声字)也;杀也。'是亦宜本《说文》。……大徐本

'鎦'下止'杀也'一训,无'从金,畱声',显是残脱之迹。"(121)皆其例证。

除了《逸字》《新附考》对《说文》义例多所阐发外,郑珍《汗简笺正》一书中也有不少对《说文》书例的解读说明,从而疏证一批古文的源流。如《笺正》中以下例字:

【丄】

　　下。○此两形不异篆文。以"一"为地,指其上下,作一直一横一点,古文亦随其宜。如单作丄丅,则宜从丨,使不与"二、三"混。如为偏旁,作"辛、示、辰、雨"等字,势不能不作横画。许君每云"二,古文上",而不特出"二"字,正以书势随宜,体实非两。特作"二"即与"二、三"无别,故须明之。金坛段氏改《说文》部首丄为二,未瞭此也。(504)

此例指出《说文》不特出"二"字,而云"二,古文上"的原因,即若特作"二"易与"二、三"字混。又如:

【夕】

　　歺。五达切。○古作夕,多一横。按,此无横是也。《说文》之例,凡部首古文,其体多非与篆是二,许君出之,特以明篆法所由作。如此体古本无横,篆法取方整,右笔横书即成夕形。若如今作,便不合篆。凡歺之属皆从歺。(621—622)

指出《说文》部首字下所列古文,常常与篆形相合,是为"合篆"之例,根据合篆之例,可以直观地反映古文篆法之所由作和变化。而如有古文与篆形不相合者,则属不合篆。

【弁】

　　弁。○今《说文》此为"覍"或体。按,《说文》或体中无象形之字,当本是古文。郭氏所见不误。(664)

此例指出原本《说文》"或体无象形"的义例,由此可以判定《汗简》所录古文字形的真伪。又如:

【⊙】

　　日。○《说文》古籀从"日"者作此。目录作⊙,与部中所录《说文》

体复,非。夏又载《汗简》一体作 品,乃"晶"字,今本无之,夏氏误。(705)

此例指出《说文》古籀字形从"日"者多作"⊙"形的体例。《说文》目录"☉"与正文"日"的古文"☉"形同。又如:

【𠂆】

　　月。○《说文》古文偏旁如此。凡月之属皆从月。(714)

【疒】

　　疒。○《说文》古籀从疒者如此。凡疒之属皆从疒。(745)

【宣】

　　宣。○回作呂一也。《说文》古文偏旁有此。从宀非。(748)

此处三例指出了《说文》古文偏旁的一大特征,凡古文偏旁有之,或古籀形所从偏旁有之,该偏旁皆为《说文》古文。根据这一体例,一是可以辨别古文的来源是否正确,二是可以考察古文演变的规律。如上举第一、二例可以看出古文偏旁隶定的轨迹,都大致保留了古文的基本形体,而其中"𠂆→月"既可以作构形偏旁,又可以独立成字,而"疒→疒"则只能作构形部件,显示了汉字及其偏旁的不同发展情况。第三例则认为"宣"古文作"宣",而古文"宣"字上部所从是"宀"而非"冖",因为"宣"上部所从是古文偏旁,隶定作"宀",而非"冖"。

综上所述,郑珍小学著述中,对《说文》义例的阐发是非常多的,这些义例在校勘《说文》及传世文献、校正徐铉注文、考证《说文》逸字、新附字、疏证古文等方面都发挥了很大的作用,是郑珍《说文》学的重要成果之一。

四、传世《说文》文献梳理

这里所谓"传世《说文》文献",指的是在《说文》流传过程中,与之密切相关并且可以与《说文》互相校勘的文献。比如不同时期的《说文》版本,如大徐、小徐本之类;后世承袭《说文》体例编纂的字书,如《字林》《玉篇》《类篇》之类;转引《说文》原文的各种典籍,如《一切经音义》《集韵》之类,皆属于传世《说文》文献。在郑珍的著述中,非常注重对这些文献的爬梳整理,其目的一是为了理清《说文》辗转流传之脉络,二是为了深入考释汉字演变。郑珍书中涉及的相关文献是非常庞杂的,值得注意的是对以下几类文献的梳理:

1. 顾野王《玉篇》

南朝顾野王(519—581)所著《玉篇》，是我国第一部楷书字典，其收字和说解都以《说文》为基础，是考察《说文》早期面貌的重要文献之一。郑珍在著述中，对《玉篇》作了很多梳理和阐释工作。例如《汗简笺正》"气(气)"字条云："《玉篇》中字，宋陈彭年等增旧四分之一。其古文或顾野王原有，或彭年等据《汗简》新加，俱无从别。"(513)指出了《玉篇》的收字特点，以及古文的基本情况，皆陈彭年等后增，而非顾野王原有或《说文》旧载。又如《逸字·言部》"䛔"字条云："凡戴氏所载古文(戴侗《六书故》)，俱十四篇之体。非如《玉篇》《广韵》诸书，古文或从别采也。"(39)又如《新附考·示部》"桃"字条云："凡《玉篇》《广韵》及《众经音义》等书，所载古文最夥，大半不见《说文》，盖皆采自卫宏《古文字书》、郭训《古文奇字》、张揖《古今字诂》等书。观其形体，大抵奇僻，为世所不用。"(207)正因为存在这些特点，《玉篇》所收古文其真伪本身值得怀疑，因此郑珍在笺正《汗简》时，一般不以《玉篇》作为参证依据。

但《玉篇》说解文字，多保留许慎原意。例如《逸字·多部》"夥"字条云："《诗·螽斯》，《音义》云：'詵，《说文》作夥。'知所据本有'夥'字。《玉篇》《广韵》并云'多也'，当本许义。"(68)显示出《玉篇》在保留《说文》原貌方面的价值。因此，郑珍征引《玉篇》时，对其体例作了很多的阐释，例如《逸字·黄部》所收：

【顲】

"顲"或从页黄。《玉篇·黄部》"顲"下引《说文》"面急顲顲也。云粉切。"页部"顲"下引《说文》"面色顲顲也。有衮切。"按，今《说文》止有"顲"，训"面色顲顲貌。读若陨。"无"顲"字。据《玉篇》知"顲"下原有重文。顾氏两部所引，实一字之训。凡许书重文与正篆偏旁异者，《玉篇》并各归部属而两引其训，此其例也。"色"作"急"、"皃"作"也"，亦与今本异。"面急"者枯槁不和柔之意，面醮顲则色黄，"顲"下所谓"饭不饱，面黄起行也"。故字从页黄会意。《广韵》以下不载。(88)

今本《说文》有"顲"无"顲"，而《玉篇》页部有"顲"，黄部有"顲"。郑珍依据《玉篇》所收文字情况，认为《说文》"顲"字下原有重文"顲"，因为"凡许书重文与正篆偏旁异者，《玉篇》并各归部属而两引其训"，是《玉篇》采引《说文》的一大通例，从而考证出《说文》逸"顲"字。根据这一通例，就可以考证出更多类似的逸字,例如《逸字·耳部》"聭"字条云:"今《说文》'媿'重文作'愧',注'媿或从耻省',无'聭'字。……以《玉篇》推之,盖原是'愧'、'聭'两重文,传写脱'或从心聭'四字,其'或从耻省'遂成'愧'之注文。"(113)也是《玉篇》各归部首收录《说文》重文和正篆的例子。

2. 玄应《一切经音义》

唐贞观年间释玄应所撰《一切经音义》,亦称《众经音义》,是一部辑录汇释汉译佛经形、音、义的专书,该书在说解字词时,每引《说文》《尔雅》等书,保留了大量古训,同时反映了唐代语言文字的使用及其演变状况。后世学者常以玄应《音义》所引《说文》进行文献校勘。郑珍在自己的著述中,对玄应《音义》的收字、说解和体例等都作了很多校正工作,为该书的正确使用提供了参考。

例如《汗简笺正》"呎(气)"字条云:"玄应之书,每字喜称古文。所谓古文,多出张揖《古今字诂》,郭训《古文奇字》等书。其不见《说文》者,多汉后别出字。有与此书合者,十九为此书所载唐以前诸家所本。"(513)又如《新附考·示部》"祧"字条云:"凡《玉篇》《广韵》及《众经音义》等书,所载古文最夥,大半不见《说文》,盖皆采自卫宏《古文字书》、郭训《古文奇字》、张揖《古今字诂》等书。观其形体,大抵奇僻,为世所不用。"(207)指出玄应书中常常所称"古文"之字,实际多出自《古今字诂》《古文奇字》等书,形体奇僻少见,其不见于《说文》者多为汉后别出字,与《说文》相合者,则基本上是其所载唐以前诸家所本,因此其古文真伪亦值得细细考核。

郑氏在征引玄应《音义》时是十分审慎的,但亦常常以该书观点为是。例如《新附考·目部》"眨"字条云:"眨,此亦后世语,古籍无之。《集韵》以'睒'同'眨',不可据。《众经音义》卷十一云:'眨,《通俗文》作"䁖",《字苑》作"眨",同庄夹反目数开闭也。经文作"睒",子叶反,目毛也。"睒"非字体。'玄应说是也。钮氏乃依《集韵》指玄应为误。考《众经音义》解说字形文义甚精,罕有误者。"(255)认为玄应音义虽然在古文收录上多与《说文》不合,但对文字的说解非常精当,尤其是考证汉魏以后俗字罕有误者。

郑珍书中亦常利用玄应《音义》和《说文》的互勘,来校正古籍和考释文字,从而为阅读和引用《一切经音义》提供了方法和个案。例如《新附考·肉部》"腔"字条云:"'空'即古'腔'字,俗增肉。吴才老《韵补》'空'有'枯江切',引徐干《室思赋》'空'与'伤'韵,正合'腔'读。……今《说文》'囟'注脱'领空'二字,见《众经音义》引。'头空'今误'空'为'宜',语不可解,依《集韵》引。'领空'、'头空'即'领腔'、'头腔',是许君止作'空'。"(263)利用《音义》所引古本《说文》释文,校正今本《说文》之注解,同时考证"腔"古字即"空"。又如言部"詨"字条云:"《广雅》'詙,詨也',即《说文》'誘'训'相詶呼'之义。《众经音义》卷十六云:'誘,古文'羞'、'譮'(今本讹"謂")、'詨'三形。依《说文》,'羞'为正篆,'誘'、'譮'皆别体,'詨'则俗字,而可证'詨'即'誘'。"(248)根据《音义》对一组字形的考订,参合《说文》所载,最终考证认为新附字"詨"实际是"誘"的俗字,而"誘"是正篆"羞"的别体。

3. 薛季宣《古文尚书》

薛季宣(1134—1173)所撰《古文尚书》,即郭忠恕《汗简》一书所采《尚书》版本,郑珍于《笺正》一书中例称"薛本"。这本书的特点,郑珍在《笺正》卷一"弌"条云:"凡此伪本所用奇古字,细检核之,大半以《说文》、三字石经为主,而别采他书以足之。"(502)因此,薛书所载古文,可与《说文》互勘之,郑珍对该书作了很多校正梳理。例如:

帝:帝。○古作帝。薛氏本例作古篆二形,此微误。(503—504)

中:中。见《尚书》。○薛本"中"、"仲"字例作"中"。此文《禹贡》一见,"仲"字也,上横书反"人"。古"中"、"仲"通用。(515)

仓:仓。○薛本"蒼生"字如此。盖从《说文》"仓"奇字"仝",省艸从中。释"仓"误。奇字"仝",后部首仓体用之,作仝小异。而形俱不可说。(516)

箕:箕。并《尚书》。○薛本同。易"其"为"亓",其书例然。更篆。(635)

期:期。○薛本"朞"、"期"互见。《说文》有"朞"无"期"。前日部已录"朞",此"期"别有所出,盖改"朞"之"日"作"月"耳。上"朞"字亦如此文,郭所见《书》有从月之"朞"。今薛本例作"朞",从日矣。(714)

賓:賓。○古。薛本全书作此。以知上宀部出《尚书》宾作"賓"之非。(747)

殺:殺。○古作杀,此写误。薛本多用《说文》殺、殺二形,亦或作此。(751)

子:子。○籀作子小异。薛本例作"孚",无此形,宜系《说文》。(766)

表:表。○古。薛本《立政》作"麃",他皆作"裘"。(775)

从这些文例中可以看出,薛书所采古文,大多与《说文》是相合的,有些却存在差异,例如"🆎(期)"字,薛书互见"㫱"、"䀎"二形,而《说文》有"㫱"无"䀎"。薛书采摘《说文》古文,时有疏误,例如"🆎(子)"字,薛本作"斈",而此字《说文》古文作"🆎",籀文作"🆎",薛书采作"斈"实为古文隶变之形,郭氏采作"🆎"则为籀文小异。又如"🆎(殺)"字,薛本据《说文》多作"🆎"、"🆎"二形,间或作"🆎"形,郭氏即据薛本此形,而《说文》此字实作"🆎",薛本写误,郭氏袭其误。

4. 郭忠恕《汗简》

郑珍《笺正》一书不仅专考《汗简》古文,对《汗简》一书的体例和内容,也做了很多校正和梳理工作。这对于进一步研究《汗简》文字特点、疏证传抄古文、校勘《说文》都具有参考价值。

例如《笺正》"🆎(乃)"字条云:"郭氏书例,不取《说文》籀体,意以大篆是篆文非古文。编中偶有他家用籀形郭转采为古文者,从不明采《说文》所载,又明以籀文注之。此当是书名写脱,仅有文字,校读者以'籀文'补之耳。"(645)指出《汗简》书例,一般不取《说文》籀体,因为郭氏认为"大篆是篆文而非古文",《汗简》中偶有采别家籀体而转称古文者,郑珍都明确注明是"籀文"。这样,就可以澄清《汗简》古文的不同来源,比如《汗简》"🆎"字,郭忠恕谓"此字脱注释文",而郑珍笺正云:"籀'寑'。郭氏例不取《说文》籀体,所见本当是古文。"(736)考今本《说文》"寑"籀文作"🆎",与《汗简》所录字形不同,可证郑说不误。

其次,依郭书体例,每立一古文为部首,其部中字即一依其形作之。这类古文主要有两类:一是有所采之书已从古形者;二是有郭氏始改就部首者。对于这些字,郑珍遵循郭书体例,并于所采各书原文寻其可证者,逐一辨之。例如:

【🆎】

誼。○"誼"系"詛"之误。此"禣"字也,改从本书"虎"。薛本《亡逸》"詛祝"字作"禣","虎"旁仍是篆形,唯"示"改从古"不"。……如上"禠、神、禊、禣"等,伪古文《书》已然;……如"禱、礼"等,原皆从"示"。……《说文系传》本示部有"禣",训"祝",与言部"诅"训"诃"者是一字。"祝"、"诃"古通用。(506)

通过郑珍的阐述,可知《汗简》一书收录古文常有"自为裁制,求合所定偏旁"的习惯。例中"禣"、"禱"、"礼"三字本皆应从"示",因郭书"示"旁作古"🆎(不)"形,故此三字皆改从"不"作,如"禣→禣"。而"禠"、"神"、"禊"、

"補"四字，伪古文《尚书》已改从"🅰（丕）"作，郭书则依其惯例直接采引之。

又，《汗简》书例，凡引自《说文》的字，一般放在所引石经前或后，若有乱其次者，则为后人改乱。例如《汗简》"🅰"字，郭氏云："仍，出《说文》。"而郑珍《笺正》云："古'卥'。……读若'仍'，《毛诗》'迺'字，由'卥'变隶。即以为'仍'，非。书例，《说文》恒次石经前后，此在部末，知此部经后人改乱多矣。"（645）依例，则"🅰"不应列于"乃"部之末，知《汗简》此部传写改乱。

又，《汗简》部首不与篆正同者，皆有依据。例如"🅰"字，《汗简》云："亦巫，并《说文》。"郑珍笺云："《汗简》部首不与篆正同者，皆有依据。此部首'巫'字从收，寻此注文云'亦巫，并《说文》'，是承部首字说。则作🅰用许君古文也。今《说文》脱去'叕'字。"（642—643）部首"巫"作"🅰"形，即从收，"🅰"字仅次"巫"部下，故其说解乃承部首。

最后，《汗简》收录"某"字为某形，则凡以"某"为偏旁的字，所从之"某"皆改从某形。这是《汗简》辑录古文时遵循的一大通例，例子颇多，如：

🅰：朱。王存义《切韵》。〇古"本"、"末"、"朱"皆用一横指事。"朱"增作二横，反赘矣。此书凡从"朱"之字皆用此。（686）

🅰：视。〇古。此《说文》古🅰字。编中"目"形例作🅰。有作🅰者，即成省"自"之"🅰"，皆误写。（507）

🅰：斯。〇上作两"囟"形省，下改"斤"形从"祈"，无义。本书"斤"例作🅰。（508—509）

🅰：荧。〇凡从荧省之字作"⺌"者，郭皆以为古文，实俗省一"火"也。（509）

🅰：内。〇"内"从入，冂。此载一部，郭意以为从冖大也，非。此书凡从内皆作此形。（747）

🅰：辟。〇薛本作"陴"，与下辟部所载同。此脱一画。编中凡从辟偏旁每多用此形，极僻谬。（755）

🅰：真。〇古作🅰，编中凡从"真"偏旁皆然。此误。（763）

🅰：比。〇增篆二笔。此书隶作"比"者，每以此形匀配作🅰。（766）

🅰：畲。大奴切。见《尚书》。〇《说文》"畲"下称《虞书》"予娶畲山"，薛本依采。编中"余"字例作此形。

🅰：蜀。〇……此去其身，止是罒，不成文矣。全书凡偏旁"蜀"例用之。（953）

皆其通例。又如"೮(幾)"字,郑珍《笺正》云:"'幾'从戍,此省戈。本书从幾字例作此。"(617)郑珍指出"幾"字本从"戍",但《汗简》在收录古文时省戈作"೮"形,故郭书中凡从"幾"之字,皆变从"೮"形。检郑珍所考郭氏《汗简》书中,"饑"变作"೮"、"೮"、"೮"(658)等形,所从"幾"皆变从"೮"形。通过对这一通例的梳理,就能明晰《汗简》所收古文中,有不合于传统古文的原因。

除了整理上述几类文献外,郑珍在著述中,对古代经典如《礼记》《诗》《春秋》等书的文字和体例皆有阐发,此不一一论述。此外,郑珍还明确辨析了一些伪书的体例,例如:

【䦆】

玕。〇古。本作"珵",薛本同。《说文》正篆"玕"下称《禹贡》"琅玕",是真古文作"玕"不作"珵"。造伪本者见"玕"字与今伪孔经同,乃别采古"珵"。凡伪书有依《说文》所引本字者,有舍本字改用古文者。不知许君所列古文,不全出《尚书》也。(510—511)

郭书据薛本采作"珵",而考今本《说文·玉部》:"玕,琅玕也。从玉,干声。《禹贡》:'雝州,球、琳、琅玕。'珵,古文玕。"其中"珵"即《说文》古文"珵"之隶定,段玉裁注云:"古文玕,从王、旱。盖壁中《尚书》如此作。'干'声、'旱'声,一也。"①是薛、郭、段皆以"珵"为"玕"之古文,而郑珍考云:"是真古文作'玕'不作'珵'。"其论证依据就是"凡伪书有依《说文》所引本字者,有舍本字改用古文者。不知许君所列古文,不全出《尚书》",按照这一通例,就可以知道是伪书作者见"玕"字与今伪孔经同,于是别采"珵"以为古字,薛、郭昧于伪本,而段玉裁亦未审,皆失于考辨。

五、《说文》版本考踪

《说文》自公元100年左右成书,至公元986年宋徐铉校定,历凡800多年,其间传抄、篡改、摘引者不计其数,即如郑珍所言:"历代移写,每非其人。或并下入上,或跳此接彼。浅者不辨,复有删易。"这就造成许慎原书失真,《说文》古本难觅其踪。郑珍《说文》学的另一项重要内容,就是在考证文字过程中,寻绎《说文》的流传与版本,从而尽可能恢复许书旧貌,厘出《说文》真本。这一工作,郑珍是在《逸字》一书的写作中来完成的。今重新析读

---

① 段玉裁《说文解字注》,上海古籍出版社,1988年,第18页。

《逸字》一书,可以发现郑珍对《说文》版本的探寻,体现在以下几个方面①:

1. 注重参引文献的时代性

《逸字》考证逸字有多种方法,其中一个重要方法就是根据古籍对《说文》的引用,考证原本《说文》散落的片段。因此,《逸字》对大量的古籍文献进行了排查梳理,这些文献不仅明确提到了《说文》原本的一些内容,还反映文献流传的时代性。我们将《逸字》书中所引文献列表如下:

时代	文献(括号中为引用次数)	文献种数
汉	尧庙碑(1)	1
魏晋南北朝	字林(1);春秋左传正义(2);玉篇(6);杂体诗注(1);齐民要术注(1)	5
唐	后汉书注(2);止观辅行传弘决(1);唐韵(1);史记索隐(2);北堂书抄(1);文选注(16);五经文字(2);艺文类聚(4);初学记(3);一切经音义(13);春秋左传音义(4);老子音义(1);诗经音义(5);尚书音义(1);广雅音义(2);大雅音义(1)尔雅音义(3);经典释文(2);北户录(1);毛诗正义(9);穀梁疏(1)	21
南唐	说文系传(23)	1
宋	汗简(5);楚辞补注(1);广韵(11);古文四声韵(3);类篇(8);大徐本(10);集韵(11);毛伯敦铭跋(1);佩觿(2);汉隶字原(1);困学纪闻(1);太平御览(3);复古编(1);履斋示儿编(1);六书略(2);酒谱(1);酒经(1)	17
辽	龙龛手鉴(1)	1
元	古今韵会(7);六书故(13)	2

表中数据反映出以下几个方面的信息:

(1) 与同类著作相比,《逸字》在考证《说文》逸字时参考的文献种类数量是最多的,达到了 48 种。而《逸字》问世以前,段玉裁的弟子沈涛(1792—1855)曾写过《说文古本考》,据周云青、陶生魁(2011)等学者统计,沈书以同样的方法考证逸字,但所引文献仅 29 种。

(2) 引用次数在 5 次以上的文献共有 13 种,因为这些文献中可以窥探到更多《说文》原本的信息。而其中引用次数最多的是南唐徐锴的《说文系

---

① 这一节的内容,主要据笔者所撰《〈说文逸字〉在〈说文〉学研究方面的文献学价值》(《古籍整理研究学刊》2015 年第 3 期)一文写成,略有改动。

传》,累计23次。这反映了《系传》一书在考证《说文》版本流传方面的重要价值,郑珍亦常在考释中参引小徐观点,给予肯定评价,例如《逸字》"畾"字条云:"错于'岀'下云:'此直象形。'于'求'下曰:'象衣形,'衰'则加衣。'小徐精识,能发此旨,是胜大徐处。"(104)又如"畬"字条云:"《系传》'畬'次'醰'上。'醰'训'甜长味也'。铉本作'酒味苦也',《集韵》引同,是'畬'、'醰'同注。浅人罕见'畬',因以为复,忘删耳。汲古阁初刻'醰'训从宋本,后改'苦'字作'长',究当以小徐为定。"(123)

(3)从引书的时代看,《逸字》所引文献涵盖汉、魏晋南北朝、唐、南唐、宋、辽、元等各个时代,大致呈现了《说文》及其相关文献的流传情况。引用文献种类数量上以唐宋时期最多,共达到39种,这说明唐、宋是《说文》流传变化最为重要的时期,唐代是《说文》的早期版本之一"唐本"的形成阶段,而宋代则是今本《说文》形成的时期。在唐宋时期的《说文》文献中,能找到大量《说文》原本的资料,因此,考证《说文》真本,必须重视唐宋时期的古籍校理。但自徐铉校订《说文》本后,先前诸本皆匿,后世考《说文》版本流传者往往只追溯宋代。莫友芝为《逸字》所作序云:"本朝老辈言《说文》,其株守鼎臣者,不敢一字溢出,虽唐以前明白引据,辄以铉无不信,宁依声取他代;其傅会私造者,又骋一时臆见,说或穿凿不经。"指出了清儒株守徐铉《说文》,以至于穿凿附会而臆断之弊。

2. 梳理古籍渊源与唐宋《说文》版本

《说文》成书后不久,便出现增补、研究《说文》的著作,这些文献辗转传抄,既保留了《说文》的某些原貌,又增加了大量新的内容。郑珍认为逸字在"他唐以前书,亦往往尚存",放眼隋唐以前,《逸字》中所引与《说文》相关之文献,既有《隋书·经籍志》所载《广说文》《说文音隐》等之类的专著;也有《字林》《春秋左传正义》《玉篇》《杂体诗注》《齐民要术注》等征引仿效《说文》的古籍。但这些文献有不少已经亡逸,导致厘出真本《说文》困难重重。这些资料中留存的《说文》文本,在唐宋时开始被大量地转述、传抄,成为"唐本"、"宋本"的重要源流。例如《逸字》"謠"字条云:"唐本有'謠',为徐本'䚻'义之字。与《尔雅》合其'䚻'字训'从',知《玉篇·言部》《广韵·十八尤》'䚻'皆训'从'者,是本许义,足明唐本信矣。"(40)《玉篇》《广韵》收字析字皆大量引用《说文》,郑珍常常将二书并举,共同证明其中所存《说文》原文内容,并阐释这些内容与"唐本"之间的关系。如唐代的《一切经音义》等书,就多次引用《字林》。《玉篇》则多与《广韵》并举,指出其所存《说文》原句,及其与"唐本"的关系。

唐人书引《说文》非常繁夥,在此基础上逐渐形成了《说文》的早期版本之一"唐本"。今存最早的《说文》版本即为"唐写本"两种：一是口部残卷，仅存十二字，藏于日本。二是木部残卷六纸，存木部188字。莫友芝所撰《唐写本说文解字木部笺异》一卷，与二徐本比较了异同，发现"唐写本"与今本《说文》已经存在很多差异。《逸字》书中引用了大量与"唐本"相关的文献，用来考证当时《说文》的流传，尤其对唐代《说文》的版本有很多论述，例如"謡"字条云："唐本者，宋晁说之据所得诸旧本作参，记许氏文字书其中所载者也。凡戴氏所称唐本，皆出此书。"（40）指出戴侗《六书故》所引"唐本"的真实情况。又如"䍩"字条云："《六书故》卷二十八'豐'下称唐本曰：'从豆从山，䍩声。'蜀本曰：'半声，山取其高大。'此晁氏所见唐本，当是许君原文。……小徐《祛妄篇》'豐'下载阳冰说，云山中之半乃豐声，此蜀本所自出。"（64）利用《系传》所引李阳冰说，指出唐以后诸版本与"唐本"之间的关系。又如"爿"字条："《六书故》卷二十一谓唐本《说文》有爿部。……又二徐'牀'下引阳冰云：'木石右为片，左为爿，音牆。'小徐谓'牀'从'疒'省，'牂'、'戕'等皆从'牀'省声，与'疒'之篆作'𤕰'、古籀作'𤕱'合。其斥阳冰为妄，信矣。而后人转非之，未究晁记唐本出于阳冰新义之过。"（69）对唐代版本中的讹误提出质疑，并指出小徐在甄别唐代诸本时的正确态度。又如"瞸"字："玄应《音义》卷一引《广仓》，'瞸'亦训'目少精'，是唐以前无'目不相听'之说。……据玄应《音义》引《广仓》下即引《说文》：'瞸，目不相听也。'《易·瞸卦》，《音义》引同。则初唐本已为俗改。《广韵》所引，盖陆法言之旧文。"（106）考证发现初唐以前，《说文》尚有古本者，陆法言等尚存《说文》原本之文，而唐初时文献引之前版本已经发生俗改，而《广韵》等书尚存陆法言旧文，可证《说文》所逸。又如"笑"字云："大徐增此字于竹部末，称孙愐《唐韵》引《说文》：'笑，喜也。从竹从犬。'……杨承庆又变'犬'为会意，以笑者必夭屈，益难通，至阳冰更为竹体夭屈之说，愈凿愈远矣。此字之存，孙愐力也。"（95）指出李阳冰等在传抄《说文》时多有穿凿附会之说，而孙愐《唐韵》中则保留了部分真实的《说文》原文。

  通过《逸字》梳理，可以清楚的是：唐宋时期可供参引的《说文》，实际是"宋晁说之据所得诸旧本作参，记许氏文字书其中所载者"，戴侗撰《六书故》时所引皆即此本。而隋、唐之际还有更早的初唐本，如《逸字》"瞸"字条引玄应《音义》中所载，《广仓》有引《说文》原文："瞸，目不相听也。"就出自此本。而唐代《说文》最重要的版本是李阳冰于八世纪中叶整理的校订本，但大徐本问世后，李阳冰本随之亡佚，《系传》、大徐本、晁说之本对该本有所参引保留。但李阳冰本存在不少讹误，后世传抄者承其误者不少。

郑珍通过《逸字》一书，发现唐代《说文》已经不止一个版本，今天我们所能见到的"唐写本"残卷就是其质证①。而更为难得的是，郑珍生平并没有见过"唐写本"残卷，亦未见莫氏《笺异》一书，却能通过古籍之间辗转传抄的关系，探清唐、宋间《说文》诸本的来龙去脉，为我们呈现一个大致清楚的今本《说文》形成过程，此其贡献所在。

唐宋之际，徐锴作《说文系传》，间引唐本，对于《说文》版本的流传至关重要。《逸字》认为《系传》是继唐本之后，第一个比较完整的《说文》版本，因此对《系传》的评价很高。例如"禔"字条云："'詛'下原有重文'禔'。今惟《系传·示部》末有'禔'，训'祝也'。"（42）又如"譶"字条云："《系传·通论》有此字。……《通论》三卷皆取《说文》中古篆论之，则此小徐本原有。"（42）又如"殺"字条："籀文'殺'。二文见《系传》。籀体马俊良、汪启淑本作'殺'，顾广圻本作'殺'。"（44）又"籱"字条："二徐本并有重文'籱'，云'籚或省'；《系传》独多此文。……《系传》多出铉本者不止此字，当二文并存，不可意为去取。"（55）又如"陶"字条："'匋'或从𨸏。见《系传》，马、顾本并作此体。段氏补作'陶'，所据本异。今部末有'陶'，毛扆增。"（120）这些讨论，不仅揭示了《系传》保留原本《说文》的真实情况，并且梳理各本之间传抄变化的关系，尤其是对各本之间字形传写的差异，郑珍更是毫末清晰。

例如《逸字》认为，《系传》留存了很多古本、唐本《说文》的信息，有些甚至成为孤证。大徐校订《说文》时，其余版本皆亡，可资参互者唯有小徐本，因此《逸字》常对比分析二徐本。但随后，《系传》在传抄过程中，亦渐失原貌，世传有马俊良、汪启淑、顾广圻三本，但所收字形往往失真。而宋代《困学纪闻》、元代《古今韵会》等文献所引《说文》，实际皆小徐本。此外，郑珍在《逸字·序》中云："珍尝以宋世遵用铉本如《集韵》《类篇》所引者校之，乃时时有所不见。是即今本亦非徐氏点检写雕之旧，其原校所有，又有逸于后之重刻者矣。"（30）指出大徐本在后世传刻过程中也渐失本真，需要一一加以甄别，这也是古籍文献流传演变而致原本失散的客观情况。

3. 考辨逸字原因以明《说文》流传之变

《逸字》利用丰富的文献资料，廓清逸字范围，查明逸字原因，从而达到勘正《说文》原本的目的。郑珍《逸字·序》云："然如《左传》'譪'字，孔氏得之字书，而陆氏则见之《说文》；《尔雅》'蛣'字，陆氏又止见《字林》，不见《说文》，而陆法言、孙愐乃及见之。又如'襺'字，张参已谓《说文》漏略，而

---

① 徐时仪《唐写本〈说文〉管窥》，《黔南民族师范学院学报》2002年第1期，第19页。

下讫南唐,存于锴本,至雍熙间,更有'禮'、'襧'并完之一本。知传写虽各有脱漏,亦复互为存逸,非亡则俱亡也。"(30)这不仅道出了《说文》与相关文献传变之线索,并且指出了诸家在保存《说文》方面具有的价值,《逸字》一书的主要方法就是通过历代学者及其著述中的引文,来查找《说文》散佚的内容。例如"襧"字条云:"据《五经文字·叙例》云:'祧、襧之类,《说文》漏略,今得之《字林》。'则张参时所见本已亡。至大徐校,集书正副及众家本无不然者,惟此一本'禮'、'襧'完存。"(32)指出吕忱《字林》一书在保存《说文》方面的价值。又如"燮"字条:"《玉篇》'燮'下出籀文'燮',希冯所见《说文》固未脱误。"(43)又如"櫐"字条:"《困学纪闻》云:'《说文》璪、火、粉、櫐、黼、黻字并从粜。'此盖称《系传》本。……惟《系传》不误。《韵会》引'藻火'当作'璪',王伯厚所引得之。"(77)这些例子说明,由于后世文献在传抄过程中,总是会出现脱、讹、窜、衍等阙失,逸字、误字因此而产生,郑珍通过历数这些重要典籍及其传承关系,考清了逸字产生的原因。而将这些片段加以整合,就能进一步窥探到《说文》流传之变,以及今本形成的过程,例如"采"字条云:"古文'保'。今本'保'下云:'养也。从人,从采省。"采",古文"孚"字。'二徐本原未脱误。《集韵》《类篇》'保'下载'呆'、'保'、'采'三古文,《系传》'饱'古文'餘'下云'采音保',可见也。自传写误以'采,古文保'四字入上注,又误'保'字作'孚',后因改'保'从采省,'保'不省,以与古文'孚'合,遂成今本。"(81)细读此条,就会发现今本《说文》"保"字谓"从采省",一则《说文》逸"采"字,二则何以"从采省"不明,郑珍考证发现传写误以"采,古文保"入上注,又误"保"字作"孚",后因改"保"从"采"省,遂成今本所载,从而揭示了今本《说文》形成的原因与过程。

六、"六书"理论的拓展

基于深厚的《说文》学研究,清代的"六书"学达到鼎盛,几乎所有的语言文字家都会在著述中提到"六书",对"六书"的研究是《说文》学的重点和难点内容。郑珍在《逸字》和《新附考》中,主要是用"六书"来分析甄别字形,从而确定字形类型,找到文字孳乳演变的源流,从而丰富了"六书"研究的内容,拓展了"六书"理论。郑珍对《说文》"六书"皆有论述,而其中成就和影响最大的是他的"转注"学说,需要单独讨论。为明确郑珍对"六书"学的研究,我们这一节分别介绍象形、指事、会意、形声、假借,下一节则着重谈谈郑氏父子的转注理论。

1. 六书之象形

《说文》云:"象形者,画成其物,随体诘诎。"郑珍紧依文字形体演变之

轨迹,常常利用象形理论分析字形,从而明辨文字之字形源流。《逸字》中共6例,如:

卌,四十并也。古文,省……

知同谨按……以其上下排竹木四齿,形似指叉而肖"卌"字,故名。省称即名"卌"。(38)

个,"箇"或作"个",半竹也。……珍按,"个"为最先象形字,"箇"乃以后形声字,原注似当云"古文'箇'"。(55)

䢅,古文"晶"。

知同谨按,鼎臣及段氏谓无"䢅",皆未悉许君注例也。考本书凡云"从某,某象形"者,其象形之某必别一古文;古文即其篆之最初字,而许君并先在篆下说之。……"晶"下云"䢅象回转形",正是先为"䢅"作解,其必有"䢅"字无疑。又诸古文下俱注"省"字,此亦当云"省"。非从篆文省,谓其形减省于篆文也。锴于"甘"下云:"此直象形。"于"求"下曰:"象衣形,'裘'则加衣。"小徐精识,能发此旨,是胜大徐处。(104)

藋,"蘆"或如此。……"藋"字全体象形,书时间以形涉"藋"字,遂并"丱"作之,因有"藋"一体。(118)

《新附考》中共4例,如:

譜,籍录也。从言,普声。《史记》从竝。博古切。

知同谨按,毕氏沅云:"譜,古盖止作'表'。古读'表'音如补。……《史通·表历篇》云:'谱之建名,起于周代;表之所作,因譜象形。故桓君山云,太史公三代世表,旁行斜上,并效周譜。'依此,则'表'与'譜'音义并同。"(下略)(247)

笏,公及士所搢也。从竹,勿声。按,籀文作㫚,象形,义云"佩也",古笏佩之。此字后人所加。呼骨切。按,徐说是也。见《说文》"㫚"字下。《礼记》:"笏,天子以球玉,诸侯以象,大夫以鱼须文竹,士竹本,象可也。"是唯大夫、士笏乃用竹。今以竹形之字施于天子诸侯所用玉象,名实不符。汉已来俗书多似此。(268)

糉,芦叶裹米也。从米,㚇声。作弄切。按,角黍名糉,依《续齐谐记》所云,乃先时楚人哀屈原之死,至五月五日以竹筒贮米,投水祭之。……至晋,周处作《风土记》,始言俗以菰叶裹黍米,象阴阳相包裹

未分散,一名稷,一名角黍(《初学记》《太平御览》引)。(下略)(303)

岌,山高貌。从山,及声。鱼汲切。按,《尔雅·释山》:"小山岌大山,峘。"

知同谨按,钱氏坫据《晋书·地道记》云:"恒山北行四百五十里,得恒山岌,号'飞狐口'。"以证《尔雅》,"峘"即"恒"之俗讹。盖"大山宫小山"即南岳霍山,知"小山岌大山"为北岳恒山审矣。"高过"之义未然,当依《说文》作"馺"。山相及有绵亘之象,故以"恒"得名。(下略)(339)

2. 六书之指事

《说文》云:"指事者,视而可识,察而见意。"郑珍主要运用指事理论来说明文字形体和意义之间的关系。《逸字》中指事例子共4个,多为反体指事。如:

叵,不可也。从反可。……此与"反爪为爪"、"反卂为厈"之类,皆古文指事之最简者,必非俗所能造也。(58)

牛,从反屮。此为屮之反形部首。"艸"字注云:"从屮牛相背。"通考本书,"㕜"从止屮、"步"从止屮相背、"行"从彳亍、"吅姓"从爪爪、"㔾"从邑邑、"卪"从𠃌卪之类,皆合反正两文会意,与"門"、"𩵋"等象形不同。而"屮"、"亍"等皆见各部。则"艸"从屮牛,绝不得阙"牛"字,但其意不可知矣。(60)

爿,《六书故》卷二十一谓唐本《说文》有爿部,段氏据补于片部末。按,"壮"、"牂"、"牆"、"墙"、"状"、"将"、"斨"、"牁"等俱从爿声。又二徐"牀"下引阳冰云:"木石右为片,左为爿,音墙。"《九经字样》"鼎"下云:"'木'析之两向,左为'爿',音墙;右为'片'。"皆"爿"与"片"并举,有音有义,当是本《说文》。(下略)(69)

𢇍,古文"繼"。反"𢇍"为"𢇍"。……但"𢇍"与"𢇍"皆最初古文,铉本"'繼'或作'𢇍'",许君必原作:"'𢇍',古文'繼'。"段氏补仍大徐,作或体,未当;又谓"'繼'从糸𢇍"不通,臆改作"'繼'从糸𢇍",尤非。"𢇍"乃汉时"绝"之别体,《苑镇碑》"位即𢇍伦"可证。(116)

3. 六书之形声

《说文》云:"形声者,以事为名,取譬相成。"郑书中形声理论主要用来说明声符与形符之间的关系。《逸字》中例子很多,如:

谣,徒歌也。从言,䍃声。按……唐本有"谣",为徐本"䚻"义之字。……"肉"古读柔,《释名》:"肉,柔也。"以同音为训。故"䚻"与"䍃"皆从肉声,惟从肉会意不可解。(40)

由,本书从由声者二十二文,而无"由"字,明是写脱。……按,"丂"已象华函形。"由"于枝条形绝不似,自是取声。(45)

䑳,小船也。从舟,周声。《诗·卫风》"曾不容刀",《释文》云:"刀,《说文》作'䑱'。"《正义》云:"刀,《说文》作'䑳',小船也。"陆、孔同见有此字,但"舟"、"周"左右互易。似宜以左形右声为正。(84)

笑,喜也。从犬,竹声。……古人于性情类字如"猜"、"狡"、"獷"、"獧"等多取义于犬。"哭"取其叫号,"笑"取其嬉戏,收入犬部无疑。从竹乃其声,与"蟰"、"啸"之从肃,"掉"、"趠"之从卓同。段氏论古音,以屋、沃、烛、觉为尤、侯、幽之入,萧、宵、肴、豪无入,故不以"竹"为声,自乱其例。

> 知同谨按,玄应《音义》卷二引《字林》:"笑,喜也。从竹,从夭声。竹为乐器,君子乐然后笑。"则易"犬"为"夭"始于吕忱。

然以竹为形,说已强窒。(95)

《新附考》中共4例,部分是形声兼会意。例如:

葴,《左氏传》"以葴陈事"杜预注云:"葴,敕也。"从艸,未详。丑善切。按,杜注本《方言》《正义》引服、贾注同字。从茂从貝,无义可说,不知何字之讹变。

> 知同谨按,钮氏云:"《晋语》'厚箴戒图以待之',韦注:'箴,犹敕也。'是'箴'义与'葴'同。《方言》:'葴,敕戒备也。'又:'备、该,咸也。''箴'从咸,或声兼义,更与'葴'合,又形声亦相类,疑古作'箴'。"今据"箴"与"葴"义同、形相似;其音则"箴"从咸声,与"葴"读丑善切,韵部绝不相通,未可定为一字。(221)

4. 六书之会意

《说文》云:"会意者,比类合谊,以见指撝。"郑珍书中主要利用会意理论来说明字体各部件之间的结构和意义关系。《逸字》中共有7例,主要是重并两形会意者。如:

玤,二丰也。说具"玨"下。(54)

𡍮，二左也。阜部"陸"从𡍮声，必原有"𡍮"字。凡《说文》重并两形之字，其注形、义俱全者，于所从必是两文；其止注"二某也"，于所从实是一字(说详"𨰻"下)。(57)

𨰻，二半也。……自写脱"𨰻"、"拌"，不得不改为象形矣。考《说文》重并两形之字凡五十六。其注云"某某也，从某某"，义与形俱全者，皆两体会意字。……其"豐"字注当改"从豆从山象形，𨰻声"。(64)

㝝，嬾也。从宀甂。……"甂，本不胜末，微弱也。读若庚。"此从"甂"，会意兼谐声。(72)

𠆱，古文"保"。……古人临书，每形意相近即彼此增减。如"孚卵"从爪、子，"𠆱养"从八、子("八"象所以𠆱者，"𠆱"即襁褓最初古文)，其初会意已足。后以"孚"、"𠆱"皆养育意，且形皆从子，故"孚"又从𠆱，"𠆱"又从孚，二文形体遂同。(81)

顐，"顐"或从頁黄。……"面急"者枯槁不和柔之意，面醮䪼则色黄，"顐"下所谓"饭不饱，面黄起行也"。故字从頁黄会意。(88)

騜，马赤黄色。从马，䕼省声。……凡《駉·传》所言马色，许君马部诸字并从之，知"騜"训亦然。马色之字不得从牛羊会意。(93)

《新附考》中共有 5 例，部分为形声兼会意。例如：

暈，日月气也。从日，軍声。王问切。按，《说文》："暉，光也。"即古"暈"字。

知同谨按，古亦作"煇"、作"運"。……汉时有此两音。其名出于军，故字从军，形声兼会意。(294)

霎，小雨也。从雨，妾声。山洽切。

知同谨按，《说文》"霅"训"霅霅，震电貌。从雨，譶省声"。霅霅者，雷电倐忽晱烁貌也，故从譶。"譶，疾言也"，形声中有会意。(389)

釽，裂也。从金爪。普击切。

知同谨按，字体多讹作"鈂"。……钮氏乃以"釽"为"鈂"之讹。不知字应从爪会意，不从辰声。大徐所书不误。(434)

5. 六书之假借

《说文》云："假借者，本无其字，依声托事。"郑珍对假借现象非常重视，

并常常假借理论来阐明假借字与正字的形音义关系,这样的例字非常多。《逸字》中共 11 例,如:

> 譝,誉也。从言,蝇省声。……"绳"无"誉"义。《传》假同声,"譝"其正也。"绳"从蝇省声,此当同。(41)
> 禠,古文"詛"。……今惟《系传·示部》末有"禠",训"祝也"。"祝"即"詶"之假借,义虽同而失其旧。(42)
> 玈,黑色也。从玄,旅省声。此字大徐新附,云"义当用黸"。……《诗》"彤弓"注及《左传》"玈弓","玈"字本或作"旅",盖假借。(49)
> 叙,断也。从奴从八。本书"蔽"、"郝"、"瞽"皆从叙声,而无"叙"字。……《音义》云:"《字林》以为'喟',孙本作'愾',又作'嘳'。"知训"息"者,"喟"、"嘳"其本字(《说文》:"喟,太息也。或作嘳");"叙"、"愾"皆假同声。(52)
> 叒,籀文"桑"。……"桑"从叒,"叒"与"若"通,故《易》得假用。(63)
> 亮,明也。从儿,从高省。……钱氏大昕谓古训"佐"之字当作"倞",隶变移"人"旁于"京"下作"亰",又省中一笔,遂作"亮",此未知有唐本可据也。"亮"本训"明";其训"佐"者,"倞"之假借字。(86)
> 顈,眉目间也。从页,冥声。……《尔雅》释云:"目上为名。"系"顈"之假借。汉后因加"目"作"眳",见《西京赋》。(87)

《新附考》中共有 32 例,如:

> 祧,迁庙也。从示,兆声。他彫切。按,古无"祧庙"正字。《周礼》"守祧"注云:"故《书》'祧'作'濯'。"郑司农读"濯"为"祧"。是古止借"濯"字。(下略)(207)
> 瑄,璧六寸也。从玉,宣声。须缘切。按,古止作"宣"。……臧氏琳谓《说文》"珣,玉器。读若宣"乃"宣璧"正字,作"宣"假借。于音义亦合。(215)
> 穩,蹂谷聚也;一曰安也。从禾,隱省声。古通用安隱。乌本切。按,《说文》:"㥯,所依据也。从爪工,读与隱同。"……《檀弓》"其高可隱也",《孟子》"隱几而卧"等文,是徐所指,特假借耳。(下略)(299)
> 鵕,狡兔也。从兔,夋声。七旬切。按……是古止作"逡"、"俊"。"俊"系正字,以狡兔善走轻俊名之;作"逡"假借。俗改从兔字。(356)

烙，灼也。从火，各声。卢各切。按，此字古籍无所见，唯《庄子·马蹄篇》云"剔之烙文"，《释文》本"烙"作"雒"，引司马云"雒，谓羁雒其头"，意以"颔"为"络"之假借。依《说文》金部云"鉻，鬎也"，盖本《庄子》，则许君所见古本如此。（下略）（362）

根据郑珍书中对"六书"的使用情况来看，郑珍的"六书"理论主要有以下三个方面的特点：

1. 对"六书"的性质和使用范畴，有明确的界定。如郑珍认为会意字主要是指"两形重并"的合体字，如拜、羞、牂、瘝等。而指事字则是指"形体相反"的一类，如叵、牛、刄、齧等字，都与其反体字互为指事。这样的区分，使"六书"具有各自的特点，有利于对不同类型的文字进行准确的辨析。

2. 文字是形、音、义的综合体，一个字往往不能简单地划分为"六书"的某一类。如量、霎等字是"会意兼形声"，"薑"等字为部分象形。

3. 从"六书"各类所包含的字数来看，形声最多，假借次之，象形又次，指事最少。又根据逸字早于新附字，且《新附考》中没有指事字的特点，似乎可以认为："六书"中，对文字孳乳影响最大，造字功能最强的是形声、假借，而随着时代和汉字本身的发展，指事和会意的功能都在不断减弱甚至消失。

可见，郑珍的"六书"理论的阐述是比较系统的，这对于研究"六书"乃至整个《说文》学都有很大的启发意义。在郑珍"六书"理论基础上，我们可以进一步通过"六书"各类型之间的相互比较，来分别对每一种类型的性质和特点，以及文字所属的类型加以判定。

七、郑氏父子的转注学说

"六书"之一的"转注"，《说文》学研究的重要内容，清代以来的学者，多从汉字发展规律的角度阐释转注，建树颇多。郑珍父子在《说文浅说·转注》中系统阐述了转注学说，他们对转注的定义、功能和原理做了深入的考辨，注重从六书系统性和区别性的角度去揭示转注的特点和性质，并将转注法则运用于字形分析实践，在转注研究史上，其学术思想有助于深化我们对六书的认识。

"转注"一直是文字学史上悬而未决的问题。许慎《说文解字·叙》把转注定义为"建类一首，同意相受，考老是也"而语焉不详，自汉以后千百年，包括假借在内的其他五书都渐已明朗，但转注却众说纷纭，难有定论。多年来囿于《说文》定义及例字，以至于现代文字学界呼吁转注之论"可以休矣"。而回顾转注研究史，自晋代卫恒始，南唐徐锴，清代郑珍、郑知同父子、孙诒让、饶炯,近人章太炎、黎锦熙等,更至今人孙雍长先生《转注论》(2010)、钟如雄先生《转注系统研究》(2014)等鸿篇专著出现,学界对转注的认识已层层推进,渐有拨云见日之势。无论是文字学还是汉字发展史,转注都是一个无法回避的重要学术问题,因此对前人的优秀理论成果加以总结和演绎,提炼出普遍认可的规律,就显得十分必要。

从郑珍父子的小学著述中,可以看到他们对《说文》六书做过专门研究,其中对转注的论道尤为精辟。今之学者论及转注时,亦多评介郑氏转注说,但高低褒贬不一。我们认为,相较于历代转注论者,郑氏父子的转注说在揭示《说文》转注本质方面,确有其特色和优点,对于总结和深化转注理论,是大有裨益的。主要体现以下几个方面:

1. 郑氏父子对转注的论述

郑氏父子在反思清儒关于《说文》学、六书学研究的基础上,对转注提出了自己的见解,郑珍曾著有《转注考》一书,但未刊行,后来其子郑知同在《说文浅说·转注》中公布了父子二人对"转注"的思考,兹节录如下:

"转注"者,传注也,古"转"、"传"两字相通。"转注"与"假借"对文,皆以叠字名之。……盖当文字少时,一字有数字之用,久之,患其无别,于字义主分何事,即以何字注之。如玉部"玠"训"大珪也,从玉,介声,《周书》曰:称奉介圭",此等字,寻常视之,只是"形声",推究其原,"介"即其本文。考诸经典,止作"介圭",其加"玉"为之偏旁,皆注也。

核诸真形声字,如"球"等,成字时为"形"、"声"两旁并作,单举"求",非此用矣。可知"形声"字以形旁为主,一形可造若干字,但各取声旁配之;"转注"大相别,字以声旁为主,一字分为若干用,但各以形旁注之。"转注"与"形声",事正相反,而实相成。

欲明声旁为主之说,又即其多者证之。如"齐"字,经典用为"齐戒",用为"齐衰",用为"齐盛",用为"齐剪"、"调齐",止是一"齐"字。厥后则例加偏旁,用是"齐戒"即注之以"示"作"齋",用是"齐盛"注之以"皿"作"齍","剪齐"、"调齐"注之以"刀"作"劑",此其明义也。

然此诸字,在《说文》皆分列各部,注以形声,盖其字造成后,即与"形声"无异。于"形声字"应"形声"说之不待言,即"转注字"亦不能不统归之"形声",但于注中言"从某,某亦声"以为识别,如"瑁"字注是,其实非形声,亦非会意也。假令许君欲明"转注",即须别撰一书,合变义例,别提出转注字例,一以声旁为主。如"齐"字,须"齐"为部首,以统"齋"诸字,为之注说,而后能通。所以《说文》注义,于"象形"、"指事"、"会意"、"形声"、"假借"五者,莫不详言,独无片语及"转注",正此故也。

今即此义例准之,凡古经典子史所用字多无偏旁而《说文》中偏有偏旁者,不胜指屈其字,皆"转注"也。凡天文、地理、人事种种名物,原来多不为造专字,汉、魏后乃递加偏旁。在后世诸字书,如此等字,动计千万,盖莫非"转注"也。故自先秦以上,"转注"与"形声"并行,两类字各居其半。

对这些表述略作梳理,就会发现,郑氏首先对转注之旨作了历史考辨,认为转注即"传注","传"、"转"古通,转达、传递之义,考梅膺祚《字汇·人部》:"传,授也。"正好与《说文》"同意相受"之义相应,郑氏以"传"释"转",有助于人们对转注概念的理解。随后郑氏指出转注的原理是"于字义主分何事,即以何字注之",以例字观之,义属归"玉"则注"玉"旁,如"介圭"作"玠珪";义属归"器"则加"皿"底,如"齐盛"作"齍盛"等。可见"即以何字注之"中"字"(如玉、皿等)其实就是表示义属的义符。最后郑氏认为明晰了转注原理,可以对汉字字形做出准确的分析,并且与形声字区别开来。

由此可知郑氏有几个明确的观点:1) 转注是造字法;2) 转注在成字理据上与假借、形声有本质区别;3) 汉魏以后新增字多是转注字。在疏通转注定义、原理和功能的基础上,又与汉字发展演变的实际相结合,郑氏的方法和结论具有辩证性和科学性,这在清末学术界是很难得的。

2. 从造字与用字的关系看转注的本质

转注讨论中的造字法与用字法之争,其实是一对存在因果关系的概念,造字的目的是用字,用字是造字的根本原因。郑氏首先指出是汉字发展存在"当文字少时,一字有数字之用,久之,患其无别"的客观事实,这说明转注造字的目的就是为了分担原字在使用上的负担,用新字来承担新的用法。这与"通过加注义符分化出新字来表示某一义项"文字分化原理是相同的,例如"奉"本义是两手捧物,引申为供给之义,再引申出俸禄之义,这些意义本来只用"奉"字表示,后来加注"人"旁分化出"俸禄"专用字"俸","俸"实际就是"奉"通过转注生成的新字。

当然,判定是不是造字法,最重要标准是看有没有新字产生。以郑氏所举"玠珪"为例,经典表"大圭(佩玉)"义者本来只作"介圭",因事属玉类,故转注玉旁,在字形上就产生"玠珪"两个新字。"玠珪"先是分担"介圭"表玉之义,后来逐渐成为"佩玉"专字,则新字已经从原字中分化出来。所以,从产生新字的角度看，转注的本质是造字之法。实际造字用字只是现代学者的争论，古代学者并没有这样的论争，他们只是从自身的理解出发去阐释转注。近年来，通过对古代学者观点的系统分析，现代学者也逐渐达成转注是造字法的共识，孙雍长先生《转注论》(2010)和钟如雄先生《转注系统研究》(2014)都详细论证了转注是汉字生成大法的观点。

郑氏认识到转注的原因是"一字有数字之用"，实际源自他们对汉字与汉语关系的清晰认识。一字有数字之用，从字词关系看，就是一个字形记录多个词，这时通过转注造出新字来帮助记录其中的一个词，就形成了新的字词关系。汉字在使用过程中，不断增加义项，增加新用法，因"患其无别"，就要求创造新的字形来分担记录。因此，转注表面上看是文字孳乳的一种方法，背后隐藏的却是汉字随汉语的发展而发生演变的辩证规律。

3. 对"建类一首，同意相受"的解读

转注造字的原理是什么？许慎解释为"建类一首，同意相受"，后世学者的分歧就出在对这八个字的见解各不一样。郑氏认为，"转注"即"传注"，具体而言就是"于字义主分何事，即以何字注之"。最初一个字往往身兼数职，有多种用法，但在使用中，为了有所区别，就根据每个字所属的意义或事物类别(即主分何事)，在本字上加注相应的形旁，产生新的结构的字。例如"齐"字，本义是象麦穗上端齐平之形，但经典常用者又引申为"齐戒"、"齐盛"、"调齐"等诸义，这些用法最初都写作"齐"。后来为了加以区别，就根据这些用法所属的事类，加注"示"旁记录"齋戒"，加注"皿"底记录"齍盛"，加注"刀"旁记录"调剂"，其中表意部首"示"、"皿"、"刀"就是"建类一首"。在这个过程中，"齋"、"齍"、"劑"就是古本字"齐"通过转注孳乳出的新字，它们的用法和意义是本字"齐"本来就有而授注或传注给它们的，这就是"同意相受"。

那么，郑氏的转注原理是否科学合理呢？我们认为，判断转注学说是否成理，至少应该满足两个条件：1) 能与许慎原书对转注的定义相印证；2) 能对字形结构与汉字现象作出合理的说解。不妨以《说文》所举"考老"为例，按照郑氏的看法，这两个字既然是通过转注方法造出来的，那么它们的成字路径都应该是在本字"丂"、"匕"基础上加注形旁"耂"而创造的。郑氏父子并没有专门考证过"考老"二字，但据现代学者的研究，形旁"耂"，方有国先生认为是"老"字省形(省"匕"，即"化"字)[1]，刘敬林先生考察认为

---

[1] 方有国《"考""老"解诂与转注再认识》，《汉字文化》2014年第6期，第26页。

"耂"是"长"字之异写①，大致属于年长、年老的意义范畴。而"考"字下所从"丂"，本象拐杖之形，金文即用作"寿考"之"考"，可见"考"本只作"丂"，作为成字部件"丂"主要是充当声旁的，加注表年长义的形旁"耂"即成"考"字。复杂一点的是"老"卜所从的"匕"，《甲骨文编》《甲骨文字典》皆释作"妣"，认为"匕"就是"妣"之初文；郭沫若先生曾认为："卜辞牡牝字无定形，均从'丄'、'匕'象形。'丄'、'匕'即祖妣之省也。古文祖不从示，妣不从女。殆以表示性别而已。"②刘敬林先生进一步指出，"匕"就是女性生殖器之象形③。以此，在"匕"上加注表年长义的形旁"耂"造出"老"字，与"考"的成字路径和字形结构是相同的，在表示年长、老辈这个意义上，"考"、"老"用法意义相同，只是性别上存在差异。《说文》叙例所举的例字"考老"，从成字方式和字形结构上看，也是符合郑氏的转注法则的。

问题在于，《说文·叙》中例字"老"与老部所收"老"字的关系，如果例字"老"是转注字，按郑氏的说法，这个字是本字"匕"加注形符"耂"，"匕"是充当声符的，则"老"应该与"匕（妣）"音同或音近。而老部"老"字《说文》释曰："考也。七十曰老。"《广韵》在上声皓韵"卢皓切"，与例字"老"并不同音。方有国先生认为例字"老"是在"匕"上加注类首老（lǎo）省"匕"形成，意义与妣相同，读音为"bǐ"；老部"老（lǎo）"则从人、毛、匕会意，二字音义结构完全不同。④ 刘敬林先生则认为叙中"考老"并举的例字"老¹(mǔ)"实际是"母"的异体，是"姥"的初文，而老部所收释曰"考也"的"老²(lǎo)"是从"长"分化出来的长老字，二者是同形字关系⑤。我们认为，如果例字"老"与老部"老"是两个不同的字，既然它们下部一个从"匕"，一个从"匕"，那么它们就不是同形字，而是形近字，毕竟老部"老"下讹从"匕"的可能性是很小的。而两处"老"字的意义也并非完全不同，无论是"母妣"，还是"年七十"，还是"长老"字，大致都属于年老、年长的意义范畴，因此其用法是极可能相混同的。此外，按照郑珍对《说文》收字原则的看法，《说文》叙例若有，正文不可能不收，叙例已见"老"字，正文亦当有"老"，如果老部所收"老"不是该字，那么别部字中当收转注字"老"，惜别部未见其字。而

---

① 刘敬林《释"考老"说"转注"》，《民俗典籍文字研究》第七辑，商务印书馆，2010 年，第 258 页。
② 郭沫若《释祖妣》，《郭沫若全集·考古编》第一卷，科学出版社，1982 年，第 37—40 页。
③ 刘敬林《释"考老"说"转注"》，《民俗典籍文字研究》第七辑，商务印书馆，2010 年第 259 页。
④ 方有国《"考""老"解诂与转注再认识》，《汉字文化》2014 年第 6 期，第 26 页。
⑤ 刘敬林《释"考老"说"转注"》，《民俗典籍文化》第七辑，商务印书馆，2010 年，第 256—257 页。

比勘例字"考"正文收在老部,"老"既然与它同属转注字,则"老"亦当列在同部。因此,很难说例字"老"与老部"老"不是同一个字。

揆诸原理解读和例字分析,再拿后世学者的研究成果加以验证,不难看出郑氏对《说文》转注定义的解读是切合许慎原意的,在字形分析的实际运用中,也能做到转注理论和析字实践相圆通,足见郑氏转注学说是满足我们前文所提的两个合理条件的。

4. 从六书的系统性与区别性看转注的特点

六书具有系统性,也具有区别性,后者在界定各书的内涵和外延时作用更大。郑氏转注说最可取之处就是从区别性的角度厘清了转注的性质和特点。郑氏分辨得最多的就是转注与形声两种造字法,并直言转注与形声"事正相反,而实相成"。郑氏指出:"形声字以形旁为主,一形可造若干字,但各取声旁配之;转注大相别,字以声旁为主,一字分为若干用,但各以形旁注之。"形声造字的过程是"形旁加声旁配之",如形声例字"江河",是先有"氵"形,再分别配上声旁"工"、"可",形声相配才有"江河"之字,而声旁"工"、"可"单用时是没有"江河"之义的,而且造字时也是可以选择其他声旁代替的。而转注造字的过程是"声旁加注形旁",如"斋戒"之"斋",因为本字"齐"有"斋戒"之用,为了与本字相区别,就加注与祭祀或神灵有关的形旁"示"造出"斋"字。在这个过程中,本字"齐"虽然有"斋戒"之义,但作为成字部件,主要是充当声符的。郑氏的解读,使我们明白形声造字法的关键环节是加声符,而转注造字法的关键环节是注义符。

之所以作如此严格的区分,是因为作为形音义的综合体,形声字与转注字在字形结构上是最易混淆的。诚如郑氏所言转注字"寻常视之,只是形声",转注字"造成后,即与形声无异"。例如形声字"江"、"河"、"球"等,转注字"斋"、"齑"、"剂"等,从平面上看都是形声结构(形旁和声旁相组合)的,但它们的造字原理却是完全不同的。基于这一认识,郑氏认为许慎《说文》在分析字形时,往往把转注字分列各部,而皆以形声注之,从而与真形声字混而析之,造成"转注"之义隐晦不明。许慎虽在叙例中分列六书,但囿于"按义类编排"的体例,在分析字形时,就会出现形声、转注界限不清,转注之旨难显的失误。这就是后世皆认为《说文》对转注语焉不详的根本原因。

《说文》既分六书,则每书必各有所指,各司其职。转注与其他五书最大的区别就在于,创造新字的前提必须是有原字,即所造新字不能脱离与原字的关系,因为新字的意义,有时还包括声音,都是由原字转注的。象形、指事、会意、形声都是无所谓原字的,而是根据用字需求直接创造新字。假借也存在"本有其字"的情况,但与转注不同的是,假借字与原字保持的声音上的关系,而转注字与原字则是意义上的关系。

5. 转注与汉字发展史

郑氏转注学说的最后,还表达自己的汉字发展观,与汉字以形声字为多的传统观念不同,郑氏认为"凡古经典子史所用字多无偏旁而《说文》中偏有偏旁"者、"凡天文、地理、人事种种名物,原来多不为造专字,汉、魏后乃递加偏旁"者,皆为转注字。在传统汉语字书的贮存领域,这类字"动计千万",与形声字各居其半。

因此,郑氏也特别注意在自己的学术实践中,去辨析那些很容易被误解的转注字。这里略举数例,例如"低"字,郑珍《新附考》云:"《说文》:'氐,至也。从氏下著一。'即古'低'字。故目部'昏'字注云'氐者下也',本书'眢'注'氐目'等,皆止作'氐'。……'低'字宜出汉已后。"(318)其《汗简笺正》又云:"'低'字也。'高低'古止作'氐',俗加人。从'氏'误。"(759)

今按,"氏"字甲金文作"䟐"等形,象人从地上提物之形,以此引申为"根柢"、"抵达"、"高低"诸义,这些用法古本只写作"氏"。为示区别,就在本字"氏"的上面分别加注形符,相应造出柢、抵、低等字。按照郑氏的考证,《说文》有"氐"无"低",盖古"至"、"高低"字本只作"氐",汉魏以来俗增"人"旁,"低"即郑氏所谓"汉、魏后乃递加偏旁"的转注字。

又如"借"字,郑珍《逸字》云:"《说文》'叚'训'借',此'假'之最初字。古'借'字亦当止作'昔'。耒部'耤'旁'昔'即是'借'字,故'耤'从之。'叚'既加'人'作'假','昔'亦应加'人'。"(82)

今按,《说文·日部》:"昔,干肉也。腊,籒文从肉。"正好以"昔"加注形符"肉"作"腊"记录"干肉"为比勘,"假借"字亦是在本字"叚昔"上加注"人"旁来记录"假"、"借"义的。《说文·人部》已收"借",即郑氏所谓"古经典子史所用字多无偏旁而《说文》中偏有偏旁"者。

又如"崑崙",《新附考》云:"《汉书》古本皆作'昆侖',不从山,不特《雄传》。今《说文》'丘'、'虚'两字注'崑崙',本作'昆侖',后人所改。……《尔雅》'崑崙邱',郑司农注《周礼·司仪》亦引作'昆侖'。"(344—345)

今按,依郑氏的考证,表山名古本皆作"昆仑",后来加注"山"旁作"崑崙"。原字"昆"和"仑"单用是没有"山名"义的,转注作"崑崙"后乃专指山名。在《说文新附考》中,类似"崑崙"这样的转注字,尚有花名"芙蓉",虫名"蟋(蟀)"、"螳蜋(螳螂)"等。

从郑氏的考字、论字中,能看出对上述转注学说的坚持和贯彻,也正是对汉字的考辨和发展规律有足够多的积累,他们才得出"后世诸字书,如此等字,动计千万,盖莫非转注"的结论。郑氏父子在《说文》学领域,最能超越前人的就是对新附字和逸字的考证,其考释结论多可信从,其在小学实践上取得的成功与其思想理论上的远见卓识是密不可分的。

郑氏父子的转注学说自成一家,但评价不一。孙雍长先生极力推崇郑珍父子的转注说,认为:"自徐锴之后千余年,说'转注'而能得其奥义,切近实际者,不过五六家,其中最可称道的,还是应当首推清代的郑珍、郑知同父子。"①钟如雄先生则认为:"郑氏父子对汉字理论的贡献,仅仅在于继承和发展了饶炯'转注'理论中本不属于汉字'转注'规律的'因义有推广,文无分辨,而从本篆加形'(即王筠所谓'分别文')以别之的汉字孳乳思想而已,这类继承和发展,有其科学合理的一面,但还谈不上'睿见卓识'。"②裘锡圭先生对郑氏父子的评述是:"以在多义字上加注意符滋生出形声结构的分化字为转注……郑知同《六书浅说》谓'转注从声旁为主,一字分用,但各以形旁注之。转注与形声相反而实相成。'如'齊'(斋)、'盠'(盔)、'劑'(剂)等字,就是转注({斋}、{盔}、{剂}等词本来都用"齐"字表示)。"③

我们认为,钟如雄先生把郑氏父子的转注学说仅仅纳入"不属于汉字'转注'规律的汉字孳乳思想"是不允当的。首先,郑氏父子既以专书探讨转注,绝不会对其中的问题避而不谈,亦必定有其自身的思考和看法。其次我们知道,有清以来凡谈"转注"者,无论是王筠的"分别文"、"累增字",还是稍后于郑珍的孙诒让"依其声义,于其文旁沽(诂)注以明之"的见解,无不认为"转注"是汉字"孳乳浸多之所由来"。直至乾嘉学者的殿军章太炎的《转注假借说》亦认为:"转注者,繁而不杀,恣文字之孳乳者也。"④也认为转注的功能是孳生造字,从旧字的音义里分化出新字。与汉字孳乳规律相结合来讨论,正是学者们为了摆脱《说文》体例和六书的限制,在转注问题上,寻求新的尝试和突破。如果把这些讨论也排除在"转注"系统之外,实际是变相地对转注问题避而不谈。相比而言,孙、裘二位先生的评价是更客观的。

我们通过对郑氏父子转注学说的系统整理,认为从现阶段对汉字的基本认识和研究条件出发,郑氏转注说至少具有以下三方面的优势和当代价值:

(1)探明了转注造字的既定方法与路径。在有多种用法和意义的本字基础上加注特定义类或事类的形旁,构成与本字相区别的新字,是符合"转

---

① 孙雍长《转注论》(增订本),语文出版社,2010年,第149页。
② 钟如雄《转注系统研究》,商务印书馆,2014年,第149页。
③ 裘锡圭《文字学概要》(修订本),商务印书馆,2015年,第106页。
④ 王宁《漫谈"转注"》,《文献语言学》第一辑,中华书局,2015年,第75页。

注"造字的客观规律和基本事实的。转注法则与形声界线分明而又各司其职,在六书中有其自身的特点和地位,而不因许慎语焉不详而偏废,这实际上是充实并完善了六书学的内容。这种看法,比一些现代学者所持的"形声包含转注"、"形声兼有转注"等观点要更透彻。

（2）阐明了转注与形声的区别和联系。转注与形声的造字路径完全不同,而纠葛在于造出的字,平面上看都是形声结构。这一点即便是许慎自己,在《说文》中也没有完全清晰辩证开来,在分析字形时又出现偏重形声而偏废转注的局限,从而造成转注之旨隐讳难显的千古谜题。郑氏严格区分转注与形声,并以此匡正《说文》之疏误,丰富了《说文》学的研究内容。

（3）能利用转注法则,对古今汉字尤其是秦汉以后的新生汉字进行合理的说解。按照郑氏的转注思想,能够有效探索新生汉字成字路径,考证汉语字词关系的发展演变。而且郑氏对汉字的说解,不是停留在静止的平面的空间上的,而是历时动态的立体的,既能准确分析汉字的字形结构,还能深入考察汉字的源流演变,这大大丰富了汉字的分析理论和研究方法,有利于汉字尤其是近代汉字的整理与研究。此外,郑氏转注说能够纠正"汉字主要是形声字"的片面观念,试想按郑氏之法对汉字中的转注和形声字分别加以统计,那么对于汉字的主体形态就会有新的数据产生,对于汉字的造字理据和构形理论也必将有新的认识。在转注研究史上,郑氏父子有承先启后之功,其转注思想对于廓清六书是非,明辨造字法则与汉字发展客观事实之间的渊源关系,都有一定的参考价值。

第三节　郑珍《说文》学的方法

郑珍对《说文》的研究,除了具有丰富的内容外,还表达了很多自身的理论和思想,同时,从郑珍的小学著述中,可以总结出他研治《说文》学的方法。包括以下几个方面：

一、以文字勘文献

无论是《逸字》《新附考》这样的《说文》学专著,还是《汗简笺正》这类兼及《说文》的文字学著作,其核心内容都是考释文字。而郑珍对《说文》及其相关文献的校勘,也往往以文字的考释为基础,即所谓"以字通经"。例如《新附考》"碌"字条：

【碌】

石貌,从石录声。卢谷切。

按,《玉篇》"碌"训"碌礦,多沙石";《广韵》训"多石貌"。大徐删"多"字,非也。此后世语,古籍无之。亦用作庸碌字。《史记·酷吏传赞》"九卿碌碌"、《论语》注"碌碌庸人"等文恒见。古通作"錄"。《史记·平原君传》"公等錄錄"、《汉·萧何传》"当时錄錄"、《灌夫传》"此时帝在即錄錄"皆是。亦作"禄"。《庄子·渔父》:"禄禄而受变于俗。"又作"陆"。《后汉·马援传》:"今更共陆陆。"本字作"媫"。《史记索隐》称王劭曰"錄,借字,《说文》'媫媫(今本讹"錄"),随从貌'(今《说文》脱作"随从也")"是也。(350)

今按,徐铉"碌"字训"石貌",郑珍据《玉篇》训"多沙石",《广韵》训"多石貌"等文献训释,考证认为大徐误删"多"字。今查,依原本《玉篇》体例和内容编成的《篆隶万象名义·石部》收有:"碌,力木反,多沙石。"(223上)① 亦可证郑说不误。郑珍进一步考证,文献"庸碌"字本通作"錄",典籍多作"碌"、"禄"、"陆"等形,其本字当作"媫"。根据诸字关系,因今本《说文》讹"媫"作"錄",以至于本字不明。同时据诸书所引原本《说文》本作"随从貌",今本作"随从也",脱误。

又如《新附考》"懌"字:

【懌】

说也。从心,睪声。经典通用"釋"。羊益切。

按,《说文》:"釋,解也。"人心有不解釋者,斯不说;解则说矣。故说懌字作"釋",为"釋"引伸之义。犹孝弟为"弟"引伸之义,经典非通用也。《书·顾命》"王不懌",《释文》:"懌,马作'釋'。"《说文》"說"训"說釋也"。并古字。

> 知同谨按,"釋"有解释(如字)、说释(读"悦怿")两义,如"说"之有解说、喜说两义也。说释之改从心作"懌",犹喜说之改从心作悦也。盖自汉人已别为"懌"字。若《诗》"说懌女美",《笺》云:"说懌,当作说釋(并如字)。赤管炜炜然,女史以之说釋,妃妾之德美之。"分为两字者,盖"釋"有解释、喜说两义。"釋"别

---

① 释空海《篆隶万象名义》,中华书局,1995 年,第 223 页。下文凡引本书,皆简称《万象名义》,引文后括号注明页码和栏次。

作"怿",则但训喜说,不可复作解释。《诗》义非喜说,自不可用"怿",故郑君必易为"释",非不知"怿"即"释"之变也。毛公古本盖必作"释",厥后传本作"怿",郑君不遽擅改汉儒注经之慎,例如此(魏晋已前书无定本,而传经家各守师承,宁胶执无窜乱。至康成作注,明知经字假借或传讹,例以"读为某"、"当作某"正之,不没本原,其慎如此。六朝以降,经典画一。而自唐宋已来乃多任意纷更,明人尤甚,他书亦然。国朝前辈悉心校整古籍,厥功甚伟;而乾嘉诸人著书,援引或不免轻肆增改,以就己说。校刊家又多师心武断,其弊转不可胜言)。古亦通作"绎"。《诗·頍弁》"庶几说怿",《释文》云:"怿,本又作'绎'。"《板》"辞之怿矣",《左传襄卅一年》引作"绎"。《释文》本同云:"本又作'怿'。"《楚辞·九辩》:"有美一人兮心不绎。"作"绎"皆古本。唯"绎"与"怿"通,故《论语》"说而不绎",《方言》本之云:"怿,改也。"郭注引《论语》作"怿",则"怿"又为绎字之俗。(374)

今按,古籍"解"、"释"义本作"释",引申为人心有不解释者,则变从心作"怿",因此传世典籍"怿"、"释"常可相互校之。比如《诗经》"说怿女美"句,郑玄笺云"当作说释",郑知同认为"释"有解释、喜悦两义,训"喜悦"义时别作"怿",因为《诗经》原句并非喜悦义,故当作"说释",即"解释"义。根据"怿"与"释"的关系,校勘毛诗古本必作"释",后传本作"怿"。

又如《新附考》"闼"字:

【闼】
门也。从门,達声。他達切。

按,《说文》:"闒,楼上户也。从门,罨声。"即古"闼"字。《西京赋》说神明台曰"上飞闼而仰眺",《西都赋》说井干楼曰"排飞闼而上出",义并"楼上户",而"闒"字作"闼",可证(薛注《西京》"飞闼"为"突出方木",义无所见)。亦通称门曰"闼"。《史记·樊哙传》:"排闼直入。"《广雅》:"闼谓之门。"《诗·齐风》"在我闼兮"毛《传》云:"闼,门内。"与《韩诗》说门屏之间曰"闼"同。盖据诸侯内屏为言,门内是门屏之间也。

知同谨按,《韩诗外传》卷二云:"楚庄王围宋,使子反乘闼而窥宋城。宋使华元乘闼而应之。""乘闼"者,《左传成十六年》所谓

"楚子登巢车以望晋军"也,注:"巢车,车上为橹巢。"《说文》作"轈"。车部"轈,兵车高如巢以望敌也。""橹"者,《释名》云:"橹,露也,露上无覆屋也。"《玉篇》:"橹,城上守御望楼。"盖于车上作高楼如橹,其上开户,可以远望敌师。故以"闉"名之(赵氏怀玉校《外传》,据《公羊宣十五年传》"有距堙为上城具",改"闉"作"堙",谓即"堙"之借。近人校书,不得其义,别求左证,傅会妄改,专辄滋弊,似此不少)。此亦"闉"即"闛"之明证。钮氏乃据《明堂位》"達乡"郑注:"乡,牖属,谓夹户窗。每室八窗,为四達。"《文选·东京赋》"八達九房"李注引《大戴礼》:"明堂九室八牖。"谓"闉"通作"達"。不思彼"達"是牖,此"闉"是门,屹然两事。钮氏殆不识"闉"、"闛"之义,漫牵附耳。(392)

今按,郑珍利用汉赋文献中"闉"字作"闛"异文,考证认为"闉"字即"闛"古文,《说文》"闛"训"楼上户",徐铉注云"门也"不确。文献凡"高楼"之义多以"闉"名之,而赵怀玉校《韩诗外传》,据《公羊宣十五年传》"有距堙为上城具",改"闉"作"闛",谓即"堙"之借,实际是不识"闉"、"闛"之义而犯的校读失误。

此外,郑氏在以文字校读古书的过程中,还提出自己的心得和观点,例如上引"悸"字按语中认为魏晋以前传经家在校读古书是,往往各守师承,宁胶执无窜乱,非常谨慎;而六朝以降,尤其是自唐宋以来乃多任意纷更,明人尤甚,他书亦然,于是古籍校勘问题更加突出;至于乾嘉诸儒虽悉心校整古籍,但援引或不免轻肆增改以就己说,或又多师心武断,其弊转不可胜言。因此他在校勘古籍时,非常注重还原经典本原,其重要方法就是对汉字形音义及其相互关系的考证。

二、文献的内外求证

前文提到,郑珍在考证《说文》逸字时,首先是善于利于《说文》本身的体例和说解来判定文字的逸字身份,这种方法即内部求证法。例如《逸字》"由"字条云:"本书从由声者二十二文,而无'由'字,明是写脱。……珍后考《说文》从大十之'𠦑'即'由'本字,以十合书于内则成'㞢',汉隶又省十作'由'。许君本训'进趣',即由行义。"(45)又如"爿"字条云:"《六书故》卷二十一谓唐本《说文》有爿部,段氏据补于片部末。按,'壮'、'牂'、'牆'、'牆'、'狀'、'將'、'斨'、'牆'等俱从爿声。"(69)又如"希"字条云:"本书'莃'、'睎'、'脪'、'郗'、'唏'、'稀'、'俙'、'欷'、'豨'、'絺'皆从希声,必有'希'字。"(76)皆排比《说文》原书体例,对文字的考释。

其次,是善于寻绎他籍所引古本《说文》的字形、体例和注语来考求逸字,即文献的外部求证法,例如《逸字》"黐"字条云:"检《韵会》引《说文》之例,凡两部两文音义同者,多合于一字下引之,不尽是重文。又所据《说文》是《系传》本。《玉海》云,《系传》旧阙二十五卷,今宋抄本以大徐本补之。则黄氏所据糸部至卵部是补抄者,糸部必似今铉本,'綵'下无重文,所称'黐'字当在黹部。"(77)又如"顡"字条云:"《集韵·十五青》《类篇·页部》'顡'下并云:'眉目间也。'……按,《集韵》《类篇》引《说文》之例,有不明称《说文》者;而称《说文》所引经语,必加'引'字,以别于己所引书之称'某曰'。故当字下云'某某也,引某某',必是《说文》。"(87)再如"顟"字条云:"《玉篇·黄部》'顟'下引《说文》'面急顟顟也。云粉切'。……凡许书重文与正篆偏旁异者,《玉篇》并各归部属而两引其训,此其例也。"(88)皆是利用他籍所引《说文》来考释逸字的例子。

而在考证新附字时,郑珍同样善于使用文献内外求证的方法,从而提高文字考释的可信度。例如《新附考》中以下字例:

【嫠】

无夫也。从女,斄声。里之切。

按,《左昭十六年传》"已为嫠妇",《廿四年传》"嫠不恤其纬",《释文》并作"釐"。《襄廿五年传》"嫠也何害",《释文》:"嫠,本又作'釐'。"《毛诗·巷伯传》《韩诗外传》并言"釐妇"。知古无嫠妇专字,止借作"釐",与孀妇字止作"霜"同。后乃别加从女。(411)

【劬】

劳也。从力,句声。其俱切。

按,《说文》人部:"佝,务也。"(小徐本作"覆也",不可解)即古劬劳字。"务"谓趣事急功。力部"劳"训"勮","勮"训"务",足以互证。段氏因《玉篇》"佝"下引《楚辞》"直佝愁而自苦",改"佝"训"佝,督也",谓是愚蒙义,失古"劬"字矣。(430)

【泯】

灭也。从水,民声。武尽切。

知同谨按,《说文》:"怋,㥴也。""㥴,乱也。""怋"即古"泯"字。《书·吕刑》"泯泯棼棼",伪孔传以"泯泯"为"乱"解之,义与古合,字则从俗。孔壁古文必是"怋"字。又《康诰》"今惟与我民彝大泯乱","泯乱"联文,"泯"直训"乱",本亦作"㞁"。伪传乃别解"泯"为"灭"。《吕氏春秋·慎大览》"桀为无道,众庶泯泯",高注:"众庶泯泯然乱。"或秦汉间有此文;亦疑原作"㞁",后人改之。若《诗》"以谨惛怓",毛《传》:"惛怓,大乱也。"《说文》"㞁"下本引《诗》作"㞁",今又讹"惛"字。"㞁"、"泯"本训"乱",乱无不灭亡者,故有"灭"义,经典通用。钱氏大昕云,《汉书·叙传》"湎湎纷纷"。即《吕刑》"泯泯棼棼"。顾氏广圻亦云,《论衡·寒温篇》"前世用刑者,蚩尤、亡秦甚矣。蚩尤之民,湎湎纷纷",尤与《吕刑》文义合。不知作"湎"者假借字耳。"湎"训"沉于酒",无纷乱义。班固、王充语,盖出《今文尚书》。钱、顾并忽略《说文》本字。《古文尚书》作"棼棼",亦假借。(376)

今按,上引三条字例,第一例"嫠"字利用《左传》《毛诗》《韩诗外传》《经典释文》等文献,考证认为古无嫠妇专字,止借作"釐",与孀妇字止作"霜"同,后乃别从女,都是利用外部文献来进行考证的。第二例"伹"字,郑珍据《说文·人部》所收:"伹,务也。"认为"伹"即古"伹劳"字,是利用《说文》本身的内部互勘对文字的考释。而第三例"泯"字,先是据《说文》"㞁,怓也"、"怓,乱也"等训解,认为"㞁"即古"泯"字;然后利用《尚书》《吕氏春秋》《诗经》《汉书》《论衡》等文献,证明了"㞁"的文献使用和字形讹变,是综合使用文献内外求证的考字方法。

三、文字考释与名物考证相结合

在讨论文字的来源和演变时,郑珍还特别注意和名物、风俗的考据相结合,从而全方位考释文字的源流。例如《逸字》中以下字例:

【蘄】

古文"祈"。艸部"蘄"从艸,靳声。

大徐谓《说文》无"靳"字,他字书亦无,疑与"荔"相承,误重一文。……今考古鼎彝文"用蘄眉寿"、"用蘄匄百禄"、"用蘄绾绰"等"蘄"字,并从單,旂声,即"祈"之古文。"祈"下当原有此字。(下略)(33)

【桒】

籀文"桑"。

考《魏石经遗字》及《碧落碑》,其"若"字并作桒,上体即"夊",下

与"裹"古文下体同。(下略)(63)

【爿】

《六书故》卷二十一谓唐本《说文》有爿部,段氏据补于片部末。……而后人转非之,未究晁记唐本出于阳冰新义之过(秦权、秦斤铭中"狀"字并作"爿",可见《说文》"壮"、"狀"等左原作"爿",非二徐改半"木"之"爿"以就己说)。(69)

又如《新附考》中以下字例:

【瞼】

目上下瞼也。从目,佥声。居奄切。

按,"瞼"非古语。王叔和《脉经》"脾之候在瞼"始见其文。《众经音义》凡四引《字略》云:"瞼,眼外皮也。"《字略》不知谁作,殆不出晋宋已前。是汉已后俗字。

知同谨按,钮氏引《韩子·说林篇》称"惠子曰'謦两目映'",疑"瞼"为"映"俗,非也。《说文》"映"训"目旁毛",即"睫"古字,与"瞼"为眼皮异物。《韩子》"映"字乃"瞁"之借。《说文》:"瞁,目陷也。苦夹切。"即"瞎"古字。"瞼"与"映"音义俱异。(255)

【篦】

导也。今俗谓之篦。从竹,囟声。边兮切。

知同谨按,《释名》:"导,所以导鬓发使入巾帻之里也,或曰'栎鬓',以事名之也。"是古止名"导"。《众经音义》凡四引《小学篇》云:"篦,刷也。"今眉篦、插头篦皆作此。《小学篇》王羲之撰,是汉后字。大徐以为俗名,是也。今人用此物,以骨为之,有齿,似疏而纵长。妇女日间以理鬓发。钮氏认"篦"为"疏枇"字,引《说文》"笓"训"取虮比"、"栉"训"疏比之总名"、《急就篇》"镜籢疏比各异工"、《众经音义》引《仓颉篇》"粗者为疏,靡者为比"等文,证"比"为古"篦"字,非也。"篦"者,疏比之类,别是一物,音义俱异。"疏"俗作"梳";"比"借作"枇",俗作"笓"。钮氏又称《宾退录》已辨"篦"当作"枇"、"比"。考赵与时止辨梳比字作"比"、"枇",并不及"篦"。(269)

今按,上述诸例皆郑氏考字与名物、风俗、典制相结合者,例如"篦"字,古"导鬓发使入巾帻之里"本名"导",是"妇女日间以理鬓发"的一种工具,这种工具在民间有不同的称法,汉代以后俗称"箆",郑氏认为即"今人用此物,以骨为之,有齿,似疏而纵长",如眉箆、插头箆皆作此。从而论证徐铉注语"导也,今俗谓之箆"是正确的。

四、根据社会用字情况考察典籍文字

此外,郑珍还常常根据社会用字的一些现象和特点,来梳理文字的嬗变。例如《逸字》"诏"字条考云:"经'诏'俱训'告',则其字不始于秦。至秦惟天子称'诏',犹'朕'在古为凡我之称,至秦独天子专之耳。……且即是秦文,许君于《仓颉》三篇所省改古籀之小篆俱列入正文,而其中明有秦人制度之字。何为'诏'字独不登载邪?"(39)郑珍认为至秦惟天子称"诏",犹"朕"在古为凡我之称,至秦独天子专之耳,因此"诏"其字不始于秦,当是三代古文,而这类社会用字,许慎《说文》一般都有收录,因此"诏"字为后来所逸。这样的例字很多,又如:

【柑】
　　从木衔马口也。从木,甘声。
　　见《韵会·十四盐》引,盖《系传》本有。《公羊宣十五年传》"柑马而秣之",《释文》义同。金部"钳"训"以铁有所劫束",是凡钳束字;此马衔专字。古果名则止作"甘"。(62)

【碑】
　　染缯黑石,出琅邪山。从石,单声。
　　见《广韵·十二齐》引。按,汉武时已有金日䃅用此为名,是《仓颉正字》亦可见。(92)

上引如"柑"字,《公羊宣十五年传》有"柑马而秣之"语,《经典释文》《说文系传》皆承而收之,这个"柑"用作"马衔"专字,而并非今水果"柑橘"之名,古水果名只作"甘"。通过阐释文字的使用情况,来厘清字际关系。

又如《新附考》中以下字例:

【摴】
　　舒也。又摴蒲戏也。从手,雩声。丑居切。
　　按,《博物志》言老子入胡作摴蒲,其技本非古有。宋本《御览》引《博物志》作"摴蒲"。《艺文类聚》列采古籍,例作"摴蒲",他书亦多用二字。唐宋人诗尚然。"摴"字最俗。"蒲"亦改作"蒱"。"舒"义尤罕

见书传。(407)

【唳】

鹤唳也。从口，戾声。郎计切。

按，鹤唳曰唳，不见秦汉人书。唯晋八王故事，陆机叹曰"欲闻华亭鹤唳，不可复得"(见《文选·舞鹤赋》注及谢朓《游敬亭山》诗注)，始见此字；已后词赋家多用之。是汉魏后语。

知同谨按，钮氏引谢惠连《秋怀诗》"寥戾度云汉"、《笙赋》"悽戾酸辛"、《啸赋》"声濯曜而清厉"等文，谓古通作"戾"、"厉"，是为傅会。"唳"专属鹤唳。《玉篇》训"鸟鸣"，义尤后出，词赋家从未见用。谓之"唳"者，盖象鹤戾颈傲睨作声，与"寥戾"等义别。(226)

【些】

语辞也。见《楚辞》。从此，从二，其义未详。苏箇切。

按，《尔雅》"呰、已，此也。"注云："方俗异语。"《释文》云："呰，郭音些。《广雅》'些，辞也。息计反'。又'息贺反'，谓'语余声也'。"知"呰"是"些"古字。《集韵》"些"、"呰"同列，注云"见《楚辞》，或从口。"尚识古字，祗依俗以"些"为正文尔。或由隶变省"口"作"二"，或由草书"口"似"二"，后因正写成"些"，未可定。

知同谨按，《众经音义》卷二、卷六云："呰，古文'些'、'欪'二形。""些"本"呰"之变，好异文者因目为古文。若俗用"些小"字，则古作"娑"，《说文》"娑，妇人小物也"是也。(229)

【刎】

到也。从刀，勿声。武粉切。

按，《集韵》《韵会》皆云："刎，或作'殟'。"殟者，《说文》"殁"字也。盖古止皆"殟"。《荀子·强国篇》"欲寿而殟颈"，正是古字。杨倞注云："殟当作'刎'。"依俗用言之。(265)

【琵】

琵琶，乐名。从珡，比声。房脂切。(411)

【琶】

琵琶也。从珡，巴声。义当用"枇杷"。蒲巴切。

按，《初学记》卷十六引《风俗通》曰："琵琶，近世乐家所作，不知谁起。"引傅玄《琵琶赋序》曰："《世本》不载作者。故老云，汉送乌孙公主，念其行道思慕，使知音者于马上作之。"是琵琶出于汉世。其字《风俗通》本作"批把"。徐坚依俗用引《释名》作"枇杷"，云："推手前曰

'枇',引手却曰'杷',象其鼓时,因以为名。"大徐注本此。《玉篇》引作"琵琶",亦依俗。然则汉尚无"琵琶"字。且"枇杷"木名,无"推引"义,亦属假借,《说文》:"㧱,反手击也。""柶,㧱击也。"鼓琵琶者钩拨似之,当作"㧱柶"为正;作"批把"近之。亦疑《释名》"枇杷"本是从手字。(412)

今按,上引诸例中"摴蒲"即"摴蒲戏",为社会常用博戏之名;而"唳"用作"鹤唳"字多见于词赋家,是汉魏以来俗字;"些"字本"呰"之变,俗用"些小"字,古本作"娑",《说文》"娑,妇人小物也"即其所本;而"刎"字古本作"歾",后世典籍作"刎"为俗用;"琵琶"为后世常见"乐名",亦有依俗用作"枇杷"者,但这两种写法都出自汉代以后,其古正字当为《说文》所收"㧱柶",俗又作"批把"。可以看出,郑氏根据社会用字情况,可以深入考证文字的字形源流、音义变化、出现时间和字际关系等各个方面。

总之,正是由于郑珍善于使用多种方法考释文字、校勘古籍,才在《说文》学领域取得了非常突出的成绩,并形成与前代诸儒或相互印证、或相互驳正、或续有发明的观点,此其贡献之所在。

第四节 郑珍《说文》学的特色与成就

根据我们前面的论述,可以看出,郑珍对《说文》的研究,无论是在方法上,还是内容上,都有所拓展和创见。与清代诸儒尤其是道咸时期的《说文》学家相比,郑珍《说文》学的特色和成就主要体现在以下三个大的方面:

一、丰富了《说文》学的内容和方法

上一节我们分别论述了郑珍研治《说文》的内容和方法,这对于整个《说文》学的研究及其理论建设而言,都是非常重要的拓展。例如,郑珍无论是求索逸字,还是考证新附字,郑珍都力求"博网载籍",尽可能通过征引文献例证,来证明自己的观点。郑书中参引的字书及其他典籍,主要有《六书故》《汗简》《佩觿》《汉隶字原》《玉篇》《五经文字》《类篇》《广韵》《集韵》《韵会》《古文四声韵》《艺文类聚》《太平御览》《龙龛手鉴》《初学记》《毛诗正义》《尔雅音义》《春秋三传正义》《文选李善注》《史记索隐》《一切经音

义》等数十种①。除此之外，还引用了《尚书》《老子》《楚辞》《礼记》《尔雅》《方言》中的材料，并时常从碑铭、方言、典章制度、社会文化中吸取有关字形的证据。这充分体现了郑珍严谨的治学态度。

而在方法上，郑珍又在大小徐、段玉裁、桂馥、王筠等《说文》学家内部求证的基础上，发明了外部求证的方法，做到了"内外求证"。例如《逸字》"犦"字条云："《初学记》卷廿九称《说文》：'牪，畜父也。''犅（逗），特牛，犦牛。'……今铉本无'犦'字，而'特'下云：'朴特，牛父也。''朴特'不可通。以《初学记》推之，所引虽节录，可见许书旧当如此。盖'犅'训'特牛'；即次'特'，训'犦牛'；又次'犦'，训'牛父'。三文递训，其皆为牡牛互明。传写初误'犦'作'樸'，继又省'樸'作'朴'。'犦'既希见，误即茫然。俗因删'特'注'朴牛'，而以'朴，牛父也'一篆一训移作'特'注，又增一字作'朴特'，遂成今本。"（34）这种内部求证的方法，虽然只是利用《说文》诸版本内部的传抄变化，但对于文字的考释，历数字形之变化，却是非常精当、令人信服的。又如《新附考》"贴"字考云："此'妥帖'字之俗。《说文》：'帖，帛署书也。'……今考古籍中如《文赋》'或妥帖而易施'，李注引王逸《楚辞序》：'事不妥帖。'……马融《长笛赋》'瓠巴聑柱'用之。又《史记·魏其侯传》：'乃效儿女子呫聂耳语。'……《说文》：'聶，附耳私小语也。'……《众经音义》屡云：'阅，字书或作'贴'，同式冉反。'……《说文》'睵'、'覢'两文，训'暂见'、'暂视'，《文选》诸赋通作'阅'。"（287）则既从《说文》体例出发，又证之于其他典籍，共同论证"贴"为"妥帖"字之俗写。

这些例子都是郑珍对"内外求证"方法的成功运用。这种方法，对于逸字，"其搜辑之范围，及于《说文解字》本身之外"②。对于新附字，则能"穷源竟委"，历数文字之正俗。不仅大大拓展了逸字、新附字研究的范围，也提高了结论的可靠性。其学术价值显示是巨大的，也体现了郑珍超越前人的学术眼光和成就。

二、树立了科学的《说文》学观念

《说文》学经历乾嘉的盛况后，到道咸时期虽然在微观研究上未及前代之精深，但这一时期，学人对《说文》学的理论总结则较之前代有所突破。郑珍对《说文》的研究，不仅继承了乾嘉的精深，同时对《说文》学的理论领域有所思考，比如严谨地遵循"以字通经"的原则，注重汉字的形音义关系，都

---

① 袁本良《郑珍〈说文逸字〉论略》，《贵州大学学报》（社科版），2000年第1期，第50页。
② 胡朴安《中国文字学史》，中国书店影印，1983年，第532页。

是科学的《说文》学观念，而他的《说文》学观念最为可取处，就是对《说文》逸字、新附字有比前人更加丰富的经验和观念。

《说文》研究在乾嘉时期达到了鼎盛，涌现了段、王、桂、朱等《说文》大家。他们与几代清儒共同留下了二三百部学术专著，其研究领域几乎涵盖了《说文》学的所有方面。后继学者，要在这种情况下取得新的创获，绝非易事，但郑珍通过《逸字》和《新附考》，找到了新的视野和途径，这充分体现了郑珍不同于别家的逸字观和新附观。对逸字、新附字的研究，使郑珍在《说文》学领域获得了自身的地位。《清史稿》称郑珍："尤长《说文》之学。所著《说文逸字》二卷、附录一卷，《说文新附考》六卷，皆见称于时。"接踵于乾嘉，身处于道咸之际的郑珍，撰述《逸字》和《新附考》，也"正体现了他作为《说文》学后继者力图超越前人的可贵努力"①。从著述中总结郑珍的逸字观、新附观，能够从理论层面深入阐释郑珍的《说文》学思想和观念。

1. 逸字观

对于逸字的观点，郑珍认为，治《说文》首先必须解决《说文》传世之本的逸字、伪字和误字误注三个问题。以段玉裁《说文解字注》一书为代表的其他学者，对误字误注作了大量考订，但"逸者、伪者，即不详尽，亦其经纬浩博，未暇专及而然"②，而《说文》逸字于"经字正俗、分隶本原"和字群孳乳等问题所关甚巨，因此他撰成《逸字》一书，来弥补《说文》学领域的这个空白。

第一，整体上对逸字的认识。郑珍父子研究《说文》逸字，有深刻的历史缘由，有清楚的对象和明确的目的，界定了清晰的逸字范畴，并通过充分有力的证据，考证出了前人未曾考出，而多数可信的逸字。这说明郑珍父子的逸字研究，具有自己的科学体系和鲜明特点。正因为如此，袁本良先生高度赞扬《逸字》一书"体现了清儒研究《说文》逸字的最高水平，迄今是考察和研究《说文》逸字的最重要的参考文献"③。

第二，分析出逸字产生的各种原因。结合前文的分析，可以看到《逸字》一书指出了多条"逸字产生的原因"，方便我们进一步认识郑珍在《说文》逸字研究方面的特点和成就。根据《逸字》的材料，这些原因有以下是11种：

---

① 王锳、袁本良点校《郑珍集·小学》，贵州人民出版社，2001年，第8页。
② 说见刘书年《说文逸字刘序》，见王锳、袁本良点校《郑珍集·小学》，贵州人民出版社，2001年，第20页。
③ 袁本良《郑珍父子的〈说文〉逸字研究》，李建军主编《中华传统文化与贵州地域文化研究论丛》（一），贵州人民出版社，2006年，第327页。

(1) 俗因与别部字重出而删者。如：

敷，毁也。从攴，裹声。此文二徐本皆有。宋铉本以与土部"壤"籀文"敷"复，删。（45）

脣，筋头也。从肉，昏声。见《龙龛手鉴·肉部》引。今本"脣"为口部"吻"之重文。……自传写讹"唇"为"脣"，浅人认肉部为重出，因删此文。（53）

禰，或从示。今铉本"獮"作"瀰"，重文有"祿"无"禰"。……今本所以脱误者，盖六朝俗书"繭"作"蠒"，则"獮"、"禰"成"獮"、"禮"。……俗又因删示部"禮"及重文"禰"，更不知何时并此部，重文"禮"亦复删去。（96）

(2) 传写而致讹脱者。如：

鷒，鸒鷒也。从鳥，專声。今本有"鸒"无"鷒"。……《说文》《尔雅》并云"鸒鷒"。知唐本有"鷒"字。因传写误脱，乃改"鸒"注作"鸒專"。（49）

梗，樗枣也，似柿而小。……《说文》云："似柿而小。或作'檽'（今本误作"濡"），非体也。"……传写脱并，屡经删改，今仅存"似柿"二字于上"樗"注末。（61）

案，古文"保"。……自传写误以"案，古文保"四字入上注，又误"保"字作"孚"，后因改"保"从案省，"保"不省，以与古文"孚"合，遂成今本。（81）

(3) 传写误据二徐本而删改者。如：

跋，跋蹩行貌。从足，犮声。今铉本有"跋"无"蹩"，"跋"训"蹎跋也"。……浅人反据改《系传》"跋"注作"蹎跋"，谬甚。（37）

吴，古文"矢"。按，匕部"叱"字注云："吴声。吴，古文矢字。"知"矢"下原有此文。
……
知同谨按……铉载锴语，增改作："止，不通也；吴，古文矢字。反匕之，幼子多惑也。"既云"吴，古矢"，又云"反匕之"，转非锴旧，俗因据改铉本。（58）

䨪,亦古文"霝"。……按,今本止有籀文"䨺"、古文"霝"、"䨨"三形。铉以前脱"䨪",后又脱此。

　　知同谨按,铉本有"䨪"……今本乃从铉删。又本书有"䨺"、"䨨"、"䨪"三籀文,并从䨺,可因之见"䨺"本籀文。今作古文,亦误。(105)

(4) 别制新字而脱原字者。如:

卌,四十并也。古文,省。

　　知同谨按……《广韵》"卌"下引《字统》云"插粪杷"是也(插粪者,抹掇粪除之谓)。后因别制"柵"字。"柵"、"卌"一声之转。(38)

(5) 校刻者误为删改而逸者。如:

燅,籀文"爓"。从羊,羊读若湿。(下略)

　　知同谨按……至《集韵》《类篇》"燅"下出重文"燅",云:"籀文从羊。"此因大徐谓"爓"、"燅"二字义相出入而误。(43)

騤,马行徐而疾也。从马,與声。《诗》曰:"四牡騤騤。"騤,马腹下声。从马,學省声。今本无"騤",其"騤"下云:"马行徐而疾也。从马,學省声。"……后校刻者见上"騤"篆之注"从马,與声"于篆不应,"四牡騤騤"又无出处,而下"騤"篆之注"马行徐而疾"与上注同,"马腹下声"又义不经见,以为写者复乱,因删"从马與声诗曰四牡騤騤某某切騤马行徐而疾也一曰马腹下声"凡二十六字,遂成今本。(93)

(6) 写者、校者误以无原字而改者。如:

䕓,"埶"或从艸。……今铉本"樧"下云:"或从艸。""樧"训"木相摩",与艸无涉,明系以无"䕓"字改;惟"䕓"下"䕓声"未改及。(43)

㝛,古文"寢"。……木部"梼"重文"櫄"从此,其注"或从壹省。壹籀文寢。"当作"或从㝛。㝛,古文寢。"后以本书无"㝛"改。(72)

鬃,马鬣也。从髟,宗声。此字大徐新附。据唐释湛然《止观辅行传弘决》卷八之一云:"鬃,项毛也。《说文》云'鬃,马鬣也。'"(今本"鬃"、"马"误倒)是唐本有。《系传》"龓"注"鬃"字从髟,是。铉本作

"耆",以本书无"鬐"改。(89)

恝,"忿"或从刧。疒部"瘛"从恝声。大徐以本书无"恝",疑"从心,契省声",非也。(102)

嫴,美貌也。从女,樂声。见曹寅本。……唐宋人增修亦未一引及。盖校者以《说文》无"嫴"字妄改。(112)

蘁,"董"或如此。……其他从蠆者,言部"讇"、贝部"贉"、力部"勱",今本并云"蠆声",当必原是"蘁省声",后人以无"蘁"字改。不知从蠆即不得声。(118)

(7) 文字笔画讹变者。如:

叒,籀文"桑"。……《石经》《碧落》中多一横,当以《易》体为正。《集韵》《类篇》从兆者,或铉本脱一笔作叒,故沿之。(63)

廿,古文"疾"。……铉本脱上一横,注仍不误。(74)

兔,子脱胞也。从二儿:上儿,母也;下儿,子也。从兔省。此盖生兔正字。……珍按,此袭《六书正讹》"兔"从兔而脱其足之说,非也。"兔"象向左蹲踞形。前"㇒",其足;后"㇂",其尾。若横视则踞形不见。且省去后"㇂"一画。无论横视直视,止是不见其尾,而足之蹲如故也。安见其走速逸兔乎?就如段说省之一画是足,则左直为尾,右直必是足,其可谓见如故,亦难通。(85)

婁,籀文"妻"。从人中女,白声。……秦《绎山碑》《诅楚文》"数"字作"數",左旁即此,惟中稍变。(113)

(8) 二体形近杂书而误者。如:

矝,怜也。从予,令声。……按,今《说文》止矛部有"矜",脱"矝"字。

知同谨按……"怜"亦真谆部中字,故"矝"与从矛今声、训"矛柄"、入蒸登部之"矜"必是两字。……自汉人以二形相似,隶体杂书。……今经传俗并改"矜"。(50)

瘚,屰气也。从疒,欮声。……按,本部有"瘚,屰气也。""瘚"、"瘚"必同侧,因形似误脱此文。(75)

驣,马行徐而疾也。从马,與声。……今本无"驣",其"騔"下云:"马行徐而疾也。从马,學省声。"……推初本两文义同,次必联属,当

"鼉"上"鶯"下。自传写以形近误"鼉"为"鶯"，即上下成两"鶯"篆。(93)

(9) 正篆、重文杂厕而误者。如：

丂，古文"丂"。……按"壽"字从"丂"，隶变作"壽"，作"壽"、"𦓐"、"𦓓"，并即"丂"之省改。可见"丂"、"丂"必两字，故篆从"丂"，隶从"丂"。(35)

卤，籀文"卥"不省。今本篆作卥，注云："从乃省，卤声。籀文'卤'不省。"……则今之正篆卥字原是籀文。从卤，亦正是籀文卥字。此缘初误卥作卥，即篆籀两文是一。浅者谓是复写，因删下字，而合二注为一，遂成今本。(57)

槏，槏櫨，柱上枅也。从木，薄声。一曰壁柱也。槏，"槏"或省。櫨，槏櫨也。从木，盧声。……《说文》原本"槏"盖"槏"之或体，"槏"下当有"壁柱"一义。今脱"槏"之正篆正解，止存别篆别解耳。(61)

𠃜，亦古文"𠃜"。(下略)

知同谨按，铉本有"𠃜"。……又本书有"𠃜"、"𠃜"、"𠃜"三籀文，并从𠃜，可因之见"𠃜"本籀文。今作古文，亦误。(105)

匿，籀文"匿"。……本"匿"作"匿"，与部首不合，当是《系传》亦"匿"、"匿"两文，传写篆误涉籀，成两"匿"字，因删下籀也。"匚"，籀文"匚"字，籀易"凵"为"匚"。(114)

(10) 正篆与训解脱误者。如：

鼏，鼎覆也。从鼎，冖声。今二徐本但有"鼏"篆，而训解乃是"鼏"。传写以"鼏"当"鼏"。"鼏"之篆、"鼏"之注两脱。段氏补正如此，说详彼注。(70)

袀，玄服也。从衣，匀声。袗，禅衣也。从衣，参声。按，今本篆用"袗"、训用"袀"，脱误与前"鼏"、"鼏"同。(85)

(11) 字书他籍误引、学者误说而逸者。如：

𡭕，烛荩也。从火，从収。读若妻。本书"爨"、"㭒"、"𠋫"、"膥"并从𡭕声，必有此字。……张有、周伯琦辈不识"𡭕"，纷纷误说。今以林罕《小说》补之。按,《小说》久亡,其叙云所篆者取阳冰重定《说文》,则此"丵"字出阳冰本。从収火,正《弟子职》右执左正之意。读同爐,又合"侓"、"栟"诸字之声。其为许君音义必矣。"爐",《说文》作"䎿","火余也。""䎿"为凡木之煨䎿,"丵"专为烛䎿。音同,义相类。(98)

鯖,煮肉也。从鱼,青声。见《北堂书抄》卷一百四十五引。按,此字《广韵》云:"煮鱼煎食。"《集韵》云:"煮鱼煎肉。"似《说文》当训"煮鱼肉",始合从鱼之义。《书抄》引省"鱼"字。(105)

郑珍在《说文逸字叙目》中说:"许君记文字十五篇,孔壁遗式,赖以不坠。历代移写,每非其人。或并下入上,或跳此接彼。浅者不辨,复有删易。逸字之多,恒由此作。"①因此,在考证逸字时,说明逸字产生的原因,是《逸字》的一个重要内容。从郑珍在《逸字》中对原因的分析看:一方面,尽管有些原因下只有极少的逸字,但郑珍都一一列出,从而尽可能多地找到逸字产生的历史根源。另一方面,许多逸字往往是在多种原因的共同作用下产生的,如果清楚了各种原因的类型,就能有效考证出逸字。足可见,郑珍对《说文》逸字的认识是全方位的,具有科学性和系统性。郑珍研究逸字的科学方法,不仅仅对于《说文》逸字,对于其他传世典籍的"逸字"研究和文献校勘也同样具有参考价值。

2. 新附观

对于新附字的考证,本身就是清代《说文》学研究的一个重要方面,除段玉裁《说文解字注》悉删不录以表达段氏对新附字的观点外,还有钱大昕《徐氏说文新补新附考证》与钮树玉《说文新附考》等专门对新附字进行考证。郑珍则认为,徐氏新附字真正的诟病在于"有后人加注"或"讹写隶变",使后学误解《说文》原貌,研究者亦不能一概斥为"俗字"而"不屑道"。《新附考》体现了郑珍研究新附字重视汉字孳乳的发展规律,不囿于"古正后俗"成见的正确语言文字观。除了在自序中表明自己对新附字的观点外,郑珍在析字时,还非常注重对《说文》义例和许君原意的遵循。主要有以下三点:

第一,指出许君对先秦文献中古文的收录原则。例如《新附考》"籹"字条就指出:"许君作书,所重者经典正文,旁及他书所应用字。若战国方言改易殊体,观其《叙》中訾议七国'言语异声,文字异形'之说,意甚轻之。虽有

---

① 王锳、袁本良点校《郑珍集·小学》,贵州人民出版社,2001年,第29页。

合乎六书,然且多不采录。故如《墨子》《韩子》《吕览》《楚辞》诸书所有罕见文语至夥,积古相传如此,非不出自先秦,而许君例舍置不及。其他如《山经》识怪等编所纪异物,无足征信,尤所不道。今读许君之书,不必执先秦已上之文尽归囊括,遂断古籍之字不见《说文》者,辄由后人用俗书改易。"(302)

此外,还有以下四种类似的情况:

(1)许君"有录古文而遗今文者,有录今文而遗古文者"。如:

馂,食之余也。从食,夋声。子峻切。

知同谨按,《礼经》"特性馈食"、"少牢馈食"、"有司彻"皆以"饡"作"馂"字。注云:"古文'饡'为'馂'。""饡"者,"饡"之隶体省变(《释文》《九经字样》皆作"饡",知唐已上经本相沿如此)。《说文》"饡"与"馔"同。《论语》"先生馔",《释文》云:"馔,郑作'馂'。"知"馂"与古"饡"、"馔"通。然《仪礼》古文已有"馂"字,则非汉儒所增。许君于《仪礼》有录古文而遗今文者,有录今文而遗古文者。其所遗之古文,虽不见《说文》,要是先秦所有古字,与诸经中汉儒增变之体当分别观之。(271)

(2)采《方言》义而不全录其文。如:

餻,饵属。从食,羔声。古劳切。

按,《方言》:"饵谓之餻。"在汉时有此名,然唐已前文字罕见用者。……《方言》作"餻",殆非古体。《方言》出许君已前,《说文》多采其义而不全录其文;以其间多汉时文字,不尽出于先秦。今本且或经唐已后人用俗书改易,益非其旧。今据唐宋人书所称引,犹或见古字。(下略)(272)

(3)汉世出字,不列正文。如:

粮,食米也。从米,量声。陟良切。

按……"粮"为汉世别出字,故《说文》不录。《毛诗》古文宜亦不作"粮"。

知同谨按……"粮"是其总名,因其贮粮食名之,"粮"仍粮也。许君训注中本不废汉世语,只不列正文耳。(下略)(300)

粕,糟粕,酒滓也。从米,白声。匹各切。
按……《淮南》用汉时俗字,许君随文解之。《说文》不录汉字也。(301)

(4) 方言制字,许书不录。如:

髫,小儿垂结也。从髟,召声。徒聊切。
按,字本作"齠",为小儿毁齿。……《外传》文与《大戴记》《说苑》同,彼两文俱作毁齿,"齠"当是秦汉间方言,故许君不录。(下略)(336)

瀛,水名。从水,嬴声。以成切。
　　知同谨按,钮氏云,《史记·孟荀列传》"邹衍云:'中国曰赤县神州,中国外如赤县神州者九,乃有大瀛海环其外,天地之际也。'"……此别一义。或战国时楚方言已制"瀛"字,而许君不录。(379)

颸,凉风也。从風,思声。息兹切。
按……《楚辞》容古作"思",汉时乃加作"颸",即已有"颸"为风疾。凡南楚方言见《楚辞》而许君不录者比比矣。(419)

第二,指出许君的引经原则。如:

簃,阁边小屋也。从竹,移声。《说文》通用"誃"。弋支切。
按……知本作"移"也。
　　知同谨按,《说文》:"移,禾相倚移也。"楼阁边小屋倚于大屋,所以名"移"。从竹后加。许君称"景王作誃台",盖言假借。屋移,无取离别义。凡许君引经及它书,有证本义者,有举假借者。(267)

第三,指出许君的注文取字原则。如:

劬,劳也。从力,句声。其俱切。
按,《说文》人部:"佝,务也。"
……
　　知同谨按,古亦通作"鞠"、"拘"。……又疑《说文》"勮"训"务","劬"即"勮"之别体,则音读迥异。"劬"之古音如钩、苟、雏

也。……总由不识"佝"字。若走部"趨"下云"读若劬",许君注文自取通俗。(430)

《新附考》中的这些分析,很好地确定了每一个新附字的地位,以及它们与《说文》的关系。也可以看出,郑珍对新附字的考证,主要是厘定字形和辨明时代,以此分辨清楚"大徐新附"中的逸字、古文、俗字等各类文字,而其最终目的,则是要让后人正确认识和理解许书原貌。

三、重视文字"形音义"的系统性

郑珍考字,总是力求做到"形音义"兼顾,体现他对文字"形音义"系统性的认识,同时又具体表现在他对文字、音韵、训诂等多种治学手段的综合运用上。这样的例子,我们前面已举了不少。值得注意的还有以下四类例子:

1. 指出后世音变,体现语音发展观。例如《新附考》:

祧,迁庙也。从示,兆声。他彫切。
按,古无"祧庙"正字。《周礼》"守祧"注云:"故《书》'祧'作'濯'。"郑司农读"濯"为"祧"。是古止借"濯"字。汉人加作"祧",盖本读敕宵切,故《礼记·祭法》注云:"祧之言超也。"为因声见义也。他彫切乃后世音变。(207)

2. 指出后世新义,体现字义发展观。如《新附考》:

璫,华饰也。从玉,当声。都郎切。
按,《史记·司马相如传》"华榱璧璫"。……司马彪云:"以璧为瓦之当也。"("瓦当"与《韩子·外储说》"玉卮无当,瓦卮有当"同作"底"解)知古止作"当"字。俗因以璧为之,增从玉。他书有"耳璫"。《释名》云:"穿耳施珠,本出于蛮夷所为,今中国人效之。"又其后义。(212)

3. 形、音、义兼及,体现系统性观念。例如《新附考》:

蘸,以物投水也,此盖俗语。从艹,未详。斩陷切。
知同谨按,钮氏云:"《尔雅》'水醮曰厬',郭注云'谓水醮尽'。

《楚辞·大招》'汤谷宗只',王注云'宋,水醮之貌'。知'蘸'乃是'醮'。后人妄加艸,音仄陷切者,盖方音之转。"今考"蘸"盖别从蕉声,非加艸、音仄陷切则为以物投水,音义并与"醮"异。本六朝俗语,借俗"醮"字作之。庾信《镜赋》"黛蘸油檀"等文始通行之。大徐不知也。(222)

4. 指出文字"形音义"互相求的辩证关系。郑书中除了多数"字音变化引起意义变化"的例子外,还有少数"形体变化引起意义变化"的例子,例如《新附考》中:

迸,散走也。从辵,并声。北诤切。
按,经传"迸去"字并作"屏",唯《大学》作"迸诸四夷。"《释文》引皇侃疏云"迸犹屏也",知本是"屏"字,俗改从辵,义又转为散走。(233)

形音义互相求的方法,是乾嘉诸儒文字学思想的结晶,对后世学术研究,在方法和理论上影响深远。郑珍在自己的《说文》学研究中,综合运用汉字形音义来考释文字,不仅是对前儒思想的继承,同时也显示了他对汉字的系统性认识,他的推广和实践,不仅对于振兴道咸学术具有重要意义,对于今天的文字学研究同样具有参考价值。

四、对清儒《说文》学成果的继承与发展

郑珍《说文》学研究还有一个突出的特点,就是能平批判地继承清儒的《说文》学成果,并在此基础上表明自己的观点,在相同问题上作进一步的深入和发展。这也是他作为《说文》学研究的后起之秀,能取得成功的根本原因。郑珍在《逸字》《新附考》两书中,参考引证了多位《说文》学家的论著,包括王念孙、钱大昕、臧琳、王鸣盛、阮元、钮树玉等。这其中,郑珍参考指正得最多的是段玉裁及其《说文解字注》,并且对其成果和观点多有驳正。这里,我们主要以郑书参引段玉裁学说的例子为基础,来考察郑珍对清儒《说文》学成果的继承和发展①。

---

① 这一节的内容,主要据笔者所撰《郑珍对段玉裁〈说文〉学成果的继承和发展——以逸字和新附字为中心》(《人大复印资料·语言文字学》2017年第11期,第99—103页;原载《宏德学刊》第5辑,江苏人民出版社,2016年,第362—368页)一文写成,略有改动。

统计发现，《逸字》《新附考》引段说共 82 例，其中 35 例是直引其说来印证自己的观点，有 11 例对段说作了申发，有 36 例则对段说之误作了修正，郑珍对段玉裁《说文》学成果的继承发展体现在以下几个方面：

1. 直引段说，增加考字的可信度

对于逸字和新附字的考释，《段注》虽非专力为之，但亦多所涉及。因此考字过程中每有段氏已考者，若与己见相合，郑珍往往直引其说来充实自己的观点。这种情况共有 35 例，其中《逸字》27 例：縠、魋、朘、第、垩、郰、丬、鼐、痏（痟）、䱱、亮、顅、骊、志、溓、璩、摻、䍋、妥、嫚、枢、𪈮、𩳶（蠱）、廿、䧢、几、畲。《新附考》8 例：栀、榻、袄、屦、舸、忖、塓、塾。通过继承前说，又结合自己的探索，就大大提高了逸字和新附字考释结论的可信度。例如《逸字》中以下例字：

【魋】

兽，如小熊窃毛而黄。从隹，鬼声。据言部"譝"从魋声，必为原有。段氏由鬼部移入隹部，改"神兽"之训，从《尔雅》，说详彼注。（48）

今按，《说文·言部》："譝，譟也，从言魋声。"此盖段、郑补"魋"之本。查《万象名义·鬼部》："魋，达曰反，似熊小，毛黄赤色。"（202B）故宫本《王韵》平声灰韵杜回反（116）①、《玉篇·鬼部》（370）②并收"魋"字且音义相同，则此字《说文》、原本《玉篇》实有。"譝"字《说文》篆作"譝"形，段玉裁据以增"魋"篆作"𩲡"（144A）③是也，字本左右结构，俗书"鬼"旁在左多变书为包围结构，例如"譝"字《玉篇（残卷）》引《说文》作"譝"（268）④，"魋"字《万象名义》《玉篇》、故宫本《王韵》皆作"𩲡"形，因此皆归入鬼部，大徐盖本此。《说文》从隹之字，如"雅"训楚乌，"雀"训依人小鸟，"雄"训鸟父，"雌"训鸟母等，皆在隹部，依形义而分也，今"魋"亦当从段、郑入隹部为妥。

---

① 故宫博物院藏王仁昫《刊谬补缺切韵》（简称故宫本《王韵》），《续修四库全书》第 250 册，上海古籍出版社，1996 年。本文后引此书，皆于引文后直接加括号注明页码。

② 顾野王《宋本玉篇》（简称《玉篇》），中国书店影印张氏泽存堂本，1983 年。本文后引此书，皆于引文后直接加括号注明页码。

③ 段玉裁《说文解字注》（简称《段注》），上海古籍出版社影印经韵楼藏版，1988 年。本文后引此书，皆于引文后直接加括号注明页码和栏次。

④ 顾野王《玉篇（残卷）》，《续修四库全书》第 228 册，上海古籍出版社，1996 年。本文后引此书，皆于引文后直接加括号注明页码。

【䐠】

小船也。从舟，周声。《诗·卫风》"曾不容刀"，《释文》云："刀，《说文》作'䚢'。"《正义》云："刀，《说文》作'䐠'，小船也。"陆、孔同见有此字，但"舟"、"周"左右互易。似宜以左形右声为正。段氏已据补。（84）

今按，《万象名义·舟部》："䐠，丁聊反，吴舩。"（185A）《玉篇·舟部》："䐠，音彫。"（341）可知《说文》原有。而"䐠"字《万象名义》训"吴舩"，《正义》等引《说文》训"小船"者，盖"䐠"俗或作"舠"，故宫本《裴韵》（21）①、《王韵》（127）平声豪韵都劳反"舠"字并训"小舩"，《集韵》平声豪韵都劳切："舠、䐠，小船也，或从周。"（193）②皆其证。《万象名义》有"䐠"无"舠"，故宫本《裴韵》《王韵》有"舠"无"䐠"，《玉篇》"舠"字收在舟部之末（342），皆"䐠"俗作"舠"之证。俗又作"艁"，《集韵》平声萧韵丁聊切："艁、䐠，舟名，或作䐠。"（174）"䐠"、"舠"、"艁"三字皆左形右声，《释文》引《说文》作"䚢"者易位俗字也，当以郑说为是。

【驏】

马转卧土中也。从马，展声。见《艺文类聚》卷九十三引，段氏已据补。（94）

今按，《万象名义·马部》："驏，张扇反，马卧土中。"（230A）《玉篇·马部》："驏，竹扇切，马转卧土中。"（424）可证《说文》本有此字。又《一切经音义》卷八十四："驴驏，下展碾反，《埤苍》云：马卧土中驏也。《说文》：从马展声。"（54/852c）又卷八十七："驴驏，下鳣碾反，《埤苍》云：驏，马卧土中也。张戬云：马展转也。《古今正字》：从马展声。"（54/865a）③亦其力证。

【豫】

"豫"或从豕。见《系传》，段氏已据补。（107）

---

① 故宫博物院藏裴务齐正字本《刊谬补缺切韵》（简称故宫本《裴韵》），《续修四库全书》第 250 册，上海古籍出版社，1996 年。本文后引此书，皆于引文后直接加括号注明页码。
② 丁度等《集韵》，上海古籍出版社影印宋钞本，1985 年。本文后引此书，皆于引文后直接加括号注明页码。
③ 释慧琳《一切经音义》，《大正藏》第 54 册影印本，台北新文丰出版公司，1985 年。括号中斜线前为册数，斜线后为页码、栏次，下同。

今按，《万象名义·耳部》："瞶，牛介反，不听也。"（40B）《玉篇·耳部》："瞶，牛戒切，不听也。"（94）故宫本《王韵》去声怪韵五界反："瞶，不听。"（166）"瞶"与"瞶"皆"瞶"字之变，从"冢"为"豪"之省，《集韵》去声未韵鱼既切："豪，或作冢。"（489）则"瞶（瞶）"为《说文》原有。段、郑谓"聭或从豪"作"瞶"，其说是也。《说文·耳部》："聭，聋也，从耳贵声。"《玉篇·耳部》："聭，五怪切，《国语》曰：聋聭，不可使听。"（93）与"瞶（瞶）"训"不听"义同。故宫本《王韵》"瞶"字音"五界反"，"聭"字音"五拜反"（166），《广韵》"瞶"字音"五介切"（365）①，"聭"字音"五怪切"（366），则"聭"与"瞶（瞶）"音亦相同。"瞶"字《万象名义》音"牛介反"，《玉篇》音"牛戒切"，"牛"当为"五"或"午"字之误。

又如《新附考》中例字：

【塾】

　　门侧堂也。从土，孰声。殊六切。按，今经典通作"塾"。段氏云，古止作"孰"。谓之"孰"者，《白虎通》曰："所以必有'孰'何？欲以饰门，因以为名，明臣下当见于君，必孰思其事。"是知其字古作"孰"而已，后乃加土。近儒或曰当作"墪"。"墪"之音义与"孰"迥别。《后汉书》"画伯升像于墪"，《东观记》《续汉书》并作"埻"。此乃所传各异，不得云"埻"即"塾"字。此说是也。所谓近儒，盖钱氏大昕有彼误说。（425）

今按，此条"段氏云"至于"此说是也"皆段玉裁考语，其中"墪"、"埻"字原文作"壔"，文见土部"垛"字条下注（686A）。段、郑认为"塾"古止作"孰"，其说可从。但经典训"门侧堂"字皆作"塾"，再难找到"孰"俗作"塾"之例，《段注》引《白虎通》云："明臣下当见于君，必孰思其事。"又《文渊阁四库全书》本《古今注》都邑第二："塾，门外之舍也。臣来朝君，至门外当就舍更衣，熟详所应对之事，塾之言熟也。"②以"孰（熟）"训"塾"，此其语源也，殆可证"塾"为"孰"字之俗。又钱大昕以为当作"墪"字，盖"墪（埻）"（篆作"壔"）与"塾"（篆作"𡑭"）形近误也。

2. 发展段说，作探本之论

有的字条，郑珍认为段玉裁的考述仍有未尽之处，又在其基础上作了进

---

① 陈彭年《宋本广韵》，中国书店影印张氏泽存堂本，1982年。本文后引此书，皆于引文后直接加括号注明页码。
② 崔豹《古今注》，《文渊阁四库全书》第850册，台湾商务印书馆，1986年，第103页。

一步的考察。这种情况共有 12 例，其中《逸字》7 例：簾、理、个、借、魑、鷽、蝣。《新附考》5 例：售、剜、貼、暈、綣。由于注重汉字发展演变的源流和规律，郑书有不少探本之论。例如《逸字》中：

【鷽、鸒】

鷽，马行徐而疾也。从马，與声。《诗》曰："四牡鷽鷽。"鸒，马腹下声。从马，學省声。今本无"鷽"，其"鸒"下云："马行徐而疾也。从马，學省声。"自传写以形近误"鷽"为"鸒"，即上下成两"鸒"篆。段氏补"鷽"，是也；移"鷽"于"騫"后，非铉旧次。至疑许原无"鸒"，则失之。(93)

今按，《段注》以为《说文》不必有"鸒"字(467A)，而郑珍则认为《说文》原有"鷽"、"鸒"二字，郑说得其本。《万象名义·马部》："鸒，以於反，马行疾也。"(229A)又："鷽，於角反。"(230B)故宫本《王韵》平声鱼韵与鱼反："鷽，马行貌。"(112)又入声觉韵古要反："鷽，马腹下声，又於角反。"(180)《王韵》"鷽"字两出而音义迥别，当有一字形误。《万象名义》"鷽"字有音无义，其音"於角反"者，盖本《王韵》，其阙"马腹下声"义者，盖训"马腹下声"之"鷽"实当作"鸒"。故宫本《裴韵》入声觉韵古岳反："鸒，马腹下声。"(82)字正作"鸒"。此则《说文》原有"鷽"、"鸒"二字明证矣，正与郑说相印证。

【蝣】

蜉蝣也，秦晋之间谓之蟲蝶。按，今《说文》有"蜉"，无"蝣"字。据《类聚》盖原有，今本脱。而"蝶"下"一曰蜉蝣"，及"堀"下引《诗》"蜉蝣堀阅"，犹存注中。段氏依《夏小正》改作"浮游"，未深考。(119)

今按，段、郑认为《说文》原有"蝣"字是也，而郑珍进一步认为"蜉蝣"本当从虫作，较段说为优。故宫本《裴韵》平声尤韵余九反："蝣，蜉蝣。"(31)《王韵》形音义皆同(134)是其证。《一切经音义》卷八十三："蜉蝣，上音浮下音由。《毛诗传》曰：'蜉蝣，渠略也，朝生夕死也，《说文》并从虫也。'"(54/848c)又卷八十六："蜉蝣，上附无反，下酉周反，《毛诗传》云：'蜉蝣，朝生而夕死者，《古今正字》形声字，并从虫，孚、斿皆声也。"(54/860c)亦其力证。又"蝣"字或体作"蚰"、"蟯"，字皆从虫，亦可比勘。

又《新附考》中字例：

第三章 郑珍的《说文》学

【剜】

削也。从刀,宛声。段氏注《说文》谓"哀之甚,如欲挑出心肝者然"是也。古诗云:"剜却心头肉。"《众经音义》云:"剜挑中心也。"大徐训"削"。《音义》又引《字林》:"剜,削也。"是汉世字。《说文》:"削,挑取也。"训"削"更允。(266)

今按,郑珍认为《说文》"剜"字原当训"削",探本之论也。《玉篇·刀部》:"削,於玄切,剜也。刚,古文。"(319)其古文"刚"字或作"剈",亦训"剜",《集韵》平声先韵因莲切:"剈,剜也。"(162)皆以"剜"训"削"之例。又《一切经音义》卷十四:"剜掘,乌完反,《埤苍》:'剜,削也。'"(54/392c)又卷十五:"剜身,椀观反,《玉篇》:'剈(剜字之讹),削也。'《广雅》'削'、'剜'互相训也。"(54/397a)亦皆以"削"训"剜"之例。则"剜"原当训"削"明矣。

【贴】

以物为质也。从贝,占声。他叶切。按,此"妥帖"字之俗。《说文》:"帖,帛署书也。"段氏注:"帛署书者,谓标题,今人所谓笺也。帛署必黏粘,引申之为妥帖,俗因制'贴'为相附之义。"段说不误,但"帖"义尚不切直。耳部"耴,安也。丁帖切",乃"妥帖"最初字。(287)

今按,段、郑皆以"贴"为"妥帖"之俗是也,郑珍进一步指出其本字为"耴",其说可从。查《段注》"耴"字条云:"二耳之在人首,帖妥之至者也,凡帖妥当作此字。帖其假借字也。"(593A)则段氏实已发此旨。又桂馥《说文解字义证》"耴"字条云:"耴,又作贴。亦作帖。"(1047A)①亦与段、郑之说相同。

3. 修正段说,详考补苴驳正

有的字条,郑珍认为段玉裁的考证存在失误,复又详考之以驳正其说。这种情况共有35例,其中《逸字》28例:咢、诏、燮、斅、由、髏、簋、卤、炅、楔、樗、𢇍、米(采)、貔、廿、希、袗、戻、免、庉、駓、咲、忾、晶、瑰、弓、瑿、鐳。《新附考》7例:蹩、矮、窴、幟、鮎、埋(塑)、劬。其论断颇多可取,对于《说文》逸字、新附字及其《段注》的研究都大有裨益。如《逸字》中例:

---

① 桂馥《说文解字义证》(下),中华书局,1987年,第1046—1047页。

【嫛】

　　毁也。从攴，褱声。此文二徐本皆有。宋铉本以与土部"壞"籀文"嫛"复，删。今部末有者，毛扆补也。段氏谓此部古无此字，仍削去。钱氏坫乃谓毛无据妄增。珍按，大徐注土部"壞"下云："攴部有'嫛'，此重出。"毛盖据此。其何部为许君原文不可定，今仍铉旧。(45)

　　今按，二徐本既皆有"嫛"，盖《说文》本有，段、钱谓古无此字恐不足信，郑珍从徐铉之说是也。《万象名义·攴部》："嫛，胡恠反，毁也。"(178B)故宫本《裴韵》去声界韵古坏切："嫛，毁。"(65)故宫本《王韵》去声怪韵古坏切："嫛，毁，亦作壞。"(166)"嫛"、"嫛"一字之变，皆"壞"字也。《一切经音义》卷四十三："嫛诸欲，上乖卖反，《说文》云：'嫛，毁也，从攴褱声。'"(54/594b)此《说文》原有"嫛(嫛)"字明证。又《经典释文》卷十四《礼记音义·问丧》："如壞，音怪，《字林》作嫛，音同。"①亦其力证。

【䴎】

　　䴘䴎也。从鸟，娄声。今《说文》止有"䴘"，训"䴘鹅也"。今本脱"䴎"，而改"䴘"注为"䴘鹅"，于古无稽。段氏谓许读《尔雅》以"䴎鹅"断句，未考此。(48)

　　今按，郑珍认为《说文》原本有"䴎"字，且段氏读《尔雅》以"䴎鹅"断句有误，其说是也。郑氏引《齐民要术》《玉篇》《广韵》皆以"䴘䴎"断句殆可为证，又查《尔雅·释鸟》："鵱鷜，鹅。"郭璞注："今之野鹅。"亦正以"鵱鷜"断句②，段氏盖非。典籍作"鵱鷜"者正是"䴘䴎"之异体，《万象名义·鸟部》："䴘，来鞠反，鹅。"又："䴎，力俱反。"(241B)《校释》本作"鵱"、"鷜"③。故宫本《王韵》平声虞韵力朱反："鵱鷜，野鹅。"(113)《裴韵》入声屋韵力竹反："鵱鷜，野鹅。"(80)《王韵》注同(179)。字皆作"鵱鷜"，且皆以"鵱鷜"断句，亦与郑说相吻合。

【聉】

　　或从耻省。《玉篇·耳部》"聉"下云："《说文》与'媿'同，惭也。"

---

① (唐)陆德明《经典释文》，上海古籍出版社影印北京图书馆藏宋刻本，1984年，第838页。
② 周祖谟《尔雅校笺》，江苏教育出版社，1984年，第146页。
③ 吕浩《篆隶万象名义校释》，学林出版社，2007年，第387页。

今《说文》"媿"重文作"愧",注"'媿'或从耻省",无"聭"字。按,以《玉篇》推之,盖原是"愧"、"聭"两重文,传写脱"或从心聭"四字,其"或从耻省"遂成"愧"之注文。段氏注"愧"字云"即言从心可也",盖未考此。(113)

今按,郑珍以为《说文》原有"聭"字,说可从。《万象名义·耳部》:"聭,俱位反,憨也,耻也。"(41A)与郑氏所引《玉篇》音义皆同。故宫本《裴韵》去声至韵轨位反:"媿,憨也,亦此媿、聭、谗,俗愧通。"(59)《王韵》正作"愧",训同(160)。《一切经音义》卷四:"有愧生惭,上轨位反,《说文》作'愧',或作'谗'、'聭'二体,皆古字也。"(54/332a)又卷二十九:"愧耻,《说文》从女作媿,古文或从言作谗,亦从耳作聭。"(54/500c)皆可证郑珍之说。

又如《新附考》中例字:

【塱(塱)】

耕也。从土,狠声。康很切。段氏云,许书无"塱",疑古"艰"即"塱"字。"塱"从狠,"狠"与"艰"同从艮声也。钮氏云,《说文》攴部:"敳,有所治也。读若狠。"盖"塱"古作"狠",而"狠"又"敳"之通假字。两说皆可通。但据《尔雅·释训》释文、《文选·上林赋》注、张载《七哀诗》注并引《仓颉篇》"塱,耕也",恐是先秦所有字,许君偶遗。(425)

今按,郑氏认为"塱"为先秦所有字,《说文》偶遗,较段说、钮说为优。《一切经音义》卷四十四:"塱土,《仓颉篇》:'塱,耕也。'《方言》:'塱,力田也。'郭注云:'谓耕塱,用力者也,《古今正字》从土狠声也。'"(54/601b)又卷六十:"耕塱,《仓颉篇》:'塱,耕种也,从土狠声。'"(54/711a)皆古有"塱"字之证。今重考之,窃以为《说文》亦本有"塱"字,《万象名义·土部》:"塱,枯很反,耕也,力也,治也。"(8B)与《一切经音义》所引《仓颉篇》《方言》所注音义完全相同。故宫本《王韵》上声很韵康恨反:"塱,耕塱。"(148)盖本《说文》之旧也。又《一切经音义》卷四十一:"耕塱,《仓颉篇》云:'耕,亦塱田也。'下康很反,《仓颉篇》云:'塱,亦耕也。'《广雅》:'理也,《说文》从土狠声。'"(54/580c)此则《说文》本有"塱"字之力证。

段玉裁是首屈一指的《说文》学大家,其《说文解字注》乃"千七百年来无此作"①。郑珍在研究《说文》逸字、新附字时,直接参引段氏的观点和结论,并多次进行修正补充,体现了他对清儒《说文》学成果的继承和发展。同时,也可以看出郑珍定要在《说文》学领域获得一席之地的决心和学术理想。

  综前所述,相较于其他《说文》学家,郑书的特点是精于对文字的考释,《新附考·自序》云:"稽诸古,推著其别于汉或变增于六代之际;使《说文》正字,犁然显出,知时俗增变原委云尔。"可见其考字往往注重汉字的历时发展和正俗演变,因此结论多可信从。当然,书中亦有不少考论值得商榷,如《逸字》人部"偕"字条云:"古借字亦当止作昔,耒部耤旁昔即是借字,故耤从之。"(82)而现代的古文字研究成果表明,"耤"字"甲骨文从人持耒耕田,金文加昔声,秦文字象人形的卪旁省略,变成从耒,昔声","后来假借为'借',《说文》释'耤'为'帝耤千亩,使民如借'都不是本义"②。郑书所用文字资料,多为《说文》以后典籍,而考察古文字的重要资料如甲骨文、金文等是后世出土的,郑书自未及用,此其不足。但毋庸置疑,《逸字》和《新附考》对于《说文》学和文字学研究的重要价值是值得肯定的。今之大型字书,如《汉语大字典》"塓"(511B)、"塾"(516B)、"廗"(2343A)、"晶"(2731B)、"矇"(2991B)③等字条就吸收了郑书的成果,此其学术贡献所在。

---

① 王念孙《说文解字注·序》,中华书局编辑部《说文解字四种》,中华书局,1998年第247页。
② 季旭升《说文新证》,福建人民出版社,2010年,第372页。
③ 汉语大字典编辑委员会《汉语大字典》(九卷本),崇文书局、四川辞书出版社,2010年。后凡引此书,皆简称《大字典》,引文后直接加括号注明页码和栏次。

第四章　郑珍的文字学

文字学是语言学的分支之一，是以文字为研究对象的一门学科，其研究内容包含文字的性质、运用、造字法、起源与演变、形音义关系、正字法、创制与改革等。我国文字学史源远流长，近代著名文字学家胡朴安（1878—1947）先生在《中国文字学史》中将文字学史分为四个时期："第一时期为文字书时期，自秦汉至于隋止；第二时期为文字学前期，自唐至于明止；第三时期为文字学后期，有清一代；第四时期为古文字学时期，自清末至现在。"① 基本上一个时期都有其研究对象和内容上的特色，而历代都有杰出的文字学家和文字学著作问世，从而推动文字学的向前发展。但这种划分仍然是偏重古文字研究而言的，黄德宽先生《古文字学》一书在回顾古文字的研究时，将古文字学史分为滥觞期（两汉）、延续期（魏晋到元明）、发展期（清代）、振兴期（甲骨文发现以来）②，与胡朴安先生的划分大体是一致的。而随着对汉字发展演变的认识越来越清晰，以及近代汉字字料的大量开掘，新兴的"近代汉字研究"被提出，并逐渐受到重视和关注，张涌泉先生在谈到建立完整的汉语文字学体系时指出："如果更概括一些，汉语文字学大体可以分为两个大的方面：1. 古文字学，研究小篆及其以前的古文字；2. 近代文字学，研究隶篆以下的近代文字。"③指出了近代汉字学与古文字学的区别与联系。故此，当今学界在考察某一时代或某一个人的文字学成就时，往往会兼顾其古文字学与近代汉字学之研究。

郑珍作为清代晚期卓有成就的小学家，其文字学研究的特点一方面是继承和发展了传统古文字学的观点和方法；另一方面则是充分展现了他个人关于近代汉字的学术思想及其研究实践。传统文字学之所以偏重古文字而轻略近代文字，是由于人们对文字本身的认识是逐步的，而更重要的原

---

① 胡朴安《中国文字学史》（上册），王云五、傅纬平主编《中国文化史丛书》第一辑，上海商务印书馆，1936年，第14页。
② 黄德宽《古文字学》，上海古籍出版社，2015年，第6—17页。
③ 张涌泉《汉语俗字研究》（增订本），商务印书馆，2016年，第192—193页。

因,则是古代有近代汉字意识的学者太少,无法起到变革性的推动作用。在甲骨文发现以前,历代学者对汉字的研究基本都是以传世古籍、金石文字为研究对象,其研究成果,大多属于稽古考证的范畴,而甲骨文及其他出土文献的问世,使古文字的研究有了更有力的实物证据,从而为其理论发展提供了字料基础。而对于以揭示汉字发展演变的原因和规律为核心目标的近代汉字,则没有新材料和新方法去论及。古代文字学者要在传统字料中去发现汉字的近代演变及其特点,并建立科学的研究体系,显然是非常困难的。

郑珍所处的道咸年间,正是文字学由清代的大发展期即将迎来振兴期的过渡时期,这一时期的文字学研究是考察文字学史发展转变的重要依据。郑珍在他的《新附考》《逸字》《汗简笺正》等字学著作中,既作了大量的古文疏证工作,更有很多关于近代汉字特别是汉语俗字的精彩论断,具有自身的特色和地位,是我们进一步考察郑珍文字学的重要资料,也是深入研究清末以来文字学史流变的重要依据。

第一节　古文字研究

清代是古文字学的大发展期,随着乾嘉以来汉学的全面复兴,古文字研究也在这种文化大背景下获得空前振兴。有清一代古文字研究的成就,主要表现在"金文材料的著录整理和文字考释两个方面"①,李爱国将清代金石之学分为三个阶段:雍正以前为前期;乾隆、嘉庆、道光为中期;道光以后为后期②。从前期的顾炎武、黄宗羲、朱彝尊等倡导金石文字研究;到中期的钱大昕、毕沅、阮元等大力著录金石文字资料、扩大古文字研究范围;再到后期的潘祖荫、莫友芝、吴大澂、孙诒让等精审考证,系统总结考字方法,古文字研究逐渐走向新的阶段。郑珍恰好处于清代古文字学的中、后期,他虽没有专门整理研究金石文献,但他对古文字的考校既包含《说文》《汗简》等专书,还有《汗简笺正》这类疏证传抄古文的专著问世,在考字过程中又旁及十三经、《方言》《释名》《尔雅》,以及历史典籍中所见古文,其古文研究的范围不可谓不广;同时,与前期、中期的古文字学者仅仅列举古文纲目、简单探究古文义例不同,郑珍利用自己所拥有的古文材料,每每考释古文形音义之源流,厘析古文传抄演变之原因和规律,其古文研究的思想和方法不可谓不

---

① 黄德宽《古文字学》,上海古籍出版社,2015年,第12页。
② 李爱国《钱大昕小学研究》,世界图书出版公司,2014年,第35页。

精深。

这一节我们拟从以下几个方面来讨论郑珍古文字研究的内容、方法和特色：

一、系统笺正《汗简》古文

郑珍对古文的研究，首先是对古文字学专著《汗简》及其古文作了全面的疏证考释。

1. 郭忠恕与《汗简》

郭忠恕，字恕先，兼精文字学、书法，尤善写篆隶。《宋史》载："七岁能诵书属文，举童子及第，尤工篆籀。"除《汗简》以外，郭氏还有一本字学名著《佩觿》，共同奠定了郭氏在文字学史的地位。《汗简》一书，在中国文字学史上，具有十分重要的地位和价值。关于"汗简"二字的名义，郭忠恕在书中自序云："汗简者，古之遗像，后代之宗师也。仓颉而下，史籀以还，爰从渔猎得其一二，传写多误，不能尽通。"于是"乃以《尚书》为始，石经、《说文》次之，后人缀缉者殿末焉"①，编排依《说文》始一终亥、分别部居之体例，对古文字形加以据形系联，系统整理了一批传抄古文。每字先列"古文"字形，正文之下以楷书释之，"不为隶古，取其便识"，而古文字头与释文楷字之间，除形体对应转写以外，还注解了异体、假借、同义换韵等多种字际关系。考语之后，往往注明"古文"字形源流，亦常为之注音者，为考证确凿，所引古籍、碑刻等文字资料凡71种，来源十分丰富。《汗简》全书八卷，先为《郭忠恕修〈汗简〉所得凡七十一家事迹》一卷，中正文六卷，最后略叙、目录合一卷，今存2961字。

《汗简》所收古文的来源，是学界一直讨论的话题。李零先生认为："《汗简》和《古文四声韵》就是以《说文解字》和《魏正始石经》作基础，进一步扩大搜集当时存世的其他一些字书、写本和石刻，汇辑其中的古文字体编写而成。"②但《汗简》搜录古文，其范围不限于《说文》所载古文、篆籀，而是还包括《说文》的一些别体，乃至一些晚出的古文俗体。李学勤先生则认为："过去王国维先生指出《说文》'古文'系六国文字，现在我们不妨说《汗简》'古文'确以六国文字为其本源。"③《汗简》所谓"古文"，是汉代人对小篆以

---

① 郭忠恕《汗简》原序，见王锳、袁本良点校《郑珍集·小学》，贵州人民出版社，2001年，第464页。
② 李零《古代字书辑刊·出版后记》，见《汗简·古文四声韵》合刊本，中华书局，2010年，第159页。
③ 李学勤《失落的文明》，上海文艺出版社，1997年，第73页。

前古文字的统称,而汉代人所谓"古文",揆诸出土文字资料,则以战国时期的书写文字为主。李先生还认为:"《汗简》一书,结集众说,可以说是'古文'之学的总结。……到清代,《说文》之学风行,金文研究日益深入,以《汗简》为代表的'古文',被认为上不合于商周,下有悖于《说文》,受到不应有的蔑视。"①因此,厘清《汗简》古文的源流就成为古文字研究的重要问题。

2. 郑珍与《汗简笺正》

一方面,《汗简》所采的古文字资料,大多很难见到,后世学者往往难以把握其可靠性;另一方面,《汗简》所收古文,与《说文》、传世典籍所载古文,以及宋元以来出土的铜器铭文都存在一定差异。这让以金文、《说文》为主要对象的清代文字学家们,对《汗简》存在怀疑乃至偏见,并以《古文尚书》为鉴,认为《说文》之外鲜有真正的古文流传下来。正如乾嘉巨儒钱大昕所言:"郭忠恕《汗简》,谈古文者奉为金科玉律。以予观之,其灼然可信者,多出于《说文》,或取《说文》通用字,而郭氏不推其本,反引他书以实之。其他偏旁诡异不合《说文》者,愚固未敢深信也。……至如岣嵝文、滕公石室文、崔彦裕《纂古》之类,似古实俗,当置不道。而好怪之夫依仿点画,入之楷书,目为古文,徒供有识者奉腹尔。"②这一言论,可以说是清代《说文》学家研治《汗简》古文的一个普遍态度。这在很大程度上,阻滞了学者对《汗简》及其古文的研究,以至于直到清晚期,仅有郑珍《汗简笺正》一本研究专著出现。郑珍《笺正》一书,对《汗简》的字料和字形来源都作了较为深入的考辨,笺正内容涉及《汗简》的引文、释文、字形和音义等各个方面,对《汗简》展开了全面、系统的研究,从而肃清了清代学界对《汗简》的错误认识。可以说,在《汗简》及其古文研究领域,郑珍有着开拓和填补空白之功,对于晚清以来《汗简》及其古文的进一步研究起到了极大的推动作用。

二、甄别古文正误

《笺正》一书的核心价值,是对《汗简》正文六卷的字形、释文、出处、注音作了大量考释和补证。首先是甄别古文字形的正误,例如"𨛜",《汗简》以为"邑"字,《笺正》考云:"石经《春秋》古'邢'作𨛜,其《尚书》古'邦'作𨛜,右旁𨛜为古'卪'。《说文》'叜'古文𨛜、'肅'古文𦘒作'卪'如此。上𠃍乃以'口'横书配之。郭氏此体从二'卪',盖所见本误,上多一笔,遂成'卯'字。郭氏不知其误,取𨛜形为部首。当以《隶续》正之。"(702)郑珍认为"𨛜"实为

---

① 李学勤《汗简注释·序》,见黄锡全《汗简注释》,武汉大学出版社,1990 年,第 8 页。
② 钱大昕《汗简·跋》,转引自罗君惕《汉文字学要籍概述》,中华书局,1984 年,第 5 页。

"邑"字古文之误,"邑"本从口从🔲,上"口"古文横书作"◯",郭氏误以为上亦为🔲,因误从双"🔲"作"🔲"。又如"🔲"字,《汗简》以为"柳",并云"见《说文》",《笺正》则认为:"《说文》口部'囟'从口从又;木部'柳'之古文,铉作🔲,锴作🔲,二字迥异。郭据误本。"(698)"🔲"即《说文》"囟"正篆,郭忠恕《汗简》和夏竦《古文四声韵》皆以为"柳"字古文,皆误。郑珍指出"柳"字古文作"🔲"、"🔲",与"🔲"形体近似,郭、夏皆辨识失误。

又如"🔲"字,《汗简》释曰"小",而《笺正》考云:"此形目录亦然,如此即是'🔲'字。据石经《尚书》古'小'正同,郭氏盖本之。然邯郸氏决非不知'小'与'🔲'是两字者。石刻当原是中画相连,仿古文之🔲,小篆之🔲🔲,中直并屈为之。传写误分为两画,遂与'🔲'字相乱。郭亦沿误书之,未究其讹变之迹也。"(524)则"🔲"字即"小"传写讹误,《说文》:"🔲,少也。"三体石经《尚书·君奭》"在今予小子"之"小"作"🔲"。"🔲"、"少"、"小"三字形义近同,郑珍认为"🔲"本为"小"字,传写中画相连,后又误分为两画,遂与"🔲"字相乱,郭氏沿误书之。

又如"🔲"、"🔲"二字,《汗简》以为皆"曆"字,均见《义云章》。(727)《笺正》则指出:"二形从厤,曆增成。……此字合曆、歷二文,又因'日'仿'莫'字加'艸'。牵傅增配,与《碧落碑》臆造等字如出一辙。……郭氏取之,《集韵》以下皆信此等为古文,瞽矣。"(727)则"🔲"、"🔲"实为根据厤、曆、歷、日、莫等古文字形"牵傅增配"而成,并非真正的古文,《碧落碑》中有大量这样的臆造字,而郭氏不辨正误而收之,《集韵》信从《汗简》,皆收之为古文,亦误。

再如"🔲"字,《汗简》释曰"桀",《笺正》则云:"此薛氏本《尚书》'桀'字也。'桀'本从舛在木上,后人变'木'为'土'。郭氏信为真古文,用作部首。"(676)郭氏训字作"桀",但所录古文则作"🔲",一从木一从土,本身自乱其例。郑珍认为《汗简》此形是讹"木"为"土",导致古文转录失真,应从薛本从舛在木上。

三、甄别古文真伪

郑氏认为,《汗简》一书,"历采诸家,自《说文》、石经而外,大抵好奇之辈影附诡托,务为僻怪,以炫末俗",加之常常"自我作古"、"变易形体以就己律,不必其出处有然"①。因此,《汗简》收录的"古文",有很多并非真正的古文,或者古文之正体,而是伪古文或古文讹乱产生的字形。郑珍《笺正》

---

① 郑知同《汗简笺正·题记》,清光绪十五年(1889)广雅书局刻本。

一书主要从古文身份、古文形体两个方面甄别了古文的真伪。一方面着力分辨其真伪,另一方面还揭示了伪古文的种种情况。例如"奪"字,《汗简》释曰"奪",谓出自《古论语》,而郑珍云:"今《论语》'匹夫不可夺志'等皆作此,非古本。"(610)认为《说文》"奪"字正篆即作"奪"形,此例利用《说文》正篆来作为甄别《汗简》"古文"真伪的一条标准。又如"菜"字,《汗简》古文作"菜",《笺正》则云:"移篆,'艸'改从'竹',谬。"(683)所谓"移篆",在《笺正》一书中即指改移正篆部件位置而产生古文讹形的情况。例中"菜"字即将"菜"字正篆移"艹"于"木"之左,又因俗书"竹"、"艹"二旁时常相混,改"艹"成"竹"形,遂成《汗简》古文"菜",其实是由于"移篆"而产生的古文讹体。

又如"闰"字,《汗简》古文作"閏",《笺正》则云:"'闰'从王在門中。浅人见篆体'王'、'玉'同形,不知'王'中画近上,因从古文'玉'作之,谬。"(510)又"高"字《汗简》古文作"高",《笺正》认为:"《说文》高、冋、覃、京、亯、畐、富诸文皆从'口',此例改为'口舌'之'口',不自觉其谬也。"(667—668)汉字发展过程中,因形体相近往往产生混同甚至讹误,对于古文字而言同样存在这种情况。上述两例即因形近讹混产生的"古文"变体,其中"闰→閏",是因为"王"与"玉"恒混不别;"高→高"则是因为"口"与"口"形近而误。

类似的例字还有:

汸:方,见《说文》。○篆或。(783)

有些古文为正篆之或体,如"方"字《说文》篆作"方"形,古文或体从水作"汸",盖"方"训"并船"或"竹筏",与"水"有一定的关系。这是利用《说文》篆文或体对古文真伪的鉴别。

勦:(阙)。○《说文》:"勦,绝也。"经典今作"勦"。隶变从"巢"从"枭"之字每互易。此以隶作古,非。注脱。(696)

《说文》"勦"篆作"勦"形,隶变从"枭"、"巢"之字常可互换,盖二字音形皆近。故"勦"隶变多作"勦",或俗书作"勦",盖"刀"、"力"形近讹混,但《汗简》以"勦(勦)"为古文,是以隶作古,显然是不可从的。经典"勦(勦)"是"勦"字或体,今考《说文》艸部"藻"字或体作"藻",正可比勘。由此可见,郭氏《汗简》中有不少古文,实际是古文的俗书变体,郭氏亦常常将隶变、楷隶体等认作古文,例如"楚"字,《汗简》所录古文为"❏",而石经《左传》篆文作"❏"(688),作"❏"实际是受隶楷影响产生的古文变体,《汗简》录为古文,皆失察,这类字必须依据字形演变规律溯源之,才能找到真正的古文。

此外,如果仔细分析郑珍的笺语,可以发现郑珍有意识地使用了"篆"、"籀"、"古"、"篆或"、"更篆"、"移篆"等专门术语,用来揭示《汗简》古文的真正来源,并通过与《说文》篆籀之间的关系,来甄别古文的正误和真伪。

四、鉴订《汗简》释文

郭氏《汗简》每列一字,先以"古文"字形为字头,后"于本字之下直作字样之释,不为隶古,取其便识"①。但有很多时候,"古文"字头与释文并不相符,因此需要一一辨析。针对这些情况,郑珍《笺正》逐字进行考订,细加辨识,发现郭书凡字头与释文不合者,或原本释误,或传本写误,或以异体、通借字充作"古文"之释文者,分别给予厘清。对于脱注或误解的释文,郑珍亦往往参详他书加以补正。

1. 因不明字形而误认例,如:

❏:满。○中从古文"馬",隶写即是"圑"字,《玉篇》囗部有"圑",音繫,盖❏之隶变。❏从囗绊马足,作隶即不便于四点中加囗,因改作此体。误认作"满",不知自《义云》抑自郭氏。至从古文"馬"作之,则郭氏也。(698)

❏:虜。○"貫"字也。"毌"析破即成此形,重"毌"也。于"虜"不合。(701)

❏:合。出《华岳碑》。○从亼卩,是"令"字移篆,非"合"。夏无。(805—806)

❏:磔。出林罕《集字》。○"嵒"字也,移"卩"于下,"山"横书于上,因误成此形。云"磔"误认。(806)

❏:賨。○"貧"之古文"窮"字也,从重"分"。非"賨"字,注写误。(737)

今按,《说文》有"鬲"字,正篆作"❏"形,古文或体作"❏",《玉篇》误认

---

① 郭忠恕《汗简》原序,见王锳、袁本良点校《郑珍集·小学》,贵州人民出版社,2001年,第464页。

"圉"为"禺","圉"从口馬声,与"禺"实有别。"㓝"字隶变实为"圉",而非"禺(㝐)"。又《说文》貫、虜二字均在"毌"部,且前后相次,"虜"篆作"㔉"形,"貫"篆形作"貫"形,二形实异。郑珍认为"貫"字上"毌"四面离析即成"賮",甚是,而郭氏误以为"虜"字,盖未识也。又"令"字《说文》正篆作"㝉",将下部"㔾(卩)"位移至左右,即作"㔾厶"或"厶㔾"形,左右为"卩"很明显,即郑珍所谓"移篆"也,而郭氏误释作"合",以为左右为"口",误甚。与此类似,"㡹"字郭氏误以为"礫"字,盖未识,郑珍以为本"㘴"字移"卩"于下,"山"横书于,即误作"㡹"形,此亦移篆也。最后,郭氏认为"㲋"为"賓"古文,盖未识此字,《说文》"賓"字古文作"賔"形,"貧"字古文作"㝏"形,"㲋"显为"㝏"形之变。考"賓"字甲金文作"㝕"、"㝟"等形,与"㲋"上下之形皆有未合。而《说文·贝部》:"貧,财分少也。从贝从分,分亦声。㝏,古文从宀、分。""㝏(㝏)"俗书从二"分"即成"㲋"形,郑说是也。

2. 因形近而误认例,如:

㰍:芙。○《集韵》"㰍"同"芙",注"葵"误。"㰍"非古有,此更不体。

徰:征。○"征"之正篆本从辵,石经《尚书》正同。传本误多一横,即成重"正"。薛本伪《尚书》"征"字亦有如此者,郭因误认从彳。(555—556)

䃾:赖。出《义云章》。○从石从頁,"硕"字也。误认"頁"为"見",以为"赖"字。夏沿之。(786)

今按,上述诸例皆郭氏因形近而误识古文例。比如"㰍"字,郭氏以为"葵"字,而郑珍则认为是"芙"字。"芙"变作"㰍",盖改换声旁所致,古"失"与"戜"声音相近,故常互换,即如"鐵"换作"铁"即其常例。又如《说文·走不》:"趨……读若《诗》'威仪秩秩'。"又《诗·小雅·巧言》:"秩秩大猷。"《说文》"戜"字下引作"戜戜大猷",皆可与古文"芙"变书"㰍"相比勘①。从字形上看"㰍"显为"㰍"字之变,而并非真正古体。

3. 误以构形偏旁为古文例,如:

㝿:淫。○篆,薛本同。义本"近求也"。"淫"从之,非即"淫"字。(767)

---

① 参李春桃《传抄古文综合研究》,吉林大学博士学位论文,2012年,第67页。

❋：朄，出《演说文》。○篆。《说文》云："二东也，'朄'从之。"非即"朄"字。（687）

今按，《说文·壬部》："壬，近求也。"正篆作"🔺"，而水部"淫"字正篆作"🔺"，右部所从即"🔺（壬）"字。考甲金文"淫"皆从水壬声，而无简书作"壬"者，郭氏乃误以构形偏旁为古文者。《说文》"壬"训"近求"，《段注》云："浸淫之意也。"而《说文》"淫"即训"侵淫随理也"，是"壬"、"淫"二字音义相同，此盖郭氏误认之缘由，要之"🔺"为"壬"，只是"淫"所从之偏旁。类似的例子如上引"❋（棘）"，郭氏以为"朄（曹）"字，实际为"朄"所从之偏旁，郑珍所辨者可从。

4. 误以注音释义为古文例，如：

🔺：催，见《义云章》。○即上"衰"字小别。"衰"本蓑衣字。当是《义云》以为齐衰服之"衰"，读同催。郭径以为"催"字，误。（827）

🔺：杳。○《说文》："窅，深目也。从穴中目。乌皎切。"音与"杳"同，义则各字，混作一非。又更篆从本书"目"。（744）

🔺：静。○"妌"训"静"，非即"静"字。更从古"女"。（915）

🔺：訕。并史书。○《前汉·佞幸转》"显恐天下学士姗己"注："姗，古'訕'字。"此所本。依《说文》"姗，诽也。""訕，谤也。""诽，亦谤也。"则"姗"、"訕"异字，义同音近耳。（913—914）

上引四例，《汗简》误以"🔺"为"催"、以"🔺"为"杳"，皆以古文注音误为古文正体；误以"🔺"为"静"、以"🔺"为"訕"，皆以古文释义误为古文正体，郑珍所辨甚是。

《笺正》一书从上述几个方面，对《汗简》释文作了非常详细的考订，根据郑珍的考释，既能匡正《汗简》释文所存在的讹脱、窜衍、误以注音为释义、误以释义为古文正体、因音义近同而误释等诸多方面疏误，又能进一步揭示《汗简》古文的来源及其讹变原因。

五、考证古文出处

《汗简》搜罗古文，往往于释文中注明出处，但其所记多有脱漏、舛误或张冠李戴者。郑珍《笺正》古文字形时，亦常常匡补郭氏引书之疏漏和错误，从而正清《汗简》古文的文献出处。

《汗简》注古文出处，时有时无，有时则仅有释文而具体来源文献不明。

郑珍认为这种情况属于后世传写误脱所致。例如：

彡：彡。思廉切。奇字，亦为"三"。〇篆。云"奇字三"无所出。岂从彡之字隶变有作三者，误言之欤。原注所出书写脱。（509）

宋：審。〇"宋"系"審"之正体。此更篆从古"采"。《碧落》无此二形，原注书名写脱。（528）

今按，上引第一例《汗简》是有释文而无出处，第二例是释文和出处皆未详。郑珍笺注认为是"原注所出书写脱"，但也没有进一步指明出处。查夏竦《古文四声韵》平声谈韵"三"字引《云台碑》作"彡"，引《汗简》作"彡"。今考甲金文"三"多作"彡"、"彡"等斜书形，与《说文·彡部》训"毛饰画文"之"彡"形音皆同，此盖《汗简》《古文四声韵》"彡"之来源。

又如："誥"字，《汗简》古文作"𠷎"，但无释文和出处，《笺正》则云："夏注'出《古尚书》'，此脱。字仿'典'从册在丌上作。薛本例作'𠷎'，从丌。'丌'上多'一'作'亓'，《墨子》有其字，象丌上置物，亦是古文，下丌部录之，注'出史书'。此从丌，少'一'，非原本。"（530—531）郑珍据《古文四声韵》所载，补注"出《古尚书》"。由此可见，郑珍常常利用夏竦《古文四声韵》与《汗简》对勘以补正古文出处。而"誥"何以作"𠷎"呢？唐兰先生指出："《尚书·大诰》释文：'誥'本亦作'𠷎'。……许慎所见的壁中古文是从言从収作𠷎，传写《说文》的人把収旁误为廾了。《玉篇》収部有𠷎字，'公到切，古文告'。日本僧空海所著《万象名义》是根据原本《玉篇》节录的，在下𠷎注：'公到反，语也，謹也。'上一义用的是《广雅·释诂》'告，语也'，下一义是用《尔雅·释言》'誥，謹也'。可见𠷎不但是古文告，也还是古文誥。这是因为言本作𠄎和告作𠂤相近，就把从言从収的𠷎，改为从収告声的𠷎字了。"①刘莉在《论〈包山楚简〉133号简文"誥"字的改释》一文中考证认为："'誥'字形在甲骨文、金文中未见，据《战国古文字编》，战国出土文献中'誥'字也仅此一见，而'誥'字通常表示的'上对下的告诫'义在战国简文中均写作'𠷎'。'誥'与'𠷎'的字形差别，可能是由于造字方式的不同而形成的，两字可看作是异体字的关系。"②

郑珍利用《古文四声韵》校勘《汗简》，从而注明古文出处的例子还有很

---

① 唐兰《史𥨊簋铭考释》，《考古》1972年第5期，第47页。
② 刘莉《论〈包山楚简〉133号简文"誥"字的改释》，《安庆师范学院学报》2012年第2期，第38页。

多,大多会标明"夏注"、"夏载"、"夏作"、"夏以为"等,例如"▨(筍)"、"▨(筥)"(636)、"▨(家)"(737)等字条,《笺正》皆云:"夏注'石经'。"其他如"▨(巽)"(639)、"▨(盇)"(653)、"▨(卹)"(654)、"▨(鄫)"(663)、"▨(宣)"(672)、"▨(端)"(686)、"▨(圜)"(699)、"▨(羁)"(750)、"▨(初)"(777)等字条,《笺正》皆参引夏注。又如"▨",《笺正》则云:"夏作▨。"(651)"▨"字条,《笺正》云:"夏载:'《周才字录》▨为古文饔。'当即此字。"(661)又如"▨(阙)"字条,《笺正》曰:"夏以为朱育《集字》'巙'。"(673)诸例皆是。

有时《汗简》没有注明出处,而《古文四声韵》只云出《汗简》时,郑珍一般则会进一步考证该古文出处。例如"▨(會)"字,《笺正》考云:"此形《说文》古籀偏旁俱无之。郭氏不注所出,夏亦止云出《汗简》,是此形郭氏所为也。寻其迹,盖本下'澮'字偏旁。而'澮'字偏旁实由所据《说文》。"(662)

六、兼释古文音义

郑珍《笺正》之于《汗简》,着力最勤者是考证字形、释文和出处,"往往不仅指明谬误,而且详考致误缘由,条分缕析,细致入微"①。而除了这些工作之外,郑氏书中亦常常对郭书古文的音义加以辨析,虽然数量不多,但却显示了郑珍注重古文形音义源流的字学思想。

郑珍首先根据郭氏所注反切与字头音不合者,判断切字有误。例如"▨(豈)"字,《汗简》注"他本切",显然声韵不合,而《笺正》云:"'本'字误。凡豈之属皆从豈。"(650)郑珍指出反切下字"本"误,但未指明是何字之误,窃疑为"本(朩)"字形近之误,"本"《说文》在"朩"部,上声止韵,与豈古韵同部。然则上字"他"亦与"豈"声母不合,不知何字。又如"▨(户)"字,郭注"丘葛切",反切上字与字头声母不合,郑珍认为:"目录作▨是,音宜是'五葛切','丘'字误写。"(815)其说可从。其他如"▨(弩)"注方经切,下字"经"为"弪"之误(938);"▨(䚓)"注火冬切,上字"火"为"大"之误(959);"▨(𧮪)"注可丸切,上字"可"为"町"之误(973);"▨(內)"注人几切,"几"为"九"之误(997);"▨(醜)"注出余切,上字"出"为"山"之误(1016),等等,所辨皆可信从。

其次郭氏有因误释字形,而注音相因致误者,郑珍笺正时往往先考订字形,然后匡正字音。例如"▨"字,郭书以为"隍"字,故注"乌华切",郑珍则认为"隍"乃"隔"之误,故反切下字"華"当为"革"形近误。考"隔"字《说

---

① 袁本良《〈汗简笺正〉论略》,《贵州文史丛刊》2001年第7期,第38页。

文》正篆作"䧘",右部与"䧘"中间部分形体同为"鬲",而非皇;又郭书凡从"阜(阝)"之字,皆仿《说文》"隘"(正篆作"䧘")等字篆从"䮉",因变"隔"篆作"䧘"。"䧘"既为"隔",则"乌華切"切显然于韵不合,郑珍所改可从。

七、辨明《汗简》古文的来源与性质

郑珍以其深厚的文字学功底,利用手中相对有限的古文字资料,对《汗简》古文作了比较全面的整理与考释。正是通过郑珍的笺释,《汗简》古文的来源与性质这个古文字学史十分重要的问题,已大致明晰了,相较于前代诸儒,对《汗简》及其古文的研究,郑珍的成果无疑具有开拓性的价值。根据《笺正》的梳理,可以看出《汗简》古文有以下一些来源:

1. 源于古文假借字。例如"儥",《汗简》释曰:"寶,《华岳碑》。"而《笺正》云:"从古文保省。古借俫作寶,因之加貝。"(701)检《汗简》书中,字头有时并非古文正体,而是古文的假借字。上例"儥"字郭氏以为"寶"字不误,但于古文形体不合,细考之,则知"儥"实为"保(保)"字之变,而"保"只是"寶"的假借字。"儥"是受借字"保(俫)"与本字"寶"共同影响产生的俗讹体。

2. 源于《说文》籀文变体。例如"蹟"《汗简》释云:"积。"《笺正》考云:"从籀文'迹'省,上误多'人'。"(725)查《说文》"积"正篆作"穫",而"迹"《说文》籀文作"蹟",或体作"蹟"、郑珍以为"蹟"乃从"迹"省,说的是"穫"右部声旁乃为"迹(蹟)"的省形。而传抄于上误增"人"。

3. 源于篆文之隶变或楷变。如"楚"字《汗简》释曰:"楚。"《笺正》则云:"石经《左传》'楚'古文林,与篆无异。如此是楷隶体,写误。"(688)"楚"字《说文》正篆作"楚",《诅楚文》作"林",与石经《左传》"林"一字之变,而《汗简》所录"楚"下部已变从"疋",则是据"楚"字隶楷体所写"古文"。除此例外,《汗简》中尚有"野"字,是据隶形讹体而作的"古文";"野"(野)"字则是据楷书讹体而作的"古文"。

4. 源于书写变异。例如"才"字《汗简》古文作"才",《笺正》以为:"篆反书。"(689)又如"舟"字《汗简》古文作"舟",《笺正》以为:"反篆形复横书,取象舟在水中。"(777)《汗简》有一部分"古文",实际是古文的书写变体,如上引"才"字正篆作"才","才"是其篆体反书;"舟"字正篆作"舟","舟"即其篆形反书。反书字"才"、"舟"实皆古文变体。

5. 源于古文仿体。有据古篆文仿写的,例如"王"字《汗简》作"玉",《笺正》云:"此与'士'字并仿古文'玉'加,谬。"(510)"影"字《汗简》谓"同上(即"敗")",而《笺正》考云:"古'则'字。本从'刀',此仿古文'利'作。

云'同败'误。夏载'石经败作❐',亦非。"(700)"❐(招)"字《笺正》云："仿古文'绍'从'邵'作,下字亦然。"(703)这些例中,郑珍所言"仿古文",一般是指《说文》所载古籀文。而《汗简》这种仿写"古文",除了整体仿写外,大多是某个部件或偏旁发生仿写,因此有很多并非真正的古文。例如上"❐"字,《汗简》谓同上,上即"败"字。而郑珍则认为不是"败"而是"则"字。从字形上看,郑珍的看法无疑是正确的,查"败"字《说文》正篆作"❐",籀文作"❐",右边本从"攵(攴)",《汗简》"❐"左边与"败"籀文相同,但右边形体相差较大。郑珍以为"❐"是"则"字,右边本从"刀",因据"利"字古文仿写而成,查"利"字《说文》正篆作"❐",又载古文作"❐",其右正与"❐"右边相同,是"刀"的古文写法。又考"则"字楚帛书多作"❐"形,《三体石经·无逸》作"❐"形,皆与"❐"、"❐"右旁相同,可证郑说不误。

有据古籀文仿写的,例如"景"字《汗简》作"❐"形,《笺正》云："'京'仿就籀文;从重'京'更篆。"(709)又如"韩"《汗简》作"❐"形,《笺正》则云："左当作❐,仿籀文'乾'也。即上止部所收❐字。彼形更非,俗造'鄣'为'韓'国字也。"(703)例中郑珍所言"籀文",皆《说文》所载古籀文。例如上"景"字,《说文》正篆作"❐",与《汗简》所录"❐"形体有差异,郭氏认为这是"景"字虽不误,但未澄清字形来源。郑珍指出"❐"字下部所从是"就"字籀文的仿写,查"就"《说文》正篆作"❐",左边与"景"字下边相同;籀文作"❐",左边正与"❐"字下部所从相同,则郑说可从。

6. 源于后世俗别字。前面几类,有些并非真正的古文,但大多与《说文》篆、籀存在源流关系,而《汗简》所收,还有一些并非源于古文,而是汉魏以来的俗别字,《汗简》实据古文形体而转录。例如"❐"字《汗简》谓"同上(即荻)",《笺正》则云："右形不全,此'薍'字也。'薍'与'荻'同。《说文》所无,汉后俗名,非古文。"(520)"❐"并非"荻"古文形体,郑珍谓"❐"即"薍",并且《说文》有"荻"无"❐","薍"实为"荻"变换声符产生的俗字,并非古文。

在考察某字是否为汉后俗字时,郑珍往往会依据《说文》之后的文献所载来考证,引用得较多的是《一切经音义》《广雅》《玉篇》等书。例如《汗简》"❐(饥)"字条《笺正》引："《一切经音义》屡云：'饑,古文饥。'盖汉后字书有之。"(658)"❐(扠)"字条《笺正》引："《说文》无拆、扠二字。《玉篇》：'扠,缓也,拆古文。'……俗间因以'仇'有挹取义,遂别制'扠'字从手;又书作'拆',训'缓'。《广雅》亦然。当云'缓持'。非古字也。"(802—803)"❐(凶)"字条引："《一切经音义》屡云'凶,古文胸',盖汉以下字书有之,司马氏所本。"(804)"❐(績)"字条引："《一切经音义》卷七引《声类》

云'勳,功也',是魏晋间字。"(975)这些例子中,"饑→飿(󰀀)"、"仇→扢→拪(󰀀)"、"囟→胴(󰀀)"、"绩→績(󰀀)"等字形,往往不见载于《说文》,而汉魏以来《一切经音义》《玉篇》《广雅》等文献时有见之,郑珍以此判断这些字为汉以后俗字,而非古文。

有些字原本《说文》未见,但徐铉新附有之,则更能说明《汗简》"古文"有一部分是源于后世俗别字的,例如"󰀀(涯)"字条,《笺正》考云:"薛本同。古止作'厓',俗加'水',徐铉'新附'水部。此从'崖'作。夏及诸字书并无。"(876)此外,秦汉以后的典籍、碑文中,有很多仿古文形体书写的"古文",郭氏皆收入《汗简》,郑珍皆一一辨明来源。例如"󰀀(来)"字《笺正》云:"《隶续》:石经《春秋》'來'古文作󰀀。知郭氏此从石经也。按'行來'字积古借用'來牟'之'來',汉隶增'彳',取配'往'字。见《唐公房碑》《辛通达造桥碑》,又增'辵'以配古文'逩'。恐非邯郸淳古文之旧。"(672)郑珍认为"行来"字古一般借用"来牟"之"来",自汉隶以来,在表示"往来"之义时,常增加"彳"旁作"徕",或增"辵"旁作"逨",分别与"往"、"逩"相配,《汗简》"󰀀"隶楷即"逨"字。因此"徕"、"逨"皆后世俗字,而非古文。但黄锡全先生则认为增从"辵"乃"往来"正字,《说文》失收,郑珍此处误以为"增辵以配古文"①。然"徕"、"逨"《说文》皆不见录,而字书所载见于《玉篇》《集韵》等,皆汉魏以后文献。有《说文》"来"字徐灏注笺云:"古来麦字只作来,假借为行来之来,后为借意所专,别作麳、秾,而来之本义意废矣。"正与后世俗作"麳"、"秾"表示来麦之"来"一样,俗作"徕"、"逨"即为了表示往来之义,可证郑说更为可信。类似将后世俗字仿写为古文的情况,在《汗简》中还有很多,即如陈奇先生所言:"《汗简》所收假古文,以此类为最多。后世人仿写的这类古文,有的掺杂在先秦古籍中(传抄时混杂进去),有的掺杂在伪品中(如伪古文《尚书》)。"②

7. 源于后世伪造古文。例如:

与仿写古文不同,《汗简》中还有少数"古文"并无具体出处,而是出自郭氏伪造,郑珍每揭其讹妄。例如"󰀀(會)"字《笺正》云:"此形《说文》古籀偏旁俱无。郭氏不注所出,夏亦止云出《汗简》,是此形郭氏所为也。寻其迹,盖本下'澮'字偏旁。而'澮'字偏旁实由所据《说文》。"(662)又如"󰀀(天)"字,《笺正》云:"从艸从曳为'天',绝无意义。推其诡造,盖用'忝'字草书为篆也。'忝'草作'󰀀',上与草书󰀀作󰀀相似,下与草书曳字相似,

---

① 黄锡全《汗简注释》,武汉大学出版社,1990年,第219页。
② 陈奇《郑珍对古文的研究》,《贵州文史丛刊》1987年第2期,第117页。

因篆为𦫳,作'天'字用。"(522—523)这类字多是郭氏牵合俗写与古文形体伪造之,往往难以辨其真伪。例如上引"𦫳"字,楷字即"莌",郭氏释为"天"。而宋元以来字书亦多以"莌"为"天"字,如宋本《玉篇·艸部》:"莌,古文天字。"(265)但历代于"天"何以作"莌",皆未释明,郑珍认为"莌"字从艸曳声,与"天"字形义皆不相通。依形求之,郑珍认为"𦫳"其实是以"忝"字草书为篆,乃出于郭氏诡造,"忝"字草书作"𠑷",上与草书卝作丫相似,下与草书曳字相似,因篆为"𦫳",《汗简》与字书之所以释为"天",是因为"忝"作"天"字用。

综上所述,郑珍的古文字研究以笺正《汗简》为中心,不仅考释了一批古文的源流演变,更重要的是澄清了《汗简》等书所录传抄古文的来源、性质及其与《说文》古篆籀之间的关系,同时能从形音义的角度对这些古文字形加以考释,从而厘正了古文的传抄过程和变易轨迹。

第二节 近代汉字研究

汉字有悠久的历史,唐兰先生在《中国文字学》中指出:"近代文字的研究,也是很重要的。隶书、草书、楷书,都有人做过搜集工作。楷书问题最多,别字问题,唐人所厘定的字样,唐以后的简体字,刻板流行以后的印刷体,都属于近代文字学的范围。西陲所出木简残牍,敦煌石室所出古写本经籍文书,也都是极重要的材料。"[①]但是古往今来,篆隶以下近代文字的研究仍处于相对落后的状态。《说文》以降,历代学者无论是对文字搜录、对字书的编纂,还是对文字的专题讨论,都涉及汉字的近代发展与演变,但在他们的字学思想中却很少以近代汉字为中心,或对近代汉字的研究提出倡导。即便是对文字素有研究的乾嘉诸儒,大多仍以《说文》及金石文献所载古文为重心,以稽古考字为基本范畴,不仅对历代俗字及其语料多有贬斥,甚有厚古薄今之偏见,显然是不利于文字学的完善与发展的。因此,在前辈学者大力倡导近代文字学的背景下,爬梳整理古代学者的近代汉字研究成果,探寻近代汉字的发展演变历史,是文字学研究的重要内容。

郑珍的文字学研究,虽然是以《说文》《汗简》为中心,但他在考证文字时,非常注重汉字的历时演变,尤其是汉魏以来汉语俗字的源流演变。比如他对《说文》新附字的考释,常常力求明晰这些字的时代、形音义变化及其字

---

① 唐兰《中国文字学》,上海古籍出版社,1979年,第8页。

际关系,让人们明白文字孳乳嬗变之缘由;又如他对《汗简》古文的疏证,不仅为古文正本清源,并且历数这些"古文"的来历和相互关系,指正了一大批"因俗而生"的伪古文。这样的讨论,留下了大量近代汉字研究的成果,值得我们去整理阐发。

今寻绎郑珍著述,他对近代汉字的研究主要体现在以下几个方面:

一、考证字形源流

郑珍对近代汉字的研究,首先是考证了一批汉字的源流演变。例如"龄"字,徐铉《新附》云:"年也。从齿,令声。臣铉等按,《礼记》'梦帝与我九龄',疑通用'靈'。武王初闻'九龄'之语……若当时有'龄'字,则武王岂不达也?盖后人所加。郎丁切。""龄"是一个常用字,徐铉以为《说文》原无,故新附之,郑珍考证云:"徐氏谓古无'龄'字,是也;疑通用'靈',则非。《礼》'九龄'字古当止作'令'。文云'古者谓年令,齿亦龄'者,盖就梦中语'令'字解之。言年岁之'年',古音谓之'令',而人之齿寿称年,则谓年齿亦称为'令'也。……要可见汉传《礼记》正本止作'令'也。《释文》本作'九聆',汉樊毅修《华岳碑》云'万聆',并以'年令'无专字,借同音作之。《汉隶字原》云:汉碑'龄'皆作'聆'。而熹平二年《鲁峻碑》'永传啬龄'已作从齿字,知是汉人所加。"(236)郑氏认为年令字古只作"令",文献亦常作"聆",因年岁之"年"与"令"古音相同,且古人谓年令,齿亦龄,故汉以来书加"齿"作"龄",成为"年龄"专字。根据郑珍的考释,"龄"字形音义源流演变清晰可见。

徐铉、郑珍皆谓"龄"为汉世字,今查《万象名义·齿部》收有:"龄,吕经反,年也。或秢。"(47)宋本《玉篇·齿部》:"龄,吕经切,古谓年龄也。"(109)收在部末,可证该字为后世据俗所增。而"秢"字《广韵》平声青韵郎丁切注云:"秢,穗熟。"《集韵》注云:"秢,禾始熟曰秢。"此"秢"疑即"年"字俗变,《说文·禾部》:"年,谷熟也。"年指一年谷类之收成,因以为年岁之"年"。形义与"秢"近同,《玉篇·禾部》:"秢,年也。"可证。与加"禾"作"秢"表禾熟一样,加"齿"作"龄"表齿寿,皆"年"之义,则郑说可从。

可见,郑珍不仅对文字作了详细的源流考辨,并且有助于我们对这些汉字作进一步的考证。郑珍对近代汉字的研究,主要集中在他对《说文》新附的考辨上,从字形演变看,绝大多数新附字都是《说文》以后产生的汉语俗字,其类型以"增加形声偏旁"为主。而这些字在《说文》以降的汉语字书中,大多被作为常用字收录,但它们的源流演变和字际关系常常混淆不清。郑珍《新附考》一书对新附字逐一考证,多有探本之论。根据郑珍的考证,能帮助我们进一步从字书记录和文献用例的角度，对近代汉字的俗写源流演变展开深入研究。

这里，我们略举两例以窥其一斑，如：

【玘】

《说文》新附："玉也。从玉己声，去里切。"《新附考》云："《晋书音义》云：'《字林》：'玘，本幾字，万意反。''玘'不当为'幾'，盖'璣'之误。'知吕忱说'玘'是'璣'别体。《广韵》'玘'训'佩玉'，则为《诗》'佩玖'字，古'玖'读如'己'。要是汉后别增。"（213）

今按，郑氏依《晋书音义》所引《字林》以"玘"是"璣"别体，但尚无文献例证，且其音"万意反"者与"玘"、"璣"皆音异，则其说可疑。又谓"是汉后别增"，则其说未当。《史记》卷八十七《李斯列传》："其志若韩玘为韩安相也。"《索隐》曰："玘，亦作'起'，并音怡。"①已见"玘"字用例。《汉隶字源》卷四上声止韵"玘"隶书作"玘"②，则"玘"当为汉世字。从字形的演变看，"玘"字从玉己声，盖"己"之增义符俗字也。但据上引《索隐》，"玘"当用为"起"的换旁俗字。又《史记》卷四十五《韩世家》："十年，韩姬弑其君悼公。"《索隐》曰："《纪年》'姬'亦作'玘'，并音羊之反。"③韩起，春秋末期晋国大夫，姓姬名起。从字形的角度看，"玘"不太可能为"姬"字之俗，而为"起"之俗体的可能性较大。《晋书音义》卷七十："玘，音起。"④《龙龛·玉部》："玘，音起，佩玉也。"⑤皆以正字注俗字音也。改"起"作"玘"，因有"玉名"之义，特用于人名也。《万象名义·玉部》："玘，去理切，玉名。"（3）《玉篇》训同（16）。故宫本《裴韵》上声止韵墟里切："玘，佩玉。"（44）《广韵》训"佩玉"当本此。《集韵》上声止韵口已切："玘，《说文》玉也。"（325）则唐本《说文》当有"玘"字。

据此，"玘"既为"起"字之俗，大徐新附作"玘"实误。《说文·辵部》："起，能立也，从辵巳声。"古文作"𢍏"，隶变作"起"、"起"等形，右旁所从是"巳"而非"己"。楷书"巳"、"己"虽多混同不别，但其古文音义皆殊。

---

① 司马迁《史记》第八册，中华书局，1959年，第2560页。
② 娄机《汉隶字源》，景印摘藻堂《四库全书荟要》本，第79册，世界书局，1985年，第761页。
③ 司马迁《史记》第六册，中华书局，1959年，第1869页。
④ 何超《晋书音义》，《文渊阁四库全书》，第256册，台湾商务印书馆，1986年，第1031页。
⑤ 释行均《龙龛手镜》（影印高丽本），中华书局，1985年，第436页。后凡引此书皆简称《龙龛》，引文直接加括号注明页码。

大徐"玘"字拟篆作"玘",右旁所从为"己",与汉隶作"玘"形异。《说文新证》"己"字条云:"大徐本'己'字误作'巳',当正。"①此则"巳"误作"己"之例也。《一切经音义》卷八十一"周玘"条(54/830/b)②,与上引《名义》、故宫本《裴韵》《龙龛》《晋书音义》诸书皆作"玘",是以古文正体书之。《康熙字典》午集上玉部又作"玘"③,古文多借"巳"为"己",作"玘"尚可。而《大字典》仍从大徐之误作"玘"(1179B),则二字书皆失其正字,且均未沟通与"起"字关系,当据正。

【偪】

《说文》新附:"偪,近也。从人畐声,彼力切。"《新附考》云:"字又作'逼',皆'畐'之俗。但考《秦诅楚文》已见'偪'字,知先秦有'偪',许君未收。'逼'乃后出字耳。"(231)

今按,郑珍所考诚是。汉及之前文献"偪"字经见,《战国古文字典》已收录"偪"字④,又《管子》卷十《君臣上》:"奸心之积也,其大者有侵偪杀上之祸。"⑤《汉书》卷一百下《叙传第七十下》:"靡法靡度,民肆其诈。偪上并下,荒殖其货。"⑥皆其例证。《说文·畐部》有:"畐,满也。"而无"偪"、"逼"字,盖古只作"畐"也。今本《方言》卷六:"偪,满也,腹满曰偪。"⑦《一切经音义》卷七十五"畐塞"引《方言》:"畐,满也。"(54/797/b)《玉篇·畐部》:"畐,肠满谓之畐。"(296)《万象名义·畐部》:"畐,满也。"(155)皆其证。《段注》"迫"字条云:"《释言》曰:'逼、迫也。'逼本又作偪,许无逼、偪字,盖只用畐。"(74A)又"畐"字条云:"畐、偪正俗字也。(逼)本又作偪,二皆畐之俗字。"(230A)与郑说相同。从字书的收录看,《一切经音义》卷一"驱逼"条(54/317/b)、卷二"逼切"条(54/320/b4)、卷五十一"强逼"条(54/648/b)并引《说文》:"逼,从辵畐声。"则唐本《说文》有"逼"字。《万象名义·人部》:"偪,鄙力反,迫也,近也,或逼。"(19)又辵部:"逼,碑棘反,迫也,偪字也。"(97)《玉篇·人部》:"偪,鄙力切,迫也,与逼同。"(55)则六朝

---

① 季旭升《说文新证》,福建人民出版社,2010年,第1003页。
② 本文所引慧琳《一切经音义》,皆据《大正新修大藏经》影印本(台北新文丰出版公司1985年版),括号中数字依次为册数、页码和栏次。
③ 张玉书等《康熙字典》(影印同文书局原本),中华书局,1958年,第3页。
④ 何琳仪《战国古文字典》,中华书局,1998年,第126页。
⑤ 管仲《管子》(缩印浙江书局会刻《二十二子》本),上海古籍出版社,1986年,第133页。
⑥ 班固《汉书》(第十二册),中华书局,1962年,第4266页。
⑦ 扬雄《方言》,《四部丛刊初编》,第64册,商务印书馆,1930年。

以来多以“偪”为“逼”古文正体。《传抄古文字编》“逼”字引《汗简》作“”,引《古文四声韵》作“”①,皆以“偪”为“逼”古文之例。

可见,在郑珍稽考文字的基础上,能够有效开展近代汉字的溯源讨流工作,这对于厘清一些文字的源流、性质和变化是大有裨益的。

二、疏通音义变化及关系

除了字形,郑珍考字还常常兼及近代汉字的音义,并通过音义的变化,来阐明文字之间的关系。例如:

【鞾】

鞮属。从革,華声。许𦞙切。

知同谨按,《释名》云:“鞾本胡服,赵武灵王所服。”(今本无,依《广韵》引)则“鞾”非中夏所有战国时胡语,故许君不录其字。钮氏据《玉篇·韋部》“韗,于问切,靴也”,疑“鞾”为“韗”之俗字,说云:“‘鞾’本作‘韗’,为‘韗’之重文,后人或改韋为革,则成‘鞾’字。‘鞾’从韋声,非華声。《释名》‘鞾’训‘跨’,是已认从華声。”此说无理已甚。“韗”乃“鞾”之一名,义同音异。“鞾”本从華声。《玉篇》正文作“靴”,从化声。刘熙那容不识字。若作韋声,则是《诗》“鄂不韡韡”之“韡”。《说文》在𠌶部,作“䪖”,注云“盛也”,下引《诗》辞。钮氏杜撰“鞾”字当“韡”,径忘《说文》有“䪖”,今《诗》作“韡”。近代讲求汉学者,其诂经说字,间生穿凿支离,甚至荒忽如此,又蹈许君所斥“巧说邪辞,疑误学者”之蔽。今为时时标举,识者鉴诸。(252)

今按,《说文》无“鞾”但有“韗”,俗书“韦”、“革”两旁相乱,且《玉篇·韦部》:“韗,于问切,靴也。”故钮树玉认为“鞾”为“韗”之俗字。《新附考》则认为“韗”与“鞾”义同音异,不是一个字。“韗”与“鞾”都是“靴”的一种,《玉篇·韦部》:“韗,靴也。”而“鞾”本从華声,而“韗”从军声,“韡”从韦声,三字互别,不能混为一字。郑书正是从音义的角度,厘清了几个汉字之间的关系。郑氏同时指出:“近代讲求汉学者,其诂经说字,间生穿凿支离,甚至荒忽如此,又蹈许君所斥‘巧说邪辞,疑误学者’之蔽。”指出了正确考证近代汉字的重要性。

---

① 徐在国《传抄古文字编》,线装书局,2006年,第171页。

【罐】

　　器也。从缶，雚声。古玩切。

　　按，《众经音义》卷八云："瓶罐又作'灌'，汲器。"他卷屡云"军持"，此译云"瓶"，谓双口澡灌也。是此器以灌注为名。从缶俗改。（272）

　　今按，《说文》有"灌"无"罐"，"灌"是水名，与水相关，因有"灌注"之义，如《庄子·秋水》："秋水时至，百川灌河。"而"罐"为"灌注"、"汲水"之器，因是器名，故从"缶"作"罐"，又因为与水相关，故文献亦常以"灌"为之。要之，文献作"罐"、"灌"，皆因其义而变。

【蔬】

　　菜也。从艸，疏声。所菹切。

　　按，《周礼》"臣妾聚敛疏材"注云："疏，百草根可食者。疏不熟为馑。"《礼记》"稻曰嘉疏"注云："稻，菰疏之属。"知古止作"疏"。今《尔雅》"疏不熟为馑"乃改作"蔬"。

　　　　知同谨按，《礼记释文》作"疏"，《正义》本亦依俗作"蔬"。最无理者，《孟子》"疏食"赵注云："粝食。疏者，粗也。义通见经典。"俗亦作"蔬"，则成菜饭。又《尔雅》有"出隧，蘧蔬"。为草名。郭："音甗，甗鮸。"音义并异。菜蔬……古本盖亦止作"疏"。《众经音义》引《字林》曰："蔬，菜也。"是汉魏间字。（218）

　　今按，依郑氏父子所考，"蔬菜"之"蔬"古本只作"疏"，汉魏以来俗加"艹"作"蔬"，以为菜蔬之名。但文献中，表示"疏食"的"疏"亦俗作"蔬"；表示草名"甗鮸（蘧蔬）"亦俗作"蔬"，故治新附字者常常误读文献中字。其实"疏食"、"蘧蔬"、"菜蔬"古皆止作"疏"，后又皆从俗作"蔬"，是一组同形字，而字义各别。

【蘸】

　　以物投水也，此盖俗语。从艸，未详。斩陷切。

　　　　知同谨按，钮氏云："《尔雅》'水醮曰厬'，郭注云：'谓水醮尽。'《楚辞·大招》'汤谷宋只'，王注云：'宋，水醮之貌。'知'蘸'乃是'醮'。后人妄加艸，音仄陷切者，盖方音之转。"今考"蘸"盖别从蕉声，非加艸、音仄陷切则为以物投水，音义并与"醮"异。本

六朝俗语,借俗"醮"字作之。庾信《镜赋》"黛蘸油檀"等文始通行之。大徐不知也。(222)

今按,"蘸"字钮树玉认为是"醮"俗加艹,音仄陷切为方音之转。但郑氏认为"蘸"实为从西蕉声,非加艹而作,"蘸"义"以物投水"是六朝以来俗语,作"醮"为俗借。查"醮"《说文》释曰"冠娶礼祭",《广韵》在去声笑韵子肖切;而"蘸"则俗语所谓"以物投水",《广韵》在去声陷韵庄陷切,则"蘸"与"醮"音义俱别。钮氏据《尔雅》"水醮曰厬"异文作"蘸"乃以"蘸"为"醮",考"厬"谓水干涸,"水醮"即"水尽",《尔雅》"水醮曰厬"邢昺疏:"醮,尽也,凡水之尽皆曰厬。"陆德明《经典释文》亦云:"醮,尽也。字或作'潐'。"又文献中"宋(寂)"谓"水蘸之貌",义即"水醮"。故在"水尽"之义上,"醮"、"蘸"、"潐"一字,此"蘸"与"醮"同音"子肖切"。但在俗语"以物投水"之义上,"醮"、"蘸"一字,当皆音"庄陷切"。如此,则二字音义判明。

三、阐明古籍用字特点与通例

从郑珍对文字的考释可以看出,他非常熟悉古籍用字的特点与通例。比如他在《汗简笺正》中,分析字形、考订释文常常会阐明经籍的用字习惯,这些习惯和特点往往影响着很多汉字及其关系的近代发展。例如《笺正》"䩱"字,郭忠恕训"辅",但郑珍认为"䩱"当是"俌"之别体,因为经典"俌"通作"辅",伪书因以为训(506),而郭氏误以释文作字形。如果细核经典用字习惯,就会发现郭氏这种疏误不少,例如《笺正》"𠁤"字,郭氏以为"訥"字,但郑珍指出实为"㕯"字,隶变作"呐",《说文》"㕯"、"訥"本实一文,字从口、从言一也,故经典"㕯"、"訥"同用(537),因以"訥"释"㕯",郭氏故误以释文为字形。更有甚者,郭氏还有以借字为解文字者,例如"𧿹"字,《汗简》以为"颠"字,《笺正》则指出《说文》:"趈,顿也",是"趈仆"本字,因为经典皆假借"颠顶"字为之,因以"颠"字释之,郭氏盖未识此(540);类似还有"㮹"字,《说文》训"木顶",经典皆借"颠顶"字为之,郭氏遂以为字形而释之(683)。又如"𥰭"字郭氏释作"竺",郑珍则以为"篤"字,经典借"篤"作"竺",郭氏误以为释(638);而"䇺"字,郭氏释"篤",郑珍以为"竺"字,《说文》:"竺,厚也。读若篤。"系"篤厚"正字,经典因借"篤",郭氏误释(670)。而这类误以释文为字的情况,郑珍认为是不可取的,例如"𥳑"字,郭氏释作"简",又云亦"柬"字,显然是不准确的,而郑珍则明确指出此"柬"别字,经传多借"簡编"字为之,非"简"也(683)。

诸如此类利用古籍通例和用字习惯来考释文字的方法,在郑书还有很多，郑氏常常利用这些特点和通例更好地阐释汉字的演变及其相互关系。不仅校勘了一批近代汉字文献，还能够帮助我们深入把握近代汉字的演变类型和规律。这里我们举几种近代汉字的常见类型，如：

【辶-彳-辵】

遑，急也。从辵，皇声。或从彳。胡光切。

按，经典"遑"训"暇"。"急"义兼《玉篇》，与"暇"相反，而书传罕见。《尔雅》"遑，暇也"，《释文》作"遑"，邢疏本作"偟"，皆"皇"之俗。他书或作"徨"。古经字如《书》"无皇曰"、"则皇自敬德"、《表记》"皇恤我后"、《左氏襄二十五年传》同《昭七年传》"社稷之不皇"、《襄二十六年》及《哀五年传》"不敢怠皇"，皆原本之未改者。其他如《毛诗》多从俗作"遑"矣。（231）

今按，徐铉新附"遑"训"急"，上考《龙龛手镜·辵部》有："遑，音皇，急也。"则唐写佛经有"遑"训"急"者，但《万象名义》有"偟"、"徨"而无"遑"，且"徨"《万象名义》《玉篇》皆训"彷徨"，并无"急"义，因此徐铉谓"遑"或从彳作"徨"于义不合。而郑珍谓"遑"、"偟"训"暇"，为皇字之俗，其说可从。《万象名义·人部》："偟，胡光反。暇也，况也。"宋本《玉篇·人部》亦载云："偟，胡光切。《尔雅》曰：暇也。"（56）古籍通例从彳之字常或书从辵，从辵之字又常或书从彳，故"偟"又俗书作"徨"、"遑"，例如宋本《玉篇·辵部》："遑，胡光切，急也。又暇也。"（198）是其证。

【齿-口-谷】

呀，张口貌。从口，牙声。许加切。

按，《御览》卷三百六十八引《通俗文》"唇不覆齿谓之齖"，韩昌黎《月蚀》诗用之曰"汝口开齖"（依注称古本，俗本作"呀"），又《太玄·争上九》云"两虎相牙"，皆是"呀"字。"齖"即《说文》"牙"之古文"䨒"（今作䨒，少一画）。古文于"牙"下加"䇂"。"䇂"者，古文"齿"字；隶书之，则作"齖"矣。然则"呀"古本作"牙"、"䨒"，后易从口作"呀"，又别从谷作"谺"，而"齖"乃转为龃龉之"龉"。（229）

今按，《说文》"牙"字古文作"䨒"，隶定即作"齖"。古籍通例从"齿"、"口"字常不别，如"龂"俗作"咬"、"龈"俗作"啃"皆其例证，故"齖"变从口作"呀"，皆"牙"字之变。而郑氏又谓"呀"又别从谷作"谺"，则别为一义，与口齿之义无关。"谺"为"谽谺"字,谓山谷空大貌也,而此义盖由"呀"之"大空"义演变而来,《玉篇·口部》:"呀,虚牙切,大空貌。又唅呀,张口貌。"(102)"唅呀"别从谷作"谽(亦作"谺")谺",即谓山谷之大空。

【艹-竹】【作-乍】
　　莋,越嶲县名,见《史记》。从艸,作声。在各切。
　　按,今《史记·司马相如传》"邛笮之君长"、"邛笮冉駹"皆作"笮"。《汉书·地理志》"越嶲郡"、"定笮"、"笮秦"、"大笮"及《相如张骞传》皆作"笮",至《武五子传》"五柞宫"字亦作"笮";止《司马迁传略》"邛笮昆明"一处字同《史记》。大徐云"莋"见《史记》,实出《汉书》。或宋初《史记》本作"莋"。"莋"者,"笮"之隶体。凡隶法,"竹"多作"艹",非别一字。若"五柞宫"作"莋",必原本借"笮"为之。又《文选》相如《难蜀父老》文"笮"作"筰",亦属假借。(217)

今按,古籍通例从"艹"、"竹"不别,即如郑珍所言:"凡隶法,竹多作艹,非别一字。"故"笮"隶书从艹作"莋",例多不缀举。又《说文·竹部》有"笮"谓"迫"也,为"屋笮"字;又有"筰"字训"筊"也,为"竹索"字,因为从"作"之字常可变书从"乍",故古籍"笮"、"筰"二字恒混。例如《集韵》入声陌韵侧伯切:"笮,《说文》:'迫也。'或作筰。"而入声铎韵在各切:"筰,《说文》:'筊也。'或作笮。"

【艹-林】
　　梵,出自西域释书,未详意义。扶泛切。
　　按,汉《卫弹碑》"梵梵黍稷",即《诗》"芃芃黍苗"之异文。知汉人书"芃"或别从林,在释书未行之先,释书亦依旧文耳。凡释书翻译名义,本多因古字,不尽新制。《华严经音义》引葛洪《字苑》云:"梵,净行也。"始依释书立义。(282)

今按,徐铉新附以为"梵"未详意义,郑珍则考证认为"梵"即"芃"字或体,而《说文·艸部》:"芃,艸盛也。"义为草盛貌。盖"艸(篆书作𦫳)"、"林"(篆书作𣎳)二旁形义皆近,俗书不别,故"芃"变书作"梵",《〈可洪音义〉研究》认为"梵"异体作"芃"[①],亦其例证。然草盛之"芃"《广韵》在平声

---

① 韩小荆《〈可洪音义〉研究——以文字为中心》,巴蜀书社,2009年,第437页。

东韵薄红切,今音"péng";而"梵"字,《万象名义·林部》:"梵,妖流反,扶剑反。清洁。"(126)而《玉篇·林部》:"梵,扶风、扶泛二切,木得风貌。"(246)有四个反切,今可音"yóu"、"fàn"、"féng",与"芃"音义皆有不同。——辨析之,则音"扶剑"、"扶泛"切训"清洁"时,"梵"是梵语的意译词,意为"清净"、"寂静"、"清洁"、"梵净";而音"扶风"切训"木得风貌"时,则是"蘲"的俗字,俗书"風"常简作"凡",《集韵》平声东韵符风切:"蘲,风行木上曰蘲。或作梵。"(11)可证。

类似利用古籍书写通例来考证文字形音义及其相互关系的例字,在郑书还有很多,一方面我们可以进一步了解更多古籍文字的通例,另一方面可以对文字进行更深入的考辨,从而对近代汉字的特点和演变形成更多的认识。

四、明辨汉语正俗字

汉字发展的各个阶段,都有大量的俗字产生,而尤其以近代汉字居多。裘锡圭先生指出:"所谓正体就是在比较郑重的场合使用的正规字体,所谓俗体就是日常使用的比较简便的字体。"①张涌泉先生指出:"所谓俗字,是指汉字史上各个时期与正字相对而言的主要流行于民间的通行字体。"②俗字对于考订字形演变、确定字际关系具有重要的作用。郑珍在他的文字学代表作中,大量使用了正作、正字、正体、俗写、俗字、俗作、俗书等术语,来明辨正俗字,并通过辨别正俗字,来对《说文》逸字、新附字和《汗简》古文的俗字进行考证。

关于郑书中的"正俗字",杨瑞芳《郑珍〈说文新附考〉研究》一文已经有所提及,说详彼文③。这里,我们根据对《逸字》《新附考》《笺正》三书的材料分析,对"正俗字"所涉及的与郑珍文字学相关的问题作进一步讨论。

1.《逸字》中的正俗字

在《逸字》一书中,郑珍认为,能准确地判定正俗字,是考证逸字的条件。主要是通过逸字、正字和俗字之间的关系,来提高所考逸字的可信度。大致有以下四种情况:

(1) 文献典籍中作俗字,确定其正字为逸字。例如:

蛤

　　黑贝也。从虫,台声。

---

① 裘锡圭《文字学概要》,商务印书馆,2009年,第43页。
② 张涌泉《俗字里的学问》,语文出版社,2000年,第1页。
③ 杨瑞芳《郑珍〈说文新附考〉研究》,首都师范大学硕士学位论文,2003年,第9—10页。

见《广韵·十六哈》引。今《尔雅》作"贻",系假借俗字。(119)

馭

断也。从奴从八。……据《广雅·释诂》云:"刚,断也。""刚"即"馭"俗("又"旁俗多作"刂",如"厥"作"刷"之类是也。"蔽"俗作"蒯"、"荝","删"、"列"亦"馭"之俗,"又"并讹"刂")。证以《玉篇》"馭"入奴部,知其字从奴八,而义为断奴残穿也。(下略)(52)

(2)根据俗字讹变轨迹,判定逸字的产生。例如:

歈

欨歈也。从欠,俞声。

今本止有"欨",训"人相笑相欨瘉"。"歈"在新附,为"巴歈歌"字。按《后汉书·王霸传》"市人皆大笑,举手邪揄之",《注》引《说文》"欨歈(今本"歈"涉"欨"字加"厂",《说文》无"庮"字),手相笑也。"此联绵字。"欨"从欠,"歈"亦可从欠。章怀所见有"歈",可信。"手相笑"之义,亦胜今本。俗作"挪揄"、"挽揄"、"撅撤"。(86)

襧

或从示。今铉本"獮"作"玃",重文有"祿"无"襧"。……知许君"玃"原作"獮",从茧不从里也。又有重文"襧",从示从茧;与"祿"为两重文。今本所以脱误者,盖六朝俗书"茧"作"蚕",则"獮"、"襧"成"玃"、"禋"。《玉篇·犬部》"獮"之正文作"玃",注云"亦作禋"(今作"襧",误)。并依据《说文》,特随俗作隶为异("玃"又省"虫",即成俗行"獮")。乃写《说文》者亦随俗隶作篆,而以《说文》无"蚕",因"里"隶形相近,遂改为"玃"、"禋"。自此,秋田之"禋"乃与示部亲庙之"禋"重复。俗又因删示部"禋"及重文"襧",更不知何时并此部,重文"禋"亦复删去。……大徐止就俗本校定。非有陆氏《音义》,殆难寻其谬迹矣。(96)

(3)判断某字不是俗字,反证其逸字地位。如:

楔

楔枣也,似柿而小。玄应《音义》卷十一云:"楔,枣。如究反。《说文》云:'似柿而小。'或作'檽'(今本误作"濡"),非体也。"又《文选·子虚赋》注引《说文》:"楔枣,似柿而小。名曰楔。"知原有"楔"字,次

"樗"后。合二家所引,其训当如此。传写脱并,屡经删改,今仅存"似柹"二字于上"樗"注末。段氏以"㮆"为俗,又疑本有"㮆"篆,乃仅于"樗"注末补"而小"二字,复臆增"一曰㮆",未是。(61)

昗

　　日西也。从日矢,矢亦声。见《系传》。按,古日西字本有"昃"、"昗"二文,皆会意兼谐声。"昗"从日、矢者,盖头偏左望日,必日在西方时。……自铉本脱后,《广韵》《集韵》诸书因无"昗",《易》亦改作"昃",惟《书》"自朝至于日中昗"一见"昗"字。大徐于"昃"下云:"俗别作'昗',非。"盖失检。(100)

(4) 从俗增之字,考证其应有之逸字。例如:

㿋

　　族㿋,皮肥也。从疒,纍声。

《左氏桓六年传》"㿋蠡",《音义》云:"蠡,《说文》作'㿋'(今本作'㿋',俗省;《说文》无"累"字),云:'㿋㿋,皮肥也。'"知原有"㿋"。其"㿋"字今本亦无。据许君注义,二字一事者,则详注上字。若有"㿋",则"㿋㿋,皮肥"语当在"㿋"下。而陆氏此语在"㿋"下,是本无"㿋",于古当作"族"。陆氏自用俗增字。今《说文》"痤"下云"一曰族絫"。本当作"㿋"字。(76)

2.《新附考》中的正俗字

大徐所附"经典相承传写及时俗要用而《说文》不载"的新附字,经郑珍《新附考》的考证,发现实际大部分是汉代及后世所出的新字、俗字。郑珍通过厘定字形和判断时代,对这些字一一指明,使世人对新附字有了正确的认识。对于《新附字》中的俗字,郑珍的主要工作和贡献是分别归纳出了俗字的类型。主要有以下 10 类:

(1) 古籍文体假借而别制新字者。如:

祧

　　迁庙也。从示,兆声。他彫切。

　　按,古无"祧庙"正字。《周礼》"守祧"注云:"故《书》'祧'作'濯'。"郑司农读"濯"为"祧"。是古止借"濯"字。汉人加作"祧"。(下略)(207)

麽

  细也。从幺,麻声。亡果切。

   知同谨按,"麽"字古有数文。……又其初止作"麻"。……是"麻"本有细小义。亦通作"靡"。……又借作"膺"。《汉·班超传》"幺膺不及数子",颜注云"细小曰膺"是也。《众经音义》卷七引《三仓》云:"麽,微也。"是汉世字。(262)

(2)俗写增加偏旁而制者。这类字多为后世新出的形声字,所加偏旁,有的是义符,有的是声符。如:

瑄

  璧六寸也。从玉,宣声。须缘切。

  按,古止作"宣"。《尔雅》:"璧大六寸谓之宣。"《释文》云:"宣或作'瑄'。"作"瑄"俗本也。秦《诅楚文》"吉玉瑄璧",以"亘"重书。臧氏琳谓《说文》"珣,玉器。读若宣"乃"宣璧"正字,作"宣"假借。于音义亦合。(215)

逼

  近也。从辵,畐声。彼力切。

   知同谨按,字又作"偪",皆"畐"之俗。……《方言》"偪"一本作"愊"。《玉篇》有"皍,饱也"。又有"稫,稷满貌"。皆"畐"后出加偏旁字,各主一义。俗字之孳乳益多如此。(231)

樁

  橛杙也。从木,舂声。啄江切。

  按,《释名》云:"舂牍,舂橦也(今误从手作"撞";《玉篇》"樁,橦也",正本此)。牍,筑也,以舂筑地为节。""舂"盖即古"樁"字,俗加木以与"舂揄"字别。(281)

(3)俗用改本字偏旁而制者。如:

迢

  迢逓也。从辵,召声。徒聊切。

  按,"迢逓"、"迢遥"皆超远之意。古当作"超"。……颜延之《秋胡诗》:"超遥行人远。"即唐以来所言"迢遥"、"迢远"也。《广雅》:"超遥,远也。"尚不作"迢",知改从辵在魏晋后。(235)

虪

　　楚人谓虎为乌虪。从虎,兔声。同都切。

　　按,《左传》作"於菟"。《说文》亦无"菟"字。《玉篇》:"菟同兔。"《汉·贾谊传》"搏畜菟"、《严延年传》"韩卢取菟",并用俗字。"於菟"本当作"兔",《左传》亦改俗,后更改从虎,见《广雅》《方言》。(271)

(4) 经典所见古文而今俗改作者。如:

唤

　　呼也。从口,奂声。古通用"奂"。呼贯切。

　　按,《玉篇》"嚾"注云:"与'唤'同。"《广韵》"唤"重文作"嚾",知《说文》"嚾,呼也"即古"呼唤"字。徐氏殆未识也,谓"古通用'奂'",无稽。俗亦作"嚯",见《篇》《韵》。(227)

鬧

　　不静也。从市鬥。奴教切。

　　按,《说文》:"𥅃,众口也。读若戢,又读若呶。"读"呶",音义即古"鬧"字。俗作"鬧",仿"閙"字作之。(下略)(253)

(5) 因求其义而改变形体者。如:

琲

　　珠五百枚也。从玉,非声。普乃切。

　　按……凡大徐新附字,音义多取《唐韵》,与其音《说文》用《唐韵》同,今《广韵》即《唐韵》也。《文选·吴都赋》"珠琲阑干",刘逵注云:"琲,贯也。珠十贯为一琲。"不计枚数,以合《埤仓》,或十枚一贯五十枚一贯俱可。《埤仓》魏张揖撰。魏晋已前无用此字者,当出自汉代。(212)

(6) 因事物移名而制者。如:

珂

　　玉也。从玉,可声。苦何切。

　　知同谨按,"珂"者以蜃蛤类为马勒饰之名。……又美玉与石饰马鞍亦名"珂"。《广雅》云"瑊玏珂",又云"珂,石之次玉"。《玉篇》亦云："珂,石次玉。"《初学记》说"鞍"云"魏百官各有赤茸珂石鞘尾一具"是也。未知先有马勒饰名"珂",然后移以名美石;抑先有石名"珂",然后移以名石饰鞍、贝饰勒也。要是汉已后乃见此名。后更以"珂"为佩玉,益非古矣。(下略)(212)

(7) 古字别写、误写者。如:

咍

蚩笑也。从口从台,呼来切。

知同谨按,"咍"古当是"欤"字。……又《说文》:"欤,戏笑貌。许其切。"徐锴注云:"今讹作'咍'字。"《集韵》《类篇》本之。"咍"别有"欤"音,亦误。至钮氏疑"咍"为"咳詯"字之俗,更不足辩。(227)

誜

小也,诱也。从言,衮声。《礼记》曰:"足以誜闻。"先鸟切。

知同谨按……《释名》:"衮,缩也。"人及物老皆缩小,于旧或本止作"衮"。其训"诱"者,即"誘"之别字。《广雅》:"誜,誜也",即《说文》"誘"训"相訹呼"之义。……依《说文》,"羑"为正篆,"誘"、"譢"皆别体,"誜"则俗字。而可证"誜"即"誘"。(248)

(8) 形近义同而讹变者。如:

蒇

《左氏传》"以蒇陈事",杜预注云:"蒇,敕也。"从艸,未详。丑善切。

按,杜注本《方言》《正义》引服、贾注同字。从茂从贝,无义可说,不知何字之讹变。

知同谨按,钮氏云:"《晋语》'厚箴戒图以待之',韦注:'箴,犹敕也。'是'箴'义与'蒇'同。《方言》:'蒇,敕戒备也。'又'备、该,咸也。''箴'从咸,或声兼义,更与'蒇'合,又形声亦相类,疑古作'箴'。"今据"箴"与"蒇"义同、形相似;其音则"箴"从咸声,与"蒇"读丑善切,韵部绝不相通,未可定为一字。(221)

(9) 后出为词赋家用之者。如：

唳

　　鹤唳也。从口，戾声。郎计切。

　　按，鹤唳曰唳，不见秦汉人书。唯晋八王故事，陆机叹曰"欲闻华亭鹤唳，不可复得"（见《文选·舞鹤赋》注及谢朓《游敬亭山》诗注），始见此字；已后词赋家多用之。是汉魏后语。(226)

(10) 汉后文献始见而误为古字者。如：

瞼

　　目上下瞼也。从目，僉声。居奄切。

　　按，"瞼"非古语。王叔和《脉经》"脾之候在瞼"始见其文。《众经音义》凡四引《字略》云："瞼，眼外皮也。"《字略》不知谁作，殆不出晋宋已前。是汉已后俗字。（下略）(255)

盋

　　盋器，盂属。从皿，犮声。或从金从木。北末切。

　　按，"钵"起释氏所用。"盋"字《玉篇》尚无，《广韵》亦不列正文，《十三末》云："钵亦作盋。"知更晚出。大徐附此等字，太滥厕矣。(271)

由此可见，郑书中的"正俗字"主要是用来与逸字、新附字进行互证，来理清它们之间的关系，并对逸字、新附字的地位做出判断。《说文》俗字研究，对于"了解古今文字形体嬗变"、"掌握汉字本义和引申义的发展线索"、"正确认识汉字简化的规律"和"拓宽《说文》汉字学的研究"等都具有重要的意义[1]。同时也可以看到郑珍在《说文》俗字研究方面的突出成就。

3.《笺正》中的正俗字

关于正字、俗字，在古代传统文字学的研究中，"人们习惯于以先秦古字为正，以后世别出字为俗；以经书正文用字为正，以他类典籍用字为俗。这种观念始于许慎。许慎《说文解字》正文不录汉世字、拒收先秦方言字及怪

---

[1] 黄宇鸿《论〈说文〉俗字研究及其意义》，《河南师范大学学报》（哲社版），2002年第6期，第78页。

异名物字,正是这种观念的表现。"①但是文字不断孳乳,是汉字发展演变的必然现象,我们不能一概指斥为"俗字"而不予重视。郑珍笺正《汗简》,着重对字形作了考订,期间广泛运用了"正字"、"俗字"等术语,从而对汉字的正、俗及其关系作了断代认证和历时考察。例如"㬎"《汗简》以为"郎"字,《笺正》则云:"夏以为'朗',是。改'月'为'日',又更从古文'良',俗字也。"(709)《说文·月部》:"朗,明也。"正篆作"朗"从月良声,俗书"月"、"日"形义相近恒混,故"朗"左部变书从"日",又"良"《说文》古文作"㐬",乃成"㬎(眼)"形,实为"朗"字俗讹,郑说是也。考"眼"字《集韵》上声荡韵里党切:"眼,《说文》:'明也。'"(417)又《玉篇·日部》:"眼,力党切,明。"(375)皆与"朗"字音义相合。

又如"茿"《汗简》以为"扑",《笺正》则云:"薛本作'苁'。《玉篇》《集韵》《类篇》皆同。当是从竹,仆声。隶书'竹'例作'艹',因写成'苁'。'扑'系'攴'之俗别,从手卜声也。此更误'仆'作二'人'。夏沿之。'笀'亦'攴'之俗别,非古文。"(518)又《汗简》"☉(昏)"字,《笺正》云:"薛本同。一,古文'下'。日下为昏,俗别造会意字。"(706)郑珍认为"茿"实为"笀"字俗讹,皆"卜"字俗别,而非古文。因俗书"竹"、"艹"相混,如前文"芃"俗作"梵"即其例,故"笀"俗书作"苁",又下部"仆"俗讹作"从",便成"茿"形。又"☉"字,《汗简》训"昏",郑珍指出"☉"从"日下",其实是为"昏"义所造的俗别会意字。

五、沟通字际关系

郑珍在考释文字的过程中,做了很多沟通字际关系的工作,准确把握这些字际关系,有利于对近代汉字的整理与研究。以下我们主要以《新附考》中字为例,考察郑珍对近代汉字字际关系的沟通。先看下面两个例子:

【琛】

《说文》新附:"琛,宝也。从玉深省声,丑林切。"《新附考》云:"'琛'系古字,《说文》未收。'琛'字见《诗》是也。《玉篇》体亦作'瞫'。"(211)

今按,郑氏以为"琛"是《说文》未收的古文,其说可从,所引《诗·鲁颂·泮水》:"憬彼淮夷,来献其琛。"是其力证。汉代典籍亦有不少"琛"字

---

① 王锳、袁本良点校《郑珍集·小学》,贵州人民出版社,2001年,第185页。

用例，《尔雅·释言》："琛，宝也。"张衡《东京赋》："具惟帝臣，献琛执贽。"《一切经音义》卷八十三"输琛"条引《尔雅》云："宝玉为琛。"（54/847/b）皆其例。从字书的收录看，今本《说文》未收"琛"字，然《万象名义·玉部》："琛，敕林反，重也。"（3）《玉篇·玉部》："琛，敕今反，琛宝也。"（16）《一切经音义》卷九十七"琛丽"条引《说文》云："从玉深省声。"（54/909/b）则唐本《说文》当有"琛"字。再说"琛"与"賝"的关系，汉及之前文献未见"賝"字用例，《广雅》卷五上《释言》乃始见之。查《万象名义·贝部》："賝，耻林反，琛宝。"（262）"琛"显然为"琛"形近之误。《玉篇·贝部》："賝，丑林切，宝色。亦作琛。"（474）《集韵》平声侵韵痴林切："琛、賝，《尔雅》：'宝也。'或从贝。"（277）则"琛"、"賝"互为异体是六朝以来的事。"賝"字《广雅》训"赍也"（据《广雅疏证》补），故宫本《裴韵》平声侵韵丑林反："賝，賝赍。"（29）《广韵》平声侵韵丑林切："賝，賝赍也。"（197）当皆本《广雅》。"赍"字从贝，《集韵》去声稕韵徐刃切又或作"賮"（540），"琛"作"賝"或受其影响。至于《一切经音义》卷八十八"献賝"条（54/870/b）、卷九十八"之賝"条（54/918/b）并引《毛诗传》作"賝"者，似古已有"賝"字，然汉及之前典籍并无"賝"字用例，且所引《毛诗》"琛"、"賝"间出，所据恐亦为六朝以来别本。

【翃】

《说文》新附："翃，飞声。从羽工声，户公切。"《新附考》云："此汉世字。《前汉·扬雄传》'登椽栾而翃天门'，李奇：'音贡。'苏林云：'翃，至也。'以音注推之，知为'贡'字之别。盖'贡'义专属鸟上飞乃别作'翃'。钮氏又据《众经音义》'虹，古文作翃，同胡工反'，谓'翃'、'虹'同字，不知'虹'无缘从羽作'翃'，盖古有借'翃'作'虹'者，诸字书即录为古文耳。"（259）

今按，郑氏以音注推断"翃"为"贡"字之别，其说可信。但除《汉书》"贡"作"翃"外别无例证，且并非用作"上飞"之义，则何以从"羽"仍俟考。郑氏又谓"'虹'无缘从羽作'翃'，盖古有借'翃'作'虹'者，诸字书即录为古文"，此说则不可从。《万象名义·羽部》："翃，胡公反，虹字。"（263）《一切经音义》卷四十三"白虹"条："古文豇。"（54/597/b）又卷七十一"虹电"条："古文豇。"（54/769/c）今本《汉书》"翃"字或作"豇"，《万象名义》"翃"一本作"豇"。《玉篇·羽部》："翃，胡公切，飞声。豇，同上。"（476）《集韵》平声东韵胡公切："翃，飞声。或书作翂。"（9）《龙龛·羽部》："翂、豇，二或作。翃，正，音红，虫飞貌也。"（326）则"翃"、"豇"、"翂"一字之变，六朝以来皆用作"虹"字异体,近代字书多为载及。然以形求之,窃谓"羿"并非"虹"字之借,而是"虹"之俗讹。《说文·虫部》:"虹,'蚣'籀文'虹',从申,申,电也。"《一切经音义》卷八"虹蜺"条云:"古文作'玒',籀文'𤇾'从电,电也。"(54/356/a)"𤇾"当是"虹"与籀文"蚣"交替影响的产物。"虫"与"羽"形体差别较大,难以致讹,但"羽"与"申"的古文形体则颇相近。如《古文字谱》"羽"象形作"![]"①,"申"字作"![]"(1187);"羽"字作"![]"(291),"申"字作"![]"(1187);从"羽"之字如"习"作"![]"(290),"翡"作"![]"(291),而"申"字战国文字两旁电枝或讹为"臼"②,正与"羽"旁形近,俗书遂别改"虹"从"羽"。亦正因为"玒(羿)"来源于"虹"之籀文,故诸字书以其为古文。《汉书》卷二十六《天文志第六》:"晕适背穴,抱珥虹蜺。"③又卷二十八《地理志第八》:"(沛郡)虹,莽曰贡。"④"虫"、"虹"皆"虹"字之变,则"虹→虫→ 虹"与"玒→羿→羿",变异轨迹亦相吻合。

又,从"羽"之字多有"飞声"、"羽声"之义,但"羿"字《万象名义》并无"飞声"之训,今本《玉篇》有之,恐非顾野王原本所有。其训盖出《切韵》系韵书,故宫本《裴韵》平声东韵胡笼反:"羿,飞声。"(7)故宫本《王韵》训同(106)是其证,此义随形变也。"玒(羿)"字后世变体颇多,《龙龛·手部》:"扛,旧藏作玒。音红,虫飞。"(209)同部又云:"扛,古文,户公反。"(210)则唐写佛经有"玒"讹作"扛"、"扛"者。《龙龛》以"扛"为古文自不可从,但"扛"之言古文"虹"也,"虹"字从"虫","玒(羿)"又变从"羽",故有"虫飞"之训,则行均可能是知道"玒"与"虹"之关系的。

可见,在郑珍考释文字的基础上,我们可以对近代汉字的字际关系作更深入的考辨,并总结其中的原因和规律。此外,郑书中还使用了大量沟通字际关系的术语,用来对文字之间的形音义关系加以阐释,例如《新附考》一书中,就有很多解释说明字际关系的术语:

1. 通作例。如"珈"通作"笴"(209);"麼"通作"靡"(262);"贴"通作"帖"(287);"昂"通作"仰"(297);"幰"通作"轩"(313);"厢"通作"箱"(346);"碌"通作"録"(350)等。

2. 亦作例。如"柞"亦作"莋"(217);"唤"亦作"嚾"(227);"遘"亦作"逅"(230);"逍遥"亦作"消摇"(235);"戚"亦作"蹙"(239);"当"亦作"钄"(246);"诀"亦作"决"(249);"筠"亦作"筍"(267);"晕"亦作"煇"、

---

① 沈康年《古文字谱》,云南人民出版社,2006年,第290页。
② 季旭升《说文新证》,福建人民出版社,2010年,第1023页。
③ 班固《汉书》第五册,中华书局,1962年,第1273页。
④ 班固《汉书》第六册,中华书局,1962年,第1572页。

"運"(294);"罹"亦作"羅"(308)等。

3. 或作例。如"瑀"或作"珝"(214);"登"或作"蹬"(238);"睢"或作"眭"(256);"刎"或作"殁"(265);"榻"或作"檐"(278);"襥"或作"襆"、"纀"、"襥"(313);"嵌"或作"嶔"、"崟"(341)等。

4. 又作例。如"喫"又作"噉"(227);"逼"又作"偪"(231);"顰戚"又作"顰顣"(239);"零"又作"翎"、"翻"(259);"矮"又作"痿"(273);"魄"又作"粕"(301)等。

5. 一作例。如"詹"一作"售"(224);"腨"一作"膞"(263);"烙"一作"格"(362);"挺"一作"埏"(423)等。

6. 俗作例。如"胙"俗作"祚"(209);"迷"。俗作"谜"(249);"睢"俗作"眭"(256);"疏"俗作"梳"(269);"寸"俗作"忖"(370);"黝"字俗作"坳"(426)等。

可见,郑珍对文字的考释有很多的说字术语,这些术语沟通了一批近代汉字的形音义关系,有些则揭示了文献传抄过程中的异文问题,这不仅有利于近代汉字的考辨,也有助于对近代汉字资料的搜集整理。

第三节 郑珍考释文字的方法

段玉裁在《广雅疏证序》中说:"小学有形有音有义,三者互求,举一可得其二;有古形,有今形,有古音,有今音,有古义,有今义,六者互相求,举一可得其五。"郑珍为古籀之学,奉《说文》为圭臬,他在《新附考》序中认为:"后来溷乱许学而伪托古文者有二:在本书中有徐氏'新附',在本书外有郭氏《汗简》。世不深考,漫为所掩。自宋以还,咸称'新附'为《说文》,与许君正文比并,已自诬惑;而《汗简》尤若真古册书之遗,昫其奇佹者至推为遭秦所劫,尽在于斯',而反命许书为小篆,何其倒也。"(465)又"国朝书学昌明,小学家始寖觉二者至非古,然未有追究根株,精加研核,显揭真赝所由来者"。郑珍研治小学,逐字"穷原竟委"、"缕析条贯",可以从中整理出他的考字方法,以供今之研习文字所备鉴。

一、以形考字

形体分析作为考释古文的基础,将不认识的古文字跟已认出的古文形体相系联。"把研究的基点放在找出不识的古文字跟已识的字在字形上的联系,根据确定无疑的字形联系,才可以从本来已识之字的音和义而推知本来不识的古文字的音和义。"①唐兰先生就说过:"对于每个字的认识和了解,第一步得把字的形体笔画都弄清楚。……认清字形,是学者最需注意的,假如形体笔画没有弄清楚,一切研究,便无从下手。"②可见古文字学家对形体分析的重视。郑珍书中,有大量以形求字的例字,显示对汉字形体及其演变有很深刻的认识。

1. 偏旁分析

唐兰先生指出:"把已认识的古文字,按照偏旁分析做若干个单体——就是偏旁,再把每一个单体的各种不同形式集合起来,看它们的变化;等到遇见大众所不认识的字,也只要把它分析做若干单体,假使各个单体都认识了,再合起来认识那个字,这种方法,虽未必便能认识难字,但由此认识的字,大抵总是颠扑不破的。"③这种偏旁分析法,郑珍常用之,如:

㗊,古文"言"。言部古文偏旁皆作此。许书古文与篆异者,其偏旁或不正载。此文据《六书故》卷十一"言"下称:"《说文》曰'辛声。㗊,古文。'"凡戴氏所载古文,俱十四篇之体。非如《玉篇》《广韵》诸书,古文或从别采也。则所见铉本原有。小徐于"㗊"下、"㗊"下并云"㗊,古文'言'",知《系传》本无,故注明之。(39)

㸚,牧。○从女。作楷书者,"攵"字一撇作长点,一横略过左,观之即是"女"字;好奇者又以古文"女"书之。非真有从"女"之"牧"也。(529)

郑珍据《六书故》得《说文》"言,辛声。㗊,古文",则曰所见铉本原有。又据小徐"㗊"、"㗊"偏旁分析得"㗊",曰古文"言"。以此认为,《说文》逸"言"旁。郑氏通过对偏旁"㸚"的分析,认为是偏旁"攵"字一撇作长点,一横略过左,为好奇者又以古文"女"书之,此"牧"形从女旁误。

2. 形符通用通作

唐兰先生在《古文字学导论》中说:"凡是研究语音的人,都知道字音是相通转的,但字形也有通转,这是以前学者所不知道的。"④又指出:"凡义相近的字,在偏旁里相互通。"⑤在郑珍小学里常运用形符通用通作来考释文

---

① 林沄《古文字研究简论》,吉林大学出版社,1986年。
② 唐兰《古文字学导论》,齐鲁书社,1981年,第156—161页。
③ 唐兰《古文字学导论》,齐鲁书社,1981年,第178—179页。
④ 唐兰《古文字学导论》,齐鲁书社,1981年,第235页。
⑤ 唐兰《古文字学导论》,齐鲁书社,1981年,第245页。

字。如《笺正》中例字：

> 博。○篆从"専"同"專"。此从俗作，谬。（569）
> 鷬。○古，鵝也。"鷬"、"鵝"同字。（608）
> 箘。○薛本同。此汉世"箘"之别体。东方朔《七谏》"菎蕗杂乎廳蒸"，严夫子《哀时命》作"箟簬杂乎廳蒸"。"箟簬"即《书》"箘簬"。或从艹者，隶写"艹"、"竹"偏旁多混也。（635）

今按，郑氏通过"専"同"專"，认为"博"字从俗作，"鸟"同"隹"得出"鷬"、"鵝"同字，"艹"同"竹"多相混，多通用，清晰明辨"箘"、"菌"二字的释义。此外，郑氏还提到从"口"从"言"、从"童"从"重"、从"页"从"首"、从让"人"从"女"等形旁可通用通作。

3. 偏旁的类化

汉字在具体的使用中，为更好地借字形凸显字义的功能，往往加上义符。"所谓偏旁类化，就是指文字受具体使用环境的影响，在类推心理作用下，产生的非理性偏旁类推，出现与汉字的基本性质相悖的形体改变，使得文字字形与该字原先记录的词之间的合理对应发生变化。"①郑珍在作此类考释时，多为一些联绵字，因为联绵字多只是借音表义，缺乏相应的形义对应关系。

> 翻，飞也。按，此汉世字，吴虞仲翔以为名。古止作"幡"。《诗·巷伯》"翩翩"、"幡幡"对言，即"翩翻"也。《史记·司马相如传》"翩幡互经"。本之又言"幡"。《集解》引郭璞云："幡，偏幡也。"后因与"翩"联文，乃改"翻"，从羽。（258）
>
> 寀，同地为寀。按，诸经子史采地字只作"采"，唯《尔雅·释诂》"寀，寮官也"作"寀"，而小颜注《汉·刑法志》亦引作"采"，知古本原是采字，后人涉"寮"加"宀"，已后字书遂本之。郭注"官地为寀，同官为寮"。小颜云："因官食采，故谓之采。"义甚明了。徐因"同官为寮"，乃杜撰"同地为寀"，致不可通。（307）

郑氏指出受前后字的影响，发生了偏旁类化。"翻"本作"幡"，因与

---

① 毛远明《汉魏六朝碑刻的汉字形旁类化问题》，《中国文字研究》（第七辑），广西教育出版社，2006年，第67页。

"翩"联文,乃改从羽。"寀"受"寮"影响加"宀"。此种偏旁类化早出现在先秦文献中,到汉赋时则尤为明显,郑氏在考释此类字时,常常引用汉赋语句,以溯其源。

4. 偏旁的增减

(1)增旁。与偏旁类化不同的是,增加偏旁不受汉字使用环境的影响,仅为增加表义信息,是在原字的基础上增加相应的表义偏旁,以凸显其义。如《新附考》中例:

祆,胡神也。按,汉以后西人奉耶稣为天主,谓居极顶一重天,为诸天之主宰者。神名始于后代,《北魏书》止作"天"。俗加"示",别读火千切。据《释名》云:"天,豫司兖冀以舌腹言之:天,显也;青徐以舌头言之:天,坦也。""天"训"显"者,正读火千切。(208)

蓉,芙蓉也。按,《说文》"蕑"字、"荷"字注止作"夫容",《汉书》凡"夫容"字皆不从艸。魏晋后俗加。(216)

增加偏旁是后世汉字产生分化的手段之一,郑珍在笺语中时常出现俗加、俗增类字眼,这种增旁俗字为多数学者所贬斥,而郑氏则致力于对这些字的断代认证和历史考察。

(2)省旁。简省形旁可分为两种,一种是部件的简化,一种是省去正体字一部分部件的方式来代替本字的现象。例如:

𠯁,又。○目录作𧾷,非。如此乃合篆,𠯁是"足"之省体。(557)

𠕋,册。○薛本作"篇",正书从竹,《说文》古如此。"𠵤"者,古文"竹"省。(564)

𡨀,珤。○薛本作"珤"。《说文》"𡧵",古文"寶",省贝,此又省宀。《玉篇》引《声类》云:"珤,古文寶字。"此所本。下宀部又重收《尚书》"珤"。

诒,赠遗也。按,《说文》:"诒,相欺诒也;一曰遗也。"义本明备。"来"下引《诗》"诒我来麰",亦作"诒"。知同谨按《诗·雄雉》《天保》传及《谷风》《小明》《思文》《有駜》笺,《考工记·梓人》与《表记》注并云:"诒,遗也。"他处或作"贻"。经传中多"诒"、"贻"互见,作"贻"皆汉后所改。古亦省作"台"。《尔雅》"台,予也。""予"与"遗"一意。(288)

煽,炽盛也。按,《说文》:"傓,炽盛也。"引《诗》"艳妻傓方处"。

许君《诗》本毛氏。知今《诗》原是"偏"字。后人见毛训"炽",辄改从从火。《汉书·谷永传》注引《鲁诗》"阎妻扇方处",作"扇",古省文。(362)

"㐼"、"𠕎"二字为部件简化,作"㐼"为"辵"之减省,作"𠕎"、"从"者,古文"竹"省。"㓄"、"贻"、"煽"为省去正体字部分部件来代替本字,"㓄"省贝,此又省宀,为古文宝。"贻",经传中多"詒"、"贻"互见,古亦省作"台"。"煽"原作"偏"字,后省作"扇",古文省。

简省部分音旁的情况,如:

粆,粔粆也。从米,女声。按,《楚辞·招魂》"粔粆蜜饵",《众经音义》卷五引《仓颉篇》:"粔粲,饵饼也。"二字殆出自周末,亦是古字,而许君不收。《仓颉》字体"粲"本从如声,作"粆"则后世省书。(302)

縡,事也。从糸,宰声。按,《扬雄传》"上天之縡",小颜注:"縡,读与'载'同。"李注《文选·甘泉赋》亦然。"载"、"事"字何以别从糸?殆非古义。"縡"即"縡"字。《说文》云:"縡,籒文繒,从宰省。扬雄以为汉律祠宗庙丹书告。""縡"是宰省声,不省即"縡"字。《甘泉赋》文正自用其说。丹书,告也。汉时祭天,盖亦用丹书告,与祠宗庙同。后儒不暇究此,缘涉《诗》辞"上天之载",即认"载"、"縡"同字。《广韵·十九代》云:"縡,事也,出《字林》。"盖自吕忱已不识古义矣。(415)

"粔粆"古字作"粔粲",可知"粲"本从如声,作"粆"从女声乃为后世省部分音旁。"縡"简省宰声为"縡"字,并引《说文》"縡,从宰省"。

5. 偏旁的变易

有些字形的演变,是由于偏旁位置发生了变化引起的,例如:

䲢,小船也。从舟,周声。《诗·卫风》"曾不容刀",《释文》云:"刀,《说文》作'䑠'。"《正义》云:"刀,《说文》作'䲢',小船也。"陆、孔同见有此字,但"舟"、"周"左右互易。似宜以左形右声为正。段氏已据补。(84)

㨮,握。○此形"手"、"屋"左右互易。左"屋"之误,非"屈"也;右,倒写"手"字,本作"𠂇"。夏无。(772)

㧟,规。○与上字一也。唯左右互易。(792)

《释文》见《说文》刀,作"鵰",到《正义》时《说文》刀,则作"䑠,小船",二字左右部件互易,郑氏云此字发生位置变易为适应汉字左形右声。"握"字左右互易部件,且部件都发生了形变,易给人造成误解。这种易位在古文阶段时有发生。

6. 利用古文隶定

古文隶定,也称"隶古"、"隶古定",古文隶定始于汉代,由于古文、篆文久远难识,一些学者为方便日后研究便将此类文献中的古文和篆文进行转写,其先是指用隶书写古文。楷书通行后,又出现了以楷书转写古文,也成为"隶定",故隶定古文一般是指以隶书或楷书转写的古文。但由于转写的标准不一,便造就不同形体产生,郑珍通过历时考察,利用古今字体演变来阐释文字的发展变化。

(1) 隶书转写。例如:

售,卖去手也。按,《诗·谷风》"售"字,《唐石经》磨改。钱氏大昕云:"经盖本作'䜌'。"段氏玉裁云:"䜌正字,售俗字。"又《抑》篇"无言不䜌",《笺》云:"教令之出如卖物。物善,则其䜌贾贵;物恶,则其䜌贾贱。"……《史记》:"历书以理,星度未能詹也。"徐广云:"詹,一作'售'。"《索隐》云:"《汉书》作'䜌'。'䜌'即'售'也。"是"䜌"为古"售"字,"售"盖隶省。(224)

些,语辞也。按,《尔雅》:"呰、已,此也。"注云:"方俗异语。"《释文》云:"呰,郭音些。《广雅》'呰,辞也。息计反。'又'息贺反',谓'语余声也'。"知"呰"是"些"古字。《集韵》"些"、"呰"同列,注云:"见《楚辞》,或从口。"尚识古字,只依俗以"些"为正文尔。或由隶变省"口"作"二",或由草书"口"似"二",后因正写成"些",未可定。(229)

郑氏以《索隐》得"䜌"即"售"字,"售"古本作"䜌",作"售"为隶省演变的结果。郑氏据字书材料知"些"古本作"呰",或由隶变省"口"作"二",或由草书"口"似"二",演变成现在的"些"。

(2) 楷书转写。例如:

禹,禹。○古作禹,楷写则如此。《前汉·艺文志》"大禹三十七篇"师古注:"禹,古禹字。"是也。故薛本作"禹"。此亦依楷作之,非。(751)

[图],策。○"策"隶变或作"荚",楷书"荚"作"筴",此仿楷为之。(784)

郑珍考释古文"禹"本应作"[图]",通过溯源得出郭氏作"[图]",此为转写薛本"[图]"改,薛本又据师古注为古文楷书转写所致,非。"策"郭氏古文作"[图]",是仿楷书为之,并非正字古文。

7. 利用字形书写变易

一些古文在经历代辗转传抄、摹写移录流传至今,不可避免地发生一些变化。经郑氏考证这种书写变易多发生在笔画层面,多为增笔、减笔类。

(1)增加笔画。例如:

[图],畏。○古作[图],此多一横非。《书·吕刑》"德威惟畏",《礼·表记》作"德威惟威"。古"威"、"畏"通用。(811)

[图],君。○薛本作"[图]",一作"[图]"。从多"一"。"君"从"两"无义。(532)

郑珍在考释"[图]"、"[图]"古文时,发现二字都是经增加笔画而成,对原来的古文来说是无义的、多余的。

(2)减少笔画。例如:

减少笔画,多是指一些书写着不明造字理据,使字在辗转流传的过程中减少了一些不该少的笔画,如:横、竖、点、斜等,而这几笔之差对整个字的识读影响并不大。

[图],狱。○篆。全书凡作"言"皆省上一横,此独不省,《字指》本文如此,其幸存为郭氏改未尽者。(839)

[图],辟。○薛本作"陧",与下辟部所载同。此脱一画。编中凡从辟偏旁每多用此形,极僻谬。说详下。(755)

郑珍在考释时,熟识《汗简》体例,在考释"[图]"时直言郭氏收"言"字古文时皆省上一横,唯独在"狱"中作[图],为古文幸存者。又据体例言人部"[图]"与辟部"[图]"比,脱一横画,谬。

二、以音考字

杨树达先生在《积微居甲文说·自序》中说:"甲骨中已盛行同音通假

之法,识其字矣,未必遽通其义也,则通读为切要,而古音韵之学尚焉,此治甲骨者必备之初步知识也。"①文字以形为载体,是最易被感知的;而发乎声,声音其次。在据形体考释不能被利用时,以语音为突破口,其价值是不容小觑的。郑氏在据音考释古文时,不仅包含"假借破读",还包括通过语音材料来考释的情况。

1. 利用谐声系统

《说文》作为一部古文字典,其中保存了大量谐声材料,朱骏声在《说文通训定声》中指出有 8 000 多个。《段注》亦指出:"一声可谐万字,万字而必同部,同声必同部,明乎此而部分音变平入之相配,四声之今古不同,皆可得矣。"(817)是首个用谐声来治古音之人,可以说初步建立了汉字的谐声系统理论。郑珍身处道咸之际,治《说文》当以说文四大家研究为基础,故在据音考释时不可避免地运用了谐声系统。

(1) 假借、假、借。例如:

> 獟,狡兔也。从兔,夋声。按,《齐策》云:"东郭逡者,海内之狡兔也。"又云:"世无东郭俊、卢氏之狗,王之走狗已具矣(文以"东郭俊"同为犬名,非也。句中有脱文)。"是古止作"逡"、"俊"。"俊"系正字,以狡兔善走轻俊名之;作"逡"假借。俗改从兔字。(356)

> 翎,羽也。从羽,令声。知同谨按,《众经音义》卷十九云:"氋,鸟羽也。经文作'零'。又作'翎'、'翎'二形,近字也。"玄应意以"零"为古字。钮氏云:"《内则》:'羊泠毛而毳,羶。'注:'泠毛毳毛别聚于不解者也。'《释文》:'泠音零,结毛如毡也。'与《广韵》'氋'训'结毛'合。'翎'、'氋'并'泠'别体。"今审钮说可信。盖"泠"本为兽毛结。汉已后作"氋",亦通为鸟羽之称。"翎"尤晚出。佛书作"零",假借字耳。然古本无兽毛结专字,《内则》"泠毛"亦借用,则作"泠"作"零"皆可。若《文选·舞鹤赋》注引《相鹤经》云:"四翎亚膺则体轻。"《相鹤经》出秦汉间,本文盖不作"翎",后人追改耳。(259)

郑珍认为"俊"为正字,作"逡"假借,后俗改从兔,作"獟"。其说可从,就谐声关系来看"俊"、"逡"皆从"夋"有字形上的谐声关系。郑知同考释"翎"时,认为"氋"又作"翎"、"泠"二形,通过对字书考释得"泠"本为"兽毛结",汉后作"氋","翎"尤晚出。并指出《相鹤经》作"翎",为后

---

① 杨树达《积微居甲文说·耐林庼文说·卜辞琐记·卜辞求义》,上海古籍出版社,2006 年。

人追改。

但在郑氏运用"假借、假、借"此种谐声系统时,其中不免会出现一些可再讨论的结论。例如:

> 丫,兹。○篆,"芓麻"母字,作"兹"假借。薛本"兹"例作"丝",止《盘庚》用此。(519)

郑珍认为"芓"作"兹"为假借,《笺正》是据汪立名刻本。通过版本对照发现,在冯舒本中此处释为"滋"。汪立名本是据朱彝尊潜采堂藏旧抄本(抄本下落不明)翻刻。经校勘发现汪本与冯本序跋、分卷、行款及字迹很少出入。二者不同之处,一般则认为冯本优于汪本。此处,郑氏未据较优版本导致出现错误。夏竦《古文四声韵》是在《汗简》的基础上分韵而来,翻阅《四声韵》发现释作"滋",可见此处所据未用汪本释文。黄锡全先生在《汗简注释》中指出"九、内、豐本滋并作芓,薛本《君奭》滋作芓,《泰誓》作滋(《尚书》滋字仅两见)。郑珍认为:'芓,麻母字,作兹假借,薛本兹例作丝,止《盘庚》用此。'是郑珍不知此兹乃滋之写误。《尚书》兹、滋各别一字,《盘庚》无一芓字,郑珍误检。"①此处郑氏所用谐声系统,"芓"与"兹"和"芓"与"滋"同,"芓"从"子"声,"兹"、"滋"从"兹"声,"子"与"兹"声常常通用,从语音上都可构成假借关系的前提,就谐声系统来看并无问题,但郑珍在考释时未据正确版本,其结论为误。

郑氏在小学著作中运用"假借、假、借"类据音考释的例子约有 220 例,在一些传世文献中,可据读音和上下文语境来判断假借情况,但《汗简》中很多文献已亡佚,其中的一些假借情况就难断定了。

(2)通、通用、通假、同。例如:

> 筠,竹皮也。从竹,均声。按,"筠"系汉时"筍"之别体。"筍"从旬声,"旬"、"均"古字通。《易·丰卦》"虽旬无咎"注云:"旬,均也。"《释文》云:"旬,荀作'均'。"《周礼·均人》"公旬",注云"旬,均也",称"《易》'坤为均',今书亦有作'旬'者。"《礼·内则》"旬而见",注云:"旬当为均声之误也。"可见"筠"从均即是"筍"字。……《玉篇》云:"琈,琈簡也,玉采色。"义本《礼》注,所见本亦作"筍"。"琈"者,"浮"之俗字,竹青皮滑泽有光,谓之"浮簡"。《聘义》取以喻玉之采色,借作

---

① 黄锡全《汗简注释》,武汉大学出版社,1990 年,第 197 页。

"孚尹"。俗因之改"浮"从玉作"琈","笉"亦别从均作"筠",以别于竹胎之"笉",而"筠"字较早。(267)

就"均"、"句"古字通而言,郑珍通过一些传世文献和字中"句"与"筠"之间的关系可得二者之间具有谐声关系,就二字产生的先后关系可知,先有"笉"后出"筠"。

髻,马鬣也。从髟,者声。此字大徐新附。据唐释湛然《止观辅行传弘决》卷八之一云:"髻,项毛也。《说文》云'髻,马鬣也。'"(今本"髻","马"误倒)是唐本有。《系传》"龖"注"髻"字从髟,是。铉本作"耆",以本书无"髻"改。《士丧礼》"鱼左首进髻"注"古文'髻'为'耆'",系通假。(89)

郑珍曰古文"髻"为"耆"系通假,其说为确。"髻"从"耆"得声,"髻"、"耆"字形上有谐声关系,可构成通假。

礒,大石激水也。按,"礒"字经典中唯《孟子》"不可礒"一见。宋氏翔凤《四书释地辨证》云:"依义当作'機'。《说文》:'主发谓之機'。赵注云:'礒,激也。'激即激发之义。"此说得之。自《孟子》改从石作"礒",因生"石激水"之解。《广雅》录其字,厥后词章家"礒头"、"钓礒"之语叠出矣。知同谨按,钱氏大昕云,《通典》"吴以牛渚圻为重镇",即"牛渚礒";古"圻"与"畿"通,知"圻"即"礒"字。今审"牛渚礒"之名起于后世,"圻"乃同音通用字,"圻"无石激水义。钮氏据《论语》"言不可若是其幾"何注"幾,近也",即是《孟子》之"礒","幾近"与"激摩"义合。尤强解,不足辨。(350)

郑氏考释"礒"本作"機",见《说文》。传世文献《孟子》改从石,因"石激水"而作。其子知同据《通典》异文"牛渚圻"、"牛渚礒",知古"圻"与"畿"通,知"圻"即"礒"字,二字为同音通用字。此外,还有如"珈、帑字通"、"芉、袷字通"、"量、煇、運字通"、"罳、缄字通"、"亭、停字通"、"切、砌字通",等等,本书"萧"、"晞"、"脪"、"郗"、"睎"、"稀"、"俙"、"欷"、"豨"、"絺"皆从希声。皆可从字形上构成谐声系统。

埜,野。○薛本《禹谟》《说命》作"壄",《牧誓》作"埜"。作"壄"与

《说文》古字合。古从予声,与"野"同。省作"埜"则无声。(688)

郑珍考证"壄",古字本作"壄",从予声,与"野"从"予"声同,后"壄"省予声作"埜"。

(3) 读为(读曰)、读若(读如)。"读为"又作"读曰",为汉时训诂学家所创术语,其义是改读为某字。段玉裁在《周礼汉读考·序》说:"读为、读曰者,易其字也,易之一音相近之字,故为变化之词。""读若"又作"读如"。用"读为"、"读曰"和"读如",表示去取音同或音近的字义说明假借字①。郑书中例字,如:

浃,洽也。从水,夹声。按,古本作"挟"。《诗·大明》"使不挟四方",毛《传》:"挟,达也。"《周礼》"挟日"注"从甲至甲谓之挟日"是也。"挟"与"帀"义同音近。《荀子·礼论篇》"方皇周挟"、《儒效篇》"尽善挟洽之谓神",杨倞并云:"挟,读为'浃帀'也。"杨注每拟古本从俗字,非注古书家法。《周礼》释文云:"挟,字又作'浃'。"及《左传》"浃辰",《楚语》"浃日"亦皆俗改本。《衡方碑》有"浃",知汉时别制。(386)

昳,日厢也。从日,失声。按,《周官·大司徒》注云:"景夕,谓日昳景乃中。"《汉·天文志》:"食至日昳为疾。"《广雅·释言》:"昃,昳也。"《吕览·序意篇》高注:"日中而盛,昳而衰。"可证古字作"昳"。《书·无逸》正义云:"昃亦名昳,言日蹉跌而下也。"《左传·昭五年》正义说同,此所以名"跌"义。俗改从"日",当在汉已后。知同谨按,《齐策》云:"邹忌身体昳丽。"高诱注:"昳读曰'逸'。"此"昳"当为"佚"之误。古"佚"与"逸"通,先秦无"昳"字也。(296)

詎,詎犹岂也。从言,巨声。按,《前汉·高帝纪》:"公巨能入乎?"小颜注:"巨,读若詎,犹岂也。"《庄子·齐物论》"庸詎知",《释文》:"詎,徐本作'巨',李云'何也'。"知古借"巨"为之。《集韵》《韵会》引《字林》:"詎,未知词也。"知汉后别加言。(248)

伺,候望也。从人,司声。相吏切。自"低"以下六字从人,皆后人所加。按,《说文》"伏"、"豸"、"矙"、"覗"等字注,"伺"并作"司"。《周礼·蜡氏》注"蜡读如狙司之狙"、《荀子·议兵篇》"掎挈司诈"、《汉·高五王传》"微司赵王"、《灌夫传》"令门下候司",皆止作"司"。加人当出汉已后。(319)

---

① 洪诚《洪诚文集》,江苏古籍出版社,2000年,第178页。

郑氏考释"浹",查传世文献皆作"挾",为古文。郑氏据杨倞"挾"读为"浹",认为汉时改从俗字作"浹"。"浹"、"挾"二字皆从"夾"声,字形上可够成谐声关系,且意义相近。考释"昳"时,据《尚书》《汉书》《广雅》《吕览》证其古字本作"跌"。又引《左传》已证其实。并曰俗改从"日"当在汉后,到《战国策·齐策》则改作"昳",并改高诱注"昳读曰'逸'","昳"当为"佚"之误。"佚"、"逸"皆从质部,可构成互谐关系。郑氏查传世文献"巨",读若"詎",知"詎"古借"巨"为之,后又据传世字韵书《集韵》《韵会》《字林》等知其为后世别加言为之。"伺"据《说文》《周礼》《荀子》《汉书》等皆止作"司"知加人为汉后出,其中郑氏据《周礼·蜡人》曰:"蜡读如狙司之狙"。"蜡"为清母鱼部字,"狙"为清母鱼部字,二字在读音上可构成谐声关系,多为注音关系。此外,此外还有"儺读为難"、"貊读为邈"、"用读若庸"、"瑼读若维"、"玖读如己"等,但此种类型皆很少。

2. 利用古文规律

(1) 音近音同声符通作。古人有形旁义近义同互用的习惯,同样也会有声旁音近音同互用的现象,其主要为一些音同义近或音近义同字的替换,其区别为形体上的差异,而读音和意义几乎相同。这类声符替换,主要是指一些形体不同的声符在同一个字中发生不同的替换,其区别为声符形体上的差异,而音、义几乎是完全相同的。郑书中例如:

> 蜢,蚱蜢也。从虫,孟声。知同谨按,《方言》:"蟒,宋魏之间谓之蚱,南楚之外谓之蟅蟒,或谓之蟒,或谓之螣。"郭注云:"亦呼蚱蜢。""蟅蟒"盖即"蚱蜢"古字。故郭氏以"蟅"音近"詐"即"蚱"之去声而俗别作"蚱"。郭音"蟒"为莫鯁切,与《玉篇》"蜢"字音同。"蚱蛨"亦即"蚱蜢"。"蛨"是"蜢"之入声也。今《说文》有"蟅"无"蟒",疑后写脱一篆。蟅蟒古本是蝗,蚱蜢是蚣蝑,而别造"蚱蜢"字也。郭又注《方言》"蟋蟀"云:"江东呼蚱蛨。"亦以"蝗"与"蟋蟀"为类,故皆与"蚱蛨"注之。许君列字,"蟅"次"蝗"与"蚣蝑"之间,盖亦不加分别也。(418)

郑氏先据《方言》"蟒,南楚之外谓之'蟅蟒'",郭注为"蚱蛨"。并又注"蟅蟒"为"蚱蜢"古字。郭氏注"蚱蛨"是因"蟅"音近"詐"即"蚱"之去声二俗别作"蚱"。"蟒"与《玉篇》"蜢"字音同。"蛨"是"蜢"之入声也。可见"蟅"、"蚱"、"蚱"中"庶"、"乇"、"乍"上古声近韵同,为声符替换字。"蟒"、"蜢"二字古音同,"蛨"与"蟒"、"蜢"古音近,三字也为声符替换,通用之说可信。

罛，罜罛，屏也。从网，思声。按，《礼记·明堂位》注作"桴思"，《考工记·匠人》注作"浮思"，宋玉《大言赋》作"覆思"，《汉书·文帝纪》作"罘思"。"桴"、"浮"、"覆"、"罘"音近互用；"思"字皆不从网，俗加网以配"罘"。"罘"是兔罟，非桴思本字，古特依声用之，此俗字之无理者。（307）

郑珍据《礼记》《考工记》《汉赋》《汉书》等传世文献得"罛罜"、"桴思"、"浮思"、"覆思"曰"桴"、"浮"、"覆"、"罘"音近互用，其说可立。"罘"为奉母屋韵；"桴"、"浮"、"覆"三字古音同，皆为奉母尤韵；屋韵与尤韵之间可转，故四字可通借使用。四字之间为一字异体关系。

仄：侧。见史书。○篆，倾仄字。《前汉·五行志》"仄注冠"，师古曰："仄，古侧字。"又"以无背无仄"，注同。盖"仄"、"侧"音同义似而古通。（819）

郑珍据《汉书》师古注："仄，古侧字。""仄"、"侧"音同义似而古通。皆为其类。此外如"魄与粕音同"、"䴷与唤音同"、"表与谱音同"、"缺与决同"，等等，此类在郑珍的小学考释中比较常见。

（2）一声之转。赵振铎先生在《训诂学纲要》中指出："语言是发展变化的，一个词在不同的时期、不同的地域发生了语音上的变化，读成了另外一个音，人们就用另外一个字去记录它。这种现象清朝的学者称之为一声之转，或者叫声转、语转都是一个意思。"①洪诚先生亦曰："一声之转，是说几个字在声钮同一的前提下语音发声转变。"②此类语音变化早在西汉时期就有学者注意到，扬雄作《方言》时，就已提及，称之为"转语"、"语之转"。到清代逐渐成熟，变为一种习用的训诂方法，突破语音的限制来探索字词与字词之间的关系。郑书例字，如《新附考》中：

透，跳也，过也。从辵，秀声。他候切。知同谨按，《方言》："逴、狳、透，惊也。自关而西秦晋之间凡蹇者谓之逴，宋卫南楚凡相惊曰狳，或曰透。"此"透"之本义也。古字作"俟"。《贾子·容经篇》"穆如惊俟"，即"透"字。《韵会》引《说文》："俟，犬走疾也。"（今《说文》止注

---

① 赵振铎《训诂学纲要（修订本）》，巴蜀书社，2003 年，第 115 页。
② 洪诚《洪诚文集》，江苏古籍出版社，2000 年，第 8 页。

"疾也",文脱)"走疾",故有"惊"义。《说文》"獥,读若愬","倏,读若叔","愬"古音入声如"朔","獥"、"倏"一声之转。"倏"之去声则如"秀",故别从秀声作"透",古仍读叔,见曹宪《广雅音》《篇》《韵》。透音"他候切",亦有"式六切"之读,则古今音两存之。(233)

郑氏以为"'獥'、'倏'一声之转",其子先据《方言》:"逴、獥、透,惊也。"

三、以义考字

汉字是不断发展演变的,其形音义在演变的过程中不断发生变化。由于形和音的变化,使得许多字的本义被其掩盖,只知其引申和假借义。但于阅读古籍文献或出土文献只有理清其本义才能准确理解其句意和其本来面貌。郑珍在考释中以字义为突破口,准确甄别字形。如《逸字》中例:

> 纔,浅也。读若谗。从糸,毚声。今本止有"纔",注云:"帛雀头色。一曰微黑色,如绀。纔,浅也。读若谗。从糸,毚声。"无"緅"字。说者以"帛雀头色"与《考工记》"五入为緅"注"今《礼》俗文作'爵',言如爵头色也"合,"微黑色,如绀"与《士冠礼》"爵弁服"注"爵弁,其色赤而微黑,如爵头然,或谓之緅"合,遂谓"緅"字许君止作"纔"。按,此注属文可疑。"一曰微黑色"是一义;"纔,浅也"又一义,不应不加"一曰"字,且止当云"一曰浅也",不应另提"纔"字曰"纔,浅也。"又,毚声在侵覃部,更不应取鱼虞部中之"取"字为声,别造"緅"字。钱氏大昕、汪氏中诸人虽有"緅"、"纔"一声相转之说,要无所据。今考"纔"篆盖"緅"篆之误,下"纔,浅也"云云,乃"纔"字篆解。今本由"緅"、"纔"联文,误"緅"作"纔",即上下成两"纔"篆;浅者不知,因删注"从糸,取声"不相应之文,以"纔"之篆注并入上注,令免重复。观"纔,浅也"一句,断然可知也。"纔"注恐亦未完。次"緅"之下,必系帛色。当云"帛浅某色",今不可考。后人止取"浅"义,为仅"纔"字。(117)

郑珍谓"纔,浅也",可信。见今本《说文》:"纔,帛雀头色。一曰微黑色,如绀。纔,浅也。读若谗。从糸,毚声。"以"帛雀头色"与《考工记》"緅"注今《礼》"爵,爵头色"和《士冠礼》"爵弁,其色赤而微黑,或谓之緅"合。据上文释义曰注文可疑。谓"纔"注中"一曰微黑色"、"浅也"为二义,应为"一曰浅也"。毚声在侵覃部,更不应取鱼虞部中之"取"指正钱氏和汪氏等人一声之转之误。因二字联文,据上下文字义知"纔"篆盖"緎"篆之误,浅者不知,删去"从糸,取声"不相应之文,以"纔"之篆注并入上注。后又据"纔,浅也",知"纔"注亦未完。

  辳,農。○今薛本《洪范》作"辳",是;《盘庚》作"辳",《酒诰》作"辳",《洛诰》同,皆误。《说文》古作"蕽",从林;此从艸。"農"从艸于义为近。据《一切经音义》屡云:"農,古文'蕽'。"恐《说文》本亦从艸。(519)

  郑珍通过今薛本《洪范》《盘庚》皆从"艸","農"从艸于义为近。并据《一切经音义》云"農,古文蕽",甲骨文中 （明四六） （乙二八二或从艸）分别像手持"辰"这种工具除去草和除去林木的形状,郑氏认为《说文》应有从艸之"蕽"。

四、综合形音义考字

  单据汉字形、音、义某个方面的信息来考字有时候不一定能解决问题,汉字集形、音、义为一体,三者之间存在着某些关联。王氏父子作为传统小学的集大成者,二人系统的阐释了"形音义互求"的治学观念。基于此郑珍在考释中,也力求做到兼顾"形音义"三者之间的关系,并得出符合客观规律的认识,体现其对文字"形音义"三者关系的系统认识及多种治学手段的综合运用。

  蘸,以物投水也,此盖俗语。知同谨按,钮氏云:"《尔雅》'水醮曰厬',郭注云'谓水醮尽'。《楚辞·大招》'汤谷寁只',王注云'寁,水蘸之貌'。知'蘸'乃是'醮'。后人妄加艸,音仄陷切者,盖方音之转。"今考"蘸"盖别从蕉声,非加艸、音仄陷切、则为以物投水,音义并与"醮"异。本六朝俗语,借俗"醮"字作之。庾信《镜赋》"黛蘸油檀"等文始通行之。大徐不知也。(222)

  郑氏考"蘸"从音曰别从蕉声,从形曰非加艸,从音义曰音仄陷切、则为以物投水,形音义三个方面皆与"醮"异。以此否定钮氏"'蘸'乃是'醮'。后人妄加艸,音仄陷切者,盖方音之转"之说。并曰从六朝"蘸"借俗"醮"作之,从《镜赋》等文始通行,对二字关系进行了溯源。

琛,宝也。按,"琛"系古字,《说文》未收。凡经典中字不见《说文》者,多汉魏以来俗改,求之许书必有本字;而亦偶有古文,许君搜罗未尽,十四篇中阙如者。故大徐所附,十九例是俗书,其采自经典者不无一二,为三代正文如此。"琛"字见《诗》是也。庄氏述祖说"琛"古无正体,当依《说文》作"珍"。郝氏懿行则云《诗》用"琛"与"金"韵,若作"珍"则失韵;"琛"与"珍"同训"宝"而音则不同,古必"琛"、"珍"各字。郝说是也。或又谓俗"珍"作"琛",左旁似草书"罙",六朝人书"探"、"深"作"挊"、"洃"可证,以"琛"正书之,即成"琛"。说固有理,而古音要不可合。《玉篇》体亦作"瑑",则益非"珍"矣。(211)

郑氏认为经典"琛"字《说文》未收,为汉魏俗改而致。庄述祖曰"琛"古无正体,当依《说文》作"珍"。郑氏据郝氏懿行云《诗》曰"琛"与"金"韵,若作"珍"则失韵,二字音不同,但义同,曰古"琛"、"珍"为二字。后又据形体"珍"作"琛","琛"左旁似草书"罙",并据六朝"探"、"深"作"挊"、"洃"为证,但而古音要不可合。此处郑氏据义知二字为同训,据形知"珍"作"琛"可信,但于音二字不合,考释出"琛"、"珍"为二字。

五、以用考字

中国传统语言学到清代乾嘉时期,其研究到达了巅峰状态。乾嘉诸儒如王氏父子、说文四大家等的治学方法是严谨而高明的,郑珍继踵前儒,其研究方法不免会受到前贤的影响。同时,郑氏还进一步拓展了自己的新视野和新途径,尤其是《逸字》《新附考》的撰述在材料和方法上,都显示了郑珍力图超越前人的可贵努力。这两本书对文字的考释,除上述几种可行方法外,还有一个重要的方法,就是"以用"考字,例如郑珍善于通过文献的内外求证来增加文字考释的可信度,其实就是根据文献内部及相关外部文献的用字情况来考察字形的源流。

1. 文献内部用字

郭在贻先生在《新编训诂丛稿》中说:"如果我们熟稔了一部书的内部组织,并进一步做到融会贯通,我们便可以把它作为研究的出发点,据以发疑正讹。"①郑氏在《逸字》《新附考》《笺正》几本书中,常常根据文献内部的用字情况来考证文字,其中说解和引用最多的就是《说文》,其内部用字涉及《说文》的偏旁、部首、叙例、注义、收字体例等各个方面。即如段玉裁在《经

---

① 郭在贻著,张涌泉、郭昊编《新编训诂丛稿》,浙江大学出版社,2010年,第391页。

韵楼集》中所言:"然则其读之也宜何如?曰:以《说文》校《说文》。何谓以《说文》校《说文》也,《说文解字》中字多非许旧,则自为龃龉,即以《说文》正之,而后指事象形形声会意之说可明也。"可见这种文献内部求证法是行之有效的,而相较于其他诸儒,郑珍是尤善"以许校许"的。

除了《说文》,郑珍亦常利用《汗简》一书的内部用字情况来作考证。包括:

(1) 依《汗简》字例校之。例如:

〇〇,檐。〇此当是石经《左传·桓五年》"檐动而鼓"之古文,形从攵从木,与编中凡从"会"之字例臆改作〇〇不同。据《说文》解"檐"为"建大木,置石其上,发其机以碓敌",故字有改会声从木者,然《说文》引《春秋传》同今本作"檐",张苍古文固本如是。从木疑是秦汉相传有此别字,石经取作古文,宜非邯郸氏所传。又据夏《韵》无此,而有石经"䉾"古文〇〇,似所见《汗简》此文及注并不如是。古"䉾"从〇〇,形亦不可说,存疑可也。(713)

〇〇,视。〇古。此《说文》古〇〇字。编中"目"形例作〇〇。有作〇〇者,即成省"自"之"〇〇",皆误写。(507)

"檐"其古文从"从攵从木"疑是据《说文》解"建大木"为突出义符改会声从木者,与编中凡从"会"之字例臆改作〇〇不同。后据其引《春秋传》疑秦汉相传有此别字,石经取作古文。郑珍据编中"目"形例作"〇〇",作"〇〇"后皆误写。

(2) 依《汗简》目录校之。例如:

〇〇,白。见石经,亦"伯"字。〇夏引《汗简》作〇〇,又作〇〇,误。目录作〇〇是,当从之。石经小异《说文》。(751)

郑珍知夏《韵》白形皆误,后据目录作"〇〇"是,与《说文》小异。

(3) 依《汗简》偏旁校之。例如:

〇〇,诸。〇薛本同。石经《春秋》古文"诸"如此,从古文"旅"声,〇〇与"者"所从〇〇声,本止一形之变,说详上"都"字。古文"诸"从〇〇声,犹"者"声也。右从彡无义。编中"言"有古〇〇、〇〇两形,即古文〇〇之省变。此必原从〇〇,或从〇〇,当时石拓本不明,故《隶续》书作〇〇,造伪《书》者亦

认从"彡",非也。然此形犹近之,至编中凡从"者"偏旁例作㫃,愈变而远矣。(798)

暜,普。○篆从白声,或从𦥑。此从日,不合孔氏古文,当由郭改之。全变凡"白"、"𦥑"、"日"三字偏旁每作⊙形无别。(858)

郑珍据郭氏编中字偏旁说明《汗简》古文字形产生变化的原因。

2. 外部文献的用字

郑珍考释时,不仅继承前人内部求证,还运用外部求证的方法,做到了"内外求证"。在外部求证时力求"博网载籍",通过征引文献例证,来证明自己的观点。其参引的其他字书和有关典籍有数十种,除此之外,还引用了《尚书》《老子》《楚辞》《礼记》《尔雅》《方言》等材料,并时常从碑铭、方言、典章制度、社会文化中吸取有关字形的证据,搜求到一些前人未能发现的新材料,充分体现了郑珍严谨的治学态度。

(1) 据字韵书校《说文》《汗简》。例如:

鞘,刀室也。按,《说文》"削"训"鞞也","鞞,刀室也"。"削"即古"鞘"字。《方言》《释名》《小尔雅》《广雅》诸书,"刀削"字皆作"削"。《玉篇》《广韵》"刀鞘"字从韦,是汉后俗改。《广韵·肴韵》"鞘"训"鞭鞘",《笑韵》"鞘"下始有"同鞘"一说。大徐以"鞘"当"鞘",是因俗而又失者。(251)

晟,明也。按,《尔雅·释诂》注"美盛之貌",《释文》:"盛或作'晟',同。""晟"即"晟"字,系"盛"之俗。《玉篇》《广韵》之"晟"皆与"盛"同。(292)

此两例为郑氏据字韵书校正《说文》,"鞘",郑珍据《方言》《释名》《小尔雅》《广雅》等字韵书古体当为"削",到《玉篇》《广韵》时俗改从韦之"鞘",《广韵》并云"鞘,同鞘"。以证《说文》本有之。"晟",郑珍据《尔雅》《释文》《玉篇》《广韵》字韵书充分证明"晟"与"盛"同。

眱,睇。○更篆,从古文"夷"。今《说文》"夷"脱去古"尼",说详《逸字》。《说文》亦无"睇",而《玉篇》引《说文》"睇"作"眱",今本恐误。张揖《广雅》:"矔眱,直视也。"仍用正"眱"字。此出《古今字诂》,作"眲"别有所出。

弩,弩。○"经"乃"经"之误。《玉篇》:"弩,同'弩'。"今《说文》弓部脱"觜"篆,详见《说文逸字》。"觜"省作"弟",俗作"弩",故《玉篇》《广韵》止有"弟"。《玉篇》云"弩同",《广韵》云"或作弩",且不正出"弩"字。至俗改"弟"作"舾",则又在后。《义云切韵》乃并以"舾"、"弩"为古文,郭氏屑部及此两录之。此既从小篆"折",又以本书"斤"作之,皆非也。注宜作"觜"或作"舾"。(938)

此两例为郑珍据字韵书校正《汗简》,"睇",郑珍在笺正时,据《玉篇》《广雅》等书皆作"睇",而无作"眲",知其别有所出。笺正注"弩"字时,更是据《说文》《玉篇》书指出"弩"与"觜"之间字际关系,又据《玉篇》《广韵》指出"弟"、"弩"二字字际关系,后据《义云切韵》并以"舾"、"弩"为古文,知郭氏两录之原因,最后指出此处注当改作"觜"或作"舾"。

(2) 据传注群书校《说文》《汗简》。例如:

蘧,艸也。《左氏传》"楚大夫蘧子冯"。按,蒍氏出自蚡冒,为楚世卿。古字作"蒍",《左传》间作"蘧"字,见《襄十八年传》"蒍子冯"《释文》。《五经文字叙注》云:"'蘧'、'蒍'同姓,春秋错出。"盖唐已前经本早乱之。鲁亦有蘧氏。《左昭十一年传》云"蘧氏之篚",《释文》云:"本又作'蒍'"。据《隐十一年传》,鲁有寪氏。疑"蒍氏"本即"寪氏",后人传误,同楚之"蒍氏";又以"蘧"易之。"蒍"、"寪"两字并见《说文》,各有本义,氏族乃出其后。若远志草名作"蘧",见《集韵》,则尤后出。(216)

阀,阀阅,自序也。从门,伐声。义当通用"伐"。按,《史记·高祖功臣年表》:"明其等曰伐,积日曰阅。"《左传·成十二年》"却至骤称其伐阅",注:"所践历也。"《汉·车千秋传》《朱博传》亦并作"伐阅"。颜注:"伐,积功也;阅,所经历也。"据《左传·襄十九年》云:"夫铭,天子令德、诸侯言时计功、大夫称伐。""伐阅"义当本此。(394)

郑珍据《左传·襄十八年传》《五经文字叙注》知二字字际关系,"蘧"、"蒍"同。知二字唐前经本早乱之,又据《左昭十一年传》《释文》等确证。"阀,阀阅",郑珍据《左传·成十二年》《汉·车千秋传》《朱博传》皆作"伐阅"。又据颜师古注和《左传·襄十九年》实证"伐阅"义。

㧖,拉。○篆。"摺,败也。""拉,摧也。""拹,摺也,一曰拉也。""摺"、"拉"异字,而音义相似,理本可通,《史记·范雎传》"折胁摺齿",《春申君传》"折头摺颐",《前汉·邹阳传》作"范雎摺胁折齿",即《公羊庄元年传》"搚干而杀之"之义,亦即《史记·齐世家》"拉杀鲁桓公",此"摺"、"拉"同义之证。后因通为一字,至《集韵》更以"拉"、"摺"、"拹"同字矣,注"尚书"非是,部首已出《尚书》字,此不应再例;且《尚书》无"搚"、"摺"。此诸文俱见《史》《汉》,"尚书"盖"史书"之误。(907)

郑珍曰"摺"、"拉"异字,而音义相似。据《史记·范雎传》《春申君传》《前汉·邹阳传》《公羊庄元年传》等传证"摺"、"拉"为同义。后因通为一字,至《集韵》更以"拉"、"摺"、"拹"同字矣。

(3)据群书校《说文》《汗简》。例如:

粆,粔粆也。按,《楚辞·招魂》"粔粆蜜饵",《众经音义》卷五引《仓颉篇》:"粔籹,饵饼也。"二字殆出自周末,亦是古字,而许君不收。《仓颉》字体"籹"本从如声,作"粆"则后世省书。知同谨按,许君作书,所重者经典正文,旁及他书所应用字。若战国方言改易殊体,观其《叙》中訾议七国"言语异声,文字异形"之说,意甚轻之。虽有合乎六书,然且多不采录。故如《墨子》《韩子》《吕览》《楚辞》诸书所有罕见文语至夥,积古相传如此,非不出自先秦,而许君例舍置不及。其他如《山经》识怪等编所纪异物,无足征信,尤所不道。今读许君之书,不必执先秦已上之文尽归囊括,遂断古籍之字不见《说文》者,辄由后人用俗书改易。即如"粔粆",明是南楚方言,虽《仓颉篇》载之,许君犹不登录。若欲广搜前迹,充溢异闻,在诸子传记中原有此等古字,惜大徐不全采附,徒摭拾后世俗体,强令鱼目混珠。钮氏不知,又一概俗之,乃据《周礼·笾人》注"寒具",谓"具"与"巨"通,古"粔"本作"巨";据《释名》《广雅》"黏"之文,谓"敉"即《说文》训"禾属而黏"之"黍","粆"与"敉"同,即"黍"俗字。说最无理。凡两字成文,同从一偏旁者,分举一字即无义,何以判"粔"、"粆"为两事而各为之?求古字如是牵强乎?(302)

慊,从也。按,《吕氏春秋》"揆吾家苟可以慊剧貌辨者",高注:"慊,足也。"《齐策》此文"慊"作"慊",则"慊"本"慊"之俗别字。训"足"之"慊",古无正文,如《齐策》与《庄子·天运篇》"尽去而后慊",则借作"慊";《大学》"此之谓自谦"借作"谦";《荀子·荣辱篇》"臭之而无嗛于鼻"、《史记·文帝纪》"天下之民未有嗛志"又借作"嗛"。俗

"傔"字当出汉已来。若傔从之义,始见《唐书·封常清传》,名尤晚出。(315)

郑珍据《楚辞》《众经音义》知"粊"为"絜"后世省书。其子知同曰许君作书,重经典正文,但于方言不予采纳。如《墨子》《韩子》《吕览》《楚辞》诸书等罕见文语至夥,其他如《山经》识怪等编所纪异物亦不予采录。"粔粺",为南楚方言,故不见。后又据《周礼》《释名》《广雅》《说文》等证钮氏之误。"傔"字训义,郑珍据《齐策》《庄子·天运篇》《大学》《荀子·荣辱篇》《史记·文帝纪》等证训"足"之"傔",古无正文。据《唐书·封常清传》知俗"傔"训"从"为晚出。

㐰,酣。○《尚书》"酣"见《伊训》《酒诰》。薛本《伊训》作"甘",盖传写脱亻旁;《酒诰》作"佔"。《一切经音义》卷五云:"酣,古文'佔'。"盖汉后字书有之。(643)

傷,黨。○释"黨"盖以为"倜傥"字也,"倜傥"古无正字。《史记·司马相如传》作"俶傥",《前汉·扬雄传》作"佚荡",《郊祀歌》作"跌荡",《关尹子》"心傥傥物迭迭",皆取声同书之,此"傷"字见《法言》"剿而不傷,傷而不剿",与《荀子·君道篇》"倜然"之"倜",及《史记》"俶傥",《前汉·史丹传》"傥荡"、《陈汤传》"傥荝"之"傥",盖皆汉别出字。徐铉附"倜傥"于《说文》,此以"傷"为"黨"之古文,并非。(762)

"㐰"字,郑珍据《伊训》《酒诰》知有"酣"和"佔"二字,后引《一切经音义》证"佔"为"酣"之古文,为汉后字书有之。"傷"郑珍据《史记》《汉书》《郊祀歌》《关尹子》等书详证"倜傥"古无正字,皆取声同书之。后据《法言》《荀子》《史记》《汉书·陈汤传》等证"傷"、"倜"、"傥"等字皆为汉别出字,故此处以"傷"为"黨"之古文误。

(4)据古代鼎彝碑刻校《说文》《汗简》。例如:

勢,盛力权也。按,经典本皆借作"埶"。古无"勢"字,今例改从俗书。《史》《汉》尚多作"埶"。《外黄令高彪碑》《先生郭辅碑》并有"勢",是汉世字。据二碑从力在丸下不在埶下,盖"埶"之右篆形作丮,隶变作为,非从力也。俗因正书作"勢"耳。(431)

蘄,古文"祈"。艸部"蘄"从艸,靳声。大徐谓《说文》无"靳"字,他字书亦无,疑与"莃"相承,误重一文。段氏注云:"当从萆,斤声;以不立萆部,故附艸部,与'蠾'附虫部同。"今考古鼎彝文"用旂眉寿"、"用旂匄百禄"、"用旂绾绰"等"旂"字,并从㫃,斤声,即"祈"之古文。"祈"下当原有此字。自"蕲"失偏旁,俗因改"旂省声"为"靳声",不计"靳"为何字矣。(33)

第一例郑珍据《史记》《汉书》多作"埶",又据《外黄令高彪碑》《先生郭辅碑》二碑"埶"之右篆形作丮,隶变作势,非从力。今改从俗书。第二例,大徐谓《说文》无"靳",郑珍据古鼎彝文证当有"祈"之古文"靳"。

𢓱,来。〇《隶续》:石经《春秋》"来"古文作𢓊。知郭氏此从石经也。按,"行来"字积古借用"来牟"之"来",汉隶增"彳",取配"往"字。见《唐公房碑》《辛通达造桥碑》,又增"辵"以配古文"逨"。恐非邯郸淳古文之旧。(672—673)

𨔵,动。〇古"重"、"童"通用,故从重声之字亦多从童。"动"作"勭"见秦《峄山碑》、汉《娄寿碑》。此更篆从《义云章》"童"。(769)

𦤀,鼻。〇"自"字也。"自"本系"鼻"字,古钟鼎彝器铭文多作𦤀,乃最初象形之文。或作𦥅,并象气出,此为真古文。(606)

"𨔵"字条,郑珍认为古"重"、"童"通用,据秦《峄山碑》、汉《娄寿碑》确证。"𦤀"郑珍据古钟鼎彝器铭文多作𦤀,知其为最初象形之文,为真古文。

第四节　郑珍文字学的特色与成就

在前文梳理郑珍文字学内容和方法,以及字学考论的基础上,我们能够更为清晰地认识和总结郑珍文字学的特色与成就。

一、具有汉字发展史眼光

郑氏考析文字,源流并重,并且特别注意从汉字发展史的角度去阐释文字演变的原因和规律。例如《新附考》"祧"字条,郑氏认为古无"祧庙"正字,而是借"濯"字为之,因《玉篇·示部》"祧"重文作"禷",注曰"古文",则可能"濯"先变为"禷",后乃改作"祧"也。依郑说归纳之,诸字的发展演变轨迹是:濯→禷→祧,从而揭示汉字史上"祧庙"字的源流。而同时,郑氏还常常根据汉字资料的传承和演变,来理清历代汉字的性质和特点,如"挑"字条云:"凡《玉篇》《广韵》及《众经音义》等书,所载古文最夥,大半不见《说文》,盖皆采自卫宏《古文字书》、郭训《古文奇字》、张揖《古今字诂》等书。观其形体,大抵奇僻,为世所不用。其出自先秦以上六国异文、为李斯所罢不合秦文者,在汉时犹或传之;其即出秦汉已来方俗所制,俱不可定。甚至有因古籍文体假借,世传笔迹讹变,亦指为古文者,更属不经,不可与《说文》所列古文六百余文出自壁中经者相提并论也。"(207)这样的论断,显然是具有汉字史观念的。

类似的例子又如《新附考》"懌"字条,郑氏以为"釋"字引申,因训"说(悦)",故变从心,为汉魏以来俗书。而郑氏根据"懌"字的发展演变,同时指出:"六朝以降,经典画一。而自唐宋已来乃多任意纷更,明人尤甚,他书亦然。国朝前辈悉心校整古籍,厥功甚伟;而乾嘉诸人著书,援引或不免轻肆增改,以就己说。校刊家又多师心武断,其弊转不可胜言"(374)从文献和字学家的角度,指出了汉字发展史的影响因素。

此外,郑氏善于从历代传世文献中,去寻找文字形音义的蛛丝马迹,从而梳理出汉字发展演变的时代性。有汉魏时文字,例如《新附考》"氅"字,郑珍考云:"其字不见汉魏人书,唯《世说》始有'鹤氅裘',是六朝名称。"(330)又"艇"字:"如楸、橃、桴、檻等字在《说文》皆从木,而《广雅》皆从舟。《方言》'艇'、'舻'字亦从舟。是汉魏间改者。"(332)又"塲"字:"作'易'是毛公原文。《易·大壮》'丧羊于易',《释文》:'易,陆作塲。'知汉魏间俗加土旁。"(424)

有齐梁间文字,例如《新附考》"鬟"字徐铉注云:"总髮也。从髟,瞏声。古妇人首饰琢玉为两环。"郑珍考云:"此系齐梁间俗字。'鬟'则《说文》原有。琢玉为两环之说未见所出,徐氏臆拟,不可信。"(337)又"魑"字:"《众经音义》卷六云:'魑,《说文》作"离",《三仓》诸书作"螭",近作"魑"。是齐梁已来俗字如此。'"(337)又"恰"字:"六朝已前书无此字。唐人诗乃常用之,义为适当。齐梁已来俗语也。'用心'之义本《唐韵》。"(373)又"塔"字:"'塔'初亦止借'榙'(玄应以经文作'榙'为非者,其书说字,例依《仓颉篇》已下诸字书,所有本字,宁取俗书,不依假借)。齐梁间乃有'塔'字。葛洪始收之。'刹'与'塔'一也,音有轻重耳。"(427)

有唐宋时文字,例如《新附考》"剟"字:"唐宋人诗以'雕'、'剟'并言,故《广韵》训'刻削'。大徐训'削',见《玉篇》。"(266)又"餻"字:"在汉时有此名,然唐已前文字罕见用者。……《方言》作'餻',殆非古体。……今本且或经唐已后人用俗书改易,益非其旧。今据唐宋人书所称引,犹或见古

字。"(272)又"挎"字:"《艺文类聚》列采古籍,例作'挎蒲',他书亦多用二字。唐宋人诗尚然。"(407)

还有一些例子,郑珍关注到汉字发展史上一些重要的变革及其对汉字的影响。比如"隶变",郑书不仅梳理了古字的隶变过程,还阐明隶变对汉后出字的产生所起的作用,不仅可以看出郑珍对汉字"隶变"规律的深刻认识,还能看出他对文字流变的精通,体现出汉字史眼光。例如《新附考》"莋"字:"今《史记·司马相如传》'邛笮之君长'、'邛笮冉駹'皆作'笮'。《汉书·地理志》'越嶲郡'、'定莋'、'莋秦'、'大莋'及《相如张骞传》皆作'莋'。……'莋'者,'笮'之隶体。凡隶法,'竹'多作'艹',非别一字。"(217)又如"售"字:"段氏玉裁云:'讎正字,售俗字。'是'讎'为古'售'字,'售'盖隶省。"(224)又如"呀"字:"古文于'牙'下加'㘅'。'㘅'者,古文'齒'字;隶书之,则作'齘'矣。"(229)又"些"字:"《集韵》'些'、'呰'同列,注云'见《楚辞》,或从口。'尚识古字,只依俗以'些'为正文尔。或由隶变省'口'作'二',或由草书'口'似'二',后因正写成'些',未可定。"(229)再如"睅"字徐铉云:"目精也。从目,関声。按'勝'、'騰'字皆从朕声,疑古以'朕'为'睅'。"郑珍则指出:"徐说非是。《说文》'瞬,目精也。从目,舜声。'即'睅'古字。汉人隶变写'舜'为'䑞',至《景君铭》'鄰'之左作'歺',《羊窦道碑》'麟'之右作'歺',则且省'舜'之半。此'瞬'字省'舜'之左右各存一笔,遂成'关'形。《隶释》有'益州太守高睅'是也。《周礼》'瞽'、'矇'注云:'无目睅'、'有目睅',正为'瞬'字。六朝后字书读'瞬'、'睅'为两音,盖无识之者矣。徐氏据'睅'偏旁与'夲'之隶变'关'同,即仿'夲'作篆,自不足辨。"(256)这样的考证是非常深刻且令人信服的,显示了郑珍对隶变及其规律的认识和把握。

这些论例,都从汉字发展史的角度阐明文字的形音义源流,有助于把握汉字尤其是近代汉字的发展脉络,以及不同时代汉字的特点。

二、重视汉字的俗写俗用

与乾嘉诸儒对待汉语俗字的保守态度不同,郑珍特别重视汉字发展过程中的古今、正俗之辨,尤其是注重汉字的俗写、俗用。除了《逸字》《笺正》二书中对许多古文的俗写有大量辩证,郑珍对俗字论述最多的是《新附考》,例如"繾綣"字:"繾綣乃卷束、卷屈之义,古止作卷。……盖其初束缚之义止言'卷',未有专字也。……《广雅》有'糮䉛,抟也',谓抟饭使粘着。此又'遣卷'引申之义而别造字。以俗证古,意益明矣。"(415—416)提出了"以俗证古"的字学观点。除了利用俗写考证文字嬗变,郑氏还常常利用俗字校勘古籍，例如"嘲"字条郑珍考云："古本作'啁'。……《广雅》尚止作'啁'。若《三国志·费祎传》'孙权性滑稽，嘲啁无方'，不应正俗并用。'啁'当是'调'之误。"（229）不仅理清了"嘲"、"啁"的关系，还指出古籍俗字的特点，提出校正。

郑氏在考字过程，还多次指出俗字的产生是汉字发展的重要现象。例如《新附考》"珙"字条云："古止作'拱'字。……是又傅会《诗》之'共'为执玉而加玉旁。汉时经本已多此等俗字。正如'六加'之为'珈'也。"（215）又如"逼"字条："字又作'偪'，皆'畐'之俗。……《方言》'偪'一本作'幅'。《玉篇》有'䭗，饱也'。又有'稫，稷满貌'。皆'畐'后出加偏旁字，各主一义。俗字之孳乳益多如此。"（231）又"笏"字条："见《说文》'曶'字下。《礼记》：'笏，天子以球玉，诸侯以象，大夫以鱼须文竹，士竹本象可也。'是唯大夫、士笏乃用竹。今以竹形之字施于天子诸侯所用玉象，名实不符。汉已来俗书多似此。"（268）又如"狉"字条："合诸字观之，'㹿'训为'狂'，则改从心，戉声。'㹿'、'㹿'本皆狂走，自《礼记》分'猼'字指鸟，于是两字例得通'飞'、'走'为言。而主兽言者，字作'猼'、'狉'；主鸟言者，字作'翻'、'翃'。亦即可统指鸟、兽。俗字之孳乳寖多如此。"（357）依郑氏所言，如此纷繁的俗写、俗变现象，是近代汉字发展演变的主要趋势，准确考证俗字源流，可以深入理解文字的孳乳规律，因此必须重视汉字发展中的俗字。

除了字形，俗字的产生还多与"俗用"的音义有关，郑氏书中揭示了很多这类现象，显示了他对汉语俗字的深刻关注。例如《新附考》"些"字："《尔雅》：'呰、已，此也。'注云：'方俗异语。'……知'呰'是'些'古字。'些'本'呰'之变，好异文者因目为古文。若俗用'些小'字，则古作'娑'，《说文》'娑，妇人小物也'是也。"（229）指出俗用"此"、"些小"义字的区别。又如"刎"字："古止皆'㓷'。《荀子·强国篇》'欲寿而㓷颈'，正是古字。杨倞注云：'㓷当作刎。'依俗用言之。"（265）说明"㓷殁"字本借"㓷"，因其义与刀相关，故俗用从刀作"刎"。又如"稕"字："《说文》：'稇，紥束也。'当即古稕字。……若《玉篇》'稕'又训'缘'，则由汉后俗用'稕'作纯。经典训'缘'（去声）字，例作'纯'。"（299）又如"琵琶"二字："琵琶出于汉世。其字《风俗通》本作'批把'。徐坚依俗用引《释名》作'枇杷'，云：'推手前曰枇，引手却曰杷，象其鼓时，因以为名。'大徐注本此。《玉篇》引作'琵琶'，亦依俗。"（411—412）指出后来常用的"琵琶"正字其实是依俗而来。

此外，传世典籍中那些依俗而解、依俗而释的字，郑氏多结合文献用字一一指出，从而揭示古籍用字特点。例如"珈"字，郑珍考云："依文义求之，知经传本皆作'加'。……若字已从玉，《毛传》'珈笄'二字作何解乎？笺云

'珈之言加',知汉人已增玉旁。郑君盖依俗行明之。"(209)又如"粻"字:"'粻'为汉世别出字,故《说文》不录。《毛诗》古文宜亦不作'粻'。……今《方言》《楚辞》并改作'餦餭',依俗。"(300)又"幓"字:"《释名》:'绡头,绡钞也,钞发使上从也。'知古止作'绡'。《后汉·向栩传》'好被发,著绛绡头'、《周党传》'谷皮绡头',并用古字。李贤注谓'绡'当作'幓',意取依俗。"(312)通过厘析这些古籍俗字现象,郑氏不仅言明历代典籍各种俗用、俗写、俗借现象,同时指出了古代注家在辨识正俗关系时的疏误,最终揆正古籍文字。

正是因为在对待俗字问题上具有正确科学的观点,郑氏对文字的考释才获得了准确客观的结论,取得了优于前儒的成就。

三、揭示了汉字演变的规律

郑珍说解文字,除了考明出处和时代,辨明字际关系,往往还注重揭示汉字孳乳的原因,归纳汉字演变的规律。例如《新附考》"餕"字条云:"《说文》'䬦'与'饙'同。《论语》'先生馔',《释文》云:'馔,郑作餕。'知'餕'与古'䬦'、'饙'通。然《仪礼》古文已有'餕'字,则非汉儒所增。许君于《仪礼》有录古文而遗今文者,有录今文而遗古文者。其所遗之古文,虽不见《说文》,要是先秦所有古字,与诸经中汉儒增变之体当分别观之。"(271)可见,在汉字发展史上,有许多汉字是在古文原形体上增、变而成,所谓"增变"即增加、变易形声偏旁,这是汉字演变的一大规律。而检绎郑珍书中,可以发现汉字的演变有以下一些规律:

1. 增加偏旁。这类字非常多,尤以增加形旁为甚。例如《新附考》中"祆"(208)字为"天"增"示"旁;"珈"(209)、"璫"(212)、"玘"(213)为"加"、"当"、"己"各增"玉"旁;"噞"(225)为"僉"增"口"旁;"腔"(263)、"朘"为"空"、"忍"各增"肉"旁;"槔"(280)为"皋"增"木"旁;"戽"(291)为"户"增"日"旁;"蟘蠓"(417)为"薎"、"蒙"增"虫"旁,等等,可谓不胜枚举。增旁俗字有的是为增加形符以明其义类,有的则是添注义符以分化汉字职能。除了增加形旁的字,也有少量增加声符的字,例如"曙"字:"《说文》:'睹,旦明也。'则'睹'即古'曙'字。……徐氏不知'睹'即'曙',音当古切,非也。《玉篇》'睹'作'曙',此顾希冯原本。别有'旦明'之'睹',音丁古切,又陈彭年等依《说文》赘增也。"(295)当然,这里将原声符"者"变增为"署",并非新增声符,而是声符字形的累增。郑珍同时注意到,尽管增加偏旁的情况非常普遍,但并非所有后起的形声字、转注字都是增加偏旁而成,例如"港"字条考云:"《说文》:'洪,沟水行也。从水从行。'即'沟港'本字。……'洐'本读户刚切,去声则胡绛切,故俗改从巷声。……'洐'自是沟溪水道,后人不识,别作'港'。非增'巷'从水也。"(383)这里指出"港"并非"巷"增"水"旁而成,而是由"洐"改换声符而成。

2. 改易偏旁。这类字的形声偏旁,往往据俗用音义而改变,其中以改换形旁者居多。例如《新附考》"映"(296)由"昳"改从"日"旁;"荀"(216)由"郇"改从"艹"旁;"迸"(233)由"屏"改从"辵";"迢"(235)由"超"改从"辵";"诀"(249)由"决"改从"言"旁;"鹧鸪"(260)由"遮姑"改从"鸟"等皆是其例。这类改易偏旁的字,大多是为了使字义更加明确,例如"晙"(292)是因训"明义"而改"浚"从"日"旁;"嬬"(408)字是因训"妇官之名"而改"牆"从"女"旁;"辙"(436)是因训"车迹"而改"彻"从"车"旁等。有的是义类相通而更换形旁,如"糉"(303)字因训"角黍束米"而改"稯"从"米"旁,米、禾二旁义类相通。改换声旁的情况较少,例如"蹱"字条云:"'蹱'、'跣'、'跨'皆汉后字,古当作'尢'。……俗加足作'跣',配'踔'字,又改从甚、从今。"(241)"尢"→"跣"为增加形旁,而"跣"→"蹱"、"跨"则为改换声旁。而此外,郑氏亦注意到,尽管改换偏旁而产生新字的情况很多,但有些字可能并非变易偏旁而来,例如"舸"字,徐铉新附云:"舟也。"《新附考》云:"疑'舸'为'柯'之俗。钮意'柯'本系船杙,后因以名舟,字改从舟,非也。……唯牂柯为系船杙之名,固是古义。但船之名'舸',又不可截一字为说。王氏念孙云:'舸者大也。门大开谓之闲,大杯亦谓之闲。'段氏说'荷'字,亦云是大义,言:'其叶何其大也。'此以字音求之。如其说,则古'舸'止作'可'。"(331)钮氏以为"舸"为"柯"改易偏旁而成,但郑氏认为"舸"、"柯"皆由"可"增加形旁而来。

3. 省略偏旁。这类字有些是省形,有些则是省借。省形例,如《新附考》中"贻"字(288)省作"台";"籹"(302)为"絮"省书;"衫"(326)为"襂"字省书;"耗"(327)为"耗"字省书;"庪"省体作"皮"(347);"廖"(348)为"廫"字省书;"苴"(327)为"揟"字省借;"煽"(362)省书作"扇";"悱"(368)为"蕜"字省书;"坊"(429)省作"方",等等。省借例,如"卓"为"踔"字省借(241);"苴"为"揟"字省借(327);"专"为"團"字省借(375),等等。郑氏还善于根据汉字省略偏旁的规律,对字际关系作出准确的沟通,例如"眭"字钮树玉认为古字作"睢",是变换偏旁所致,但郑氏考证认为"睢"俗作"眭"是声旁"隹"简省所致,而非径变声符为"圭"(256)。

4. 草书变体。有些字实际是古字或正字的草书之变,例如《新附考》"琛"字云:"古必'琛'、'珍'各字。……或又谓俗'珍'作'琛',左旁似草书'罙',六朝人书'探'、'深'作'捺'、'渁'可证,以'琛'正书之,即成

'琛'。"(211)又如"些"字条云:"'呰'是'些'古字。……或由隶变省'口'作'二',或由草书'口'似'二',后因正写成'些'。"(229)再如"庋"字条云:"若'庋'字,或说《礼·内则》注'阁以版为庋食物',《释文》:'庋,本亦作虗。'疑'庋'即'虗'之变,'虗'草书近'庋'形,真书即成'庋'。"(347)等等。

5. 偏旁类化。汉字发生偏旁类化一般是为了更好地明确字义,而根据偏旁类化现象,可以进一步沟通字际关系。例如《新附考》中"顣"字条云:"其'顰蹙'则又作'顰顣',因'顰'省作'频','蹙'亦加頁配之。"(239)就是指"蹙"受"频(顰)"字类化而增加偏旁"頁"变成"顣"。又如"睚",徐铉新附云:"目际也。从目厓。五隘切。"而郑珍考云:"'睚眦'之语。……古止借作'厓'字。…… 目际之义亦非。……'眦'亦非本文。《说文》作'厬',叠言之曰'厓厬';既而借'呰'作'厬','厓'因加作'睚'配之。"(257)指出由于《说文》"厬"字后边从目,而"厓"受其类化亦增"目"旁作"睚"。又如"罳"字条则考释认为"罘罳"字本只作"思",典籍有"桴思"、"浮思"、"覆思"、"罘思"几类异文,"思"字本不从网,因受"罘"字类化,故增网旁作"罳"(307)。再如"儻"字,即"倜儻"字,传世典籍多作"俶党",则只古只作"党",但史籍如《史记》中皆作"俶儻",则其中"儻"字就是受"俶"字类化,增"人"而成"儻"(316)。

四、形成了一批考字术语

前面已经提到,郑珍考释文字用了大量的考字术语。例如不仅有"逸字"、"正俗字"、"别字"、"古今字"、"专字"等专题性的文字学术语;还有正篆、更篆、移篆、脱篆、篆体、篆字、古文、奇字等术语来说解《说文》古文篆体与变体之间的关系;又用通作、或作、亦作、一作、又作、宜作、或为等术语来阐明字际关系等;此外还有增、讹、变、配、俗、改、非、误、是、异文、互证等描述文字传写现象的术语,都是文字学研究的常见术语。这些术语的使用,大大增强了郑珍汉字说解体系的严整性和科学性,提高了考字结论的可信度。不仅详细阐释了汉字的形音义源流及其相互关系,使其说解显得条例清晰、融会贯通,并且形成了郑珍特有的考字话语体系,这对于后世学者的文字考证具有重要的参考价值。这里,我们再举一些郑书中常用的考字术语,来看看郑珍文字学的话语风格和特色,进一步把握郑书的字学价值。

1. 孳乳

文字学上的"孳乳",指的是文字的派生、演变和滋生增益,显示了文字不断发展演变的事实和规律。郑珍研习文字,勾勒古今,往往历数汉字孳乳的现象与成因。而郑氏以为，汉字的孳乳，大多与文字的俗写俗用相关。

例如《新附考》"狉"字考云："《礼记·礼运》：'凤以为畜，故鸟不獝；麟以为畜，故兽不狘。'注：'獝、狘，飞走之貌。'……二字并非古。獝，《说文》作'趫'，'狂走也'；狘，《说文》作'㞃'，亦'狂走也'，读若欻。'狂'与'惊'义同，故'獝'于《礼记》为'惊'，于他书仍训'狂'。……可见'趫'、'㞃'义本为走，而《记》文分贴鸟、兽。……《释文》本'獝'作'矞'，古字省也。'㞃'之别体又作"怴"。……"怴"，《释文》作"恑"，从戌。《五经文字》亦然。……又作'駇'。《吴都赋》：'鼺駇𩣡矞，先驱前涂。'……又《江赋》：'鼓翅翩翙。'……亦即'獝狘'字。合诸字观之，'㞃'训为'狂'，则改从心，戌声。'趫'、'㞃'本皆狂走，自《礼记》分'獝'字指鸟，于是两字例得通'飞'、'走'为言。而主兽言者，字作'獝'、'狘'；主鸟言者，字作'翩'、'翙'。亦即可统指鸟、兽。俗字之孳乳寖多如此。……《说文》训'小风'之'飉'，《玉篇》作'飓'，正此'㞃'、'狘'字之例。"（357）

今按，这里郑氏根据文献文字的梳理了"獝"、"狘"两组字演变轨迹，一是"趫"（《说文》"狂走"）→"獝"（飞走）→"矞"（古文省形）→"翩"（鸟飞走，俗书）；二是"㞃"（《说文》"狂走"）→狘（兽走，换形声偏旁）、"怴"（狂，换形声偏旁）→"翙"（鸟飞走，换形旁）、"駇"（马走，换形旁）→"恑"（"怴"俗讹），其中既指出了汉字俗写变讹的现象，也指出文字音义变化引起的孳乳。

又如《新附考》"逼"字考云："字又作'偪'，皆'畐'之俗。《说文》：'畐，满也。'充满、逼迫止是一义。故木部'楅，以木有所逼束'，《韵会》引作'畐束'。《方言》'腹满曰偪'，《玉篇》引作'畐'。皆据古本。但考《秦诅楚文》已见'偪'字，知先秦有'偪'，许君未收。'逼'乃后出字耳。古亦可用'楅'，'楅'义与'畐'小异。亦通作'幅'。《广雅》'幅'训'满'，盖据《诗》'采菽邪幅'毛传'幅，偪也'。所以自偪束也'为言，实字得虚义。《方言》'偪'一本作'幅'。《玉篇》有'馥，饱也'，又有'稫，稷满貌'。皆'畐'后出加偏旁字，各主一义。俗字之孳乳益多如此。"（231）

今按，古文"畐"俗书增旁作"楅"（木逼束）、"偪"（腹满）、"逼"（近）、"幅"（满）、"幅"（"偪"之俗）、"馥"（饱）、"稫"（稷满），从字词关系看，诸字的核心义是"畐"之"满"义，随着意义的引申和指向转变，发生了一系列的分化繁衍，因而孳乳出一组汉字。郑氏利用"孳乳"这一术语不仅一一阐明了汉字孳生演变的现象，同时揭示了诸字之间的相互关系，有助于深入考证汉字的源流演变。例如考语中认为"先秦有'偪'，许君未收,'逼'乃后出字",今考汉及之前文献"偪"字经见,《战国古文字典》已收录"偪"字①,又《管子》卷十《君臣上》:"奸心之积也,其大者有侵偪杀上之祸。"②《汉书》卷一百下《叙传第七十下》:"靡法靡度,民肆其诈。偪上并下,荒殖其货。"③皆其例证。《说文·畐部》有:"畐,满也。"而无"偪"、"逼"字,盖古只作"畐"也。今本《方言》卷六:"偪,满也,腹满曰偪。"④《一切经音义》卷七十五"畐塞"引《方言》:"畐,满也。"(54/797/b)《玉篇·畐部》:"畐,肠满谓之畐。"(296)《万象名义·畐部》:"畐,满也。"(155)皆其证。《段注》"迫"字条云:"《释言》曰:'逼、迫也。'逼本又作偪,许无逼、偪字,盖只用畐。"(74)又"畐"字条云:"畐、偪正俗字也。(逼)本又作偪,二皆畐之俗字。"(230)与郑说相同。从字书的收录看,《一切经音义》卷一"驱逼"条(54/317/b)、卷二"逼切"条(54/320/b4)、卷五十一"强逼"条(54/648/b)并引《说文》:"逼,从辵畐声。"则唐本《说文》有"逼"字。《万象名义·人部》:"偪,鄙力反,迫也,近也,或逼。"(19)又辵部:"逼,碑棘反,迫也,偪字也。"(97)《玉篇·人部》:"偪,鄙力切,迫也,与逼同。"(55)则六朝以来多以"偪"为"逼"古文正体。《传抄古文字编》"逼"字引《汗简》作"福",引《古文四声韵》作"偪"⑤,皆以"偪"为"逼"古文之例。可证郑说不误。

2. 变

郑珍书中常用"变"(包括之变、变易、隶变、俗变、讹变等具体表达方式)类术语,来说解文字形音义的变化,从而辨明汉字发展过程中的各种现象。比如郑珍论证得最多的是汉字因形体相近而产生的书写变化,如《新附考》"些"字条考云:"'啙'是'些'古字。《集韵》'些'、'啙'同列,注云'见《楚辞》,或从口。'……或由隶变省'口'作'二',或由草书'口'似'二',后因正写成'些'。……《众经音义》卷二、卷六云:'啙,古文'些'、'歔'二形。''些'本'啙'之变,好异文者因目为古文。"(229)指出"些"为"啙"字之变,从字形变化看,"啙"字下从"口"草书与"二"极近,例如"吾"字草书王珉作"吾"、"吾"、"吾"等形,"吕"字怀素作"吕"形⑥,可以比勘,俗写按隶楷回书即成"些"形,因此由"啙"→"些"是形近书写之变。类似的又如

---

① 何琳仪《战国古文字典》,中华书局,1998年,第126页。
② 管仲《管子》(缩印浙江书局会刻《二十二子》本),上海古籍出版社,1986年,第133页。
③ 班固《汉书》(第十二册),中华书局,1962年,第4266页。
④ 扬雄《方言》,《四部丛刊初编》,第64册,商务印书馆,1930年。
⑤ 徐在国《传抄古文字编》,线装书局,2006年,第171页。
⑥ 《历代名人法帖汇辑·草书大字典》,中国书店,1983年,第368—370页。

"庪"字条云:"'庪'当为'庋'之俗讹,'庋'又其省体。……'庋'即'庪'之变,'庪'草书近'庋'形,真书即成'庋'。"(347)也是由于草书形近产生的书写变化。

又如"邈"字,《新附考》云:"即古'邈'字。……汉《杨统》《武班》《薛君》诸碑作'藐',即'藐'之变。作'藐'见《武荣碑》,本字也。"(232)考"貌"本"皃"字籀文,故俗书从"頁""皃"不分,因此"邈"或体作"邈",而今"邈"为"远"义正字。而训"轻视"、"小看"义者本作"藐",亦作"藐",而作"藐"当即"藐"、"藐"之变,盖"頁"、"皃"、"皀"形近易混,但"藐"变作"藐","邈(邈)"变作"邈"(见《龙龛》)实为俗书形近之变讹。

此外,还有一些因读音变化产生的字形书写变化。例如"罹"字,《新附考》云:"古本作'羅'。……'羅'声本在歌戈韵,而与'离'通者,盖'离'由支脂韵转入歌戈。《兔爰》《斯干》之'离',并与歌戈韵内字叶。此古音之正变也。自汉已来,'羅'与'离'异韵,而经典'羅'、'离'互见,世遂改'羅'之从维会意者别从惟声,与'离'同入支脂韵,使音读划一。大徐言'从网,未详',不知'罹'即'羅'之变也。"(308)

3. 转

除了《说文》学上六书之一的"转注",郑珍的书中还有一类非常特殊的术语"转",与转注性质和功能都不同。在郑书如《逸字》和《新附考》中,术语"转"主要用于说解以下几类文字现象:

(1) 字音的转读。即声转。两书中共 15 例,有"一声之转"、"转为(入)"、"转语"、"转音"、"通转"等表述方式。《逸字》中例,如:

卌,四十并也。古文,省。知同谨按,本书林部"爽"下云:"卌,数之积也。"则"卌"字偏旁有之。又未部"柼"下云:"卌叉(依《集韵》宋本作"冊又",毛本作"柼叉",皆误),可以划麦。"即注义亦有"卌叉"。……省称即名"冊"。……后因别制"柼"字。"柼"、"冊"一声之转。(38)

《新附考》中例,如:

透,跳也,过也。从辵,秀声。他候切。知同谨按……古字作"俶"。《贾子·容经篇》"穆如惊俶",即"透"字。……《说文》"猇,读若恝","俶,读若叔","恝"古音入声如"朔","猇"、"俶"一声之转。(下

略)(233)

皸,足坼也。从皮。軍声。矩云切。知同谨按……故《说文》“龟”训“旧”(古音平声“鸺”之本字),以同音为义,并不同“皸”。汉已后音转为居伦切。(下略)(254)

罹,心忧也。从网,未详。古多通用“離”。吕支切。知同谨按……“羅”声本在歌戈韵,而与“離”通者,盖“離”由支脂韵转入歌戈。《兔爰》《斯干》之“離”,并与歌戈韵内字叶。此古音之正变也。(下略)(308)

礎,磌也。从石,楚声。创举切。按……《众经音义》卷十八引许注云:“楚人谓柱碣曰礎。”是古止名“碣”。“礎”乃“碣”之转语,为秦汉间方言。(下略)(353)

拗,手拉也。从手。幼声。於绞切。按,《文选·西都赋》“乃拗怒而少息”,李注:“拗,犹抑也,於六切。”《后汉·班固传》注同。“拗”当即隶书“抑”之变体,后人别而为二。“於六切”亦“抑”之转音。(下略)(403)

酊,酩酊也。从酉,丁声。都挺切。知同谨按……今审“丁”与“颠”古音有通转者,“茗艼”作“冥颠”,于义亦通,可备一说。(438)

(2) 字形的转变改写。这类情况有3字,皆《新附考》中例,如:

呀,张口貌。从口,牙声。许加切。按……“齖”即《说文》“牙”之古文“”(今作,少一画)。古文于“牙”下加“”。“”者,古文“齒”字。……然则“呀”古本作“牙”、“𠳿”,后易从口作“呀”,又别从谷作“谺”,而“齖”乃转为齟齬之“齬”。(229)

袨,盛服也。从衣,玄声。黄绚切。知同谨按……《士昏礼》“女从者毕袗玄”,注:“袗,同也。同玄者,上下皆玄也。”今经注“袗”并作“袗”、“袗”无“同”义。古文作“均”,知今文作“袗”,“袗”乃训“同”。……惠氏栋谓《礼》经“袗”字转写作“袗”,以形声相近而误。(下略)(325)

廖,人姓。从广未详,当是省“膠”字尔。力救切。按,《说文》:“膠,空虚也。”后省作“廖”。……钱氏大昕云,《左传·昭廿九年》有“飂叔安”,《汉书·古今人表》“飂”作“廖”,知“廖”即“飂”。如其说,则古为“飂”氏,在汉时转用“膠”之省体耳。(348)

(3) 词义辗转相因发生变化。这类情况有 5 字,皆《新附考》中例,如:

璨,玉光也。从玉,粲声。仓案切。按,《说文》有"䋂",训"新衣声"。……既乃作"璀粲":《文选·洛神赋》"披罗衣之璀粲",义似转为衣有光辉(李注云"衣声")。(下略)(214)

迸,散走也。从辵,并声。北诤切。按,经传"迸去"字并作"屏",唯《大学》作"迸诸四夷"。《释文》引皇侃疏云"迸犹屏也",知本是"屏"字,俗改从辵,义又转为散走。(233)

蹬,蹭蹬也。从足,登声,徒亘切。……知同谨按,"登,升高也",反其义为"足不前"。古义之展转相因似此不少。目瞪之"瞪",意亦如此。(下略)(238)

霏,雨雪貌。从雨,非声。芳非切。……知同谨按……若《甘泉赋》"衯衯裶裶",义亦是"䙔",因以状衣,又别其字。而《南都赋》"建大常之裶裶",转以貌旗之飞扬矣。(388)

坳,地不平也。从土,幼声。于交切。按,《庄子》"覆杯水于坳堂之上",始见此字。……至支遁以"堂有坳垤形"解《庄子》(亦见《释文》),乃转为"地不平"。"坳"与"黝"因别字别义,几莫究其原矣。(426)

可见,郑珍所用的术语"转"有自身使用性质和功能,能分别阐明文字的形、音、义,以及三者之间的"生成转换"关系。形、音、义的关系转变交换,一方面会促使文字形音义发生变化,一方面会产生新的文字。这种对"转"一类术语的应用,说明郑珍并不拘泥于文字之"转"是主音、主义,还是主形,而是重视"转"在说解文字过程中的实际运用。

综上,我们略述了郑珍文字学特色与成就,而实际就文字学研究而言,郑珍不仅在文字考释方面积累了大量成果,为字书编纂的文字说解提供了大量材料;同时又提出了一系列文字研究的学术思想和观点,并总结了关于汉字发展的相关理论,形成了清代以来文字考释的话语体系。这不仅有利于窥探清儒文字学的特点和方法,对今天的文字考释和文字学研究也具有切实有益的参考价值。

第五章　郑珍的训诂学

随着《说文》、文字、音韵之学的昌明兴盛，清代训诂学发展到鼎盛。清代学者的训诂学研究，其繁盛体现在四端：一是对古籍文献展开了全面的校勘整理，研治古书释难解纷，成果丰硕；二是对《尔雅》一类的训诂学要籍研究更为精细，更为深入，且成果最多、成就最高；三是涌现了一大批水平空前的训诂学者，以乾嘉诸老为核心的清代训诂学者在各自领域都取得辉煌成就，并形成了吴派、皖派、浙东派等各具学术风格的训诂学流派，百花齐放；四是古代训诂学的方法和成果得到系统的梳理总结，开始对训诂学进行理论建设。但在清代学术史上，从清初萌芽，到乾嘉大盛，到道咸衰落转型，再到清末复兴，训诂学依然呈现出起伏发展的趋势。尤其是经历了乾嘉的巅峰后，清代学术整体转向低谷徘徊，后进训诂学者似乎再难取得超越前儒的成就，一些流弊也随之产生，即如王力先生在《中国语言学史》中所说："王氏父子治学谨严，所证也还不能尽是。俞樾、章炳麟则每况愈下，借声近义通的原则来助成武断，此风迄今未泯。"[1]

郑珍所处的道咸年间，更是学术最为跌宕的时期，要在这样时代浪潮中，坚守自己的学术领域并做出成绩，是相当困难的。但今天我们重新整理郑珍著述，却发现他在艰苦卓绝的学术生涯中，留下了大量的训诂实践和成果，即便放在整个清代训诂学史，依然能绽放光彩：一方面，郑珍对《尔雅·释亲》以降的历代亲属称谓词作了专门的搜集整理和训诂，写下迄今最为全面系统的亲属称谓研究专著《亲属记》，填补了训诂学界在这方面的空白；另一方面，他对不被学界看重的冷门"三礼"作了更为精深的考证，写下《轮舆私笺》《仪礼私笺》等经学著作，皆见称于时。此外，以经学考据为主要内容的《巢经巢经说》，也集中体现了郑氏在训诂学领域的方法与思想。郑珍的训诂实践，解决了经学研究中的具体问题，推动了道咸以来训诂学发展，在中国训诂学发展史上有着一定的地位和影响。因此，以这些著述为线索，重

---

[1] 王力《中国语言学史》，山西人民出版社，1981年，第214页。

新整理郑珍的训诂学成果，考察其内容、方法与特色，客观评价其成就与不足，对于进一步探索道咸学术是有参考意义的。

第一节　郑珍训诂学的主要内容

梳理郑珍训诂学研究的内容，主要以《巢经巢集经说》《仪礼私笺》和《轮舆私笺》为语料，旁及《逸字》《新附考》等著述。从训诂学视角考察发现，郑珍对传统典籍的训诂，涉及文字梳理、词义考释、章句厘通、名物典制考订等多个方面内容，分述如下。

一、文字梳理

传统典籍在传抄、刻印过程中，常因工匠自身认识与语言使用规范等主客观因素，导致或体、俗体、变体、讹体、古今字、某即某字和声同、声近、声通、读某声等文字现象，给学者阅读和理解古籍带来很大的不便。训诂学家的工作就是梳理文字间关系，呈现文字应有的面貌。郑珍在研究典籍过程中，从形音义等角度做了大量的工作。

1. 字形方面

（1）或体。例如：

《仪礼·士丧礼》："握手，用玄纁里长尺二寸，广五寸，牢中旁寸著组系。"郑珍按："'牢'与'楼'同声，故古文假牢为楼。……凡言'楼'者皆有收敛意，《诗》'式居娄骄'，娄，敛也。从手之搂，《尔雅》训'聚也'，聚亦敛意。从木之'楼'，是重屋，而屋之再重三重者，必渐敛狭而上，是所以名'楼'者，正以削约得名，字与搂通。故《尔雅》'楼'本或作'搂'，或谓此'楼'必本从手，未观其通。"（《仪礼私笺》卷八，193页）①

今按，搂、牢同属来母，韵部侯幽旁转，声通。《尔雅·释诂上》："搂，聚也。"郝懿行《义疏》："《方言》之㨨略，即《汉书》之㨨牢，又即《尔雅》之蔸搂矣。搂、牢、略俱一声之转。""搂"又作"楼"。《尔雅·释诂下》："楼，聚

---

① 为节省篇幅，本节引自《巢经巢集经说》《仪礼私笺》和《轮舆私笺》的例证仅在句末后注明篇名、卷期、页码，而不一一以脚注出现。三书皆用上海古籍出版社2012年出版的黄万机点校本。

也。"陆德明《释义》:"搂,本或作楼。"

(2) 俗体。例如:

《仪礼·士丧礼》:"设决,丽于掔,自饭持之,设握乃连掔。"郑珍按:"掔,《说文》'手掔也',即俗'腕'。……古文作'捥',是捥亦古字,段氏玉裁注《说文》,言掔字'俗作捥',是以《说文》不收捥。"(《仪礼私笺》卷八,196页)

今按,"掔"为"腕"之古字,"掔"又作"捥"。《史记·刺客列传》:"樊于期偏袒搤捥而进曰。"司马贞《索引》:"掔,古腕字。"《慧琳音义》卷八十七"扤掔"注:"掔,正体字,亦作捥也。"《淮南子·主术》:"瞋目扼掔。"庄逵吉校:"掔即捥。""捥"又作"腕"。《急就篇》卷三"捲捥节爪拇指手"王应麟补注:"腕,字又作捥、掔。""捥"、"腕"皆为"掔"之俗体。《墨子·大取》:"断指与断腕。"孙诒让《间诂》引毕云:"捥、腕皆掔字之俗。"

(3) 变体。例如:

《仪礼·士丧礼》:"妇人髺于室。"郑珍按:"今文以是死者束髪,别用'會',而从髟作'髻'。……髻,《周礼·弁师》注引又从手作'擶',要皆由'括'字增变。"(《仪礼私笺》卷八,199页)

今按,"括"古同"会"。《广雅·释诂一》:"括,至也。"王念孙《疏证》:"括、佸、会,古声义并同。""会"又与"髻、擶、鬠"通。《广雅·释诂三》:"擶,收也。"王念孙《疏证》:"擶之言会也。《周官·弁师》:'王之皮弁会五采玉璂。'郑注云:'故书会作鬠。'郑司农云:'谓以五采束发也。《士丧礼》曰:鬠用组,乃笄。鬠,读与髻同。'说曰:'以组束发,乃箸笄,谓之擶。'今《士丧礼》作髻用组,郑注:'用组,组束发也。'是擶为收束之义也。擶、鬠、髻、会并通。"

(4) 讹体。例如:

《仪礼·士丧礼》:"妇人髺于室。"郑珍按:"'于房于室,释髺发宜于隐者','髺'乃'髻'之误,钟人杰本经注,凡'髻'字误'髺',唯此字反得其真。诸本及《集释》、杨《图》并作'髺',则误久矣。"(《仪礼私笺》卷八,201页)

今按,"髻"、"髻"形义近易误。《说文·髟部》:"髻,洁发也。"《类篇·髟部》:"髻,束发也。"又"释髻发宜于隐者",清嘉庆二十年南昌府学重刊宋本十三经注疏本《仪礼疏》、宋淳祐十二年刻本《礼记要义》、清文渊阁四库全书本《五礼通考》、清光绪刻本《六典通考》均引作"释髻发宜于隐者"。

(5) 古今字。例如:

《仪礼·士丧礼》:"妇人鬠于室。"郑珍按:"此经'括笄'、'括用组',记'括无笄',古文皆止作'括',今文以是死者束发,别用'会',而从髟作'鬠',为尸鬠专字,犹之古文作括发,今文改从髟作鬠,以为丧鬠专字耳。"(《仪礼私笺》卷八,199页)

今按,"鬠"指束发,又作"髻"。《广韵·末韵》:"鬠,以组束发。"《集韵·末韵》:"鬠,或作髻。""髻"指盘在头顶或脑后的发结。《玉篇·髟部》:"髻,发结也。"《慧琳音义》卷三十九"盤髻"注引郑注《仪礼》:"髻,鬠发也。""鬠"、"髻"为"括"之古文。《玄应音义》卷十二"鬠发"注:"古文鬠、髻二形,今作括,同。"

(6) 某即某字。例如:

《仪礼·士丧礼》:"王棘若檡棘,组系纩极二。"郑珍按:"鼠无处不可至,若入此丛,亦将刺死,俗谓'王棘砾鼠',正言其刺之恶,'砾'即'磔'字也。"(《仪礼私笺》卷八,195页)

今按,"砾"、"磔"古今字。《史记·李斯列传》:"十公主磔死杜。"司马贞《索隐》:"砾与磔同,古今字异耳。"《集韵·陌韵》:"磔,通作砾。"

郑珍考经著述中涉及或体、俗体、变体、讹体、古今字和某即某字等字形关系的论述并不多。郑氏所谓"或体字"、"俗体字"都属"异体"范畴,"讹体"是"变体"的一种,这四种字体主要反映了汉字字体的发展变化,而"古今字"和"某即某字"主要是通过字形演变来探寻语根或本字。

2. 字音方面

郑珍在对经学典籍作训诂时,常用"声同"、"声近"、"声通"和"读某声"等术语来揭示字际间声音相同、相近、相通和读某声等关系。

(1) 声同。例如:

《仪礼·士丧礼》:"妇人鬠于室。"郑珍按:"'絜'束其散漫者,则物皆总会其中,结发亦然,故称括发,省文则止作括。以'括'与'会'声同,又称'会',《庄子》'会撮指天'是也。"(《仪礼私笺》卷八,199 页)

今按,"括"、"会"古声母见、匣旁纽,月部叠韵,古声义同。《太玄·羡》:"四马就括。"范望注:"括,会也。"《慧琳音义》卷七十四引《玄应音义》"括括"注引《释名》:"括,会也,与弦相会也。"又《广雅·释诂一》:"括,至也。"王念孙《疏证》:"括、佸、会,古声义并同。"

（2）声近。例如：

《仪礼·士丧礼》:"握手,用玄纁里长尺二寸,广五寸,牢中旁寸著组系。"郑珍按:"'牢'与'楼'同声,故古文假牢为楼,今文以其义与上礐笲之'缫中'同是两头宽中央狭,故书作一例,亦以'楼'、'缫'声相近也。"(《仪礼私笺》卷八,193 页)

今按,"楼"与"缫"声母来、影相谐,韵部侯、幽旁转,古音近。《说文·木部》:"楼,重屋也。"朱骏声《通训定声》:"楼,假借又为缫。"

（3）声通。例如：

《仪礼·士丧礼》:"握手,用玄纁里长尺二寸,广五寸,牢中旁寸著组系。"郑玄注:"'牢'读为楼,楼谓削约握之中央,以安手也,今文楼为缫,旁为方。"郑珍按:"今文'旁'作'方',古'方'、'旁'通用,而作'旁'于义尤明。"(《仪礼私笺》卷八,193 页)

今按,"方"与"旁",古声母帮、并旁纽,阳部叠韵,声通。《逸周书·祭公》:"大开封方于下土。"朱右曾《集训校释》:"方,读为旁。"《荀子·君道》:"古者先王审礼以方皇周浃于天下。"王先谦《集解》引郝懿行曰:"方读为旁,古字通用。旁薄、唐皇皆大也。"又《国语·齐语》:"以方行于天下。"董增龄《正义》:"方与旁古字通。"《墨子·天志上》:"方施天下。"孙诒让《间诂》:"方、旁古通。"

（4）读某声。例如：

《仪礼·丧服》"殇小功五月章":"大夫公之昆弟大夫之子,为其昆弟庶子姑姊妹女子子之长殇。"郑玄注:"大夫为昆弟之长殇小功,谓为士者若不仕者也,以此知为大夫无殇服也。"郑珍按:"'以此知为大夫

无殇服'者,为读去声,注意以此经大夫为昆弟长殇,知有年未二十为大夫者。"(《仪礼私笺》卷七,169—170页)

今按,"为"有二音,读阳平表行为,有"作、行"之义。《仪礼·燕礼》:"阍人为大烛于门外。"郑玄注:"为,作也。"《国语·晋语七》:"诸侯之为。"韦昭注:"为,行也。""为"读去声表目的对象,有"助、给"之义。《礼记·少仪》:"谓之社稷之役。"郑玄注:"役,为也。"孔颖达疏:"为,谓助为也。"《吕氏春秋·审为》:"则不知所为矣。"高诱注:"为,谓相为之为。"

综上,郑珍从字形和声音的角度梳理文字之间关系,主要目的还是为更好地理解并阐释经义,这也是研究经籍过程中一项必不可少的工作。郑珍研究字际关系,主要受到时任贵州学正程恩泽之影响。

郑珍训诂非常重视字际关系考释,"以道光乙酉选拔贡及程春海(恩泽)侍郎之门,侍郎诏之曰:'为学不先识字,何以读三代秦汉之书?'乃致力于许、郑二家之学"①,"潜心汉学,以字读经,以经读字,博综五礼,深研究三礼。……历数十年,呕心沥血,硕果累累"②。

二、词义考释

训诂只是典籍研究的一种手段,它的最终目的是阐释词义,进而更好地理解经典之内容。所以,考释词义是训诂学实践内容之一。郑珍对典籍词义的考释是结合前人研究进行的一种再探究,其内容包括对疑难词义、词引申义和同义词义、近义词义等考释。

1. 疑难词义

《尔雅·释言》:"辟,历也。"注云:"未详。"郑珍按:"辟,古'霹'字;历,古'雳'字。谓震雷也。单言则曰辟、曰历,合言则曰辟历。《汉书·天文志》:'辟历夜明。'《刘向传》:'霓虹辟历。'皆合言也。后世俗书并从'雨'。郭氏按文求训,遂无从解说。邵、郝二家疏并执辟法以通'历'字,一云'历,律之通',一云'历,秝之借',俱未确。"(《巢经巢集经说·尔雅》,40页)

---

① 钱仲联、钱学增选注《清诗三百首》,岳麓书社,1994年,第306页。
② 中国人民政治协商会议遵义市委员会文史资料委员会编《遵义文史资料(第30辑)·郑莫黎专辑》,政协遵义市委员会文史资料委员会,1997年,第134页。

今按,古"辟"与"历"合用,指雷声。《释名·释天》:"震,又曰辟历。辟,析也,所历皆破析也。"《史记·天官书》:"夫雷电、虾虹、辟历、夜明者,阳气之动者也,春夏则发,秋冬则藏。"《汉书·扬雄传上》:"辟历列缺,吐火施鞭。"颜师古注引应劭曰:"辟历,雷也。"唐封演《封氏闻见记·长啸》:"雷鼓之音,忽复震骇,声如辟历。""辟历"又作"劈历"、"霹雳"。《释名·释天》:"震,又曰辟历。"毕沅《疏证》:"辟历,字当作劈历。"《康熙字典·辛部》:"辟历,雷声。别作霹雳。"朱骏声《说文通训定声·辟部》:"辟历,俗字作霹雳。"

2. 引申词义

《仪礼·丧服小记》"斩衰三年章":"《传》曰:苴,杖竹也;削,杖桐也。杖者何?爵也。"郑珍按:"是杖用竹、桐,其义为扶病是一,非于竹、桐上别有取义。盖竹、桐二物,轻滑便手,古人于吉杖当亦尝用之,故居丧扶病,即用为凶杖。吉杖用竹,肤节间当有修治,凶则不修治,其杖粗沽,故得'苴'名;吉杖用桐,当不止削其科疕,凶则削科疕而已,故得'削'名。"(《仪礼私笺》卷四,114 页)

今按,苴与"粗"字通,有粗劣、粗恶之义。《墨子·兼爱下》:"昔者晋文公好苴服。"孙诒让《间诂》:"苴、粗字通,犹中篇云恶衣。""苴杖"指居父丧时孝子所用恶色竹杖。《荀子·礼论》:"齐衰苴杖,居庐食粥,席薪枕块,所以为至痛饰也。"杨倞注:"苴杖,谓以苴恶色竹为之杖。"削,指用刀斜着去掉物体的表层。《诗经·大雅·緜》:"筑之登登,削屡冯冯。"毛传:"削墙锻屡之声冯冯然。"《广韵·药韵》:"削,刻削。""削杖"指母丧时子服齐衰所执用桐木削疕的木杖。唐薛用弱《集异记·孙氏》:"卿当大凶,非苴杖,即削杖。"

3. 同义词

《孟子》:"知好色,则慕少艾。"郑珍按:"狐突言艾指嬖臣,魏牟言幼艾指建信君,固皆男色。若'艾豭'之'艾'训老,与'五十曰艾'义同。艾豭,老牡豬也,岂色之谓?《楚辞·少司命》'擁幼艾'亦谓女色,又岂有人知好色专慕男色之理?则男色为艾,非确义也。今按《尔雅》:'艾、历、觊、胥,相也。''相'有相视、相与、形相三义,此则三义并列,与'台、朕、赉、畀、卜、阳,予也'为赐予、予我二义并列同。"(《巢经巢集经说·孟子》,37 页)

今按,"艾"有多义。一指美好。《孟子·万章上》:"知好色,则慕少艾。"赵岐注:"少,年少也;艾,美好也。"二指美女。《楚辞·九歌·少司命》:"竦长剑兮拥幼艾。"洪兴祖《补注》:"美女谓之艾。"清孔尚任《桃花扇·逃难》:"积得些金帛,娶了些娇艾。""艾"又可指年老的人。《方言》卷六:"艾,老也。东齐鲁卫之间,凡尊老谓之倿,或谓之艾。"《礼记·曲礼上》:"五十曰艾。"陆德明《释文》:"艾,老也,谓苍艾色也。"梅尧臣《田家语》:"搜索稚与艾,惟存跛无目。""艾"还指相貌。《尔雅·释诂下》:"艾,相也。"故"艾"并非指男色,而是指美好、美女或年长的人等。

4. 近义词

《仪礼·丧服》"齐衰不杖期章":"同居则服齐衰期,异居则服齐衰三月。必尝同居,然后为异居。未尝同居,则不为异居。为夫之君。《传》曰:'何以期也?从服也。'"郑珍按:"《小记》:'从服者,所从亡则已;属从者,所从虽没也服。'……'徒从'义自以《小记》四徒为正。'为夫之君'即从夫服夫党之一,自是属从,盖'属'字不宜解为'血属',止当作'连属'解,母党、夫党、妻党,皆于母于夫于妻相连属者也。"(《仪礼私笺》卷五,133 页)

今按,"属"有亲属义。《孟子·离娄下》:"夫章子岂不欲有夫妻子母之属哉?"《后汉书·灵帝纪》:"死者百余人,妻子徙边,诸附从者锢及五属。"李贤注:"五属,谓五服内亲也。""血属"指有血缘关系之亲属。晋袁宏《后汉纪·桓帝纪》:"今弟幸全血属,岂非天乎!"《资治通鉴·唐武宗会昌四年》:"今刘稹不诣尚书面缚,又不遣血属祈哀。"胡三省注:"血属,谓父子兄弟至亲同出于一气者。"又"连属"指连接、连续。《庄子·马蹄》:"当是时也,山无蹊隧,泽无舟梁,万物群生,连属其乡。"成玄英疏:"故无情万物连接而共里间,有识群生系属而同乡县。"结合"属从"上下文,此"属"当作"连属"解。

词义考释正确与否,直接关系到经旨的解读。这也是郑珍考经重要原因。他曾在序言中说:"康成经训,范传言当时学者颇讥其繁,至今读之,犹苦太简。唯其简奥,故虽以孔、贾专门,尚不能尽通其义,无惑乎近人以轻心从事,初不得解,即妄意有所抵牾,遂牵私见,必求案证,议论纷纭,恒由此作。"(《仪礼私笺》后序,206—207 页)

三、章句厘通

章句厘通是郑珍训诂学实践的另一重要方面,这也是历代训诂学家阐释典籍经常要做的一项工作。郑珍对章句的厘通中,常用"当移"、"当连"、"上属"、"上承"和"改读"等术语。

1. 句读停顿

《仪礼·丧服》"大功九月章":"为夫之昆弟之妇人子适人者:大夫之妾为君之庶子;女子子嫁者未嫁者,为世父母、叔父母、姑姊妹。"郑珍按:"此条今世言丧服者多从旧读,合'女子子'八字上属,为妾服君党,下云'世父'等为妾自服私亲,而以郑改读为非经诬传,大违服例,必不可依。"(《仪礼私笺》卷六,153 页)

《仪礼·丧服》"小功五月章":"从父姊妹,孙适人者。"郑珍按:"此经'适人者'三字上承从父姊妹女孙三人作一句读自明。此与《齐衰三月章》大夫为宗子旧君,曾祖父母为士者如众人,以'大夫为'三字冒下三人者,皆本是一句,彼为传文间作三条,此为注文间作两条,后人因昧经读。"(《仪礼私笺》卷七,170—171 页)

"详训诂,明句读"是古人长期训诂中总结出来的经验。郑珍的训诂实践,很好地阐释了句读分析与古书训诂的重要关系。

2. 章节分析

《仪礼·丧服》"大功九月章":"大夫之妾为君之庶子。"郑珍按:"注以《子夏传》此者,错置后条下,当移归此。后条本无传也。其'《传》曰'十八字,乃举后条下全文,非抽出言之之辞,于本经下举正旧简之错在他经者,自应全标简字,与《玉藻》'而素带'诸节,《乐记》'爱者宜歌商'节,注即在错简下,止云'宜承某某自明'者不同,故知郑所注经本'《传》曰'二字之下,即连'何以大功',注举十八字,是其全文。"(《仪礼私笺》卷六,154 页)

《仪礼·丧服》"大功五月章":"《传》曰:何以大功也?妾为君之党服,得与女君同。"郑珍按:"今本传'得与女君同'下,有'下言为世父母、叔父母、姑姊妹者,谓妾自服其私亲也'二句,贾疏云:'下言'二字及'者谓妾自服其私亲也'九字,总十一字,既非子夏自著,又非旧读者自安,是谁置之也? 今以义必是郑君置之,郑君欲分别旧读如此意趣,然后以注破之。依此,则'下言'二句,贾原指是注文,当连上节注末句,同为郑分别旧读意趣之语,不当割置传下,分一注作两截。"(《仪礼私笺》卷六,158 页)

在《仪礼私笺》中,类似章节分断的例子还有很多。郑珍结合不同版本和上下语境,整体梳理文义后,对文句之间关系做出判断,这样得出的结论往往较有说服力。

四、名物典制考订

除文字梳理、词义考释和章句厘通外,郑珍训诂学实践还包括对名物和典制考订。其代表作《仪礼私笺》《轮舆私笺》中涉及大量名物典制的考辨。

1. 名物考订

《周礼·辀人》:"辀欲弧而无折,经而无绝。"郑珍按:"辀端横木,言其横曰衡言其形曰鞅、曰軛,实言之曰两鞅、两軛。……衡所以名厄者,《尔雅》:'蚅,乌蠋。'郭注:'大虫,如指,似蚕。'韩子曰:'蚕似蠋。'此虫,吾乡俗乎'看田狗',青色,旁两足,有尾,纹两边斜披,略似狗,巨者辊然如大指,喜在豆蔓上,不尝见其行,食一篱之豆,亦罕见双。《诗·东山》笺,谓蠋特行。良信。山东人呼'豆虫',軛形似之,故谓之厄,亦谓之乌蠋。"(《轮舆私笺》卷二,282页)

2. 典制考辨

《仪礼·士昏礼》:"宾升北面奠雁,再拜稽首,降出,妇从降自西阶,主人不降送。"郑珍按:"《聘礼》注:'宾车不入门,广敬也。'是非客车则入大门矣。又《穀梁传》桓三年传:礼,送女,'母不出祭门,诸母兄弟不出阙门'。祭门即庙门,则阙门即大门,惟妇车在大门之内,庙门之外,其兄弟送至此,视登车讫,加景已驱,故可不出大门。若女至大门外始登车,而兄弟送止于门内,古今有此情理乎?"(《仪礼私笺》卷一,64—65页)

如上所述,郑珍对每个与仪礼相关的典制、与轮舆有关的名物进行了剖析与思考,并旁征各类典籍与前人注疏,分析正误,以箴膏肓。

五、人物年代辨订

人物年代辨订是郑珍训诂实践中另一重要内容,虽在其经学著述中所占比例并不多,但却充分体现了郑珍训诂之特色。

1. 人物辨析

贾公彦《序周礼废兴》云:"林孝存以为武帝知《周官》末世渎乱验之书,故作十论七难以排弃之。郑玄遍览群经,知《周官》为周公致太平之迹,故能答林硕之论难,使《周礼》义得条通。"郑珍按:"林硕、林孝存一人也,名硕,字孝存,康成弟子。《后汉书·孔融传》:'为北海相,郡人甄子然、临孝存知名早卒,融命配食县社。'其姓作临,与《郑玄传》同。而《魏志》注引《续汉书》:'融为北海相,郡人甄子然孝行知名,融令配食县社。'盖传本写脱'临'姓,浅人不知别一人,以'存'字为'行'之误,因改作'孝行知名'为句也。《汉纪》云'使甄子然临配食县社','临'下脱'孝存',皆当据《汉书》补正,其姓皆作'临'也。"(《巢经巢集经说·康成弟子临硕》,33—34页)

2. 年代辨析

《公羊》《谷梁》两传于襄公二十一年并云:"庚子,孔子生。"在《经》"十月庚辰"至"会于商任"之下。郑珍按:"据《经》'十月庚辰朔'推之,则庚子为十月二十一日。周之十月,夏之八月,是今八月二十一日孔子生日也。《左氏续春秋经》于哀公十六年书'夏四月己丑孔丘卒'。据前四十年《经》'夏五月庚申朔'推之,则己丑为四月十二日。周之四月,夏之二月,是今二月十二日孔子卒日也。自襄公二十一年数至哀公十六年,孔子寿实七十四岁。"(《巢经巢集经说·孔子生卒》,29—30页)

人物年代考辨是一项难度大、要求细的工作。郑珍在具体考辨时,不仅多方爬疏文献,还注意论证的严密性,做到"小心求证、有理有据"。正如其所说:"余之墨守康成,往往一言一事,或思之数日不识所谓者,始亦讶其不合,追熟玩得之,觉涣然冰释,切合经恉,都无暇衅。然后知世之据以诋斥康成者,皆偏驳曲见。惜未登高密之室,令我公以数语箴其膏肓也。"(《仪礼私笺》后序,207页)

总言之,郑珍训诂涉及语言各要素与句读、篇章等,其核心内容是疏通经义,这也是训诂最重要的内容之一。赵恺在《郑子尹先生年谱》中说:"郑先生生于穷乡,不逐众趣,守前贤之说,范围不过尊诸高密而不敢有他睥睨,然后以求合于宋,不敢高视而侻步。取诸经以协人事,故莫重于礼;人伦之大切诸心性,莫大婚丧。故首述之,以作《仪礼私笺》。制作之始,不出舟车,是以作《轮舆私笺》。文字之归,切严泛论,莫重于许君小学;而训诂、形声之说,有段懋堂、王箓友辈为之考覈,而批郤导窾以正二徐之未至,又锲六书之奥而得转注之真,未必不轥轹夫休宁、金坛而登斯文之坛坫也。"故训诂学是一项综合性的研究工程,经籍中所涉的疑难问题,都是训诂学家所要研究的内容。

第二节　对亲属称谓的专门研究

郑珍的训诂学研究还有一项非常重要的内容,就是对历代亲属称谓词的集中汇释,作为对《尔雅·释亲》以来最为完备的研究古代亲属称谓词的专著,《亲属记》一书具有多方面的价值,有必要单独提出来讨论。

《尔雅》是公认的我国训诂学的发端之作,在训诂学史上具有十分深远的影响,从古至今,围绕《尔雅》原书内容及其相关典籍的研究,可谓汗牛充栋。历代训诂学者从注释、条例、目录、校勘、辑佚等各方面对《尔雅》展开了全方位的研究。而作为《尔雅》核心内容之一的"亲属称谓",历代虽有关注和研讨,但大多只是零星的个案探讨,没有形成系统性的专著。郑珍则给予了专门关注,并在全面搜集整理历代亲属称谓词的基础上,对这些词汇进行了一一训诂考证,不仅勾勒了古今亲属称谓词系统的演变,还对亲属称谓词相关的礼俗文化进行了深入考辨,大大提高了这些词汇的语言学研究价值。

训诂之旨,本于声音,从对文字的考证中,已足见郑氏深谙以声音通训诂之道。而《亲属记》在对古语词的训诂亦有其独到之处,可以使我们从一个独特的视角,了解郑珍是如何从理论到实践把对《尔雅·释亲》以降的亲属称谓研究提高到一个新阶段的。

一、全面汇释亲属称谓词汇

称谓语,在古代社会的封建礼教中,具有别亲疏、明贵贱、正名分的重要作用,也是民族语言文化的集中反映,因此历来受到重视。早在汉儒汇辑的第一部辞书《尔雅》中,便有《释亲》作为专章,对古代亲属称谓系统作了阐释。但后来对亲属称谓的研究,却要么"大端略具,语焉未详",要么"皆所亡佚,不得而详",至于近代,这一领域几近空白。为填补这一空白,郑珍在考据经义、阐释文字之暇,特撰《亲属记》一书,对传世古籍所载亲属称谓语展开了全面的搜罗,并逐条汇释,所记竟达六百余词,并且按照血缘、亲属、亲戚、婚姻、主仆、师徒等社会关系,将这些词统系为106大类。究其目的,乃名汉语亲属称谓之物事,正汉民族礼俗、教治之伦纪。

比如郑珍在收词考词时,常常按年代先后参引文献,从先秦、唐宋到明清,爬梳整理,不仅荟萃了大量亲属称谓词汇的语料,还反映了每一个称谓词的最早书证及其发展演变。例如大量亲属称谓词语古已有之,先秦古籍多有记载,如"侧室"条引《韩非子·八奸篇》云:"侧室公子,人主所亲爱也。"又引《仁征篇》云:"君不肖而侧室贤,太子轻而庶子伉。"(1107)又如"羊"字条引《易·说卦传》云:"兑为妾为羊。"(1108)"同宗"条引《左传·襄公十二年》云:"同宗于祖庙。"(1138)皆是据先秦典籍搜录考释亲属称谓的例子。

更为重要的是,郑珍对所辑录的每一条亲属称谓词语作了深入的考证,今寻绎《亲属记》全书,郑氏考释亲属称谓词每每兼顾形、音、义和文献考证,结论多可信从。郑珍对亲属称谓语的训诂,首先是解释词义和辨析读音,例如"嬭"字条,《亲属记》据《广韵》考云:"嬭,奴礼切,楚人呼母。"又谓:"今读奴蟹切。"(1088)考证了中古以来"嬭"的语音变化。又如"妈"字条,《亲属记》考云:"母今世读莫补切,古亦有此音,《篇》《韵》'妈'音莫补切,则是别行母字。今本《广雅》脱'妈'字,据《集韵》《类篇》引《广雅》'妈,母也',知'妈'自汉已有,今俗读马平声。"(1089)利用《说文》《方言》《广雅》《玉篇》《广韵》《集韵》等相关文献典籍,疏证了"妈"的音义源流。

同时,由于有些亲属称谓词,不仅用字无从稽考,其书写字形亦不经见,因此郑珍训释音义以外,亦常兼及称谓词的字形,发现这些不易辨识的词汇现象,其实是由于字形演变导致字际关系模糊所致。郑珍考语中常常通过明辨字形及其字际关系,来对词条展开深入考证。例如"姐/妈"条,《亲属记》据《广雅》:"妈姐,母也。"且《玉篇·女部》"姐"下重文"她"注:"古文亦作妈。"认为"妈"、"姐"实为一字,今本《广雅》"妈"作"䏣",形近讹误(1088)。又如"帑"字条,《亲属记》考证发现《诗·常棣之华》:"乐尔妻帑。""帑"即"孥"古字,《诗》《书》之"帑"专谓子,而《左传》兼妻言之,义当以名子为正(1110)。阐释了古籍中亲属称谓词的字形变化。又如"息"字条,《亲属记》考证认为:"俗字作'媳',今世通称。"(1116)指出今天通用的"子妇"义的"媳",实际古只作"息",因言"子妇",故俗增"女"旁作"媳"。

此外,郑珍在训释词条形音义之外,还会专门指出词条的文献出处,这些文献除传世字书、韵书外,还有大量涉及古代典章制度的文献。一方面清楚地考析了亲属称谓词的较早疏证,另一方面则能够藉以考察该词语在历史文献中的使用情况。例如"高祖父/高祖母"条,《亲属记》据《丧服小记》:

"有五世而迁之宗,其继高祖者也。"认为"高祖"之称始见于《礼经》,加父、母字于其后,通见于经注子史(1100)。又如"孺人"条,《亲属记》据《曲礼》:"大夫曰孺人。"考证"孺人"本大夫妻之称,与后夫人为类,然经典别无所证,自汉已降即为妻之通号(1105)。

总之,在收词释词过程中,郑珍对历代亲属称谓词给予了充分的关注,由于在考察、研究中坚持考字论字和文献考据的原则,以及汉语词汇历史发展的观点,郑珍在全面收录汇释亲属称谓词汇时,往往能够做出客观而准确的描写与训诂,使历代亲属称谓词汇的形、音、义及其文献使用都能厘然显现。这不仅使郑珍对亲属称谓词的训诂取得了超越前人的新成就,而且也为后世继续研究《尔雅·释亲》及其古汉语亲属称谓词提供了丰富的语料,为亲属称谓词这类特殊的文化遗产的深入理论研究奠定了基础。

二、推动亲属称谓研究进入语言科学新领域

郑珍通过全面搜集亲属称谓词汇,不仅掌握了大量的语料,从传统训诂角度对它们作了大量基础研究,同时他对亲属称谓的研究开始摆脱经学束缚,使亲属称谓及相关词汇的研究进入语言科学的新领域。主要表现在以下几个方面:

1. 重视亲属称谓的词汇系统性

汉语亲属称谓是一个词汇系统。这首先表现在,自《尔雅·释亲》《礼记》以降,《小尔雅》《方言》《释名》《广雅》等词语汇编、词义汇释类的古籍中,都专门开辟了亲属称谓词门类。一些亡佚的古书如《白虎通义》提及孔壁中《亲属记》一种,《隋书·经籍志》所载《称谓》五卷等也都有专章。至于清代,有顾炎武《日知录》、翟灏《通俗编》、赵翼《陔余丛考》等书中,都分别考证了一些亲属称谓词。而近现代学者关注最多的清梁章钜所著《称谓录》,则是对历代称谓语词的汇录。而与《称谓录》相比,郑珍《亲属记》在收录亲属关系类称谓方面,要更为详尽,考证更为精深。

其次,考察亲属称谓的系统性,要依靠不同时代的文献记载,对比亲属称谓词语的历时演变。《尔雅·释亲》收词仅仅 90 余条,但至郑珍作《亲属记》,记录亲属称谓已分 106 大类,606 词。这说明汉语亲属称谓系统,历代都有新的词汇进入,从而增加了词汇数量。而如果以《亲属记》为例,就会进一步发现,亲属称谓的历时演变过程中,既有新词的产生,也有旧词的消亡,体现的是词汇系统的新陈代谢。举例而言,中古时期有一个亲属称谓词"卿",严振洲先生《说"卿"》(1985)、陈燕《论南北朝的"卿"字》(1998)、史光辉《中古时期"妻称夫为卿"用法补证》(2002)等几篇文章,先后考证了中古"卿"作"妻称夫"、"夫妻对称"之用法。梁章钜《称谓录》"妻称夫"条也收有"卿"条,但引唐代张泌《妆楼记》为书证,时代偏晚。《亲属记》正文虽未收"卿"条,但在"侧室"、"内子"等条目中,却参引了几个非常重要的文献资料,如"内子"条引《国语》:"卿之内子为大带。"又引《丧大记注》:"卿之妻为内子。"又引《释名》:"卿之妃曰内子。子,女子也,在闺门之内治家也。"(1104)又"侧室"条引《左传·桓公二年》:"师服曰:'卿置侧室。'"又《襄公十四年》:"师旷曰:'卿置侧室。'"又引应劭曰:"礼,卿大夫之庶子为侧室。"(1112)不仅提供了更早的书证,还反映出作为称夫的称谓"卿"是由作为官职的"卿"演变而来。上古时期"卿"作称谓语是官职"卿大夫"的专称,至东汉时期"卿"多用于君对臣的爱称和交际中第二人称的敬称,这一用法源于"卿"字的本义,《说文·卯部》"卿"篆作"卿",象两人相向而食①。这两个用法随着汉语史的发展,就进一步产生了"妻称夫"、"夫妻相称"的用法。又,据《亲属记》所引《国语》《丧大记注》《释名》等文献用例,称"妻"为"内子",也是"卿大夫"之妻之专称,那么卿大夫之妻也会称丈夫为"卿",而"卿"本身是第二人称,卿大夫"夫妻对称"就会使用"卿"。但这种用法在书面文献中很少有用例,而是较早出现在中古时期一些口语性较强的文献中。比如陈燕、史光辉二文,都从大量翻译佛经中发现了"卿"的这一用法。梁章钜、郑珍考释亲属称谓词,皆不引佛经文献,因此一个书证偏晚,一个则词条失收。由此可知,一个亲属称谓词,必须经过长期的使用,并在普遍的亲属关系中得到传播,才会在古籍文献中相应地有所反映。"卿"作为中古汉语的一个新词,其进入汉语亲属称谓系统,并在系统内不断发展演变,才有了大致清晰的过程。

　　旧词的消亡,也能利用《亲属记》与现代汉语亲属称谓的比较来加以考察。比如,因为封建社会"纳妾"现象的禁止,在现代亲属称谓中有关于"妾"及其相关的称谓都已不再使用。又比如,因为普通话的推广,一些存在于方言中古代称谓,也逐渐消失不用。同时,因为民族的融合交流,一些来自古代少数民族的称谓也已不再使用,如《亲属记》所载鲜卑语"莫贺"称父,今已不用。

　　当然,也有因为文化环境的改变,而导致亲属称谓旧词消失和新词产生的。比如古今长幼排行的方式不同,古代多用"伯"、"仲"、"叔"、"季"等表示长幼之序,而现代汉语除了排行第一常用"大"字外,其他依次按"二、三、

---

① 这在甲骨文、金文中已然,如容庚《金文编》:"卿,象两人相向就食之形。"中华书局,1985年,第645页。

四……"排列。与之相适应,比如《亲属记》中"伯氏"、"伯兄"、"长嫂"、"仲氏"、"仲公"、"伯父"、"仲父"、"叔父"、"季父"等称谓皆已不用,而"兄嫂"视其排行,使用"大哥/大嫂、二哥/二嫂、三哥/三嫂……";弟弟视其排行则称"二弟、三弟……";父之兄弟视其排行则称"大伯、二叔、三叔……",等等。

此外,涉及汉语亲属称谓发展演变的现象和例子还有很多。总之,汉语亲属称谓具有词汇系统的特点,要对其进行准确的描写和考证,必须要以汉语亲属称谓词语的系统性为前提。

2. 注重亲属称谓分类整理与研究

亲属称谓只是古今称谓系统中的一个分支,里面又可分出不同的小类。《尔雅·释亲》中就大致分成了宗族、母党、妻党和婚姻四个类别。《亲属记》所列的 106 个类目,就是整个亲属称谓系统中的各个小类,比如"父称"、"母称"就可以看作两类不同的亲属称谓。

与整个亲属称谓系统总在发生变化一样,不同类别的亲属称谓也在发展变化。比如《尔雅·释亲》:"父为考,母为妣。"称父、称母均只有一条,但是在《亲属记》中,这两类称谓辖词多达数十条。除了大类,每一小类的亲属称谓,也有词汇数量多寡的差异,例如《亲属记》《称谓录》所载,"母称"类亲属称谓都比"父称"类亲属称谓词汇数量更多。而词汇数量的多少,往往与亲疏关系、社会地位存在一定关系,单类亲属称谓,往往更容易受到语言文化的影响,它们的演变发展才进一步影响到整个亲属称谓系统的演变发展。

而《亲属记》的价值和特色还在于,除了在亲属称谓内部划分出不同的类别,还根据各时期亲属称谓词语的不同来源和性质,从语言文献角度划出了不同的单类。主要有以下四类:

(1) 通语类。就是指出现在经典文献中,在历代通语中使用的亲属称谓。主要是《尔雅·释亲》及其历代增益的相关文献所辑录的称谓词语。这一类称谓数量并不多,但却构成了汉语亲属称谓的核心部分,维持了汉语亲属称谓最基本的结构体系,许多称谓穿越古今,保留至现代汉语亲属称谓。应该说,作为晚清的称谓辞书,《称谓录》和《亲属记》所录称谓词语,其核心部分依然是这一类的称谓。《亲属记》中如"祖父/祖母"(1098)、"王父/王母"(1098)、"大父/大母"(1098)、"曾祖父/曾祖母"(1099)、"曾祖王父/曾祖王母"(1099)、"曾大父/曾大母"(1099)等词,皆出自通语类文献,大多沿用至今。

(2) 方言类。这是相对于通语而言的,包括各地方言中的称谓,也包括民间俗用的亲属称谓。这类称谓数量很多,是汉语亲属称谓的重要组成部分。有些方言类的称谓,逐渐演变为通语类的称谓。《称谓录》就专门列出

"方言称父"、"方言称母"、"方言称……"的类目,表示这些称谓是从方言中采录进来的。《亲属记》中也有大量来自方言的亲属称谓,如"郎罢"条引《青箱杂记》:"闽人谓父为郎罢,谓子为崽。"(1084)又"媓"条引《方言》:"南楚瀑洭之间母谓之媓。"(1088)又"媞"条引《说文》:"媞,一曰江淮之间谓母曰媞。"(1088)"姐/她"引《说文》:"蜀人谓母曰姐,淮南谓之社。"(1088)又"社"条引《淮南子·说山训》高诱注:"江淮间谓母为社。社读雒家谓公为阿社之社。"(1088)又"父姼"条引《方言》:"南楚瀑洭之间称父考曰父姼。"(1144)"筑里"条引《方言》注:"今关西兄弟妇相呼为筑里。"(1159)皆是根据方言文献搜集的亲属称谓词,这些词有些一直活在方言中,有些则随着通语、方言的演变而发生了变化。

（3）民族语言类。主要是汉族以外的兄弟民族的亲属称谓,通过语言文化接触等方式进入汉语亲属称谓系统。《亲属记》中也记录了部分这类例子,如"莫贺"条,《亲属记》据引《宋书·鲜卑吐谷浑传》考云:"遂立子视连为世子,委之事,号曰莫贺郎。莫贺,宋言父也。"(1084)该词可能源自鲜卑族语。又如"媎"条云:"同姐,羌人呼母曰媎。"(1087)源自羌族语。又如"半子"乃据《唐书·回纥传》所收(1150),该词盖源出回鹘语。这些来自民族语言的亲属称谓,大多未能留在汉语词汇系统中,但少数称谓词却在汉语系统中长期广泛使用,具有很强的生命力,并最终成了通语类亲属称谓词。例如"爹"条,郑珍据《唐书·回纥传》阿啜可汗呼其大相颉干迦斯曰:"儿愚幼,惟仰食于阿多。"考证认为:"此声由晋宋间夷语传入,中国本只作多,后因加父。多古亦读支,所由转为今呼丁邪切也。陟斜切似今呼。"(1083)说明汉语亲属称谓词中常用的"爹"实际源自夷语。

（4）专书类。这一类包括某一部专书和某一特定性质的文献中的亲属称谓。不同历史时期,不同性质的文献语料,会产生大量不同的亲属称谓词语,这将对汉语亲属称谓词汇系统产生影响。并且,根据专书的性质不同,专书类的亲属称谓可以是前面三种类型中的任何一种。

现代学者利用专书对亲属称谓进行研究的有很多,前面已经介绍过一些。另外如王小莘《从〈颜氏家训〉看魏晋南北朝的亲属称谓》一文,就根据《颜氏家训》的记载,论述了"从秦汉至今一脉相承的称谓"、"南北朝沿承秦汉使用,而后世逐渐消泯的称谓"、"词义和用法在南北朝发生演变的称谓"、"魏晋南北朝新生的称谓"等一系列称谓词语的发展演变[1]。这一时期

---

[1] 王小莘《从〈颜氏家训〉看魏晋南北朝的亲属称谓》,《古汉语研究》1998年第2期,第59—62页。

的亲属称谓,《亲属记》也根据《颜氏家训》考录了一部分,例如"公婆"(1098)、"先亡大人"(1099)、"伯父/叔父"(1125)、"兄子/弟子"(1128)、"家公"(1140)、"舅母"(1142)、"姨夫"(1143)、"亲表"(1143)、"大人公(妇呼舅)"(1152)等词条,皆从《颜氏家训》考据。

此外,《亲属记》还引用了大量的其他时期的特定文献语料,对各个时期的文献引征,都反映了亲属称谓在这一时期的出现、使用和词义变化情况。比如,中古时期出现了大量口语性较强的语料,这必然会对中古时期汉语亲属称谓系统产生较大的影响,并使这个词汇系统在历时层面与其他各个时期有所区别。

值得注意的是,上述方言类、民族语言类的亲属称谓,在数量上都有超过通语类亲属称谓的趋势。但是它们无论是在文献记载上,还是在社会使用上,都没有通语类亲属称谓更具备群众基础,往往没有汉语通语那么强,因此其出现、使用总是呈现出"合则留,不合则去"的面貌①,许多方言类、民族语言类亲属称谓因此而逐渐消亡,到现代汉语亲属称谓中已经不见踪影。这也是符合汉语词汇系统本身的发展演变规律的。当然,根据不同的标准,还可以划分出许多不同的单类亲属称谓来。对单类亲属称谓作更为细致的划分和考析,对于亲属称谓的断代研究和历时比较将会有所帮助。

3. 丰富亲属称谓词的个案考释

在亲属称谓的系统及其不同类别中,每一个亲属称谓词语的性质、来源及其发展演变,就变得更加清晰可见。《亲属记》对每一个亲属称谓词都作了非常详细的考释。例如"皇考/显考"条,《亲属记》先后援引《曲礼》:"祭父曰皇考,母曰皇妣。"《离骚》:"联皇考曰伯庸。"叶石林云:"汉议宣帝父称魏相,以为宜尊称曰皇考,自是皇考遂为尊号之称,非后世所得通用。"《元典章》:"大德四年,江西省咨萍乡县侯振翁告朱惠孙墓庵内供伊母魂,刊写皇妣字样。儒学提举司于《札记》内披究得'皇妣'二字,经典该载,不曾奉到上司明文,合与不合回避,咨请回示。部议得省儒学考究虽出经典,理宜回避,已追牌座当官烧毁,令后遍行禁止。"(1084)征引了大量文献证据,考证得非常详细。要理清皇考、显考的演变发展,这里涉及两个问题:一是父称考,是在生时称,还是逝后称?二是"皇"、"显"二字的关系如何,它们的演变对这一称谓有什么影响?

对于第一个问题,《亲属记》的观点是很明确的,如"父殁曰考、曰皇考、曰显考",又在"考"字条下说"经传绝无父母在而自称之考妣者"。那么到

---

① 何九盈、蒋绍愚《古汉语词汇讲话》,中华书局,2010年,第22页。

底有没有父母在而称考妣的呢？我们认为是有的,但主要用于上古汉语中。如《尚书·舜典》:"二十有八载,帝乃殂落,百姓如丧考妣。"又《仓颉篇》卷上:"考妣延年。"又《书·康诰》:"大伤厥考心。"但是并不能因此就认为"父"、"考"可通用,或者父在时可称考。因为至迟在汉时,"生称父,殁称考"已经出现严格的区分。这一区分的较早说法出于《曲礼·下》:"生曰父、曰母、曰妻,死曰考、曰妣、曰嫔。"有人根据《尔雅·释亲》"父为考,母为妣"之说,提出不同看法。但我们知道《尔雅》虽出秦汉间,却多缀缉春秋战国秦汉诸书旧文,其说不能限于秦汉。而来历更清晰的刘熙《释名》可以解决这一分歧,《释名·释丧制》:"父死曰考。"因此,我们认为"考"只能用于"父殁之称"的大致时间,保守的至迟应在汉代后期。至于为什么会产生这种严格的区分,目前还不能确定。但从本义上说,《说文》:"考,老也。从老省,丂声。"又,"老,考也。七十曰老。"可见,"考"本义为"老",多用于表年岁之老。年老往往又与死亡相联系,因此后世多用"老"来讳称死亡,今方言亦然。但这一用法是否与"考"作为"父殁称"相涉,现在还不敢肯定。①

但不管怎么样,已经不能笼统地说"考"可作为父存、殁之通称了。在这一点上,《亲属记》坚持"父殁曰考"的观点是正确的。从现代汉语亲属称谓可以看出,祖、父在生,绝不能称"考"。并且,"考"已不常用,仅用于一些仿古的墓志碑铭。

对于第二个问题,《亲属记》已经论述得很清楚,表现为两点:一是《离骚》"朕皇考曰伯庸"中"皇"字乃"取美大字样号之",而非"君"义。二是根据《元典章》,认为自元大德四年始,因为避讳的原因,民间已改"皇"为"显"。郑说是。但郑珍又留下两个疑问:"皇"字改易后,到底通用何字,是"故",还是"显"？今世以"显考"为父,是否延续元代之旧称？我们认为,"皇"改用"显"的可能性更大,因为古时皇、显虽然字形并不相混,但意义上有联系,均可作对先人的美称。如《书·文侯之命》:"汝克绍乃显祖。"又魏曹植《王仲宣诔》:"伊尹显考,奕业佐时。"因此,称祖、父,可通用"显考"。而查检称谓诸书,"故"字并不用于称谓,而只作为称谓前的修饰语,表示"旧时,过去",或者"已故",如"故友"、"故人"等。因此,"故考"即已故之"显考"。由此也可以看出,易"皇"为"考"也并非始于有元之世,《元典章》之句可能只是起了强调性的作用。现代汉语亲属称谓,皇考、显考、故考皆不用,仅用于一些仿古墓志碑铭,亦有作"故显考"的,由此可见其来源之别。

---

① 因为"老"作为死亡的讳称,有文献证据的已经是很晚的事。如《红楼梦》第十五回:"以备京中老了人口,在此便宜寄放。"

又如"哥"条，郑珍据引《广韵》："哥古作歌字，今呼为兄也。"《旧唐书·王琚传》："玄宗泣曰：'四哥仁孝。'"玄宗子《棣王琰传》："惟三哥辨其无罪。"韩魏公《君臣相遇传》："英宗即位，光献太后心不悦，曰：'昨梦大哥乘龙上天去。'"(1123)等文献详考"哥"的源流演变，作为兄称的演变轨迹是清楚的。大致上，"哥"《说文》时代及之前的意义是清楚的，《说文·可部》："哥，声也。古文以为謌字。"段玉裁注："《汉书》多用哥为歌。"可见，"哥"与"歌"通。这在中古时期其他的一些文献中仍有所反映，比如蒋礼鸿先生《敦煌变文字义通释》"歌歌/哥哥"条："变文这两个字通用。"①但是，关系比较混乱的也是在中古时期，《广韵》："哥古作歌字，今呼为兄也。"可知这一时期前后，"哥"开始作"兄称"。翟灏《通俗编》卷十八《称谓》："哥本古歌字，无训兄者。《广韵》始云今呼兄为哥，则此称自唐始也。"②也是在这时，"哥"开始取代"兄"，但还局限于口语中③。王力先生《汉语史稿》："从唐代起，'哥'字开始在口语里代替了'兄'字。"④之后，"哥"逐渐成为称"兄"的主要称谓，并一直发展到现在。

而几乎与"哥"作为"兄称"同步，"哥"作为"父称"也是从唐代开始，并一直发展到现在。顾炎武《日知录》、王力先生《汉语史稿》都谈到了唐代"称父为哥"。蒋礼鸿先生《敦煌变文字义通释》指出："现在浙江武义还有管父亲叫哥哥的。"现代汉语亲属称谓中，"哥"只能作为"兄称"，而不作"父称"。应该说，就是从唐代开始，作"兄称"就是其主要用法，作"父称"较少。因此，《亲属记》云："今举世止称兄为哥。"这是有一定道理的。

总之，郑珍在充分占有语料的基础上，对亲属称谓词语作了有系统、有条理的考释与研究，使得对亲属称谓词的研究，摆脱了传统《尔雅》《礼记》以来的经学束缚，开始从词汇、语义及其发展演变角度转向语言科学研究。

三、拓展亲属称谓词研究的途径与方法

郑珍对亲属称谓的训诂，不仅从文献收词角度，对《尔雅》以降的亲属称谓词语作了详尽的收录整理，并仿《尔雅》之体例，对古代亲属称谓系统及其个例作辞书式的编排与考证，涉及形音义、文献出处和源流演变等各个方

---

① 蒋礼鸿《敦煌变文字义通释》，上海古籍出版社，1988年，第15页。
② 翟灏《通俗编》(《续修四库全书》辑无不宜斋雕本)，清乾隆十六年刻本，上海古籍出版社，1996年，第452页。
③ 至于为什么会用表"歌"义的"哥"字，来代替"兄称"，现在还不清楚原因。翟灏《通俗编》认为"阿哥"是"阿干"之转，王力先生认为这"哥"字可能是外来语。"阿干"称兄，是鲜卑语，二说似乎已经解决了这个问题。
④ 王力《汉语史稿》，中华书局，2008年，第576页。

面。从而为学界进一步开展对亲属称谓的研究提供了宏观的理论基础和微观的个案参考。这主要体现在对亲属称谓的词汇分析上。

亲属称谓词是古汉语词汇的重要类别,具有自身的词汇构成与词汇结构。比如,从词义的角度来说,亲属称谓属于同义词的类聚,《亲属记》就是按照同义类聚编排的。而从词的构成看,虽然古汉语词汇以单音词为主,但《尔雅·释亲》中已经有不少复音词。如"父之考为王父,父之妣为王母"、"父之从父昆弟之妻为从祖母,父之从祖昆弟之妻为族祖母"、"王父之考为曾祖王父,王父之妣为曾祖王母",双音节、三音节、四音节都有。这些复音词中,有些语素往往是常见的,位置也比较固定,如王父、王母之"父"和"母"。而有些语素位置则常常出现变化,如"王"、"从"、"族"等。有些称谓,如《亲属记》"伯父"、"伯兄"中,语素"伯"表示"父之兄弟"和"兄"的长幼排行,类似于修饰成分,同时又可以独立作为称谓。而"仲父"、"仲公"之"仲",虽然也表示长幼排行,也是做修饰成分,但却不能独立作为称谓。这些现象,不但进一步说明汉语亲属称谓是一个词汇系统,也说明其中还有很多关于词汇的问题需要解决。

这里,我们结合《亲属记》所录词语和现代汉语亲属称谓,谈谈汉语亲属称谓的单音词、复音词及其结构分析和语素分析。

1. 亲属称谓的单音节词

通过我们的统计,发现《亲属记》所录亲属称谓,单音词共有 91 个。这些称谓大多数都是汉语亲属称谓的基本词,从古至今都在使用。如"祖"、"父"、"母"、"子"、"女"、"孙"等,都是基本词。这类词的一个显著特点,是它们都是一个个的字。因此,对它们的分析,就涉及两个很重要的问题:一是字和词之间的区别,并以此考察这类亲属称谓在字面上的形音义,辨明其产生某类亲属称谓词义的理据。二是这些称谓词之间的关系,主要是形音义之间的联系,以此来考察汉语亲属称谓系统的发展演变。

举例来说,如"女"是个象形字,在称谓中指"女子"。而"母"字,《说文》:"从女,象褱子形。一曰象乳子也。"是在"女"字上面加上指事符号,来表示怀育子女的女性,因作母亲字。在字形上,"女"字必先于"母"。但是在词义上,"女"作为"女子"的称谓虽早于"母"字,但作为亲属称谓中"女儿"之义,则可能与"母"字作为"母亲"的称谓差不多同时。也正因为如此,后来的很多与女性或者母亲相关的亲属称谓,在形音义上都与"女"或"母"相关,如《亲属记》中:"母曰媪、曰媓、曰媞(承旨切)、曰姐、曰妣、曰牞、曰妪(衣遇切)、曰嬶(卑结切)、曰嬭(奴礼切)、曰妈(莫补切)、曰孃(女良切)、曰嫛、曰媙(弥计切)。"(1087)等等,皆其例。

又比如"父",在甲骨文和金文中象男子手持石斧以事操作,本义是指男子。《说文》:"父,矩也。家长率教者,从又举杖。"《释名·释亲属》:"父,甫也,始生己也。"以此孳乳为父母之父。而由此可以看出,虽然"父"、"母"往往相举而用,其产生亲属称谓中"父亲"义、"母亲"义也几乎同时。但它们成词的过程和理据并不一样。此外,从字形与词义的关系来看,加上母系氏族文化的影响,可能"母"字产生"母亲"义的方式要更加直接,也更容易辨析。

可见,就算最简单的"父"字,其作为表示"父亲"义的亲属称谓词,轨迹已经有点曲折了。那些在"父"基础上发展演变出来的词,要考察出其成词理据就更有难度。如"爸",《广雅·释亲》:"爸,父也。"王念孙疏证:"爸者,父声之转。"《亲属记》"爸"辨析很清楚:"古读巴如逋,即父之重唇音,遂作'巴'加'父'。今俗呼父或巴巴,或为耙耙,或为八八,并此字。"(1082)

通过这样的比较,我们再回过头来看前面提到的两个问题。那些最早进入亲属称谓系统的单音词,其作为亲属称谓的词义,往往与其造字的意义非常接近,如"女"、"父"、"母"等。而它们的造字理据往往也是它们成为亲属称谓词的理据。在这类称谓词的基础上,通过字的孳乳等方式产生了新的称谓词,如"妈"、"姐"、"姊"、"妹"、"爸"、"爷"、"爹"等。它们因为字形的产生较晚,其成为亲属称谓词的时间也相对较晚。因此,我们认为:一方面,早期字形产生称谓词义的方式和过程,是考证亲属称谓成词理据的线索。另一方面,早期字形的孳乳字产生称谓词义的方式和过程,是观察亲属称谓词汇系统发展演变的线索。

需要说明的是,这并不是说亲属称谓词汇系统中的单音词,都是靠字的孳乳而来的。实际情况是,从《亲属记》仅有不到1/6 的91 个单音词,恰恰说明字的孳乳产生新词的方式往往是有限的。而亲属称谓词汇系统产生新词的方式,还必须看到新的出土文献、方言和外来语的重要影响。但作为一个词汇系统,亲属称谓产生新词最重要的方式,还是词汇结构本身的不断变化,这也是亲属称谓复音词大量产生的根本原因。

当然,某个字一旦成为亲属称谓的单音词,它便开始遵循词义演变发展的各种规律,不可能再是单纯的文字孳乳。比如"爷",既可以表"父"义,又可以表"祖"义,这属于"一词多义"的现象。应该说,"多义词"也是亲属称谓产生新词的一种方式。

2. 亲属称谓的复音词及其结构

为便于分析,我们对《亲属记》中亲属称谓的复音词做了统计:双音词412 个,三音节词62 个,四音节词27 个,五音节及以上的14 个。从词汇结构上看,亲属称谓词语主要有偏正式、并列式两种结构。

（1）偏正式。其中数量最多的是双音节词,仔细观察这一类称谓词,会发现它们的结构有一个共同特点,都是在基本的单音词前面,加上一个带修饰限制作用的成分。《亲属记》中如"先母"（父之前妻）、"前母"（1091）;"继母"（父之后妻）、"后母"、"假母"（1091）;"出母"（父之出妻）、"嫁母"（1092）;"慈母"、"食母"、"乳母"、"保母"（1092）;"继父"、"后父"（1097）;"小妻"（妾）、"少妻"、"下妻"、"旁妻"、"庶妻"、"小妇"（1106）;"初妻"（元配）、"首妻"、"元妻"、"前妻"、"前妇"、"继室"、"后妻"、"后妇"（1108）;"曾孙"、"玄孙"、"来孙"、"晜孙"、"仍孙"、"云孙"（1118）;"伯父"、"叔父"、"世父"、"仲父"、"季父"（1125）等词皆属偏正式。这些词的第一个语素都具有实际的含义,来限定后面的亲属关系。

其中,在"母"、"父"、"妻"前面的都是表修饰限制的成分。这些成分也有不同的特点,有的是说明亲属之间关系的,如"先"、"前"、"继"、"后"、"出"、"嫁"等表示男再娶、女再嫁等关系;有的是说明某种事物特征的,如"慈"、"食"、"乳"、"保"等说明了庶母对己养育、保抱之别;有的是反映身份地位的,如"初"、"首"、"元"、"前"、"小"、"下"、"少"、"旁"、"庶"等,既说明了妻、妾入门的先后,也说明了她们地位的尊卑有别;有的是表示辈分高低的,如"曾"、"玄"、"来"、"晜"、"仍"、"云"等;有的是表示长幼排行的,如"伯"、"仲"、"叔"、"季"、"第几"等①。

其他几类复音词,其最基本的结构都是偏正式。如曾祖父、曾祖母、曾祖王父、曾祖王母、曾大父、曾大母、皇祖伯叔父、大夫人、小夫人、丈夫子、女公子、从夫兄弟、堂姊妹、同堂兄弟、同堂姊妹、从祖父、从祖母、从祖兄弟姊妹、从兄弟、曾祖姑、外祖父、外祖母、外大父、外大母、外伯叔祖父母、婚兄弟、姻兄弟、亲家翁、亲家母,等等,都是。有些音节较多的复音词,实际也只是偏正式的重复使用。例如其中"从父兄弟之子"（1128）、"从祖兄弟之子"（1130）结构非常整齐,甚至还用"之"字来表示前后成分的领属关系。

（2）并列式。这种结构主要存在于双音节词当中。大多数是同义并列,如兄弟、室家、家室、儿子、嗣嫡、嫡嗣、亲戚、婚姻、姊妹、臧获、宗族等。也有少数反义并列的,如妯娌、先后等。

此外,也还有一些特殊结构的复音词,如"妾生长子",其中心成分是"子","妾生"和"长"都是其修饰成分,其整体结构大致是"主+谓+宾",已

---

① 关于偏正式中修饰限制成分的特点,王琪《上古汉语称谓研究》（浙江大学博士论文,2005）做过详细的分类描写,说详彼文。

经类似于一个短语或短句了,比较少见,另外还有"奴产子"等。有一些词,它们的前后成分之间没有修饰与被修饰的关系,大致有三种情况:一是来自方言和兄弟民族语言的外来词,多数是借音的,如莫贺、郎罢、嫛迷、阿摩敦、孤塗等。二是类似于拟声词的,如幼子曰"呕鸦"。三是一些有特殊文化内涵的称谓词,如大人、丈人、泰山、泰水、亲家、累重、先生等①。

总之,不同结构的复音词共同组成了汉语亲属称谓的词汇系统,其词汇结构及其发展演变是复杂的,有待于更多科学的方法去进一步研究。

3. 亲属称谓的语素分析

从上面对亲属称谓词汇结构的分析,可以看出亲属称谓词语是有语素的。对单音词而言,一个语素往往就是一个词,而复音词则包含了两个及以上的语素。那些常见的,位置固定地处于被修饰的中心地位的语素,如"父"、"母"、"妻"、"孙"等,它们本身也可以独立作为亲属称谓,是不需要讨论的。需要讨论的是那些作为修饰限制成分,往往不能单独作为亲属称谓的语素。根据《亲属记》的实际情况,我们主要讨论以下三个方面的问题。

(1) 语素的发展演变。由于处于中心地位的语素往往是一些单音节的基本词,它们一般不会发生变化,但作为修饰限制的成分的语素,却在不断发生变化。如果分得细一点,汉语亲属称谓词汇系统的发展演变,主要是语素的发展演变。比如前面讲到的现代汉语用数字一、二、三、四取代伯、仲、叔、季作为排行,导致了"二哥"、"二嫂"、"二叔"等的产生和"伯兄"、"仲公"等的消亡。实际上主要的变化只发生在前面的表示长幼排行的语素,而中心语素"兄"、"父"、"嫂"等并没有发生变化。

从词汇结构上看,亲属称谓复音词的产生,最基本的方式给一些单音词添加新的语素。而这些语素本身也会有发展演变,从而导致汉语亲属称谓的词汇发展。比如语素"先"多称已殁之人,如"先君"、"先君"、"先公"等指亡父。但现代汉语中,除了一些特殊场合,语素"先"已经很少使用。而称人殁,也有了"去世"、"逝世"、"辞世"等新的称谓方式。又比如现代社会已经不存在他人妇养己者,也不存在"纳妾"现象,因此像"乳母"、"食母"、"妾母"、"庶母"等都不再用②。还有一些称谓,它们的各个语素都没有发生变化,但并不常用。如来孙、礜孙、仍孙、云孙等,它们并没有变化,但现代汉语并不多用,大概是因为婚育年龄的原因,很难做到五世同堂或者更远。但在

---

① 这一类词可以看作传统意义上的单纯复音词,因为它们都不能拆开来讲。
② 现在有少数地区还存在"抱养"子女的现象,但亦很少称"乳母"、"食母",而多称"养母"。如《花城》1981年第6期:"明里诬蔑别人是争夺遗产,暗里指使他老婆争当养母。"

向上追溯时,一般可以称"某之"来孙、翼孙、仍孙或云孙等。

当然,也有一些中心语素发生变化的称谓词语。比如现代汉语称"父"、"母"多用"爸"、"妈",因此像"后父"、"生母"、"后母"等,一般多用"后爸"、"亲妈"、"后妈"等称谓。但这在书面语中,还并不太明显。另外,比较特殊的如他人妇保抱而不乳哺者称"保母",这一称谓在现代汉语用作"保姆"。一是因为现代社会存在"保姆"这一职业,二是因为"保姆"非"母",因此必须用"姆"以别之。可能正因为如此,在古代可以通用的"母"和"姆",现在已经有了严格的区分。

(2)常见语素"阿"。"阿"是常见的名词前缀,作为亲属称谓的语素,只放在前面表示亲昵。《亲属记》中冠"阿"的称谓并不多,只有阿摩敦、阿母、阿嬭、阿兄、阿家共5个。《称谓录》中还有阿翁、阿公、阿爹、阿八、阿社、阿多、阿婴、阿妈、阿保、阿奢、阿乳儿、阿叔、阿舅、阿姨、阿干、阿奴、阿谟阿段、阿夷阿等、阿娇、阿姑、阿姊等,遍及各类亲属称谓。"阿"字放在中间作语素的《称谓录》只有1例"干阿奶",即干奶婆、保母。发展到现代汉语,冠"阿"的亲属称谓已经不多,一般用于方言中。有一些称谓意义也有所变化,如"阿姨"古代可指母亲、姨母、母之姊妹、妻之姊妹,现代汉语则泛指与母亲同辈或年龄相仿的女性,已经不是亲属称谓了。

(3)特定的语素"族"和"从"。冠"族"、"从"的亲属称谓往往具有特定的历史文化意义,是有一定条例要求的。关于这一点,郑知同在《后序》中论述到:"且古典传之既久,不无讹脱,《尔雅·释亲》所言,较以《仪礼·丧服》经传,即如九族名称,凡同高祖之子孙、夫妇、男女,自族曾祖父母已下四世,例加'族'字;同曾祖之子孙、夫妇、男女,自从祖、祖父母已下三世,例加'从祖'字,礼经条例,故自朗晰。乃《释亲》于此两行辈群人之称,往往传写歧误,淆惑学人,以至近代瑶田程氏说丧礼,于高曾子孙称'族'称'从祖'者,时或移混而乱服制等差。"(1075)可见,搞清楚"族"和"从"两个语素的发展演变是非常重要的。从《亲属记》所录词条看,"族"大致有两个含义:一是指家族或宗族,如:"己与父子曰三族。……己上至高祖下至玄孙曰九族。……同高祖亦曰六亲,曰同族。"(1136)又如:"同姓无服者曰疏属,曰同宗,曰宗人。列同曰始族兄。"(1138)又如:"父党曰宗族,母党妻党曰兄弟。族长曰宗豪,曰宗主。"(1166)等皆此类例证。

二是指同祖同族的旁系亲属称谓,既包括堂亲,也包括表亲。如族子、族曾祖父、族曾祖母、族祖父、族祖母、族父、族母、族兄、族弟、族姑、族姊妹等。这一点,与冠"从"称谓大致相同。因为这些称谓是通过家族或者宗族的关系,联系到一起的,属于"九族"之内,所以必须加语素"族",并与直系亲属有所区别。现代汉语已经很少使用冠"族"的亲属称谓了,有少数地区一些同姓的人聚居在一起,推选出所谓"族长",并使用一些冠"族"的称谓。他们并不一定有必然的亲属关系,而只是"九族"之外的同姓人,其称谓也失去了文化约束力。

冠"从"的称谓,其最基本的含义是指堂系亲属,通常与冠"族"、"堂"的亲属称谓同义。例如:"伯叔父之子曰从父兄弟、从父姊妹,省曰从兄从弟从姊从妹。以同堂为同堂亲,曰同堂兄弟、同堂姊妹,省曰堂兄堂弟堂姊妹。其子曰从父兄弟之子,曰族子。"(1128)又如:"伯叔父之女曰从父姊妹,省曰从姊从妹,又曰堂姊堂妹。从祖父之女曰从祖姊妹,曰再从姊妹。族父之女曰族姊妹,曰三从姊妹。"(1134)

有的也是用于堂系亲属,但其主要含义是指"代"、"世"。例如:"父之兄弟房曰从,祖之兄弟房曰再从,曾祖之兄弟房曰三从,统曰群从;连己之兄弟房曰四从。"(1134)语素"从",也有用于表亲称谓的,例如:"母之姊妹曰从母。"(1142)又如:"姨母之子曰从母兄弟姊妹。"(1146)还有少数用于外亲,如"从舅"指母之堂兄弟。由此,我们可以认为,《亲属记》中语素"从"的基本含义是"从……而称呼",如"从父"、"从母"称等。

至于冠"从"称谓的发展演变,大致上在《尔雅·释亲》中已有一部分冠"从"称谓了,到《亲属记》其数量明显增加了。新词产生,主要集中在魏晋南北朝时期,如"从祖"见于《吴志·陆逊传》(1131)、"从父"见于《蜀志·诸葛亮传》(1131)、"从兄弟"见于《晋书·陆士光传》(1131)等,皆是其例。

根据张世方、包小金的研究,冠"从"称谓在书面语中一直沿用到近代①。随着堂系亲属的发展,冠"堂"称谓逐渐占据优势地位,成为现代汉语堂系亲属的主要称谓。而还有少数冠"从"称谓仅保留于少数方言中。

除上面这三个方面外,亲属称谓的语素还可以从多方面进行分析。如亲属称谓中的敬谦语素,如"家"、"尊"等。又如亲属称谓中语素重叠使用的问题,如爷爷、奶奶、爸爸、妈妈、哥哥、弟弟、姐姐、妹妹等。通过《亲属记》的相关考证,我们都能找到它们发展演变的轨迹。

四、提升亲属称谓词的学术价值

早在二十世纪八十年代,杨祖恺便在《郑子尹及其著作》一文中评论认为:"遵义郑氏在学术上的贡献,比之高邮王氏、长洲惠氏、常熟翁氏,亦无逊

---

① 张世方、包小金《汉语堂表亲属称谓的历时兴替》,《修辞学习》2007年第6期,第46页。

色的。"①尽管对古代典籍的训诂,不及其他诸儒广博,但对于亲属称谓而言,郑珍却做了他人未及专力为之的工作,他对亲属称谓词的考释,旁征博引,又运用多种训诂手段,其训诂实践大大提升了古代汉语亲属称谓词汇的学术价值。主要体现在以下三个方面:

1. 语言学价值

郑珍学宗许郑,在文字、音韵和文献方面有很深的造诣,因此在考释词语时引证更为丰富,考辨亦更精审。郑珍工于经学、小学,考语中多用文字音韵训诂之法、博引文献典籍、参证古今方言、注重口语语料,大大增加了《亲属记》语言学研究的价值,主要表现:

(1) 科学运用训诂学术语。《亲属记》使用了大量的训诂学术语,有的用来理清词语之间的关系,有的用来分析文字的形、音、义及其发展演变关系,这些术语运用精当,使《亲属记》的训解体例具有较强的科学性。

曰、谓之。这类术语用来表示释义与被释词的关系,被释词放在后面。如:

> 父之前妻曰先母、曰前母。(1091)
> 父母曰大人,伯叔父亦曰大人。(1097)
> 由曾祖而上统谓之曾祖高祖,由高祖而上统谓之远祖,或谓之先君。连己身或不连己身上数之,各视其数谓之几世祖。(1101)

统曰、统……曰、统……言(之)、皆曰、总曰、统谓之、通谓之。这类术语相当于段玉裁提出的"浑言",意思即"笼统地说"。蒋绍愚先生指出:"所谓'浑言则同',并不是说两个同位义意义可以等同,而仍是说上位义可以用来训释或代替下位义。"②《亲属记》多数就属于这种情况。如:

"统曰"3例:

> 父之兄弟房曰从……统曰群从。(1134)
> 夫之父曰舅,曰章……统曰钟。(1151)
> 夫之兄弟之妻长妇……统曰姒娣。(1156)

---

① 杨祖恺《郑子尹及其著作》,《贵州文史丛刊》1980年第1期,第37页。
② 蒋绍愚《古汉语词汇纲要》,商务印书馆,2005年,第123页。

"统……曰"2例：

亦统妻所生诸子曰嫡子(下略)。(1112)
亦统妻妾所生诸子曰支子(下略)。(1113)

"统……言(之)"3例：

【嫡子】按经典言嫡子例是冢子,或有统嫡妻所生诸子言之者(下略)。(1112)
【正室】按此嫡子即统嫡出诸子言。(1112)
【门子】注:"正室,嫡子将代父当门者也。"按此亦统嫡出诸子言,故经文曰"皆"。(1112)

"皆曰"5例：

又子女皆曰息子(下略)。(1116)
又自曾孙以下皆曰曾孙,曰玄孙,亦曰裔孙。(1118)
世嫡继始祖者……皆曰宗子列(下略)。(1134)
子妇称父与舅皆曰丈人。(1144)
奴婢及所生子女皆曰臧获。(1165)

"总曰"1例：

祖父皆殁总曰先亡丈人。(1099)

"统谓之"2例：

由曾祖而上统谓之曾祖高祖,由高祖而上统谓之远祖(下略)。(1101)

"通谓之"1例：

妻妾通谓之内。(1108)

又曰、亦曰。这类术语用来指明"多词同义"和"一词多义"的现象。如：

庶母慈养己者亦曰慈母，又曰食母。（1092）
他人妇养己者亦曰乳母，又曰阿母。（1094）
他人妇保抱而不乳哺者，亦曰保母，又曰干孏婆。（1095）
子从母适人谓所适者曰继父，又曰后父。（1097）
奴婢所生曰奴产子，亦曰家生奴。（1166）

转。这类术语主要用来阐明声音的演变关系，相当于音韵学上的"转读"、"音转"。《亲属记》为考证称谓词的音义，对文字的读音及其演变往往有周到的考证，使用术语"转"的词语共有 10 条，共 13 次。有以下五种情况：

俗呼转重读 2 例，如"爸"条"古读巴如逋，即父之重唇音"（1082），"奢"条"者古读如主，俗转父重读，因加父作者"（1083）。

古读转今呼 1 例，有"爷"一条：

【爷】《玉篇》："爷，以遮切。俗为父爷字。"……亦止作邪，邪古读与吴、余同，父因转为邪。邪字隶作耶，因加父作爷，而以爷为古文。（1083）

一音之转 4 例，如：

【家】按《四朝闻见录》云："宋高宗欲以宪圣吴氏为后，谓之曰：'俟姐姐归，当举行。'"此姐姐指其母韦太后，姐姐、家家为一音之转。（1090）

【𱅒八】余谓"阿八"是挈女之母也。时俗呼父为爹，呼母为八，故退之云"阿爹阿八"。……今世呼伯叔或曰八，或曰八八，又与唐异。又按，母古读如米，又读谟上声，甖㜷娓孏媞皆米音之转，孃又由孏而转，姐社妈𱅒妪皆谟上声之转，各随方音，遂成别字（下略）。（1090）

【囝】顾况有《哀囝诗》。《集韵》："囝，九件切，闽人呼儿也。"《正字通》："囝，闽音读若宰，与崽音义通。"按子音转读宰，因制"崽"字（下略）。（1110）

直接引用他人注疏所注"音转"2例,如:

【钟】《汉书广川王传》:"背尊章嫖以忽。"师古曰:"尊章犹言舅姑也。今关中俗呼舅为钟,钟者,章声之转。"(1153)

【兄公】《尔雅》:"夫之兄为兄公。"注:"今俗呼兄钟,语之转耳。"(1154)

值得注意的是,郑珍的《亲属记》中还有一类特殊的"转",是用来指出文字的孳乳。全书仅1例,如:

【帝孙】《尔雅》:"来孙之子为罤孙。"……彼文转宜作"罤"字。(1118)

(2)从语源学角度厘定文字的形音义。《亲属记》从语源学角度考证字词,梳理字词的形音义的源流,有许多精辟的见解。例如"爸"条认为:"古读巴如逋,即父之重唇音,遂作巴加父。今俗呼父或巴巴,或为耙耙,或为八八,并此字。"(1082)"奢"条认为:"者古读如主,俗转父重读,因加父作者。今俗犹呼为老奢,作上声。"(1083)"爹"条认为:"此声由晋宋间夷语传入,中国本只作多,后因加父。多古亦读支,所由转为今呼丁邪切也。陟斜切似今呼。"(1083)"爺"条认为:"亦止作邪,邪古读与吴、余同,父因转为邪。邪字隶作耶,因加父作爺,而以爺为古文。"(1083)对表"父"义的"爸"、"奢"、"爹"、"爺"四字加以考证,其基本结论是:字音上,四字各异,但都是因"转读"或"方言俗呼"所致,如"奢……古读如主,俗转父重读。……今俗犹呼为老奢";字形上,都是在原有声符上加同义形符"父"而成,如"爺……邪字隶作耶,因加父作爺,而以爺为古文"。周远富认为:"表'父'义的字形。……造成一字多音多形的原因是'转注'和方音。……'父'的称说,在音韵上分为三组。①唇音帮系,如'爸'、'罢罢'、'八八'或'巴巴'。②舌音端系,如'爹'、'侈'、'奢'、'大'、'多'、'阿多'、'社'、'阿社'、'郎'等。③喉音见系影组,如'爷'、'翁'等。……不同地域谓'父'曰'ba'、'ya'、'duo',于是即于'巴'、'耶'、'多'之上各加同意字'父'而造'爸'、'爷'、'爹'三字。"①古今应证,可见郑珍的结论是十分精确的。虽然在作"父称"

---

① 周远富《说"父"》,《古汉语研究》2000年第3期,第82—83页。

还是"祖称"上,"爷(爺)"和"爹"这两个亲属称谓词的用法相当复杂①,但今方言"爸"、"奢"、"爹"、"爺"四字音、形仍用,皆可表"父"义。又,若有"一词多义"者,郑珍必于书中另立条目别之。如:"妻弟……曰外甥。女子……亦谓姊妹之子曰外甥。"今检《亲属记》与《称谓录》,皆不见"祖父曰爺"之目,或两书偶失,或时言"爺"并不称祖,未可知也。总之,郑珍从语源学的角度,判定出四字虽然同属"父"义,但在源流上音、形各异,考证无误。

2. 文化史价值

《亲属记》系统收录了汉语亲属称谓词语,并在考证中作了大量的文化阐释,具有较高的文化史价值。前面我们已经谈到,《亲属记》集中汇编古今亲属称谓文化词语,具有系统性和名物性。此外,《亲属记》的文化史价值还有以下三个方面值得注意。

(1) 释词涉及文化阐释。郑珍在考释词语时,常常对古代文化进行阐释。例如"考"条据《曲礼》:"生曰父、曰母、曰妻,死曰考、曰妣、曰嫔。"又据《尔雅》:"父为考,母为妣。"认为:"经传绝无父母在而自称之考妣者,顾氏所引《易》《书》皆非自谓其父,故可通言,《履霜操》亦出后人拟作,其说不足据。"(1084)此条阐明"在生、卒殁称谓之有别"。检《亲属记》全书,对"存殁"称谓之别有十分严格的考究,尤其注重阐明"卒殁(没)"之称,以避在生误称之讳。例如考、皇考、显考、先公、先君、先子、亡考、先君子等称"父殁"(1082);妣、皇妣、显妣、先妣、先亲等称"母殁"(1087—1088);王考、王妣、皇祖考、皇祖妣称"父之父母殁"(1098);先亡丈人称"祖父殁"(1099);皇考、皇妣称"祖之父母殁"(1099);显考、显妣称"曾祖之父母殁"(1100);嫔为"妻对妾言之殁"(1104);皇辟为妻谓夫没(1151)等。此类称谓皆古旧习,不可妄改,今俗沿之。

又如"祢"条,郑珍据《左传襄十三年》:"楚共王曰:'从先君于祢庙。'"杜注:"从先君代为祢庙。"《公羊传》:"生称父,死称考,入庙称祢。"等等。据此认为:"祢本亲庙之称,亦即以称亡考,凡经典言祖祢者皆是。祢者迩也、近也,视祖曾庙为亲近也。"(1086)阐明"祢称亲庙"的文化内涵。郑珍《说文逸字》《说文新附考》并云"祢"为"亲庙本字"②。亲庙,即祖庙。《白虎通·德论》卷八:"于祖庙者,谓子之亲庙也。"《汉书》卷九十九:"宜序于祖宗之亲庙,其立祖庙五,亲庙四。"祖庙,是供奉祖先的场所,因此古以"祢"称亡考。至于《尚书》孔传别作"昵",郑珍认为"昵亦近也",是。黄侃

---

① 胡士云《说"爷"和"爹"》,《语言研究》1994 年第 1 期,第 120 页。
② 王锳、袁本良点校《郑珍集·小学》,贵州人民出版社,2001 年,第 32、207 页。

《说文略说·论俗书滋多之故》:"以《字林》而言,其所载之字,如祢,《说文》应通用昵,今以为亲庙,别造一文。"①

又如《亲属记》对"旁庶"、"侧室"、"正嫡"、"正室"之称谓有非常严格的分辨,用以说明亲属称谓之间的差异。例如"父妾无子亦有母称",称之为"庶母"(1093)。又如:"妾曰小妻,曰少妻,曰下妻,曰旁妻,曰庶妻,曰小妇,曰嬬,曰小,曰小夫人,曰侧室,曰簉贱者,曰属妇,曰养。"(1106)阐释"妾"与"正妻"的不同地位。可见"嫡庶之分,在中国宗法社会里也是非常严格的"②。"庶母"者,"庶"言"父之妾","母"言其有子,但古人并不因"有子无子"而产生偏见或歧视,便同用"庶母"称之。郑珍的考论是客观的。

又如"显考/显妣"条,认为:"古以显考为高祖专称,自韩魏公《祭式》易皇考皇妣为显考显妣,及元大德间禁称皇字,而世称皆同魏公,至今不改。古义鲜知者也。"(1100)阐明了因避讳"皇"字,而使"显考显妣"代替"皇考皇妣"的历史文化原因。"所谓避讳就是不直称君主或尊长的名字,凡遇到和君主尊长的名字相同的字,则用改字、却笔等办法来回避,其结果往往造成语文上的若干混乱。"③《亲属记》卷一"皇考"条云"宋时已多避用皇字矣",此又云"元大德间禁称皇字",以此揭示"显考显妣"替代"皇考皇妣"之由。

(2)关注亲属称谓所反映的文化现象。《亲属记》在直系亲属、旁系亲属、婚姻关系等几条主线下,将与之相关的亲属称谓全部网罗进来。这些称谓词语反映了我国古代丰富的社会文化和亲属称谓文化。首先,反映了古代婚姻家庭"一夫一妻"制和"纳妾"现象及其相关文化。如《亲属记》中有"父之前妻"(1091)、"父之后妻"(1091)、"父妾有子"(1093)、"妾"(1106)、"子从母适人者"(1097)等类目,都反映家庭中特有的妻妾文化。这既反映出我国古代主要的婚姻制度是"一夫一妻"制,又反映出"纳妾"现象的客观存在。同时,因家庭变化等因素,男女再娶或再嫁也是很自由的。

同时,妻妾及其所生子女的不同称谓,又反映出强烈的"嫡正"观念。如"妻"(1104)、"元配"(1108)、"妻所生第一子"(1111)、"妻所生诸子"(1112)、"妾所生子"(1112)等类目及所辖词都反映嫡系、正室的家庭地位和称谓方式。这些称谓虽然含有"敬谦"的成分,但也有一些"尊卑"之分。但是,这种"尊卑"之分在普通家庭里,表现得并不十分突出。

---

① 黄侃《黄侃国学文集》,中华书局,2006年,第10页。
② 王力《古代汉语》(第三册),中华书局,2002年,第990页。
③ 王力《古代汉语》(第三册),中华书局,2002年,第997页。

另外值得注意的,从亲属称谓来看,古人对"生男生女"却没有太多的区别对待,如"男子曰丈夫子,曰崽,曰囝,曰孥,曰姓"(1109),与"女曰女子子,曰子,曰妇人子,曰娘,曰娘子,曰媂"(1115),从称谓上不但看不出有什么区别,有些称谓甚至是男女共用的。大概说来,孩子刚出生的时候,并不会产生"重男轻女"的思想观念。客观上说,封建社会存在"重男轻女"的现象,甚至很普遍。但可能由于某些家族、家庭、姓氏的不同情况,其表现并不相同。至少,在亲属称谓上,并不反映这一点。

其次,反映了一些特殊的文化现象。比如古人对"孪生"之一特殊生育现象的解释,《亲属记》就记载了不同方言中的不同称谓。如"孷孖"条引《方言》:"陈楚之间凡人兽乳而双产谓之厘孷。"(1120)又如"健子"条云:"健者连也,子连生也。"(1120)又如"孪生"条引《说文》:"孪,一乳两子也。"(1120)这些称谓词,在字形和词义上,都具有非常丰富的文化内涵。

(3)关注亲属称谓的社会文化作用。汉语亲属称谓是一个庞大的社会人伦关系的系统,亲属称谓是其中最重要的类别之一。郑珍《亲属记》以汇编亲属称谓为核心,相比于其他称谓辞书,在范围上相对较小,但其专门性研究的学术价值更高。而郑珍也考虑到了社会关系对亲属称谓的必然影响。因此,《亲属记》在辑录血缘亲属、堂表亲和婚姻关系等称谓的同时,又记录了部分与亲属称谓密切相关的社会称谓。如"称人之父母"(1163)、"奴婢及所生子女"(1165)、"父党"、"母党"、"妻党"(1166)、"授业者"(1166)、"受业者"(1168)等类目及所辖称谓词,记录了包括主仆、亲族、师生等在内的重要社会关系及其称谓方式,关注到了称谓在社会关系中所起的作用,体现出重要的文化价值。

(4)深入考察重要的文化现象。称谓语是富有民族特征的语言文化现象,《尔雅·释亲》曰:"父之党为宗族,母与妻之党为兄弟。"《礼记·大传》曰:"同姓从宗,合族属,异姓主名治际会,名著而男女有别。"反映出亲属称谓同社会、政治、宗族和人伦之间的密切关系。《尔雅·释亲》对先秦汉语亲属称谓的系统记载,表明了人们对亲属关系的分类主要着眼于宗亲和姻亲的区分,这反映了中国古代亲属关系观念的特点[1]。可见"在封建宗法制度下,亲属称谓是其中的核心部分,同封建礼教密切相关,成为儒家别亲疏、明贵贱、正名分的重要内容"[2]。因此,在对亲属称谓进行研究时,就必须考虑到语言与文化的相互影响。

---

[1] 周积明、宋德金主编《中国社会史论》(卷下),湖北教育出版社,2000年,第16页。
[2] 王锳、袁本良点校《郑珍集·小学》,贵州人民出版社,2001年,第1067页。

《亲属记》力在名汉语亲属称谓之物事,正汉民族礼俗教治之伦纪。应该说,《亲属记》作为一部汉语亲属称谓辞书,其能反映的语言文化问题是多方面的。我们这里举"母亲"类称谓为例,对相关的文化做一讨论。

前面我们谈到《亲属记》和《称谓录》中有"母称"的词语,要比"父称"的词语多,既折射出古代妇女在社会、家庭和婚姻关系中的地位,也反映出母亲在亲属称谓及其关系中的重要地位。而其最根本的文化动因,是母系氏族文化的深远影响。比较早又很典型的,比如《尔雅·释亲》:"男子谓姊妹之子为出,女子谓晜弟之子为侄,谓出之子为离孙,谓侄之子为归孙。"这类"古代文献关于亲属称谓制度的记载中,也保留了母系氏族制的痕迹"①。可见,亲属称谓一开始就打上了文化的烙印。而实际上也能看出,母系氏族制对亲属关系及其称谓的影响,肯定远远早于《尔雅》时代。

而"母亲"类称谓在历代的演变发展,也始终受着这一文化的深刻影响。以《亲属记》观之,如果把"祖母"及以上的也统计在内,"母亲"类及其相关的称谓就有109条,比词语总量的1/6还多。《亲属记》对"母亲"类称谓的辑录,反映出两方面的文化信息。

一方面,"母亲"类称谓始终是亲属称谓主线中的核心部分。由《亲属记》收词的体例就可以看出,其先后次序是"父母——父之父母——祖之父母——曾祖之父母"。虽为女性,但在亲属称谓中,"母亲"和"父亲"的地位是同等重要的。同时,我们看到《亲属记》中言"祖"必言"祖母",言"父"必言"母",言"夫"必言"妻"、"妾",言兄必言"嫂",言"伯叔"必言"婶",言"舅"必言"舅母",言"子"必言"媳"。可见就算是身份特殊的"妾",在亲属关系中也是非常受重视的。

另一方面,丰富的"母亲"类称谓词,反映了丰富的"母亲"文化。《亲属记》记录了各种各样的"母亲"称谓,如:

　　父之前妻曰先母、曰前母。(1091)
　　父之后妻曰继母、曰后母、曰假母。(1091)
　　父之出妻曰出母,嫁者曰嫁母。(1092)
　　庶母为父命母己者,曰慈母。(1092)
　　庶母慈养己者亦曰慈母,又曰食母、曰乳母,保抱己者曰保母。(1092)
　　父妾有子者,曰庶母。(1093)

---

① 史仲文、胡晓林主编《中国全史·政治卷》,中国书籍出版社,2011年,第9页。

他人妇养己者亦曰乳母,又曰阿母,曰嬭母,曰嬭婆,曰阿嬭。(1094)

他人妇保抱而不乳哺者,亦曰保母,又曰干嬭婆。(1095)

庶母或他人妇为父使教己者,亦曰慈母。(1095)

妾子谓父之妻曰君母、曰適母、曰民母,生己者曰生母、曰妾母,亦止曰母。(1095)

这些称谓非常详细地记录了"母亲"与"己"之间的生育、哺乳、喂养、保抱、教育、责任等关系。也说明在古代社会,除了血缘上的"母亲"之外,还有各种各样的"母亲",其与"己身"的关系,都是至亲至密的。

由此,我们可以认为,尽管封建社会的确存在"男尊女卑"的现象,但这并不影响"母亲"在亲属关系中的崇高地位。

当然,从《亲属记》中可以考察的语言文化论题还有很多。正如郑知同在《后序》中说:"类考名物诸篇,至今日称大备,自典礼、冠裳、宫室、舟舆以迄食用之细,凡可以会萃而条理之者,近儒无不网罗殆尽,各纂成书。独于伦纪之所系属,宗族姻娅之繁悉,所为辨亲疏远迩以定名分而关礼俗教治者,国朝诸博硕则犹莫或综焉。"(1075)这本内容精丰的《亲属记》,在名物训诂、亲属关系正名、礼俗教治等诸方面,都具有重要的贡献和价值。

3. 辞书学价值

《亲属记》具有辞书性质,作为一部富有特色的称谓辞书,《亲属记》的辞书学价值还体现在其对大型语文辞书的编纂提供重要的借鉴和参考。

虽然在辑词范围上,《亲属记》远远不及《称谓录》,但统计发现:《亲属记》所载,《称谓录》失收的词语达 210 条之多,其中卷一 74 条,卷二 136 条,例如"亡考"(1086)、"宗人"(1138)等条目。失收义项的词语有 5 条,有"乳母(他人妇养己者)"(1094)、"母"(1095)、"曾祖(由曾祖而上统谓之)"(1101)、"高祖"(1101)、"息"(1116)等。《亲属记》在辞书编纂方面的价值,于此可见一斑。下面我们再以《亲属记》与《大词典》作比较,从收词、书证和义项三个方面,揭示前者在汉语辞书编纂方面的重要价值。

(1)收词方面。《大词典》收词已相当丰富了,但对于一些经籍常见的亲属称谓语,却往往失收。《亲属记》所载,《大词典》失收的词条共 100 条。

卷一 28 条,它们是:奢、莫贺、嫛迷、先亲、姐弛、媅、嫛、㜷、适母、妾母、先亡丈人、曾大父、曾大母、几世祖、皇祖伯叔父、大夫人、嫡嗣、嗣嫡、妾生长子、首女、妇人子、玡犴、㛀、嫛、㜽、㝅、帝孙、云孙。

卷二72条,它们是:仲公、大姊、第几伯父、第几叔父、兄子、弟子、从父兄弟、同堂亲、堂兄、堂弟、同堂姊妹、堂姊妹、从父兄弟之子、从祖王父、从祖王母、堂伯祖、同堂伯叔父、同堂伯叔母、从祖兄弟姊妹、再从兄弟姊妹、从祖兄弟之子、从祖、从兄弟、族曾某祖某、亲同姓、曾祖姑、曾祖王姑、曾王姑、高祖姑、高祖王姑、堂姑、族姑、从祖姊妹、再从姊妹、族姊妹、三从姊妹、始族兄、外大父、外大母、外曾王父、外曾王母、外伯叔祖父母、大舅、父妗、母妗、妻兄、妻弟、外兄弟姊妹、中表兄弟、中外兄弟、从母兄弟姊妹、姨兄弟姊妹、姨子、从母兄弟、从表某、卒便、缀婿、君舅、君姑、少姑、妾祖姑、兄钟、兄伀、女公、家侄、舍弟、令兄、令弟、尊伯、尊叔、奴生口、婢生口。

(2)书证方面。关于辞书的书证,王力先生(1982)曾指出:"有书证和具体时代性正是理想字典的主要条件。"①《大词典》虽然在搜求书证上做了大量的工作,但依然存在首条书证较晚、书证不足等瑕疵。《亲属记》考证详备,可补其不足。

一是提供更早书证。这种例子共26条。卷一18条,它们是:先公、先君、嫁母、嬭婆、干嬭婆、生母、公婆、曾祖父、曾祖母、高祖父、高祖母、旁妻、小、小夫人、侧室、元妻、前妇、子息。卷二8条:家姊、族兄、族弟、舅母、姑婿、公、婆、尊兄。例如"嫁母"条,《亲属记》首引汉《石渠议》:"问:'父卒母嫁,何服?'《礼记·檀弓》"子思之母死于卫"注:"子思之母,嫁母也。"为书证(1092),"嫁母"早见于西汉,《大词典》首引《元典章·礼部三·嫁母》例太晚。又如"曾祖父/曾祖母"条据《丧服·齐衰三月章》"曾祖父母"(1099)收录,则二词先秦已见,《大词典》首引宋洪迈《容斋四笔·曾太皇太后》句,太晚。又如"侧室"首引《韩非子·八奸篇》"侧室公子,人主所亲爱也"(1107)为书证,《大词典》首引《汉书·西南夷传》例,太晚。"子息"条谓"见《东观汉记》"(1116),则该词约东汉已见。《大词典》首引郭沫若《山中杂记·芭蕉花》句,太晚。又如"舅母"条引《颜氏家训》:"思鲁等第四舅母,亲吴郡张建女也。"(1142)而《大词典》首引《儿女英雄传》例,太晚。

二是补充例证。这种例子很多,有代表性的共41条。卷一21条:嬭婆、先妣、室、旁妇、侧室、小妇、嫡、继室、后妻、嫡子、正室、门子、孽子、庶子、娘、姆、新妇、嫡妇、儿、曾孙、孼子。卷二20条:娟、嫂、姪男、族某父、姑、四

---

① 王力《龙虫并雕斋文集》(第一册),中华书局,1982年,第359页。

从、宗亲、宗人、妇翁、女婿、舅、叔、家叔、家兄、小妹、假子、家属、先生、夫子、门人。例如"旁妇"条,《大词典》释为"旁妻",义同,但未引书证,《亲属记》所引李商隐诗"健儿庇旁妇"(1106)可补之。又如"姁",《亲属记》据《方言》:"吴人谓女曰姁(牛居切)。"《释名》:"青徐州呼女曰姁(五故切)。"(1115)《大词典》释义同,但未引书证,可补《方言》《释名》书例。又如"姪男",《亲属记》据颜鲁公《祭豪州伯父文》"自称第十三姪男"(1128)收录,《大词典》释义同,但未引书证,可据以补正。又如"夫子"条,《大词典》该义项下仅引《周书·斛斯征传》一条书证,《亲属记》所引《论语》《孟子》《史记·司马相如传》和《邹阳传》(1167)可补充例证。

(3)义项方面。《大词典》在收录义项方面,成就卓著。但《亲属记》中,一些表示亲属关系的词语,词义错综复杂,不易显现,《大词典》时有漏收。

这类例子共41条。卷一28条,它们是:㜷、姁、米、媞、妪、负、馳八、母、皇考、皇妣、显考、显妣、府君、夫人、始祖、太祖、鼻祖、祖考、室家、君妇、嫛、簉、养、家长、孥儿、公子、女公子、息。卷二13条,它们是:荒、叔父、妽、三从、群从、五纪、家婆、外甥、亚、章、公、兄弟、生。例如:"母下曰㜷、曰媎、曰姁、曰婴迷、曰米。"(1087)这些表"母"义的词,《大词典》"㜷、姁、米"条下,均失收"母"义,当补。

又如"室家"条,《亲属记》据《诗·小序·中谷有蓷》"室家相弃尔"和《楚辞·大招》"室家盈庭,爵禄盛只"(1104),认为"妻曰室家",而《大词典》"室家"条失收此义项,当补。又如"养"条,《亲属记》据《易·说卦传》:"兑为妾为羊。"认为"妾曰养","羊"为"养"之借。《大词典》"养"条失收此义项,当补。又如"荒"条,《亲属记》据《释名》:"兄,荒也,荒,大也。故青徐人谓兄为荒也。"(1122)证"荒有兄义",但《大词典》"荒"条失收此义项,当补。又如"亚"条,《亲属记》据《尔雅》"两婿相谓为亚"和《释名》"两婿相谓为亚,言一人取姊,一人取妹,相亚次也。又并来至女氏门,姊夫在前,妹夫在后,亦相亚也",认为"妻之姊妹之夫曰亚"(1149),而《大词典》"亚"条失收此义项,可据以补之。

总之,郑珍《亲属记》及其对亲属称谓的研究,具有多方面的学术价值,也集中体现了郑珍的训诂学方法、水平和学术贡献。郑知同在为其父郑珍撰写行述时称:"第黔中数千百年以来,求学术之醇且备,与著述之精以富,曾未盛如斯者。"①这一评价是十分公允的。

---

① 郑知同《子尹府君行述》,《巢经巢全集》附录,文通书局,1940年。

第三节 郑珍的训诂学术语

与其他训诂学家一样,郑珍训诂也有一套术语。这里以《巢经巢集经说》《仪礼私笺》《轮舆私笺》和《亲属记》等著述中语言材料为切入点,结合清人阮元《经籍籑诂》总结出来的训诂术语,考察郑珍训诂术语的使用情况,归纳郑珍训诂术语体现的训释特点与意义。

一、曰、为、谓之

这几个术语既可以用来释义,也可用于区别同义词或近义词,它们相当于现代汉语中"称作"。基本格式是"B 曰 A"、"B 为 A"和"B 谓之 A",被释词置于释词后,典型用例如:

1. 曰

(1) 同牢之礼,夫妇共俎,故曰共牢而食,以同尊卑。共牢犹曰共俎也。(《仪礼私笺》卷一,66 页)

(2) 适长于庶昆弟,不必皆为之兄,故曰宗;若同母,则皆其弟,故曰"兄"也。(《仪礼私笺》卷二,93 页)

(3)《问丧》曰:"杖者,何也?""竹桐一也"。(《仪礼私笺》卷四,114 页)

2. 为

(1) 庪,或别名为阿,当从今文,安知郑义。(《仪礼私笺》卷一,62 页)

(2) 若谓所为服者于己有血属之亲,惟母党是骨血相连属,若妻为舅姑,夫为妻之父母,有何骨血相连乎?(《仪礼私笺》卷五,133 页)

(3) 用玄为表,纁为里,则是袷者,"著"与上幎目之著同,以绵褚其中也。(《仪礼私笺》卷八,193 页)

3. 谓之

(1) 婿家往女家迎妇者,男妇皆谓之"御"。(《仪礼私笺》卷一,62 页)

(2) 此经谓之"奠菜",《礼记》谓之"庙见","执笲菜"所以为贽,

变枣栗腵修而用菜者,盖神之,不敢亵味,非以为祭而当盥馈也。(《仪礼私笺》卷二,81页)

(3) 以庶妇用酒与适用醴异,斯谓之醮夜。(《仪礼私笺》卷二,89页)

(4) 注言女子子成人有出道降旁亲,六朝儒者谓之"逆降"。(《仪礼私笺》卷二,89页)

二、谓

本术语与"谓之"不同,"谓"相当于现代汉语中的"指的是",其常见格式是"A谓B",即被释词放在释词之前,相关用例如:

(1) 疏谓此官傅通男女使成昏姻,非注之谓。(《仪礼私笺》卷一,62页)

(2) 敖氏谓未布夫席,已布妇席,示尊卑之义,非其意也。(《仪礼私笺》卷二,81页)

(3) 其说盖误读经,因误读注,注何尝谓"授先者以盖"乎?(《仪礼私笺》卷三,101页)

(4) 又谓"近臣君服斯服",乃诸侯之近臣,传言亦非其类。(《仪礼私笺》卷四,113页)

(5) 必有者,必须有也。谓凡妇人必须被出,是何语乎?(《仪礼私笺》卷五,126页)

(6) 旧读以适士之女、大夫妻应以出降、尊降服小功者,乃谓妾从之服大功,康成且不暇斥其误矣。(《仪礼私笺》卷六,158页)

(7) 然其据大功之殇以推小功,谓小功之殇亦中从下,仍与前同误。(《仪礼私笺》卷七,166页)

(8) "妇人"谓妻妾子姓也,亦适妻在前,所谓适妻即主人之妻,于上文妻妾中提出言也。(《仪礼私笺》卷八,193页)

三、犹

这个术语既用于引申义阐释本义,也可给近义词作注释。它相当于"A等于说B",其格式为"A,犹B也",代表性用例有:

(1) 原前圣之意,盖以天子诸侯虽尊,其未即位而昏者,即天子之

元子,犹士也。(《仪礼私笺》卷一,61页)

(2) 女之笄,犹男之冠。(《仪礼私笺》卷二,86页)

(3) 古之男女栉发讫,乃以广二尺二寸、长六寸之纚韬其发,以笄贯之,因盘其发于笄下,使绾之,而发末与发际无束者,犹易散也。(《仪礼私笺》卷八,199页)

(4) 万氏斯大本郝敬说,握手牢犹笼也,缝帛如箭,两手交贯于牢之谬义。(《仪礼私笺》卷八,205页)

四、也、者

这两个术语所表达的被释词与释词之间有同义或近义的关系。其中,用"也"表示释义已说完,"者"则用于提示被释词。它们的格式为"A,B也"、"A者,B也",主要用例有:

1. 也

(1) 神,祖父之神也。(《仪礼私笺》卷一,62页)

(2) 出,出庙门也。(《仪礼私笺》卷一,65页)

(3) 辟,即摺也。(《仪礼私笺》卷二,86页)

(4) 为父苴杖,苴,杖竹也。为母削杖,削,杖桐也。(《仪礼私笺》卷四,114页)

(5) 名,昆弟之名也。(《仪礼私笺》卷七,178页)

(6) 握手,笼手之指掌衣也。(《仪礼私笺》卷八,193页)

(7) 掫,贯也;沓,重也。手表,掌背也。(《仪礼私笺》卷八,196页)

(8) 兵车,革路也。田车,木路也。乘车,玉路、金路、象路也。(《轮舆私笺》卷一,216页)

2. 者

(1) 注必数天子者,以上经"诸侯为天子"止是畿外五等诸侯,其畿内之卿大夫士为天子,须在此经君内也。(《仪礼私笺》卷四,110页)

(2) "众臣杖不以即位"者,补明众臣之异于贵臣,不止布带绳屦也。(《仪礼私笺》卷四,113页)

(3) 族曾父母者,昆弟之曾孙为之也。族祖父母者,从父昆弟之孙为之也。族父母者,从祖昆弟之子为之也。族昆弟者,则皆高祖之元孙

相为也。(《仪礼私笺》卷七,174 页)

（4）五服凡不称其人者,皆士也。(《仪礼私笺》卷七,177 页)

（5）将斩衰者,男丧则子也,妻妾也,在室女子子也;将齐衰者,孙也,兄弟也,世叔父母也,兄弟之子女也,妇也,适人女子子也。(《仪礼私笺》卷八,198 页)

（6）所谓出者,牙出也。何以知为牙出?以其言出于辐凿也。(《轮舆私笺》卷一,219 页)

（7）壶中,当辐菑者也。薮者,犹言趋也;蜂薮者,众辐之所驱也。(《轮舆私笺》卷一,223 页)

五、当为、当作

它们属于正误术语,包括声误或字误,一般讹字在前,正字在后,相当于说"A 是 B 之讹",常见格式是"A 当为 B"、"A 当作 B",具体用例如:

1. 当为

（1）御当为讶,讶,迎也,谓婿从者也。(《仪礼私笺》卷一,65 页)

（2）庶孙者,成人大功,其殇中从上,此当为下殇。(《仪礼私笺》卷一,65 页)

2. 当作

（1）"为夫之君"即从夫服夫党之一,自是属从,盖"属"字不宜解为"血属",止当作"连属"解,母党、夫党、妻党,皆于母于夫于妻相连属者也。(《仪礼私笺》卷五,133 页)

（2）段氏玉裁又谓注"曾祖父母正服小功,妻从服缌"之曾祖当作"外祖",不思此经明在缌服下注之,上文明云"夫之所为小功,从祖祖父母,外祖父母",而又云"外祖父母正服小功,妻服缌",不无谓乎?(《仪礼私笺》卷七,182 页)

六、其他术语

包括总言、析言、殊碍、殊谬、大谬、尤谬、极谬、极确等,如:

（1）经此句总言,下乃析言之。(《仪礼私笺》卷一,70 页)

（2）此车,夫家所供御,以来迎者为夫家之人,今若御妇,殊碍。(《仪礼私笺》卷一,65页)

（3）敖氏谓媵沃御盥,御沃媵盥。媵御须盥何为?说殊谬。(《仪礼私笺》卷一,66页)

（4）此说尤大谬。《记》诸言围者,辐是长方而言股围、毂围。(《轮舆私笺》卷一,220页)

（5）沈氏又杜撰增饰,其说尤谬。(《仪礼私笺》卷一,78页)

（6）其说实为极谬。然其致谬也必有由。(《仪礼私笺》卷二,90页)

（7）疏释以大夫为阳、妇为阴,取妇人从夫之义,非注意。惟云"昏礼无问尊卑,皆用雁",极确。(《仪礼私笺》卷一,62页)

如上所示,我们发现郑珍训诂实践中,常见术语主要为释义术语和校勘术语,破字术语、注音术语和声训术语较少,同时也有一些专属性术语,如殊碍、殊谬、大谬、尤谬、极谬、极确等,反映了郑珍在吸收前人训诂成果基础上,又有一定的创新与发展。

第四节　郑珍的训诂学方法

受乾嘉考据学之影响,郑珍推崇由训诂入手研经,通经然后再明道之路径。郑知同《仪礼私笺后序》云:"爰暨国朝,考据成风,学者不通典礼不列名家,往往衒名复古,不嫌与郑氏操戈。自万氏斯大迄乎乾嘉,百余年间,各出危言,人矜创获,致令礼堂旧业,宏纲细目,无不形为舛误……先君子自壮岁即通家康成公之学,于古今聚讼之地,必研究康成立说之所以然,穷源导夤,见为凿不可易而后已焉。"(《仪礼私笺》卷八,206页)故郑珍的训诂学研究方法多以乾嘉学派为宗,从字形音义入手,旁征诸家注疏以求诂。

一、因声求义法

《仪礼·士丧礼》:"握手,用玄纁里长尺二寸,广五寸,牢中旁寸著组系。"郑珍按:"'牢'与'楼'同声,故古文假牢为楼,今文以其义与上醫笄之'缪中'同是两头宽中央狭,故书作一例,亦以'楼'、'缪'声相近也。凡言'楼'者皆有收敛意,《诗》'式居娄骄',娄,敛也。从手之搂,《尔雅》训'聚也',聚亦敛意。从木之'楼',是重屋,而屋之再重三重

者,必渐敛狭而上,是所以名'楼'者,正以削约得名,字与搂通。"(《仪礼私笺》卷八,193页)

《周礼·轮人》:"察其菑,蚤不齵,则轮虽敝不匡。"郑珍按:"轮偏出股凿之名,古无正字。其声如'绠',《记》即以'绠'为之。绠从更声,更从丙声,古读'绠'非如今之姑杏切也。先郑读为关东言'饼',而《玉篇》云:'绠、郑众音补管反。'是关东言'饼'亦非如今之必井切也。汉人言轮偏出,其声如'箄',因又以'箄'为之。'绠'与'箄'只声有轻重,其实一也。今时俗言物之偏出为'箄出',犹汉之遗语。"(《轮舆私笺》卷一,242页)

二、因形求义法

《周礼·轮人》:"故竑其辐广以为之弱。"郑珍按:"玩一'竑'字而辐枘之形具矣。'竑'字,《说文》所无,盖即'纮'字。或因古文系作&,与ⅰ形近,故书漫讹,隶写遂作'立',或草书'系'与'立'近,隶写因作'立'。许君据故书,止是'纮',故无'竑'字,先郑注本已是'竑',而知其音义,故令作'纮綖'之'纮'解读。纮者,用一条组,先以一头属左旁冕笄上,以一头绕颐下屈而上属之右笄,垂余为饰;冠冕讫视之,左右组自笄斜下交于颐,成尖角形。"(《轮舆私笺》卷一,235页)

上述二法是一种由字及辞,由辞及倒的训诂研究方法,它们是汉学家训诂的常用方法。段玉裁《王怀祖广雅注·序》:"小学有形、有音、有义,三者互相求,举一可得其二。有古形,有今形;有古音,有今音;有古义,有今义;六者互相求,举一可得其五。"[1]郝懿行《又与王伯申学使书》:"窃谓训诂之学,以声音文字为本,转注假借,各有部居,疏通证明,存乎了悟。"[2]郑珍释经中,多采用语言文字学方法疏通字句,进而深入推求经籍主旨大意。

三、类例归纳法

清代学者在经学研究中,比较青睐类例归纳法,强调释经必须晓类例。学宗许郑的郑珍亦善用此法以训经制。郑珍在《仪礼私笺》中说:"解经必先守经,康成据通篇文例断之,已非若旧读之凭私牵合。"他又举例说:"古人设馔,无论礼食尝食,皆必成方。《弟子职》凡置彼食,'其设

---

[1] 王念孙《广雅疏证》,中华书局,1983年,第1页。
[2] 郝懿行《晒书堂集》卷二,光绪十年东路厅署刻本,第12页。

要方'。康成《特牲》注'凡馔必方','明食味人之性所以正',是馔之定制也。……康成注此'设湆于酱南',云'馔要方也',注《特牲》'腊特于俎北',云'腊特,馔要方也',发此以例全经,非'要方'者止此二处。"(《仪礼私笺》卷 ,65页)郑珍在《仪礼私笺》《车舆私笺》中,多次采用此法来考经、释经。例如:

《仪礼·丧服》"大功九月章":"姪丈夫妇人报。"郑珍按:"此自是一条,明姪与姑相为之服。徐氏乾学谓据马融、陈诠注,此当与上文'女子子适人者,为众昆弟'合为一条,今本乃康成所更,致文义不接,且'报'字连上'昆弟'言,不专属姪,非也。经例凡于此人下言'报'者,即不出彼人。本章首条'姊妹适人者',已见众昆弟为之矣,则此'报'字不连上条言明甚。首条亦见姑适人者,即此丈夫之姪报服,特首条专为男子服之,不兼女子,则此著姑之服姪,男女同,而姪男女之服姑亦同,姑须言'报'也。"(《仪礼私笺》卷六,148页)

《仪礼·丧服》"大功九月章":"女子子嫁者未嫁者,为世父母、叔父母、姑姊妹。"郑珍按:"郑改读必据经不言'其'者,盖通计全篇经例,于为人后者、为人妾者、女子子适人者三等人之服私亲,文必言'其'以见非所后及夫家之亲。《大功章》'女子子适人者为众昆弟'独不言'其'者,以叔嫂无服,不嫌无'其'字故也,则此'为世父'等若必是妾服私亲,经决无不言'其',今既不言'其',知非妾服私亲决矣。"(《仪礼私笺》卷六,156页)

《仪礼·丧服》"小功五月章":"从父姊妹,孙适人者。"郑珍按:"妇人成人则嫁,未嫁而死,必殇也,故经例成人正服无为妇人在室者。"(《仪礼私笺》卷七,170页)

郑珍经学注疏中,以类例归纳法推求章句与文义的例子俯拾皆是,然因体例问题,散见于各著述中,还没有人对此进行全面、细致的梳理。这里只是管中窥豹,抛砖引玉。

四、综合互求法

郑珍在提倡因声求义、因形求义和类例归纳法来训释经典的同时,也主张综合采用多种方法来考求经典内容。

《仪礼·公食大夫礼》:"宰夫授公饭粱,公设之于湆西,宾北面辞,坐迁之。"郑珍按:"上文'宾升席,坐',祭正馔毕,不言宾兴降,筵席上无从北面,此云'北面辞',知宾降祭酒于上豆间,讫,即降筵其处。以下文'公受宰夫束帛以侑','宾降筵北面',注云'北面于西阶上'例之,知公受宰饭粱时,宾即降筵于西阶上,北面立,至公设饭粱,'宾北面辞'即在此,待公设粱毕,乃从此往席前坐迁之。"(《仪礼私笺》卷三,98页)

本例中,郑珍分别采用了语境分析法、类例归纳法和因义求义法等三种方法来考证大夫用宴礼中细节安排。而这只是郑珍综合互求方法中的一大类,他在《轮舆私笺》中还综合了数理统计与逻辑推理方法来考证古大车牙面宽窄、车辐直径长短与车辋耦合结构等关系。例如:

《周礼·轮人》"凡揉牙,外不廉而内不挫,旁不肿,谓之用火之善。"郑珍按:"小车牙面宽一尺一寸,大车牙面宽一尺五寸者,殆难与言此矣。疏谓古者车辋,屈一木为之。尝细思其理:若果用一木屈成一大圆规,当建辐时,若先投牙凿,待三十辐投讫,中间空处只足容薮径,毂之全径不能贯过,受菑之入;若先投毂凿,辋为诸辐爪长几三寸所限,断不能挪让得至爪下,即展开合缝,亦仅受一二爪而止,断不能复伸之以受诸爪之入。"(《轮舆私笺》卷一,246页)

综上,郑珍作为清代经学训诂大儒,训经方法主要沿袭清儒形音义互求之法,并注重运用前人注疏与文献参较求诂,同时还本着实事求是的态度,综合采用语境分析法、类例归纳法、数理统计与逻辑推理方法诠释经典,使得其经学训诂能取得较为显著的成就。

第五节　郑珍训诂学的特色与成就

作为清中后期最具代表性的训诂学家之一,郑珍《巢经巢集经说》《仪礼私笺》《轮舆私笺》和《亲属记》等训诂著述,是清代训诂成果的重要组成部分。郑珍的训诂学实践,丰富了中国训诂学体系,推动了清末训诂学发展,在继承前人的基础上均有一定的发明,推动了经学与训诂考据的发展。因此具有自身的特色与成就,今归纳之,主要体现在以下几个方面:

一、申明训诂陈说

无论是考证"三礼",还是训诂亲属称谓词语,郑珍常常会综合考量前代注家的论说,加以申明或驳斥,从而更为清晰地考察训诂对象,申明训诂陈说之义。比如郑玄《三礼注》向以简奥著称,许多注文简略而隐晦,粗读之下往往难得其真义,因而常常导致对经文的忽略甚至误解。郑珍精研三礼,以"善读经,尤善读注"闻名,他对郑注原文曾"思之数日不识所谓,始亦讶其不合,迨熟玩得之,觉涣然冰释",研读非常细致。

例如《仪礼》卷一《士昏礼》曰:"主人筵于户西。西上,右几。"郑玄注云:"筵,为神布席也。"贾公彦疏则曰:"云'筵,为神布席也'者,下文礼宾云'彻几,改筵',是为人设席,故以此为神席也。"则"为神布席"虽与礼仪相合,但究其为何神?郑注、贾疏皆未言明。郑珍笺云:"神,祖父之神也。"引郑玄《驳五经异义》为证曰:"卿大夫无主几筵以依神,故少牢之祭,有尸无主。布席讫,主人将以当行之事告,凡六礼皆然,使若祖父临之。"其义大明。则可见郑玄于"为神布席"之"神"本有所考,郑珍通过钩沉发隐,申明郑玄之说。

又如《仪礼》卷一:"妇乘以几,姆加景。乃驱,御者代。"句中"御者代",郑玄仅注:"御者乃代婿。"是以如字释之,而贾疏则只字不提,其义难明如此。而郑珍笺注云:"此车,夫家所供御,以来迎者为夫家之人,今若御妇,殊碍,代御者,当是女家之子弟。"遂明其义。又如同卷:"婿乘其车,先俟于门外。"郑注只言"俟为待"、"门外为大门之外",读者览其大义而不得其要旨,而郑珍笺注详云:"婿授辔于代者,即下车出大门外,乘其车先发,诸从婿者亦随之而发。及己家大门外,其赞婿者及妇人讶者,亦当同俟。"可见,郑珍《仪礼私笺》在申明《仪礼》之郑注、贾疏方面,可谓居功甚伟。

郑珍《仪礼私笺》之体例,与郑玄《毛诗笺》《仪礼注》等"笺体"类一脉相承,郑玄在其所撰《六艺论》论及《毛诗笺》之体要云:"注《诗》宗毛为主,其义若隐略,则更表明;如有不同,即下己意,使可识别也。"[①]则可知古书"笺体"之旨,乃为申明、补充、辩证旧注所作。邓声国认为:"在现存的清代《仪礼》文献当中,只有郑珍的《仪礼私笺》属于笺体著作,该书大致依仿郑玄笺《毛诗》的注释体例,择取郑玄批注《仪礼》的具体训例,对其隐晦质略

---

① 据《十三经注疏·毛诗正义》卷一所引,阮元校刻《十三经注疏》(上册),中华书局,1980年,第269页。

者加以申明,对郑氏偶有失误例则辨而正之。"①应该是非常客观的评析。西汉有毛亨、毛苌为《诗》作"传",世称《毛诗》《毛诗传》,"传"者即注也。至东汉末年郑玄乃为《毛诗》作"笺",即于毛氏"传"之体例上,加以笺注,此即古书"笺体"之源流。郑珍《仪礼私笺》就是为郑玄《仪礼注》所作的笺释,其体例概延承郑玄《毛诗笺》之绪余,足可见郑珍受郑学影响之至深。

除了《仪礼》,郑珍在考释亲属称谓词汇时,同样注意检讨历代注家之说,谬者驳正,隐者申发。例如《亲属记》"考"条云:"《曲礼》:'生曰父、曰母、曰妻,死曰考、曰妣、曰嫔。'《尔雅》:'父为考,母为妣。'顾亭林曰:'古人曰父曰考一也。《易》:'有子,考无咎。'《书》:'若兄考','大伤厥考心','聪听祖考之彝训'。《履霜操》:'考不明其心兮听谗言。'自《曲礼》定为生曰父死曰考,则为人子者当有所讳也。'按经传绝无父母在而自称之考妣者,顾氏所引《易》《书》皆非自谓其父,故可通言,《履霜操》亦出后人拟作,其说不足据。"(1084)《曲礼》"生曰父曰母"、"死曰考曰妣",父母生死之称各有别,而《尔雅》:"父为考,母为妣。"顾亭林因谓:"古人曰父曰考一也。"皆未别生死之称。郑珍则明言:"经传绝无父母在而自称之考妣者,顾氏所引《易》《书》皆非自谓其父,故可通言。"驳正顾氏之误。

今按,《管子》"吾子食盐二升少半"句,房玄龄注云:"吾子,小男小女也。"而《正字通》谓古本《管子》"吾"作"童",郑珍则云《正字通》"不可信,倘原是'童子',房氏不烦注解。"申明《管子》原本为"吾子"(1118)。考"吾子"即"小孩",比房玄龄稍晚的唐代注家尹知章注《管子》亦云:"吾子,谓小男小女也。"唐宋以来小孩称"吾子"者文献经见。查"吾"字《广韵》有平声麻韵五加切一读,古籍"吾子"当读此音,今音"yá"。此"吾"当为"牙"字之借,考"牙"有幼小之义,《后汉书·崔骃传》:"甘罗童牙而报赵。"李贤注:"童牙,谓幼小也。"故凡从"牙"之字如"芽"、"伢"、"蚜"、"砑"、"枒"、"犽"等多有小义,其中"伢"、"犽"皆为方言"童牙"字,"伢子"、"犽子"皆谓"小子",一字之变。《正字通》谓"吾"作"童"者,盖"吾"借作"牙",因与"童"同义,故传本间有改作"童"者,然则非一字也,乃以同义词释之。《正字通·牙部》:"犽,俗字。……今俗呼厮童通曰犽,亦作牙。"要之,"吾"实"牙"之借,而"童"乃"犽"、"牙"之同义词,非即"吾"字也。郑珍之辨是也。

---

① 邓声国《清代仪礼文献研究》,上海古籍出版社,2006年,第294页。

二、考辨经义疑难

郑珍小学精湛，深得乾嘉以来朴学家共同遵循之治经门径，常以"以字通经"之法，考辨经义之疑难。正因如此，他在笺注《礼经》、训诂词语的过程中，往往能发挥其小学之特长，批隙导窾、左右逢源，使很多尚未解决的疑难真相大白。

例如《仪礼》卷八《士丧礼》："握手，用玄，纁里，长尺二寸，广五寸，牢中旁寸，着组系。"郑玄注云："牢读为楼，楼谓削约握之中央，以安手也，今文楼为缪，旁为方。"其中"握手"其义究竟为何？"牢"、"楼"之关系为何？皆为疑难。郑珍笺注曰："握手，笼手之指掌衣也。《说文》'握，搤持也'，手指散，以此具握之则附固，故名'握手'。《释名》谓'以物着尸手中，使握之'，非其义。用玄为表、纁为里，则是夹者，'着'与上幎目之着同，以绵褚其中也。"依其所考可知，《士丧礼》之"握手"指的是"古代死者入殓时套在死者手上的殓衣"，用作名词；而非常用"拳屈手指"作动词之"握手"。《士丧礼》贾公彦疏云："名此衣为握，以其在手故言握手，不谓以手握之为握手。"与郑珍所辨相印证。郑珍按语又云："'牢'与'楼'同声，故古文假牢为楼，今文以其义与上鬠笄之'缪中'同是两头宽中央狭，故书作一例，亦以'楼'、'缪'声相近也。凡言'楼'者皆有收敛之意，《诗》'式居娄骄'，娄，敛也。从手之'搂'，《尔雅》训'聚也'，聚亦敛意。从木之'楼'，是重屋，而屋之再重、三重者，必渐敛狭而上，是所以名'楼'者，正以削约得名，字与搂通。故《尔雅》'楼'本或作'搂'。（见《音义》）或谓此'楼'必本从手，未观其通。今文'旁'作'方'，古'方'、'旁'通用，而作'旁'于义尤明。"利用声训、形训等综合方法，考证认为凡古音读如"楼"者，皆有收敛之意，并引《诗经》《尔雅》等古籍注疏为证，申明"牢"、"楼"、"搂"诸字音义。

又如同卷语云："主人鬠发，袒，众主人免于房。妇人髽于室。"其中"鬠发"、"髽"皆经义疑难，郑玄注云："鬠发者，去笄纚而紒。众主人免者，齐衰将袒，以免代冠。……今文'免'皆作'绕'，古文'鬠'作'括'。始死，妇人将斩衰者，去笄而纚，将齐衰者，骨笄而纚。今言髽者，亦去笄纚而紒也。齐衰以上，至笄犹髽。髽之异于鬠发者，既去纚而以发为大紒，如今妇人露紒，其象也。"郑珍按语考云："括发、免、髽三者，皆去笄而露紒之名。（"紒"即"髻"字）特男子称括发、免，妇人称髽，以相别耳。……括发者，犹云束发，《说文》：'括，絜也。'（絜，《说文》"麻一端也"。一端犹一束，故"缪"训枲之十絜，"絜"训絜缊，则"絜"是"束"义，凡物圆束而量之，即曰"絜"。贾子"度长絜大"，《庄子》"絜之百围",皆是也。)'絜'束其散漫者,则物皆总会其中,结发亦然,故称括发,省文则止称括。以'括'与'会'声同,有称'会',《庄子》'会撮指天'是也。以其总发,故又称'总'。此经'括笄'、'括用组',记'括无笄',古文皆止作'括',今文以是死者束发,别用'会',而从髟作'鬠',为尸鬠专字,犹无古文作括发,今文改从髟作鬠,以为丧鬠专字耳。鬠,《周礼·弁师》注引文又从手作擓,要皆由'括'字增变。"(199)对《仪礼》经文中"括发"、"鬠发"、"鬠发"等一系列疑难词汇及其演变关系作了详细的考证,知"括发"即"束发",参引《说文》《庄子》《周礼注》等注释和文句为例证,论明因"括"与"会"古音相同,遂衍生出"鬠发"、"鬠发"等诸词。

三、详循语词源流

郑珍训诂古语词,往往源流并重,形音义相结合,从而为我们进一步考辨词汇源流提供了基础,这集中体现在他对古代亲属称谓词的训诂方面。前文已经提到,《亲属记》一书在词汇系统性原则指导下,对每一类每一个亲属称谓词作了翔实的训释,大多条析缕贯,考证精当。其间很多条目,常常溯源讨流,使其形、音、义皆能浅显易得;即便因字形俗写传讹,或因语音、词义演变等因素造成的疑难词,亦能发幽显隐,从而为我们进一步详细考循古代亲属称谓词的意义和演变途径提供了便利。

举例论之,如"叟"字条,《亲属记》考云:"《广雅》:叟,父也。"(1082)从字形上看,《说文·又部》:"叟,老也。"篆形作"叜","叟"其隶写,《释名·释亲属》:"叟,老者称也。"是"叟"本只作老人之称,至汉末仍无父称之义。而《广雅·释亲》载云:"叜,父也。"王念孙疏证云:"叜、父,古或以为长老之称。"则"叜(叟)"称"父"源自汉魏之时。又《汉语大词典》收"傁"并释曰:"《左传·宣公十二年》:'赵傁在后。'杜预注:'傁,老称也。'杨伯峻注:'傁同叟。'"同"叟"之"傁"盖即加"亻"旁以为人称。"叟"、"父"本长老之称,因以指人,固有俗写作"傁"者。《玉篇·人部》:"傁,老也。与叟同。"是其证。"叟"称"父",亦言其老也。

又如嬭、嬭母、嬭婆、阿嬭等词,《亲属记》考云:"他人妇养己者亦曰乳母,又曰阿母,曰嬭母,曰嬭婆,曰阿嬭。"(1088,1094)这几个字、词之间的音义关系到底为何呢?以形求之,《汉语大词典》"嬭"条注释曰:"亦作'妳','奶'的古字,同'奶'。"今呼祖母"奶奶"。又《说文·夵部》载有:"爾,尒声。"但正文却未见"尔"、"尒"字。《正字通·女部》"妳"条云:"妳,俗嬭字。"又"奶"条云:"奶,同嬭,俗改作奶。尒即爾省,六书统以妳为古文,误。"曾良亦考证认为:"'尔'实际是'爾'的简省,'尔'保存了'爾'的上部分,或作'尒'。"①由此可知,"妳"实际是"嬭"的简俗字,音义皆同,字形俗写又作"妳"。但从意义上看,古义"嬭"、"妳"只与女性乳房,如乳汁、喂奶等,是没有称母之义的。然而"乳房"义很容易引申出"母亲"义来,只是在汉语史上真正出现,并有文献语料可证的时代比较晚。据《广雅·释亲》载云:"嬭,母也。"《广韵》:"嬭,奴礼切,楚人呼母。"等可知"嬭"作母称最早源出《广雅》,其音则与楚人方言有关。在称母这一用法上,"嬭"、"妳"、"妳"并同。

而"奶"字是何时产生,并作祖母之称的呢?今考《字汇·女部》收"妳"云:"妳,与嬭同,乳也。"又"嬭"条云:"嬭,囊海切,音乃,乳也,又乳母。"则"嬭"的主要音义与前籍所载皆有不同,只是仍未出现字形"奶"。而至于《正字通·女部》"嬭"条云:"嬭,旧注音乃,孔也,又乳母。按本借乳,俗读乃,改作奶。"始称俗写作"奶"。但《字汇》《正字通》正文却皆未收"奶"字,可知"奶"作为"嬭"的俗写,使用范围并不广见,据《正字通》所载可知该字或出现于元明之际。据此,《亲属记》所载称母者如嬭、嬭母、嬭婆、阿嬭、干嬭婆等诸词,元明以前绝不能简写作"奶"。

又《亲属记》"嬭"字条云:"按今读奴蟹切,曰嬭嬭,或以呼母,或以呼祖母,或以呼伯叔母。"与《字汇》"囊海切"音亦有不同;又因《正字通》谓"改作奶",则"嬭嬭"即改作"奶奶"。综合三家所考,可知"奶奶"称祖母必在《正字通》时代之后,而《亲属记》正文并不收录"嬭嬭",盖其词仍多用于方言俗呼。今"奶奶(嬭嬭)"为祖母专称,已不复称母,据《亲属记》可知乃近世方言羼入。另外,"妳"、"妳"二字也与"奶"字分道扬镳,不再作为母亲之称,张涌泉先生指出:"台湾把指称女性的'你'写作'妳'。……旧时大陆地区亦或有人把指称女性的'你'写作'妳',但现在几乎已经绝迹。"②而据《汉语大词典》"妳"条所引宋柳永《殢人娇》:"恨浮名牵系,无分得与妳恣情睡睡。"(1113)知"妳"之这一音义,宋时已有。

又如"妗"条,《亲属记》考云:"《集韵》:'妗,巨禁切,俗谓舅母曰妗。'"(1142)郑知同在《亲属记·后序》中提到"舅妻曰衿","舅妻"即"舅母"也,那么"妗"何亦作"衿"?其源流如何?今查《说文·女部》:"妗,婞妗也,从女今声,一曰善笑貌。"段注:"叠韵字。"《玉篇·女部》有"婞"字,《广韵》则作"妗婞"。但古籍并未提及"衿"与"妗"之关系。"衿"字《说文》未收,

---

① 曾良《俗字及古籍文字通例研究》,百花洲文艺出版社,2006年,第78页。
② 张涌泉《汉语俗字研究》(修订本),商务印书馆,2010年,第38页。

《汉》"衿"字据《侍其繇墓木方》古文作"["形(3281)。而《说文》"妗"篆作"["形,则二字形、义皆不相合。古籍文字通例亦少有"衤"与"女"旁相混者。唯《干禄字书》"妖袄"条有云:"上妖冶,下袄祥,今亦用上字。"则"衤"、"女"二旁偶有相混者,又"衤"与"礻"形近常混,可能又与"女"相递讹混?故郑知同"舅妻曰衿"条,是否据他籍所引,又或是今本点校之偶误,还是"妗"之形近之讹,皆未可知。另据《正字通·女部》"妗"条:"妗婪互训,义未详。"又"婪"条:"婪,妗也,一曰喜笑貌,辞义未明。"则"妗"之义似亦待质。

四、初具词汇史观念

郑珍训诂词语,常常会指出词语产生或使用的具体时代,并梳理该词古今沿用及其演变的轨迹,体现出词汇史的眼光和治学态度。曾昭聪就研究指出《亲属记》在"提要"中将多个词标示为"先秦",表明该词是先秦用法,具有初步的词汇史的观点[①]。例如"妈"字条云:"母今世读莫补切,古亦有此音。……以庄绰不知其义推之,知宋时呼妈与今同。"(1089)"丈人"条云:"按丈人古本尊长之称。……晋宋间乃专以称妻父。……《三国志·先主传》'献帝舅车骑将军董承'注:'董承,灵帝母董太后之侄,于献帝为丈人。'知裴松之时已以古称尊长者专属之妻父也矣。"(1144)又"外甥"条云:"汉晋时女子谓姊妹之子女为外甥,与男子谓姊妹之子女同称。盖犹古人言侄,男女互相推移。此虽非古,名义无妨,今俗尚然。"(1149)又"亲家翁"条云:"唐《萧嵩传》衍言鲭谓亲字读去声,自五代时已然。……考卢纶《王驸马花烛诗》:'人主人臣是亲家。'已作去声。"(1160)又如"新妇"条:"合之郭氏《尔雅》注,则自伯称弟妻为新妇,自晋及宋不变也。"(1124)

这些例子,经过郑氏的考证,基本上可以摸清每一个词的时代与源流演变,例如"妈"大概宋时已作为母称;"外甥"用指姊妹之子女始于汉晋之时;"丈人",以古称尊长者专属之妻父始于南朝;"亲家翁"之"亲"字读去声自五代时已然;"新妇"用称弟妻自晋及宋不变等,不仅考清这些词汇的早期用法和用例,并结合文献记载情况,梳理了这些词的发展演变,并进一步揭示这些词发生演变的原因。这些词有些古今不同,有些则自汉魏以来一直未变。同时也能看出《亲属记》,从词汇的形、音、义和文献记载入手,运用科学的训诂术语和阐释体系,对汉语亲属称谓词汇系统作了深入的考证,阐明了词汇的源流与历时演变,大大提高了亲属称谓词的训诂研究价值。

---

① 曾昭聪《郑珍〈亲属记〉论略》,《贵州文史丛刊》2011年第4期,第105页。

综上所述,郑珍在专注礼经、考证亲属称谓词方面,都作了大量的训诂实践,并做出了一定的贡献,从而推动清末经学考据的发展。正如莫友芝所说:"郑君子尹,自弱冠后,即一意文字、声诂,守本朝大师家法以治经,于前辈述作,爱其补苴昔人罅漏者多,又病其不免杂博横没,乃复遍综洛闽遗言,精研身考,以求此心之安。涵以天地时物变化之妙,证诸世态古今升降之故,久之涣然于中,乃有确乎不可拔者。其于诸经疑义抉摘邕通,及小学家书经发明者,已成若干编。"①用于评价郑珍在训诂学方面的特色与成就,实为当言之选。

---

① 汪文学《贵州古近代文学理论辑释》,民族出版社,2009年,第309页。

第六章 结 语

在中国学术史上,被统称为"乾嘉学派"的清代学者群中,有许多名震世界的小学大师,他们的治学方法与思想对中外学界产生了广泛而深刻的影响,成为中国传统小学得以发扬光大的坚实基础。郑珍正是在这种深厚的学术背景下,受良好朴学氛围的浸润,成长起来的后起之秀。但是,道咸以降的清代学术,尤其是传统小学研究已经由鼎盛复归平静,并在徘徊中寻求变革。郑珍身处并非学术中心的偏远贵州,在艰苦的学术条件下,依靠个人的勤奋努力,打下厚实的学术基础,并以发扬国学为己任,做出了超越前人的可贵努力。他浮生于荒末之世,崛起于道衰之际,没有郑珍的奋力拼搏和超越精神,道咸学术必然会更加相形见绌,很难承前启后。他的学术实践和学术成果,在相对沉寂的时代,有力地激起学术浪潮并向前推进,为传统学术的革新推波助澜,博得了"西南硕儒"的美誉。因此,我们应该立足学术史,对郑珍的学术地位与贡献、小学特色与影响,以及其客观不足给予充分的关注和公允的评价,以更为忠实地反映郑珍小学的学术价值与现实意义。

第一节 郑珍的学术地位与贡献

如前所述,郑珍在小学学术史上的地位、贡献和影响,主要体现在《说文》学、文字学和训诂学三个大的方面。

一、对《说文》学

郑珍《说文》学研究的贡献有二:一是在前儒基础上,对《说文》义例、文本流传和"六书"理论作了进一步申发,丰富完善了《说文》的理论与成果;二是对《说文》逸字、新附字两个新领域作了更为精专的研究,拓展了《说文》学的方法和内容。

1. 探《说文》真本

对许慎《说文》原书原貌的探寻是古今治《说文》者一直未停的工作，研究途径包括《说文》收字体例、说解条例、文本传抄、版本流传、异文比较、引文辑佚等各个方面。郑珍研治《说文》，首先是对《说文》原书义例作了大量阐发，包括许书叙例、古篆两出、重文注例、篆下古文注例等具体内容。例如《逸字》"筭"、"祄"、"彷"三字，郑氏考云："并古文'筭'。见《六书故》卷二十三所引蜀本《说文》。……'筭'从弄，'筭'其省体。'祄'即示部'祅'字。许君原有古篆两出之例。"（56）此《说文》"古篆两出"之例。又如《逸字》"晶"字，大徐云："'晶'不成字，凡从晶者并当从曡省。"段玉裁沿用其说，皆认为原本无"晶"，而郑氏云："古文'曡'。本书'璐'、'薑'、'譕'、'鼹'、'櫑'、'罍'、'儡'、'纍'、'勴'、'壘'等俱从晶声，当原有此字。……考本书凡云'从某，某象形'者，其象形之某必别一古文；古文即其篆之最初字，而许君并先在篆下说之。"（104）指出徐、段因不明许书"篆下古文注例"而疏误。

郑珍在论列许书义例时，驳正前儒疏漏时，往往善于排比大量《说文》原书体例，显示对许书原貌非常熟悉。例如《逸字》"晶"字条论证"象形之某必别一古文；古文即其篆之最初字，而许君并先在篆下说之"，郑氏排举例如"邠"云"从卜，兆象形"，下有古文"兆"；"箕"云"从竹，其象形"，下有古文"丌"；"雲"云"从雨，云象回转形"，下有古文"云"；"裘"云"从衣，求象形"（今本误作"从衣，求声，一曰象形"），下有古文"求"；"淵"云"从水，开（铉无，锴有）象形：左右，岸；中，象水貌"，下有古文"开"；"五"云"从二，×（今脱此字）象阴阳在天地之间交午也"，下有古文"×"（104）……诸多例证，信手拈来，十分详尽。又如"𠦪"字条，为辨明《说文》重并两形、两体会意字、注"二某也"的说解体例，郑氏指出："考《说文》重并两形之字凡五十六。其注云'某某也，从某某'，义与形俱全者，皆两体会意字；其止注'二某也'凡十二文，如'㸚'云'二爻'、'皕'云'二百'、'屾'云'二山'、'沝'云'二水'，皆止是'爻'字、'百'字、'山'、'水'字，并非异文。惟'厽'即'余'，而不立'余'部，故注云'二余也，与余同'。为此类字体，见例于首一字下。"（64）不但排比用例，还给出精准的统计数据，令人信服。

同时，郑珍还是十分注意通过后世文献引用《说文》的体例，来论证《说文》原书的义例与面貌。例如《逸字》"糅"字条云："检《韵会》引《说文》之例，凡两部两文音义同者，多合于一字下引之，不尽是重文。"（77）又如"顚"字条云："据《玉篇》知'顚'下原有重文。顾氏两部所引，实一字之训。凡许书重文与正篆偏旁异者，《玉篇》并各归部属而两引其训，此其例也。"（88）又如"闤"字条云："今本止有'闤'，训'门市也'。'闤'在新附，训'市垣'。

按,玄应《音义》卷二十二、《太平御览》卷百八十二并引《说文》:'闤闠,市门也。'是本有'闤'。今依全书注例补正。"(106)利用文献典籍的内外校勘,既解答了很多《说文》流传过程出现的脱、误、混问题,也为《说文》原书的辑佚、考逸提供很多行之有效方法和手段。

郑珍对《说文》原貌的探寻,不仅在《说文》原书义例上做了很多微观考证,还从宏观上梳理了历代《说文》的文本传抄和版本流传问题。例如《逸字》"咼"字考云:"本书'瑦'、'犒'、'敆'、'樇'、'幒'、'鴞'、'揭'、'塥'、'醐'并从'咼'声,而无'咼'字。按,'咼'下云:'弓,古文咼。'此四字,在原本当作'𠀒,古文咼。'为一文一义。写者误并上注,后因改'咼'作'咼'、'咼'作'咼'。此缘《说文》旧式篆注皆一行直书(钱氏大昕说),自后人注变双行,故重文往往误入上篆注末。此其一也。考《广韵·十八尤》'咼'下云:'《说文》:谁也,又作咼。'其以'咼'为正虽异,足明唐本有'咼'。段氏以本书无'咼',又无从'咼'之字,疑'咼'即'咼'误。按'鴞'字从'咼',隶变作'鵏',作'鵏'、'鴞'、'鴞',并即'咼'之省改。可见'咼'、'咼'必两字,故篆从'咼',隶从'咼'。"(35)就是利用唐本《说文》考证逸字,阐明版本传抄之变的例子之一。可见在历代版本中,郑珍关注最多的是唐、宋的《说文》版本,因为唐宋时期是《说文》古本变迁、今本形成的关键期,是参互校勘今本的重要资料。

2. 辨"六书"名义

对许慎"六书"理论的深入探索是建立科学完善的《说文》学体系的重要环节。历代研究"六书"的内容包括概念界定、例字解读、部首形义系联、构形分析、占比统计分析、汉字孳乳规律等方面。郑珍对《说文》六书的名义及其在文字分析中的运用,都有大量的讨论,尤其对"六书"学上争议最大的"转注"作了系统的讨论。郑氏"转注"学说的可取之处是注重转注"因明义类加注义符"与形声"取义符以配声符"的区别,并利用"转注"理论对《说文》以降的汉字变化作出分析。例如《新附考》中"低"为"氐"转注(759);"借"为"昔"转注(82);"崑崙"为"昆仑"转注(344—345);"芙蓉"为"夫容"转注(216);"蟋蟀"为"悉率"转注(419);"螳螂"为"堂郎"转注(419);等等,皆是利用转注法则考辨汉字演变的例证。

今之学者在论辩汉字孳乳之法,是形声还是转注时,往往相持不下。郑珍不仅注意"六书"理论的系统性,同时强调各书之间的性质和差异,正是因为在考字论字中,坚持并贯彻正确的"转注"学说的坚持和贯彻,郑珍对汉字考辨和发展规律有非常深刻的认识,从而明确了"转注"在汉字发展演变中所起的巨大作用,得出"后世诸字书,如此等字,动计千万,盖莫非转注"的结论。这对于学界进一步深入对"转注"及"六书"的研究,有着重要的参考价值。

3. 明逸字、新附之变

如果说对《说文》义例、版本和六书的研究,是郑珍对前儒的继承发展,那么对逸字、新附字的专门研究则是郑珍独具创新的成果。郑珍所著《逸字》《新附考》两书,在晚清学界引起了强烈的反响,即如莫友芝认为《逸字》一书:"致勤极慎,既未由蹈穿凿不根,亦无失于株守曲护,其功于南阁甚巨矣哉!"①姚觐元则评论《新附考》一书:"阐发文字谊例大耑,抉摘近儒师心矫饰之弊,尤为中綮,盖不仅为考附作也。"②除莫、姚二人外,清代及后世以来,对郑珍的学术研究给予过认同和赞誉的还有曾国藩、梁启超、张之洞、潘祖荫、刘书年、黄彭年、陈田、陈矩、章士钊等知名学者。足见郑珍研究逸字、新附字产生重要学术影响和贡献。

郑珍所考《说文》逸字共 165 字,为历代之最,不仅从最大程度上恢复了许书原貌;并通过历数古籍辗转传承之关系,考证逸字产生的原因,廓清逸字之范围,实现对许书之旧的稽古钩沉。而对新附字的研究,首先树立起对新附字的正确认识,认为徐铉新附字既有《说文》原有而逸者、《说文》未收之先秦古文,又有汉魏以来产生的俗字,而从汉字发展角度而言,尤以后者居多。其次是对新附字的源流演变作了非常深入的考辨,从而厘清新附字的来源与性质。因此,郑珍对逸字、新附字的研究,不仅考清一批汉字的形音义及其源流演变,亦为后世字书正确收录说解这些文字提供参考。

二、对文字学

我们将郑珍的文字学研究细分为古文字、近代汉字两个板块,为的是更为细致地阐释郑珍文字学所涉及的字学领域,及其关注到的文字问题,对他的字学方法和思想作更为深入的把握。

1. 古文字方面

除了在《逸字》《新附考》《笺正》三书中考辨了大量古文的形音义,郑珍对古文字研究的贡献还有以下几个方面:

(1)对《汗简》及相关文献作了系统的校理,整理了一批可供参考的古文字资料。郭忠恕《汗简》集合众说,对传抄"古文"作了历史性的总结,郑

---

① 见莫友芝《说文逸字莫序》,参王锳、袁本良点校《郑珍集·小学》,贵州人民出版社,2001年,第 24 页。
② 姚觐元《说文新附考序》,见郑珍《说文新附考》,《丛书集成初编》本,商务印书馆,1936 年,第 3 页。

珍则是第一个对此书作详细笺正的学者。郑珍积数十年"潜探确求"、"推本详证"之功，利用宏博的文献工夫，以传统小学中的文字、音韵、训诂理论为指导，综合运用科学的语言文字观和考据方法，从基本的形、音、义，到释文的甄别勘定，再到相关文献的校理，对郭氏"古文"一一"追穷根株，精加研核，显揭真赝所由来"。同时，又以《说文》为中心，参详《古文四声韵》《玉篇》《一切经音义》《广雅》《经典释文》等字书、韵书文献，以及相关传世古籍和碑铭材料，于笺注中对各书体例、引文和古文字形逐一辨正。不仅对《汗简》及其"古文"做了详细的考证，并且通过博引诸籍，校勘整理了一批古文字资料。

具体而言，郑珍对《汗简》原本释误或传写讹误的释文，逐字作了鉴别考订。并分析了致误原因给予匡正。而郑珍的考语，旁征博引，每每从形、音、义角度解析释文与字头的对应关系，为深入解析《汗简》及其古文奠定了基础。郑珍在说解文字过程中，还开创性地使用了"古"、"籀"、"篆"、"篆或"、"更篆"、"移篆"等术语来阐明《汗简》"古文"与《说文》正篆、传世古文之间的关系，从而形成了科学的古文疏证体系。

而为了详考古文出处，郑珍特别撰写了"书目笺正"一卷，对《汗简》所引七十一家事迹及其版本文献问题作了全面考析，对《尚书》《孝经》一类的伪本、《碧落文》一类历经传写而字形失真的讹本、《卫宏字说》一类篇名即有误者、《孔子题吴季札墓文字》一类书中行文有误者一一作了辨正。从而为系统疏证《汗简》古文提供了相对完善的文献资料，亦为考证这些亡逸的古本提供了线索。

总之，郑珍《笺正》一书在辨别《汗简》"古文"真伪，疏证古文传抄演变，校理古文字资料方面，都具有十分重要的参考价值。就现实意义而言，一方面，郑氏《笺正》一书还有助于对战国时期的古文、奇字加以考证，从而为精确整理和研究新出土战国文献文字提供帮助；另一方面，《笺正》考证古文、梳理文献的方法，可供古文字的考释以及相关文献的整理研究提供借鉴，同时在辩证《说文》《古文四声韵》《经典释文》《段注》等文献的古文字观点、考释结果方面也有一定的参考价值。袁本良先生评价郑珍《笺正》一书："郑氏在对各种资料的考证中历述其版本及字体变异源流，引证详赡，梳理清晰，结论颇得后世学者认同，胡朴安《中国文字学史》、黄锡全《汗简注释》都多出征引郑说。可以说，郑氏对《汗简》书目资料的考证，是他《汗简》研究成果中的一个重要方面。"① 非常的中肯。李零先生亦评价认为："郑氏对

---

① 袁本良《郑珍〈汗简笺正〉论略》，《贵州文史丛刊》2001年第3期，第39页。

《汗简》一书的研究有几点特别值得我们吸取,一是他全面考证了《汗简》的引书,把《汗简》引书目录与正文引书作了详细核对。二是他在考订《汗简》的文字时,不仅把《汗简》的古文与《说文》的古文进行了比较,而且还对一部分《汗简》与《古文四声韵》相重的字也进行了比较。这两方面工作对研究《汗简》都是最基础性的工作。"①可谓当言之选。

(2) 沟通了一批古文字之间的字际关系。郑珍考释《汗简》古文,不仅详细考证古文形音义之源流,并沟通了大量的字际关系,从而使一批汉字的源流演变变得更加清晰,为古文字的全面考释与研究提供参考。例如:

【籚一箓】

籚:籚。○《说文》"籚"或从"录"。此形"竹"下从"媣"字。(637)

《汗简·女部》据《义云章》收"禄"字作"𢒡"形,郑珍《笺正》以为其隶作"媣",《古文四声韵》屋韵则据《古孝经》收作"𢒡"形,与"录"形近同,皆从"竹"下"媣"。黄锡全先生《汗简注释》考证发现:金文"彔"作"𢆉"(大保簋)等形,而"㞢"疑为"㞢"之形讹误,非从女。且古彔(录)、禄一字,故女部据《义云章》所收"禄"字本不误,《汗简》此"籚"依隶当作"箓"。《说文·竹部》:"籚,从竹,盧声。"正篆作"籚",或体作"箓",则可知"箓"乃"籚"字或体。查《广韵》《集韵》"籚""箓"二字皆卢谷切。《集韵》又云:"籚或作箓,通作盝。"又《楚辞》"弃鸡骇于筐籚",王逸引《释文》云:"籚作箓,音録。"洪兴祖补曰:"《集韵》并音鹿,竹高箧也。"可知"箓(箓)"实为"籚"因声符替换而产生的异体。

【丌-丌】

丌:丌。○《墨子》"其"字多作此,伪古文《书》同。形为"丌"上置物,作"其"作"丌"皆可通,未定本当何字。《史》《汉》乃无之。(639)

"其"字据《字源》所引《甲骨文编》作"𠀠"、"𠀠"等形,象簸箕形②。殷商后期,"其"字象形的底部,出现加一横画作饰笔的写法,例如《金文编》作"𠀠"等形。西周时代,箕形如"𠀠"顶端左右两边的短笔,逐渐向左右两

---

① 李零《古代字书辑刊·汗简/古文四声韵》出版后记,中华书局,2010年。
② 李学勤主编《字源》,天津古籍出版社,2012年,第407—408页。

侧折转倾斜，又在底部横画下加上两个断开的短横，后来这两个短横又逐渐斜立起来，变成"八"形，如《金文编》作"■"、"■"、"■"、"■"等形。至战国中晚期，俗书把"其"字顶端向左右折转的短画又变书成贯通两侧竖笔的长横，字的上部就变成了"甘"形，如秦系文字作"■"、"■"等形。秦汉期间，"甘"形左右两竖进一步向下延长，与下部"丌"形长横相粘连，就形成"其"的隶楷之形。"其"字《说文》古文作"■"、"■"、"■"等形，籀文作"■"形，小篆作"■"形。后常常借作副词和代词，就通过增加义符别造一个"箕"字来记录原来的"簸箕"义。而"丌"则是"其"的简化字，上古音"丌"、"其"皆属见纽之部，双声叠韵，故二者音、义相同，常可通用，如西周中期，牧簋铭有"'丌'（其）不中不型"，战国早期的曾侯乙编钟中，"丌"亦常假借为"其"，如"'丌'（其）在晋之在周号为大族（中三）"。为了字形美观，后来在"丌"字上部加上一横饰作"亓"。战国时期"亓"、"其"亦常互相通用，如《望山楚简》"亓"作为指示代词"以亓古敚之"、"以亓古又咎"等，"亓"遂与"丌"相分化。后来"其"在副词、代词用法上取代了"亓"与"丌"，"亓"后来仅用于"姓氏"义，"丌"则变成单纯的构形部件①。

又检睡虎地秦简《日书》载云："丙丁死者，其西受凶，亓女子也。""其"、"亓"二字于一简中同见，而形体有别。考古籍用字，如今本《墨子》中"其"、"亓"、"丌"常常异文互见，同用无别。但在诸字未分化之前，战国以前文字资料几乎找不到"丌"。《说文·丌部》云："丌，下基也，荐物之丌，象形。凡丌之属皆从丌，读若箕同。"但刘钊先生已指出："《说文》这一解释显然是后来编造的，因为从古文字实际情况看，'丌'不过是由饰笔变来的一个字，其起源很晚。"②郑珍虽未见到出土古文字文献，但据《墨子》、伪古文《书》等典籍，阐明了"其"与"亓"、"丌"三字之间辗转演变分化的复杂关系。

类似这种根据古文字文献的用字情况，来沟通字际关系的在《笺正》一书中还有很多例子，如"簹-笃-竺"、"度-宅"、"巽-顨"、"惎-忌"、"塞-寋"、"猷-猷-厭-靨"、"何-拘-抲"、"稽-䭫"、"朝-晁-鼌"、"圖-啚"、"寥-廖"、"儒-偄-耎"、"望（望）-塑（墊）"等，其中有的是一字异体，有的是古文假借，有的是形近讹变，有的是文字分化，郑珍不仅考明了汉字演变的各种现象和原因，同时揭示了其中的规律，大多结论值得信从。

毋庸置疑，在古文字学史上，郑氏及其所著《笺正》一书在《汗简》及其"古文"研究史上具有重要的学术地位，"直到今天，《汗简笺正》仍然是研究

---

① 王英霄《古文字饰笔与分化研究》，《湖南广播电视大学学报》2013年第3期，第15页。
② 刘钊《古文字构形学》，福建人民出版社，2006年，第25页。

《汗简》的主要参考书"①。

2. 近代汉字方面

郑珍在著述中,虽然还没有专门提出"近代汉字"的研究理念,但在《新附考》等书的文字考释过程中,却时刻注意到汉魏以来汉字的发展演变,包括古文源流、俗写变化、字形时代、变易类型与规律、字际关系、字书韵书比较等,都是近代汉字研究的重要内容。

比如讨论近代汉字的源流,郑珍在《新附考》"琛"字条云:"凡经典中字不见《说文》者,多汉魏以来俗改,求之许书必有本字;而亦偶有古文,许君搜罗未尽,十四篇中阙如者。故大徐所附,十九例是俗书,其采自经典者不无一二,为三代正文如此。"(211)不仅揭示了新附字的性质,同时说明了汉魏以来的近代汉字与古文字之间的渊源关系。在这一思想指导下,郑珍对很多字的源流作了准确考辨。例如"呀"字,郑珍认为古文作"☐",隶书则变作"齭",又因俗书"口"、"齿"旁字常互换偏旁,乃变作"呀"字(229)。又如"些"字,古文本作"呰",隶变"口"省书作"二",遂变作"些";又因为俗书从"口"、"欠"旁字常可互换,故又有作"欯"形者(229)。类似的例子很多。

郑氏认为"因俗而变"是汉魏以来汉字发展的一个重要趋势和特征,因此非常重视汉字的俗写俗用。《新附考》"眨"字条云:"此亦后世语,古籍无之。《集韵》以'睞'同'眨',不可据。……'睞'为目毛,本非'眨'字。释氏书既以'睞'为'眨',唐已前当有捃用者。……钮氏不知新附字多后世语,每字必求古文,宜其在在牴牾,何其执滞乃尔?"(255)不仅考辨了"眨"字的俗写源流,同时驳斥了其他学者一味稽古而轻视俗字的错误思想。同时,郑珍指出汉魏以来俗字的变化有五类主要的现象和规律:一是变换形声偏旁;二是据隶楷变改古文形体;三是形近相讹相混;四是增加形声偏旁;五是据俗用新造字。而对新附字而言,数量最多的属于"增加形旁"的一类,例如"昇"字本只作"升",后加"日"旁成专字,是六朝以来俗改(298)。又如"噞"本作"僉",因《说文》有:"噞,鱼口上见也。"遂俗加"口"作"噞",配成叠字"噞喁"(225)。《新附考》中很多字与"玉"相关而加"玉"旁,与"人"相关而加"人"旁,与动作相关而加"手"旁,与草木相关而加"艹"、"木",等等,皆是此类,例多不缀举。

在大量考释近代汉字的基础上,郑珍不仅沟通了一批汉字的字际关系,同时指出了这些字在古籍中书写演变的通例和规律。寻绎郑珍书中,这些通例有以下几类:一是义类相近而改换偏旁,如前所述,除"口"、"牙"、

---

① 陈奇《郑珍对古文的研究》,《贵州文史丛刊》1987年第2期,第118页。

"齿"、"欠"等因义类相近而互换偏旁外,还有"艹"、"竹"、"木"互换,"禾"、"米"、"木"互换,"水"、"土"、"石"互换,"走"、"辵"互换(如"超"变作"迢")(235),等等。二是因隶楷之变而换旁书之,如"敛"变书作"捻"而训"指捻"(403)等。三是因形近而偏旁书写讹混,如"楗"俗书作"楗"(222)等。四是为明义类而改,如改"跌"作"昳"而训"日昃"(295),改"屏"作"迸"而训"散走"(239),改"决"作"诀"而训"诀别"(249),等等。通过梳理这些古籍文字通例,郑珍对近代汉字的源流演变有了更为深刻的把握。

此外,郑珍书中还有一项近代汉字研究的重要内容,那就是通过字书、韵书的综合比较来阐明汉字的形音义及其关系,这对今天深入开展近代汉字及其字书、韵书的比较研究具有重要参考价值。例如"蓀"字,徐铉新附云:"香草也。从艸,孙声。思浑切。"《新附考》则云:"《释文》:'荃,崔音孙,香草也。可以饵鱼。''荃'即古'蓀'字。《说文》'荃'训'芥脆'……而《集韵》《类篇》云'蓀或作荃',犹识古字。"(218)即根据字书、韵书的辗转记录,而考明"蓀"字音义及其与"荃"的字际关系。又如"鵋"字,《新附考》云:"此鸟名'谿敕',又作'谿式'。……诸字书又作'灉鵋'、'灉鶒'、'灉鸂',并上字亦加鸟旁,且改从俗'溪'字。"(262)是综合字书所载而考证"鵋"的异体俗写情况。又如"稛"字,徐铉新附注"之闰切",而《新附考》云:"《说文》:'稇,絭束也。'当即古稛字。'稇'从囷声,当'渠引切';韵书皆'苦本切',认作'困声'非也。其字即有讹从困声者。'困'与'稾'声相近,故俗从稾,读'之闰切'。"(299)先据《说文》考"稛"本字为"稇",然后综合比较字书、韵书所载音切,匡正了"稛"讹从"苦本切"、"困声"之误。又如"瀰"字,《新附考》云:"《说文》:'瀰,水满也。'即'瀰'本字。……'瀰'字晚出,初唐已上字书、韵书皆不见。孙愐采附'七之'韵末,注明如此。大徐新附四百文,字义音切,十八九并出《唐韵》,故于此等注亦同阑入,未及芟除。今《广韵》'七之'无'瀰','五支'有'瀰'……则又陈彭年等所删增也。"(384)是通过比较字书、韵书所载音义考辨文字的典型案例。

总之,郑珍字学著述中,不仅在微观考释中体现了很多近代汉字的研究内容,考证了很多近代汉字的个案,整理了一批近代汉字的资料,并从宏观上提出了对近代汉字发展演变的思想理念,一是要注重汉魏以来文字与古文字之间的辩证渊源关系,二是要重视近代汉字的俗写嬗变。

三、对训诂学

郑珍训诂学的贡献有二:一是继承和发展了乾嘉以来"以字通经"、"因声求义"的训诂方法,对《礼经》中的名物、典章、制度和礼俗作了深入的考证,解答了很多经义疑难。二是对《尔雅·释亲》《礼记》以降的亲属称谓词汇作了全面整理与考释。郑珍在这两个领域的训诂实践,不仅将乾嘉学术的治学方法进一步系统化,使其更具实用价值,还形成了具有自身特色的训诂体系,留下一批水平较高的训诂学成果。

郑珍的经学考据集中反映于《仪礼私笺》一书,其特点是贯通群经以阐发《仪礼》经义,善于从《礼记》和"春秋三传"中寻求论证依据。《仪礼》十七篇为礼之本经,与《礼记》篇目多可对应。而"春秋三传",尤其是《左传》,"所载春秋时人的言行,绝大部分是春秋时代的实录。书中包含了非常丰富的典章制度、礼乐文化,如实地记录了各种礼典,包括昏、冠、丧、祭、飨、射、朝、聘,其中聘礼尤备"①。而郑珍在笺释《仪礼》过程中,常常征引《礼记》与"三传"来考礼征俗。例如卷一《士昏礼》"主人不降送",郑珍据《礼记·曲礼》篇与《穀梁传》所载而考云:"《曲礼》:'客车不入大门。'注:'谦也。'《聘礼》注:'宾车不入门,广敬也。'是非客车则入大门矣。又《穀梁桓三年传》:'礼,送女,母不出祭门,诸母兄弟不出阙门。'"(64)又卷二"受诸祢庙",郑珍考云:"若属昏者,其于父则受醮酒,及往迎之命、往奠之雁,《昏义》所谓'亲受之于父母'者也。于女家则雁奠降出,是受其女于女父,《坊记》所谓'舅姑承子以授婿'者也。凡此皆于祢庙受之。……明乎此,则《曲礼》斋戒以告鬼神,及《左传》王子围'布几筵,告庄公之庙'者,皆男家受于祢庙之正理,不待旁推曲证而自明矣。"(84)皆是从《礼记》中《曲礼》《昏义》《坊记》等篇所记,以及春秋"三传"实例出发,考证昏礼中"皆男家受于祢庙"之"正理"。这样参合古籍而对经义作出深入考证的例子还有很多,不仅显示了郑珍精深的考据功力,也体现了他研治古书的方法与思想。

对亲属称谓的考释,则进一步显示了郑珍搜罗古籍用例、综合考证词汇形音义的训诂功力。例如"妈"字条,《亲属记》据《广雅》《篇》《韵》等文献所记:"妈,母也。"以及庄绰《鸡肋编》所载:"今人呼父为爹、母为妈。"进一步考证云:"母今世读莫补切,古亦有此音,《篇》《韵》'妈'音莫补切,则是别行母字。今本《广雅》脱'妈'字,据《集韵》《类篇》引《广雅》'妈,母也',知'妈'自汉已有、今俗读马平声。以庄绰不知其义推之,知宋时呼妈与今同。"(1089)今查王念孙《广雅疏证》亦云:"今本《广雅》脱'妈'字。"但考《集韵》《类篇》皆古本《广雅》有所引,则可知《广雅》本有"妈"称"母"条。而《亲属记》又云"宋时呼妈与今同",则郑珍此条考证比王氏疏证更为精湛。然则现代汉语通用"妈"字,其余称"母"诸字如"媪"、"媓"、"妣"、"社"

---

① 许子滨《春秋左传礼制研究》,上海古籍出版社,2012年,第1页。

等皆废,何也? 乃"妈"与"母"音义最为近且贯通者,正如"爸"之称"父"。王力先生在《汉语史稿》中指出:"父和现代的爸,母和现代的妈,很可能是一个来源。父的上古音是 b'ĭwa,母的上古音是 mĭwə,演变为 pa,ma 完全是可能的。"①今佐之《亲属记》"爸"、"妈"条,其字形、音、义皆可贯通。又《亲属记》"䭾八"条云:"母古读如米,又读谟上声,嫛、㜽、婢、嬭、媞皆米音之转,孃又由嬭而转,姐、社、妈、䭾、妪皆谟上声之转,各随方音,遂成别字。"(1090)进一步指出方言随音造字,从而导致亲属称谓词语发生变化的客观原因。

除此之外,郑珍还十分关注词汇的俗写、俗用、俗音,对一批方俗语词作了整理与训诂。例如《亲属记》"爸"条云:"古读巴如逋,即父之重唇音,遂作'巴'加'父'。今俗呼父或巴巴,或为耙耙,或为八八,并此字。"(1082)"奢"条云:"者古读如主,俗转父重读,因加父作者。今俗犹呼为老奢,作上声。"(1083)都是利用俗音和方俗称谓来考证亲属称谓词语的例子。又如"息"条云:"姑息犹言姑妇,谓用妻与子妇之说。因与妇对言,故曰姑息。此子妇称息之始。注者解息为小儿,非是。俗字作'媳',今世通称。"(1116)则是根据俗写字形考辨亲属称谓的例子。古代亲属称谓,为区别男女性别,或进一步明确其含义,往往会对原有的亲属称谓词加以改造,例如"息"字古可指称"小儿"、"子妇",为示区别,子妇字乃加"女"旁作"媳"。古代亲属称谓中,为专称女性,有很多直接加"女"作为限定语素的,例如女子、女公子、息女、女姪皆是。有些词语使用日久,为求便识,便增加"女"旁为义符,如"息妇"字俗书增旁作"媳"。这种情况导致大量从"女"的亲属称谓词产生,比如《亲属记》中"妳"、"媳"、"姪"等皆是,区别在于"息"、"侄"、"你"可通称男女,而加"女"旁则只可称女性,不可称男性。

要之,郑珍的训诂学成果,尤其是对古代亲属称谓词语的汇释,不但为《尔雅》及其亲属称谓词研究的继往开来奠定了基础;同时通过形、音、义相结合的训诂方法,使亲属称谓词的研究开始摆脱经学的束缚,进入语言科学的新领域;这种全面搜词并逐一考释的撰写方式,为开展专书或专类词汇的系统性研究提供了新的途径和方法。

四、对辞书编纂

郑珍在小学实践中,考证训解了大量汉字与词汇,这些考释成果大多比较详尽信实,因此可供语文辞书编纂所吸收利用。例如今之大型字书《汉语

---

① 王力《汉语史稿》,中华书局,2008 年,第 575 页。

大字典》在说解文字时,就常常参引郑珍《逸字》《新附考》两书中的文字考论,从而丰富了说字内容,提高了编纂质量。

《汉语大字典》收罗古今字形,凡古籍有所载所见者皆尽可能收录,但《说文》逸字虽时有见诸古籍,但对于形、音、义等信息却记之不详,《汉语大字典》对这部分字的说解就大多依靠郑珍《逸字》一书为例证。例如"亝"字,《汉语大字典》训云:"同步。"(1545B)但古籍中尚未找到书证,故该字训释则直接全引郑珍《逸字》的考语为说解。类似的例子还有"癳"(2894B)、"鱄"(4964A)等字皆以《逸字》考语作唯一书证。有些字其他古籍间有所载,但与郑珍所考形音义有所异者,《汉语大字典》往往会为之单列音义项。例如"欼"字,《汉语大字典》第一音义项据《尔雅》《经典释文》等文献所载,注音"kuì",训"同喟",表"叹息",第二音义项则据《逸字》一书增加音"kuài",训"同刾"(432B)。类似的为《逸字》一书专门增设音义项的例子还有"禋"(2582A)、"晶"(2731B)、"酸"(3830B)、"醋"(3830B)等字。还有一些字,是利用《逸字》来充实说解内容,例如"笒"(3148A)、"顈"(4678A)等字。此外,据《汉语大字典》体例,正字字头下需要参考古籍罗列字头的古文字形,来梳理该字的源流,例如耳部"聨"字头下,就仅列《逸字》古文形体"𦕳"(2985A)来说明其源流演变,类似的例子还有"卅"(70A)等。《汉语大字典》所参引《逸字》是望山堂刊本,今统计,其引用次数为同类著述之最。

《汉语大字典》对徐铉新附402字全部收录,这些新附字多数是《说文》以后产生的俗字,以增加形声偏旁为其大宗,它们在近代汉字阶段大多变成了常用字,因此字书、韵书收录时常常形音义信息都很完整,但它们的源流演变和字际关系实际并没有得到体现。因此,《汉语大字典》收录说解新附字时,郑珍的考证就有了十分重要的参考价值。今粗略统计,《汉语大字典》引《新附考》说字的有"倜"(219A)、"刐"(358A)、"刹"(368A)、"勘"(407A)、"坊"(458B)、"坳"(468B)、"埏"(472A)、"塌"(487A)、"塔"(494A)、"塗"(509B)、"塡"(511B)、"境"(518A)、"墜"(520B)、"墾"(528B)、"唤"(681B)、"喫"(699A)、"嗃"(722A)、"岚"(814B)、"帊"(843B)、"廈"(959B)、"廖"(965B)、"寀"(1008A)、"玨"(1200A)、"榭"(1356A)、"樱"(1416B)、"曆"(1647A)、"泯"(1710B)、"撏"(2059B)、"氅"(2151A)、"歆"(2300B)、"恰"(2459A)、"惹"(2472A)、"皵"(2949A)、"虩"(3020B)、"蚛"(3027B)、"笒"(3148A)、"衫"(3277B)、"蔬"(3516A)、"醒"(3827B)、"贻"(3876B)、"赚"(3901B)、"踮"(3966B)、"谱"(4285A)、"钏"(4490B)、"鉌"(4496B)、"锁"(4566B)、

"鞲"（4640A）、"鹈"（4939A）、"龄"（5107A）等共计49字。《汉语大字典》说解新附字主要参考钮树玉《说文新附考》（许学丛书本）、郑珍《说文新附考》（咫进斋丛书本）和钱大昕对新附字的考证，而引郑书者占绝对优势。《汉语大字典》参引《新附考》主要用于增设音义项；考辨字形源流；补充书证；辩证徐铉、钮树玉、钱大昕之说；沟通字际关系等，足见郑书对字书编纂之价值。

综上所述，郑珍的学术实践和成果在《说文》学、文字学、训诂学等传统小学领域，以及辞书编纂方面都具有十分重要的参考价值和现实意义。整理和重新研究郑珍的小学成果，不仅能更加完整地映现道咸以来的学术史及其流变，亦能进一步推进这些小学领域的开拓创新。

第二节　郑珍小学的特色与影响

郑珍的小学研究，既有学术史上特定时代学术研究的整体风格特点，又有他不同于清代其他小学家的自身特色。

一、深谙以字通经

以字通经，是乾嘉以来广泛运用的治学门径，也是清代学术取得重大突破的重要学术方法。作为小学后继者，郑珍对"以字通经"之法既有继承发展，又有自己的使用心得。他在考释文字、考证经义过程中，非常重视文字传写与文献版本文义之间的关系，例如《汗简笺正》"䎳（會）"字条中笺语云："郭氏此书，有因经典用借字而取其本字为古文者……有因其字书传不见而取其奇僻为古文者……宋人不知此，于郭氏所载，一依偏旁为作隶书，如《集韵》《类篇》列在重文者，居然与十四篇古籀并矣。孰究其谬哉！"（663）揭示了后世典籍承袭前代学说而载录文字，常有沿袭旧误的现实情况，并提出应该通过确凿考释文字来校理古籍。

郑珍利用"以字通经"之法取得的学术成果，我们在前面已经作了很多讨论。而他的特色与影响，通过学界对他的学说的称引可见一斑。例如《清史稿·郑珍传》载云："（郑珍）其读《礼经》，恒苦乾、嘉以还积渐生弊，号宗高密，又多出新义，未见有胜，说愈繁而事愈芜。故言《三礼》，墨守司农，不敢苟有出入。至于诸经，率依古注为多。又以余力旁通子史，类能提要钩玄。《仪礼》十七篇皆有发明，半未脱稿。所成《仪礼私笺》，仅有《士昏》《公食大夫》《丧服》《士丧》四篇，凡八卷；而《丧服》一篇，反覆寻绎，用力尤深。

又以《周礼·考工记》轮舆,郑《注》精微,自贾《疏》以来,不得正解,说者日益支蔓,成《轮舆私笺》三卷。"①是对郑珍学术的综合性评述。郑珍习经"受知于歙县程恩泽,乃益进求诸声音文字之原,与古宫室冠服之制。方是时,海内之士,崇尚考据,珍师承其说,实事求是,不立异,不苟同"②,此郑氏窥得"以字通经"之门径的渊源由来,及积累日厚,郑氏乃博览五礼,专研三礼,"学礼数十年,嗜郑弥笃,老益深醇,五十以还,始操笔发撼,所以极思礼注,兼以救世儒之失者"③,以毕生之心血,相继撰成《巢经巢集经说》《仪礼私笺》《轮舆私笺》《亲属记》等经训著述,以及《逸字》《新附考》《汗简笺正》等字学论著,成就了一代小学大儒。

二、经学、小学相得益彰

晚清名臣张之洞曾言:"由小学入经学,则经学可信;由经学入史学,则史学可信。"④深刻揭示了经学、小学与相关学科之间的内在关联与相互转化。于传统朴学而言,经学的基础是小学,"以字读经,又即以经读字"⑤。作为黔地贵州的代表学者,郑珍以经学、小学为根底,在传统朴学领域做出杰出成就,与中原学术遥相呼应,之所以取得这样的成功,正是因为经学、小学之间的内涵关系在郑珍身上相得益彰,共同发挥了重要作用。

郑珍扎根小学,十分重视经文字形、字音、字义的考辨,从而达到以字通经,诂训详实,确凿不易的治学目标。例如《仪礼》卷八《士丧礼》:"决用正,王棘若檡棘。""王棘"一词难以理解,郑珍笺释云:"按'王棘'者,《周官·大司徒》'五曰坟衍','其植物宜荚物',注:'荚物,荠荚,王棘之属。'荠荚即今皂角,康成以王棘与之并举,当荚物,则王棘有荚可知。目验今棘刺之类,唯俗名'阎王刺'者有荚。……康成所谓王棘即此无疑。此棘又名'牛棘',又名'终',见《尔雅》;又名'马棘',见郭注。盖人之大莫如王,畜之大莫如马与牛,故草木、鸟兽、虫鱼之大于其类者,多得'王'与'牛马'名,若王雎、王蛇、王鲔、王刍、王彗、王瓜、牛蕲、牛藻、牛蘈、马蕲、马刍、马蜩之等是也。然则此棘信如郭注,其刺粗而长,于其类特大,王也、牛马也,皆以号其大也。"(第194—195页)郑氏依循文献记载,又与"目验"实物相结合,考证古人所

---

① 赵尔巽《清史稿》卷四八三"儒林三",中华书局,1977年,第13288页。
② 赵尔巽《清史稿》卷四八三"儒林三",中华书局,1977年,第13288页。
③ 郑珍著、黄万机点校《仪礼私笺》,上海古籍出版社,2012年,第206页。
④ 张之洞撰,范希曾补正《书目答问补正》,上海古籍出版社,2019年,第298页。
⑤ 中国人民政治协商会议遵义市委员会文史资料委员会编《郑莫黎专辑——遵义文史资料(第30辑)》,遵义市委员会文史资料委员会,1997年,第134页。

谓"王棘",盖即今俗"阎王刺"之一种植物。又据《尔雅》及郭璞注,并以此推论"草木、鸟兽、虫鱼之大于其类者,多得'王'与'牛马'名"的结论,考据面面俱到。近人张舜徽先生在《清人笔记条辩》卷二考证清袁枚《随园随笔》"牛衣非牛"条亦云:"凡物之大者,多被以牛名,故大藻谓之牛藻,大饮谓之牛饮。牛衣,谓大被也。""羊车非羊"条又云:"按凡物之小者,多被以羊名,故小车谓之羊车,犹小枣谓之羊枣耳。"①其所言"凡物之大者多被以牛名"者,与郑珍所论不谋而合,然尚不及郑珍之详备。

经学、小学互为印证,即将古书中名物之训诂考证,与现实中的实际物事相结合,从而做到考据精深,结论信实。自东汉郑玄、西晋陆玑、东晋郭璞开始,已成为延续不断的治学传统,郑珍以郑学为宗,深得其精髓。徐世昌在《清儒学案》卷一百六十九《巢经学案》评价指出:"黔中朴学,莫犹人蓝筜开山,巢经扩而大之,深研许郑,不背程朱,精熟三礼六书,著述蔚然,宗旨正确。"②郑珍擅于经籍训诂,但又兼采程朱义理。黎庶昌认为郑珍"治经宗汉,析理尊朱",他在《郑征君墓表》中说:"其初实致力于许郑二家之书,以为不明传注则经不能通,不明训诂则传注不可得而读。其于康成、叔重,信之惟恐不笃,尊宠之惟恐不及。既治三反,苟有惑,则发奋覃思;又不合,则群综诸儒之说,旁参曲证,必求一得当程朱之义理而后已。"③评价是十分允当的。

三、考据翔实,源流并重

在具体的小学实践中,无论是考释文字,还是训诂语词,郑珍又每每能够做到论据充分,溯源讨流。并且对于方法不当或认识不够而造成讹说、误说,郑氏皆一一详考后给予驳正。例如"逍遥"字,《新附考》认为本作"消摇",作"逍遥"为汉代以来俗书,而"逍遥"原本并非叠字,"遥"是"摇"的别体,而"逍"是"趟"的别体,但《汗简》径直认为"趟"古文作"逍",则是源流颠倒(235)。又如"糖"字,徐铉新附注云:"饴也。从米,唐声。徒郎切。"《新附考》则云:"古只有'餳'字,见《急就篇》《诗·有瞽》笺、《周礼·小师》注。今《说文》'餳'篆改易声作昜声,非也。盖古读'餳'如唐,与'唐'之古文'喝'从昜声同。'餳'即古'餹'字。《周礼》释文'餳,李轨音唐',《玉篇》'餳,徒当切',是古音也。汉世读'餳'如洋。《释名》以'洋'训'餳',足见

---

① 张舜徽《清人笔记条辩》,华中师范大学出版社,2004年,第67页。
② 徐世昌《清儒学案》(第4册),中国书店,1990年,第130页。
③ 郑珍著、黄万机点校《仪礼私笺》,上海古籍出版社,2012年,第8页。

又转入清韵,音徐盈切,见《释文》《广韵》。因之别改'餳'从唐声,而'餹'与'餳'成两名。故《方言》有'餳为之餹'之文。字本从食,从米又后出者。"(303)这条考语,非常详细地考证了近代汉语常用字"糖"的源流,概古"饴餹"字本作"餳"(易声),古读"餳"如"唐",俗书变换声符遂作"餹",汉字从米、食二旁之字常因义类相通而互换,故又俗书作"糖"。据此,可归纳诸字源流轨迹:餳→餹(变换声符)→糖(变换形符)。

郑珍的文字考释和词语训诂成果,也得到了学界的广泛赞同。比如香港中文大学张光裕教授认为,郑珍《仪礼私笺》中关于"俎入设于豆东,鱼次,腊特于俎北"及"赞设黍于酱东,稷在其东,设涪于酱南"两节论述中,"指称'每俎长二尺四寸,广尺二寸,如用三俎者,以两俎横之,即通广二尺四寸,如其长。而其特者若仍横置,必止居两俎之广尺二寸,其上下各余六寸之空,又长尺二寸出于豆外……'思考至确"①,并强调:"研读礼经,非借助图示实难以明经义,郑珍《仪礼私笺》虽谦称为笺,然往往得《图说》真义。"②而郑珍另一部训诂学代表作《轮舆私笺》中所包涵的学术与社会价值也得到学界的认可。黄万机、黄江玲在《轮舆私笺·点校说明》中指出,"对牙(车轮外环)围大小与形制的推算,颇费周章",郑玄、程瑶田、阮元等训诂家纷争不一,郑珍对车轮各部件的大小形制反复推算,推知牙的"上底三寸五分,下底一寸三分寸之二,下底左右微杀,斜面一寸,所杀的底每边为九分一厘三毫三尽。下底及斜面为三寸三分寸之一,不髹漆。上底与左右两边,合计七寸三分寸之一,应髹漆。牙围合起来恰好一尺一寸",推理严密,计算精确,"超越前古,对我国科技史与学术史都是一大贡献"③。

除上述几个方面,郑珍在考字、训诂术语的运用上也有很多的特色与成就,这不仅对后世进一步开展文字考释、语词训诂工作有一定的帮助,而且对于完善传统小学的治学方法和理论,构建小学学术思想史的话语体系,亦具有一定的参考价值。

第三节 郑珍小学的历史局限与不足

不可避免的,由于所处时代整体学术的局限,以及文献资料条件的限

---

① 彭林主编《中国经学》(第二辑),广西师范大学出版社,2007年,第15页。
② 彭林主编《中国经学》(第二辑),广西师范大学出版社,2007年,第17页。
③ 郑珍著、黄万机点校《轮舆私笺》,上海古籍出版社,2012年,第211页。

制,郑珍的小学研究也存在其客观不足。但即如郑珍的成果与成就一样,他的局限与不足也是特定时期学术研究的产物,这对于考察学术思想史的特点与演变,同样具有参考价值。"我们肯定其成就,同时又指出其不足,尊重其研究成果,同时又不曲为之讳,本着实事求是的态度,做客观公正的认识与评判,这也是学术研究者应该具备的风范。"① 在郑珍考字、训词和疏解经义的诸多成果中,都能看到自相矛盾、引证失误乃至臆测的缺陷。

这里略举数例谈谈郑珍小学的一些局限于不足:

一、以今揆古,以论说实

不同时代的社会形态不一定相同,它们间的制度风俗当然也有区别。郑珍虽善于结合时俗以证古礼、古制,但有时却难免以今揆古,本末倒置。例如:

《仪礼·公食大夫礼》:"问名曰:'某既受命,将加诸卜,敢请女为谁氏。'对曰:'吾子有命,且以备数而择之,某不敢辞。'"郑珍按:"此经宾请主人云'惠贶室某',谓以前许昏成约,而主人对以'吾子命之,某不敢辞',谓一如媒氏以前所议,则是礼虽首云纳彩,而两氏议昏,已成不易矣。以今揆古,同此人情,议昏之初,媒氏于两姓止往来口说,至于两姓俱谐,俨然行之以礼。"(《仪礼私笺》卷二,89—90 页)

《仪礼·公食大夫礼》:"若不亲迎,则妇入三月,然后婿见云云。"郑珍按:"愚因此不亲迎者之见女父母,而知亲迎者亦必有此一节。盖与人之女胖合为亲,于女父母有子道,而生相亲之谊焉。往见以致其亲启,古今人无异情也,但于经无明文。如敖说以亲迎时主人揖入,母立房外,为即是见妇之父母乎?"(《仪礼私笺》卷二,94 页)

南宋哲学家杨简曾说:"观往古事变之屡迁则疏通,见上古以来之事则知远。然以今揆古,以庸愚度圣贤,必不能每事尽得其实,每见其多诬。"② 这种"以今揆古"的训诂方法有时会适得其反。

而考名物须结合考古实物和文献论证进行综合互证,郑珍在这方面做得是十分严谨的,但亦有疏忽而致"以论说实"的错误。例如:

---

① 曾秀芳《郑珍研究》,中国社会科学出版社,2016 年,第 108—109 页。
② 邱椿《古代教育思想论丛》(上),北京师范大学出版社,1985 年 3 月,第 359 页。

《仪礼·士昏礼》:"赞设黍于酱东,稷在其东,设涪于酱南。设对酱于东,菹醢在其南,北上。设黍于腊北,其西稷。设涪于酱北。"郑玄注:"馔要方也。"郑珍按:"豆圆径尺二寸,竹之笾、瓦之登皆同,簠簋口底径俱五寸二分,厚八分,敦圆径及厚同通口之厚,径六寸八分,俎长二尺四寸,广尺二寸,依聂氏《礼图》。此定度也。"(《仪礼私笺》卷一,71页)

郑珍据聂崇义《三礼图集注》卷十三"梡俎图"下"案旧图云俎长尺四寸,广尺二寸,高一尺,漆两端赤,中央黑,然则四代之俎,其间虽有小异,高下长短尺寸漆饰并同"推测,"此定度也",以论说实,有失偏颇。因为"所据多未经实物参证","今案考古出土实物之'俎'多见,有铜俎,亦有漆木俎,其长宽皆无定制,如河南淅川考下寺楚墓出土铜俎一件……通高24,长35.5,宽21厘米,重3.85公斤;湖北当阳赵巷春秋墓出土漆木兽纹俎,高14.5,长24.5,宽19厘米;又包山楚墓出土木俎七件……高19.6,长34,宽14.4厘米……由此足见当日俎之形制实未有定式!"①

二、门户之见,固守之弊

郑珍治学以许、郑为宗,信之甚笃,刘书年曾说郑珍"其于许郑守之甚坚,不肯影傍响和、务求新异以佻离师法"。这使得郑珍就难免带有门户之间,并在实际研究中出现固守之弊。例如《逸字》"弜"字条,郑珍认为:"古文'弹'……今本'弹'重文'弦',注'弹或从弓持丸'。段氏以郭、夏所引正是'从弓持丸'改,今本从之。今考《通志·六书略》,《象形篇》'弜'下引《说文》'行丸也',《会意篇》'弦'下引《说文》:'行丸也。弹或作弦,从弓持丸;或作弜。'又《集韵·廿九换》《类篇·弓部》亦有'弦'、'弜'二或体。则铉本原'弦'、'弜'并有,段氏盖非。"(115)通过考察《说文》书例,参合其他古籍所引《说文》内简,考订"弜"为逸字。但张涌泉先生则认为"弜"是"卷"字俗书,"'弜'及其孳乳字流行于六朝及唐代前期",且训与"卷"同②。则郑氏析字释义皆误,恐不可从。

又如:

《周礼·轮人》:"以其长为之围,以其围之阞捎其薮。"郑珍按:"凡

---

① 彭林主编《中国经学》(第二辑),广西师范大学出版社,2007年,第15页。
② 张涌泉《汉语俗字研究》(修订本),商务印书馆,2010年,第332—337页。

凿孔，《记》止名凿。若果毂凿名薮，下文宜曰'量其薮深'，曰'辐广而薮浅'，曰'薮深而辐小'，曰'轮虽敝不甑于薮'，使上下文名称相应。何以都不曰'薮'而曰'凿'？则'薮'之非'辐凿'决矣。且毂中空之正字作'槈'，与'薮'同读，必是《仓颉》诸篇中字，断非许君因先郑义新撰。以薮为辐凿，则槈别作何解？岂古人就名立字者亦非，而必待数千年后一程氏始识其真乎？《记》文凡言'几分某去若干以为某'者，皆是以彼不去之数为此之数，何缘于此三句文法不变而解独变？"（《轮舆私笺》卷一，227页）

学者考证《周礼·轮人》时，常对一些问题有不同的见解，本属正常的学术论争，然郑珍在梳理前人注疏时，却带有一定门户之见。如上述对"薮"的界定中，"程氏之说固然欠妥，但郑珍的论辩和反诘确有维护郑注、鄙视程说、意气用事的嫌疑"①。又如对《轮人》"蛰必足见"的考释中，程瑶田认为"足即爪，爪、凿不相安"，郑珍以"《考工记》凡称名，前后是一"则驳斥认为，"不明辐两头并是尖槈，其凿深必尽其径，而牙凿且穿通践一边"，并批评程氏的做法属于"不得于《经》而凭臆揣合，宜其义杠扞不安矣"②。由此可知，郑珍对与郑学有不同看法之学者或注释内容，一如曾秀芳所言："往往在论辩或驳斥中有意气用事或门户之见的嫌疑。"③

三、考论尚可商榷

传统小学，其精髓在考据，放眼整个清代学术史，郑珍在文字考释、语词训诂和经义考据方面亦属精拔者，但由于时代、语料、观念等方面的限制，仍难以避免地存在一些值得商榷之处。

1. 郑珍研习古文字，最大的局限莫过于缺少出土古文字文献的印证。近人胡朴安先生曾指出："训诂方法之新趋势，惟有甲骨文金文之考证，与统计学之推测，二法而已。一以声韵求之，一以古籍考之，不仅知其当然，而能知其所以然。"④揭示了以甲骨文、金文为代表的出土文献对于文字研究的重要性。郑珍生平未能得见甲金文出土，这对他的《说文》学、文字学研究是极大的限制。比如，随着出土古文字资料的日益丰富、先秦古文字研究的逐渐深入，人们发现《汗简》据古佚资料所收的"古文"，虽不合于甲金文和篆

---

① 曾秀芳《郑珍研究》，中国社会科学出版社，2016年，第106—107页。
② 郑珍著、黄万机点校《轮舆私笺》，上海古籍出版社，2012年，第240页。
③ 曾秀芳《郑珍研究》，中国社会科学出版社，2016年，第106页。
④ 胡朴安《中国训诂学史》，上海书店，1984年，第329页。

籀，也有悖于"六书"，但却与出土战国文字多有相合者①。这就是说，被郑珍看作诡异不经的"古文"，有些是的确出于先秦，渊源有自而非后人杜撰的。例如《笺正》书中：

  [图]：天，《华岳碑》。○仿[图]篆作之，取茂密耳。(503)

  今按，《汗简注释》云：三体石经天作[图]，汉印作[图]（汉印征 1.1），新嘉量作[图]。此形下部有异，可能使同碑文不清而误摹，原盖作[图]或[图]，而形似，"而"字正篆[图]（64）。再看"而"的"[图]"（睡虎地 45）形体与"天"作"[图]"（诗书碑额）形体相似，"而"的[图]（《碧落碑》）形体与"天"在[图]（《碧落碑》）形体相似。查《说文·一部》："天，颠也，至高无上，从一大。"之后的字书、韵书，均未见"茂密"之义。《说文·而部》："而，颊毛也，象毛之形。"与"茂密"义近通。《笺正》以"而"字之义释"天"字者，盖二字形近讹混，盖郑氏少见"天"、"而"古文字形，因不明二字形体之差异所致。

  [图]：所，出裴光远《集字》。○编中所载，其形有不可强说者，大抵非传讹即臆造。要不得为古文。(503)

  今按，《汗简注释》考侯马盟书作[图]，汉隶或作[图]、[图]、[图]、[图]等（篆隶 14.12）形，汉印或作[图]（汉印征 14.5），户上一笔与斤上一笔合书。今揆诸出土文献，此类字形，因取对称，篆书如此，并非"臆造"。

  [图]：祡。○古，本从示。据《说文》正篆"祡"下称《虞书》："至于岱宗，祡。"薛本依采，是也。郭氏此易以古，不合伪本。(505)

  [图]：祀。○篆"祀"或从"异体"。薛本同。后凡为《说文》篆体或作者，例注"篆或"二字。(505)

  今按，《说文·示部》"祀"字字头篆文作"[图]"，与古文字"[图]"（甲 297）"[图]"（盂鼎）"[图]"（陶文 1·110 独字）等字形一脉相承，到西周"[图]"（周中舀鼎）战国"[图]"（中山王方壶集成 9735）在"巳"上加有饰笔。朱德熙先生认为《碧落碑》"有唐五十二祀"，"祀字亦从异作[图]，中山器[图]字显然即此字所从异字的下半部。[图]字或写作[图]，字形尤近似。中山器[图]字可能是

---

① 袁本良《郑珍〈汗简笺正〉论略》，《贵州文史丛刊》2001 年第 3 期，第 40 页。

异字的简体,假借为祀,也可能本来就是祀字的或体"①。可见在秦代文字中,"祀"已有"禩"这个异体。"巳"与"异"古音相近,此处可为声符替换。平山中山王器❄字凡三十余见。此字或释年、或释叶,均不可信。其实是祀字。《说文》"祀"或体作"禩"。《碧落碑》"有唐五十二祀"祀字亦从异作禩,中山器❄字显然即此字所从异字的下半部。❄字或写作❄,字形尤近似。中山器❄字可能是异字的简体,假借为祀,也可能本来就是祀字的或体。"禩"字除《说文》之外,还见于《汗简》《古文四声韵》等书,《碧落碑》之可贵在于异字偏旁有一下垂的竖笔。如果没有中山器的印证,我们很可能认为这种写法是晚见的讹体,而难以想到它可以追溯到先秦。以此,后世所著如《汗简》之类所载的古文字信息不可一概轻视。《字源》"祀"字历代字形一脉承,变化不是很大,只是在西周和战国文字找那个的声旁"巳"字上加"ノ"和"?"为饰笔。在秦代文字中,"祀"字出现了"禩"这种异体。

2. 郑珍《汗简笺正》书中,因缺少出土古文字资料而产生臆断、疏误的情况是着实不少的。一如黄锡全先生所言:"郑珍是从批判《汗简》的角度作《汗简笺正》,又未能见到今天如此丰富的古文字资料,也很少引用当时已有的铜器铭文等,因此,《笺正》中的错误很多。"②今验之出土资料,再稽核文献,殆可见郑珍之误。例如"䣲(糟)"字条,《笺正》以为:"糟籀文作䣠,二'東'并列。其上与艸无异,因省成艹,则为'茜'字;嫌与'茜酒'无别,又加'水'为酒。《周礼·酒正》注称《内则》'糟'字皆作'湑',先郑云:'糟'音声与'湑'相似。殆亦未究'湑'由籀变原委,意谓二字也。此又更从古酉。"(521)今考《说文·米部》载:"糟,酒滓也,从米曹声。䣠,籀文,从酉。"而《玉篇·酉部》:"湑,酒液也。"湑从酒声,与糟同属照母幽部,音近可通。江陵汉墓遣策的"茜",黄盛璋先生释读为"糟"。而"茜"实即"湑"字,今本《说文》有"茜"无"湑","茜"字用作动词,汉经师读为"缩",用作名词读"糟"。而郑珍以为"湑"形是籀文"䣠"之变,当属臆测。

又如《汗简》"䝿(忽)"字条,《笺正》以为:"碑一形如此。……又因'冒'隶变作'䝿'改此形,非古也。今传'䝿'鼎铭文有此,未必可信。"(644)今考《古文四声韵》没韵据《古老子》收"忽"作"䝿",据《碧落文》作"䝿"形。今存碑文一形作"䝿",此形写误。黄锡全先生考证认为:"䝿鼎䝿

---

① 朱德熙《中山王器的祀字》,《文物》1987年第11期,第56页。
② 黄锡全《汗简注释·序》,武汉大学出版社,1990年。

作[字形]，曾侯乙漆[字形]所从之智作[字形]，碧落文字形有据。"①郑珍认为此形是依隶"智"改作，当属臆测。

又如《汗简》"[字形]（使）"（582）字条、"[字形]（使）"（690）字条，《笺正》认为："郭氏误认石经"使"、"事"二形为一。"今考《三体石经》"事"与"使"古文均作"[字形]"，《汗简》与之相同。考古"事"与"使"本同字，如师旂鼎、守毁、封毁、秦公毁、齐侯壶等"使"字均作"事"可证，其演变关系为：[字形]（乙 7179）→[字形]（僟匜）→[字形]（齐侯壶）→[字形]（侯盟）→[字形]（石经）。大概战国时期出现从人之"[字形]"（诅楚文）。郑珍据已讹变之形为说解，误②。今查《说文·史部》"事"正篆作"[字形]"，"从史，之省声。[字形]，古文事"，郑珍以所谓"惟以中直贯否分之"来分别"事"、"使"二字，当是不明二者演变关系而致误。

《笺正》书中存在此类疏误的尚有不少，此不缀举。而之所以有这些不足，袁本良先生评析认为："造成这一情况的原因，除了所处时代资料条件的限制之外，最根本的是传统观念的局限。传统文字学研究既然'奉《说文》为圭臬'，对大异于《说文》、有悖于'六书'的奇异之体自然难以认同。这是时代风气使然，并非郑珍一人之见如此"。但"郑珍囿于传统之见而对不合于六书的'古文'多采取不予相信的态度，无疑是失之偏颇，因而也就影响了《笺正》的学术成就。"③这是非常客观公正的。郑珍在缺乏古文字资料，以及其他文献佐证的条件下，能以一己之功力，穷究古籍文字之流变，并且做到大部分结论确切而精当，是十分难得的。诚如李零先生所言："由于郑氏对《汗简》一书的具体考订，在作风上比较谨严，因此尽管他出于攻难《汗简》，专门挑剔《汗简》中的错误，但挑出的错误大体还是靠得住的。例如郑氏作《笺正》使用的是汪立名刻本，汪本有若干错字，现在我们用冯舒本对勘，纠正并不困难，但郑氏未见冯本，一样能够指正其误，与冯本冥合，这就不大简单。另外，《汗简》中有一批注阙或脱去释文的字，郑氏通过比较《古文四声韵》或参考其他古书，居然把它们大部分都注出来了，这也是需要花费精力并有认真态度的。"④这与我们看待郑珍及其《笺正》一书的学术态度是高度一致的。

3. 资料和观念上的局限，会对学者的学术水平产生重要影响。举例来说，比郑珍稍晚的孙诒让，是"清代考据学的最后一位大师，其训诂学的成就

---

① 黄锡全《汗简注释》，武汉大学出版社，1990 年，第 196 页。
② 黄锡全《汗简注释》，武汉大学出版社，1990 年，第 145 页。
③ 袁本良《郑珍〈汗简笺正〉论略》，《贵州文史丛刊》2001 年第 3 期，第 40 页。
④ 李零《古代字书辑刊·出版后记》，见《汗简·古文四声韵》合刊本，中华书局，2010 年。

可与高邮王氏父子相颉颃"①。客观上讲,在清代学术史上,郑珍在小学领域的知名度和影响力的确不及孙氏。如果不以个人学术修为而论,"而孙氏对于甲骨、彝器刻辞的探讨诠释,在近五十年来文字学、考古学的发展中尤其有启导恢张之功"②,不得不说,占有更多的出土文献材料,是孙氏的一个最要优势。

又比如,以今人的眼光看,郑珍的一些考释结论,如果有出土文献相佐证,就更具有说服力,而且论证过程也变得简单。例如郑珍在《新附考》中讨论了"许书未收的秦汉字"并说明未收的原因,而张显成先生就通过对马王堆汉墓简帛文字的整理,"发现内中就有 657 个《说文》未收之秦汉字"③。既有文献资料,又有具体数据,结论也更为可靠。

所以,应该看到,缺乏出土文献的佐证,是清代学者共有的一个历史局限,这不仅使他们都或多或少出现了差错,也使今天的学者对他们进行再研究面临了难题。

除此之外,郑珍小学还有两个客观不足:一是文献驳杂,引证疏核。旁征博引,引据丰富是郑珍小学的一大特色,但却时有引证疏核之误。比如《巢经巢集经说》《仪礼私笺》和《轮舆私笺》中因版本、校勘就产生了一些误例,据黄万机、黄江玲等两位学者统计发现,三书分别有 9 例、43 例和 36 例。二是偏重实践,疏于理论总结。通观郑珍著述,主要还是以"逐条"考证为多,内容上有的寥寥数字,有的则宏篇巨幅,详略不一。而有的过于繁琐,加之注例不明,这为读者查检和阅读增加了许多困难。而郑珍考字,引证丰富,手段多样,有自身的一套系统方法。但郑珍并没有对这些方法和个人的观点进行理论上的总结,这让我们很难系统了解到郑珍的学术方法与思想。

总而言之,郑珍是小学学术史上一颗耀眼的明星,在成就卓著的清代群儒中有自己的一席之地。他穷尽个人毕生用工之勤,在传统小学领域勇敢探索,寻求真知,并在偏远的黔地贵州作出震撼学林的学术成就,其人格与学识,其贡献与影响,堪称"西南大儒"。郑珍为求得学术上的精进,曾四处奔走求学,宗于许、郑,亦终于许、郑,在学术渐衰的道咸时期,有着惊人的坚持与笃定的学术信仰,并最终跻身于主流学术大家之列。作为贵州学术史上最具影响力的学者之一,郑珍不仅为贵州带回了主流学术文化,亦将贵州

---

① 郭在贻《训诂学》,中华书局,2005 年,第 142 页。
② 方向东《孙诒让训诂研究》,中华书局,2007 年,第 7 页。
③ 张显成《马王堆汉墓简帛中〈说文〉未收之秦汉字》,向光宗主编《说文学研究》(第二辑),崇文书局,2006 年,第 82 页。

地方学术文化发扬光大,推向主流,为贵州地方学术振兴做出了不可磨灭的贡献。尽管由于主客观因素,郑珍小学仍存在一定的不足,但终究瑕不掩瑜,他的学术实践与成果是中国小学学术史的重要内容,其在《说文》学、文字学、训诂学领域的方法与思想,仍有待于我们去传承;其对于中国语言学研究之潜力与价值,仍有待于我们继续发掘。

附　　录

一、《说文逸字》叙目

卷上

禋 禰 廝 禧 祽 理 樸 哥 咬 芀 䕯
蹳 丗 罜 詢 詔 謠 誌 譅 襡 誤 譱
蓺 燚 殺 殺 敷 由 睆 䃜 魤 鐘 䕢
驨 旅 羚 叙 肶 胛 脂 朘 劇 拌 笭
篃 个 笲 柸 㔻 第 簹 羍 卤 叵 癸
章 牛 楔 橰 柑 㮔 堂 羋 肖 鄹 幹
米 𥼷 槀 片 㓉 稺 䵯 䭃 餲 㝎 㝬
甘 㾐 癍 癩 痟 癰 帒 㡬

卷下

采 捫 借 䘕 襓 戻 𦠄 免 亮 飲 顡
顚 顅 鬍 鬐 魖 峀 疞 礷 鹼 豥 馳
驛 鷥 驤 駝 駣 笑 襧 兊 燉 嶷 黛
㞋 昊 志 懽 伏 恝 瀲 潯 濂 皛 𤕪
鯖 䦒 聯 矇 赸 摻 𡋽 挍 㨫 姐 㜯
妥 㜎 聭 区 區 𢖁 弓 鱻 綦 緅 薑
蟻 蝣 蛤 䳂 卄 陶 鐕 劉 几 罵 乾
畣 酧 酸

二、贵州省博物馆藏《说文新附考》考述

《说文新附考》是"西南大儒"郑珍的少时之作，其子郑知同在郑珍原稿的基础上详加增订，书成之后又经姚觐元、程恩泽等校订，姚觐元初刻成书，

复经华阳傅氏世洆辑林山房、贵阳凌氏惕安笋香室、山阴许氏枕碧山馆、高邮王氏鹤松堂等藏书室收藏传刻,形成绵密复杂的版本系统。贵州省博物馆藏有程恩泽批注本《说文新附考》手稿,是为咸丰元年程恩泽手校稿本,该稿本不仅反映了郑珍、郑知同、程恩泽三人的手稿原貌,而且手稿之校注字迹为版本的流传、稿本到刻本的过程提供了重要参照,具有一定的文献价值。另一方面,手稿与刻本的差异也反映出郑珍、郑知同乃至程恩泽等人的文字学观念,勾勒出郑珍考订文字的具体历程,为进一步开展郑珍学术研究提供了珍贵的参考资料。

(一)贵州省博物馆藏《说文新附考》概况

贵州省图书馆藏《说文新附考》三卷,程恩泽批校,封面手书《说文新附考再稿》,内页手题《郑子尹先生说文新附考再稿本》,有"贵阳凌氏笋香室珍藏"朱文方印(如图一)。

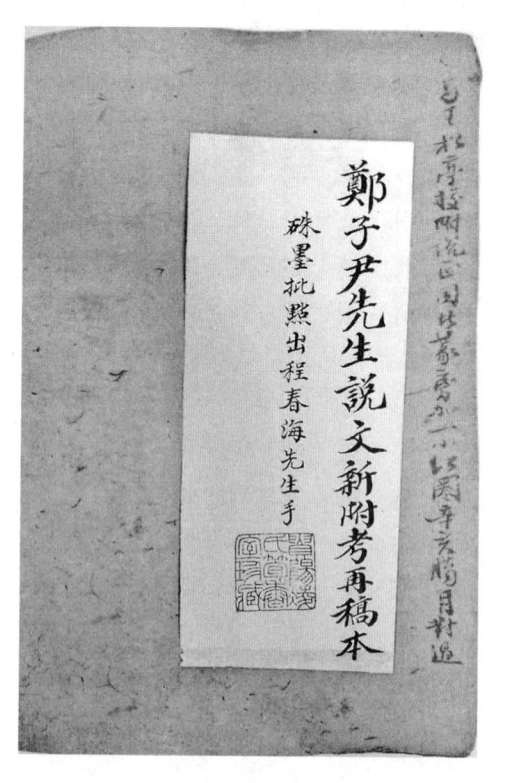

图一 《说文新附考》稿本扉页书影

正文部分第一页手题"说文新附考卷一",其下有"贵阳凌氏笋香室珍藏"朱文方印、"凌惕安印"朱文方印、"子尹"朱文方印,可见此书曾收藏于贵阳凌惕安家族。开本高26.3厘米,宽20.7厘米,纸张微黄,且有水渍。卷内内容主要分为三个部分：字头、字条、眉批。文中字头篆书大写并粗化，阐释该字的字条部分繁体竖行，每页十二行，行二十字。卷首扉页有朱批曰："与王松亭校附说正同，此蒙旁加一小红圈。辛亥腊月对过。"①"辛亥"指咸丰元年（1851）。王松亭为清代学者，据《雪桥诗话》载："安康王松亭州判玉树，精小学，著有《说文拈字》七卷，成于嘉庆甲子。"②卷首有墨批："朱墨批点出程春海先生手。"（48）卷三末曰："辛亥十二月用朱笔删改过。上方或朱写，或墨写，今凡在首旁印小红圈，此皆春海师书，当条朱墨圈皆师笔。"（199）

如图二：

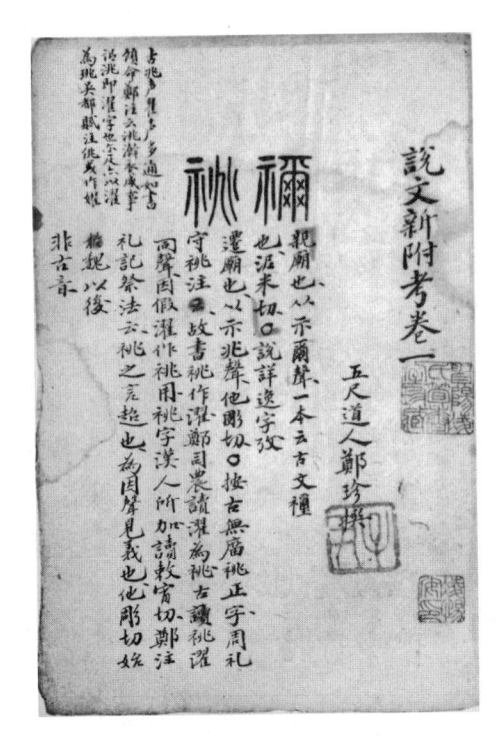

图二　《说文新附考》稿本卷一书影

郑珍《王个峰言某友家有说文宋刻本，亟属借至，则明刻李仁甫韵谱也，书凡二函册，皆锦鐏金籖，极精善，细审函册分楷标题，并先师程春海侍郎手迹，知是生前架上物也，凄然感赋，识之册端》诗曰："我为许君学，实自程夫子。忆食石鱼山，笑余不识字。从此问铉锴，稍稍究滂喜。相见越七年，刮

---

① 郑珍《说文新附考》，贵州省博物馆藏珍惜古籍汇刊本，第二册，广西师范大学出版社，2015年，第48页。本文后引此书，皆于引文后直接添加括号注明页码。
② 杨钟羲《雪桥诗话·余集》卷六，民国求恕斋丛书本，第83页。

目视大弟。为点《新附考》,诩过非石氏。"①"为点《新附考》"即指此事,"非石氏"指钮树玉,言程恩泽盛赞郑作胜于钮作。

(二)郑珍《说文新附考》成书过程及版本流传

《说文新附考》是郑珍的少时之作,其子郑知同在父作基础上详加厘定,广搜稽考,补定以成初稿。杨钟羲《雪桥诗话》载:"黎雪楼归自桐乡,多蓄典籍,郑子尹以甥行学于舅家。嘉庆己卯,自天旺依外祖静弼公斤竹溪上,读书恒达旦夕,肘不离案,衣不解带,瓮安赵禹门孝廉本敩赠句云:'人因好读老,家为买书贫。'既受知于程春海侍郎,侍郎曰:'为学不先识字,何以读三代秦汉之书?'乃益致力于六书三礼,以经莫难读于《仪礼》《昏丧》尤人道之至重,则为《仪礼私笺》八卷;古制莫晦于《考工》,则为《轮舆私笺》二卷及《考工凫氏图说》;小学莫尊于《说文》,以段、严二家之说綦备,则为《说文逸字》二卷、《说文新附考》六卷。……以道光丁酉举于乡,三为教官所学,既不见于用,才气赡裕,溢而为诗。"②早年追随程恩泽的求学经历和学术基础,使得郑珍萌发了进一步研究《说文》的志愿。经过仔细阅读和详细研究,郑珍强烈地感受到当时《说文》之学不古,牵强附会者迷乱后学,其《说文新附考自序》云:"彼所附世多即为《说文》,乱旧章,迷后学,好古者矫之又不别其为脱写吏变,慨俗之不屑道,则《说文》亦病焉。余为此乃胪刊之稽诸古,推著其别于汉或变创于魏晋六朝之际,使《说文》正字犂焉别出逸者,详前考不复言。庶许君无遗漏之讥,亦令儿辈执经问字,知时俗增变原委云尔。"③抱着肃清源流、嘉惠后世的决心,他开始编撰《说文新附考》,其时已有钮树玉所撰《说文新附考》珠玉在前,然钮氏之书未尽详说,这才鼓励了郑珍在钮书基础上进一步求索,姚觐元《序》曰:"既得钮氏树玉所撰一编,寝加博辩,而仍觉其未尽详确说,多牵就窃意,俱非传信之作也。光绪改元,余分巡东川,递刊小学家言。适南皮张太史孝达典学蜀中,为言遵义郑征君有考著特善,其子伯更属在幕中,常挟稿随行,怂余为剞劂公诸世,辄诺之。逾年,伯更持本来,受而读之,则见其于文字正俗历历指数其递变所由,虽旷栉连篇而逐字穷源竟委,引据切洽,第服其缕悉条贯,绝无支蔓赘辞,且其间阐发文字谊例大嵩,抉摘近儒师心矫饰之气尤为中綮。……余初疑征君功或未竟,询之伯更,乃为述此征君少作,本有全文,中年自忖其每未审核,且闻钮氏书率典赡,初不欲传,继聆友人数辈辐钮氏动疏舛,晚境再思厘定而懈

---

① 郑珍《巢经巢诗文集・诗后集卷二》,民国遵义郑征君遗著本,第18页。
② 杨钟羲《雪桥诗话》卷十二,民国求恕斋丛书本,第8页。
③ 郑珍《巢经巢诗文集・诗后集卷二》,民国遵义郑征君遗著本,第313页。

于穷搜插架,爰乙去未誩,命子緟枲许书,广稽载籍,务求确当古字,凡数易稿,征君复为点定而后告竣。伯更游张太史幕,获见钮作,始信其多可议。……张太史一见倾心,亟图梓行也,余为手校,付梨枣,越至戊寅工甫克就,爰序梗峕如此。"①可知《说文新附考》初刻于光绪戊寅年即1878年,《书目答问》经部载:"郑珍《说文新附考》四卷,尤精核,未刊。"②

今贵州省博物馆藏《说文新附考》手稿本为三卷,通过与刻本对比可知此稿本尚未完足,张之洞所见四卷本"尤精核",或为郑知同增改、郑珍复核之后的手稿批注本,又张之洞《致潘伯寅》书曰:"郑子尹书似无须重刻,其乃郎伯更秀才,却有三种未刻者,皆劄记小学两种,说经一种。别有两种曰《汗简笺正》,曰《说文新附考》,姚彦士已刻,但未竣工。"③是时姚氏刊刻《说文新附考》的工作已经进行了一半。姚氏刻本六卷,半叶十四行,行二十二字,小字双行同。粗黑口,左右双边,双黑鱼尾。版心有书名、卷数、叶码,版心下方印有"咫进斋丛书"字样,内封篆字题"说文新附考六卷",下有小字云"光绪己卯岁刊"。卷首有姚觐元《序》,详细说明了《说文新附考》成书原因及编刻经过,该本卷末题"道光昭阳大荒落岁壮月郑珍书于巢经巢之东室",可知此本据郑珍原本刻印而来。郑珍的纪年方法借鉴了《尔雅》,《尔雅·释天·岁阳》曰:"在癸曰昭阳。"④《岁名》曰:"在巳曰大荒落。"⑤《月名》曰:"八月曰壮。"⑥综上"道光昭阳大荒落岁壮月"指道光癸巳年八月,可知郑珍初稿本当成于1833年。姚氏刻本正文篆字顶格,次录徐铉附字注文,次郑珍考语,低两格,次郑知同按语,低三格。《咫进斋丛书》刻本《说文新附考》后被莫友芝族人莫棠收藏,莫棠《铜井文房书跋》载:"《说文新附考》六卷。光绪己卯,郑伯更知同来游上海,先君与之县齐,时伯更正为姚彦侍方伯幕客,为之补辑文僖所著《说文□□》,后伯更入粤,复来携此本,暨咫进他刊数种以增梅城先,兄书面题字,兄手迹也。姚氏与伯更隙末,方伯尝刊报言之。方伯罢居苏州十余载,父子相继殂谢,藏书由缪筱珊太史作缘售入京师图书馆,所刻书向来鲜印本,今更不可同矣。丙辰十月望日重装

---

① 郑珍《说文新附考》,《丛书集成初编》本第一册,商务印书馆,1935年,第2—5页。
② 张之洞《书目答问》,商务印书馆,1936年,第37页。
③ 张之洞《张文襄公全集》卷二百十四《书札一》,民国十七年(1938)刻《张文襄公全集》本,第8页。
④ 郭璞《尔雅注》卷下,中华书局,1985年,第71页。
⑤ 郭璞《尔雅注》卷下,中华书局,1985年,第71页。
⑥ 郭璞《尔雅注》卷下,中华书局,1985年,第72页。

记。"①莫棠为晚清大儒、藏书家莫友芝九弟莫祥芝的第三子，在莫友芝的耳濡目染下，他对藏书有颇有兴趣，雅好收录黔人著述，郑珍《巢经巢遗集》二十四卷赖以流传，莫棠精通版本和目录之学，著有《铜井文房书跋》，据莫棠跋可知，莫氏家藏《说文新附考》当为姚氏《咫进斋丛书》刻本，后《铜井文房书跋》辗转流入郑振铎之手，故该跋后有"长乐郑氏藏书之印"。关于《咫进斋丛书》，《清续文献通考》载："《咫进斋丛书》三集三十五种九十一卷，姚觐元编。……觐元承其祖文僖公家学，网罗古籍，尤精训诂之学，是编光绪九年刊成，番禺陈澧撰序文，谓仿毛氏津逮秘书之例。第三集所录销毁抽毁书目、禁书总目、违碍书目三中，藉以考见康雍乾三朝文字之祸。"②潘衍桐曰："彦侍丈与余先世有交，能承家学，不愧祖德，所刻《咫进斋丛书》殁前尚以寄余，并及《湖州诗事》。"③今检视《四库全书总目》，未见郑珍及其著作的相关记录，可见有清一代文化环境之严酷。与之相应，《说文新附考》中的避讳也十分严格，如"铉"字一条本作"从玄"，咸丰元年稿本将"玄"写作"元"，姚氏刻本"玄"字右下省去点划，傅氏刻本作"_玄"。

《说文新附考》还有一个重要的刻本，即光绪七年（1881）华阳傅世洵益雅堂刻《益雅堂丛书》（又名《玲珑山馆丛书》）本。《益雅堂丛书》所收录《说文新附考》为郑知同整理的六卷原本，六卷三册，该本半叶九行，行二十一字，竖排繁体小字双行，细黑口鱼尾，四周单边，无鱼尾，内封篆字题"说文新附考"，牌记镌刻"光绪辛巳孟冬\斠刻郑氏原本"，牌记后有"说文新附考稊目"，卷一分为"示"部、"玉"部、"草"部、"午"部、"口"部、"此"部、"辵"部、"齿"部、"足"部，卷二分为"言"部、"音"部、"革"部、"鬥"部、"皮"部、"目"部、"羽"部、"鸟"部、"幺"部、"丝"部、"月"部、"刀"部、"竹"部、"可"部、"虎"部、"皿"部、"食"部、"缶"部、"矢"部、"夂"部、"韦"部、"木"部、"林"部，卷三分为"贝"部、"日"部、"月"部、"禾"部、"香"部、"米"部、"宀"部、"网"部、"巾"部、"人"部，卷四分为"衣"部、"毛"部、"尸"部、"舟"部、"见"部、"欠"部、"頁"部、"面"部、"乡"部、"彡"部、"鬼"部、"山"部、"广"部、"石"部、"豸"部、"马"部、"兔"部、"犬"部，卷五分为"火"部、"赤"部、"心"部、"水"部、"雨"部、"鱼"部、"门"部、"耳"部，卷六分为"手"部、"女"部、"珡"部、"瓦"部、"糸"部、"虫"部、"风"部、"黽"部、"土"部、"力"部、"金"部、"车"部、"阜"部、"酉"部，目录末题"傅世洵仲龛补录"，可知此目

---

① 国家图书馆编《铜井文房书跋》，《国家图书馆藏古籍题跋丛刊》第26册，北京图书馆出版社，2002年，第377页。
② 刘锦藻《清续文献通考》卷二百七十二"经籍考十六"，第5072页。
③ 潘衍桐《两浙輶轩续录》卷三十八，清光绪刻本，第36页。

录为傅世洵所编，郑珍原本并无目录。正文卷首叶首行题"说文新附考卷一"，次行题"遵义郑珍子尹记"。正文篆字顶格，占两个字的位置；次录徐铉附字注文，次郑珍考语，低一格；次郑知同按语，低两格。有版心无鱼尾，版心著录书名和卷数，版心下方著录页码。清光绪十五年（1889）文选楼重刊《益雅堂丛书》，其"小学下编"载《说文新附考》6卷，是为前述傅世洵刻本。

民国二十五年（1936）初版王云五主编《丛书集成初编》本《说文新附考》，六卷二册，扉页有"本馆据《咫进斋丛书》本影印，初编各丛书仅有此本"。此本以姚氏初刻本为底本，卷首有郑珍自序、姚觐元序，无版心和鱼尾，卷一开头处有"遵义郑珍记"，下方有"□□大学图书馆藏"，每卷末尾有"归安姚觐元校刊"，繁体竖排，半叶十四行，行二十二字，正文篆字顶格，占两个字的位置；次录徐铉附字注文，次郑珍考语，以圆圈作区别，低两格；次郑知同按语，低一格。

民国二十九年（1940）贵州省政府据清刻版铅字排印《巢经巢全集》本。半叶十二行，行三十字，小字双行同。卷首冠《说文新附考总目》，次正文。正文首卷首叶首行题"说文新附考卷一"，次行题"遵义郑珍子尹记"。正文篆字顶格，占两个字的位置；次录徐铉附字注文，次郑珍考语，低一格；次郑知同按语，低两格。

郑珍所著《说文新附考》另有清光绪十四年（1883）山阴许氏枕碧山馆刻本，清光绪二十四年（1898）高邮王士濂《鹤寿堂丛书》本。

（三）贵州省博物馆藏《说文新附考》的文献价值

贵州省博物馆所藏程恩泽批校《说文新附考》三卷稿本成于清咸丰元年（1851），不仅在时间上早于姚氏刻本，保存了郑珍的考订与郑知同、程恩泽的批注，展现清代图书手稿的面貌，能够体现出郑氏父子、程恩泽的文字学观念，且稿本的编排体例与内容能够与他本互相参照，可考订《说文新附考》之源流，形成校勘、辑佚的文献功用。

1. 版本价值

首先，贵州省博物馆所藏咸丰元年稿本提供了郑珍校改的笔迹，通过其校注痕迹可以推断《说文新附考》的定稿过程。此稿本经过郑珍初撰，郑知同补注，郑珍复批校，后经程恩泽批注的改定过程，文内朱批多为郑珍手校，现以删改之前的内容为郑珍初稿，朱墨批校为郑知同、郑珍再稿，以小红圈标识的校注为程恩泽三稿本，详细说明《说文新附考》的初稿、再稿再到刻本的定稿过程。

时间	版本	字头	内　　容
1851	郑珍初稿	齢	徐氏谓古无齢字,是,疑通用灵,非也。《礼》"九齢"字,古只作令。今郑注云:"九齢,九十年之祥。"祥字正训令字。《正义》云:"齢,善也。梦得九称种齢善。"是直依《尔雅》:"令,善"为说。古人论齿少长,以十岁为率。《乡饮》五十者至九十者,非皆整合,此寿特是以十年率之,故《文王》谓年齢,齿亦齢,若止以年为齢,九齢直九年耳。安得为九十年乎?年齿称令,盖岁熟陁祥,老则指使之意,故借令为之,后人因古无年齢专字,遂妄相假借,《礼记释文》作聆,汉樊敏碑作软,是也。而鲜者亦随音生义。皇侃《礼疏》以齢为铃铎,谓天以九个铃铎与武王,是也,然汉鲁峻碑"永传帝齢也"已有此字,是汉人增齿。《文王》古者谓年令齿,亦令者,就梦中帝语令字解之,言年岁之年,古音谓为令,而令齿寿称年,则谓年齿亦音为令也,称令者益岁熟致祥,□□□□老则指使之意。《帝与九令》以语音求之是与尔以九十之年也,经义当如此说,郑氏只依令字解之,云《九令》"九十年之祥祥"字正训令。《正义》云:"令,善也。梦得九称种齢善。"是依《尔雅》"令,善也"为说。今本注疏令皆作齢,俗所改非。皇侃以令为铃铎,谓天以九个铃铎与武王,则又以令铃通假生义要,可见汉传《礼记》正本止作令也,《释文》本作"九聆",汉樊敏碑作软,并以年齢无专字,假音为之,然熹平二年鲁峻碑"永传帝齢"只作此字,则从齿,汉人加也。
1879	姚觐元《咫进斋丛书》刻本	齢	徐氏谓古无齢字,是也,疑通用灵,则非。《礼》"九齢"字,古当只作令。《文》云古者谓年令齿,亦令者,盖就梦中语令字解之,言年岁之年,古音谓之令,而人之齿寿称年则谓年齿,亦称为令也。《帝与九令》以语音求之是与尔以九十之年也,经义当如此说,郑君只依令字解之,云《九令》"九十年之祥祥"字之训正是令字。《正义》云:"令,善也。梦得九种令善。"是依《尔雅》:"令,善"为说。今本注疏令皆从齿后所改。而皇侃以令为铃铎,谓天以九个铃铎与武王,则又以令铃通假生义要,可见汉传《礼记》正本止作令也,《释文》本作"九聆",汉樊毅修华岳碑云"万聆",并以年令无专字,假同音为之。汉隶字原云汉碑齢皆作聆,而熹平二年鲁峻碑"永传帝齢"已作从齿字,知是汉人所加。
1881	傅世洵刻本	齢	同姚氏刻本。

从"齢"字的考订可知,郑氏再稿对初稿进行了较大改动,调整了语序,丰富了引文内容,到姚觐元刻《咫进斋丛书》复对郑珍再稿进行了适当调整,

如称"郑氏"为"郑君",改"汉樊敏碑"为"汉樊毅修华岳碑",使得全稿语言更生动、书面,用例更精准妥帖。

时间	版　本	字头	内　　　容
1851	郑珍初稿	遥	《礼记·檀弓》《史记·司马相如传》并作"消摇"。徐氏谓《毛诗》只用"消摇",据未经改本也。前《汉·五行志》"远哉摇摇",《左传》作"遥",又《礼乐志》"将摇举",如淳注:"摇,远也。或作遥。"知"遥远"字古亦用"摇",然"逍遥"字见永和四年张子平碑,则魏晋间俗改也。《礼记·檀弓》《史记·司马相如传》《淮南原道训》并作"消摇"。徐氏谓《毛诗》只用"消摇",据未经改本也。前《汉·五行志》"远哉摇摇",《左传》作"遥",又《礼乐志》"将摇举",如淳注:"摇,远也。或作遥。"知"遥远"字古亦用"摇",然"逍遥"字见永和四年张平子碑,则魏晋间俗改也。
1879	姚觐元《咫进斋丛书》刻本	遥	《礼记·檀弓》《史记·司马相如传》《淮南原道训》并作"消摇"。庄子《逍遥游》,《释文》称一本作"消摇"者,合"遥远",古亦作"摇"。《左昭廿五年传》"远哉遥遥",前《汉·五行志》作"摇摇",《礼乐志》"将摇举",如淳注:"摇,远也。或作遥。"是也,"逍遥"见永和四年张平子碑,由汉以来所制。 知同谨按:逍遥原非叠字,汗简"趙"古文作"逍"出,郭显《卿字指注》云"忠恕尝览滑州赵氏碑",是唐衢题额尚如此作,显卿汉时人,其字指见《隋书经籍志》,当是汉时趙有别体作"逍",但郭忠恕径认作古文,则非"遥"字,据《方言》:"遥,淫也。《九疑》'荆郊之鄙谓遥曰遥。'"郭璞注云:"言心遥荡也,如其说遥正摇之别字,故以遥荡解之。""逍"、"遥"原不同义,后合二字以当"消摇"耳。
1881	傅世洵刻本	遥	同姚氏刻本。

相比初稿,郑珍的再稿增加了《淮南原道训》作为支撑材料,而在1879年的姚氏刻本中,则改"魏晋间俗改"为"由汉以来所制"。蔡邕《猗兰操》曰:"何彼苍天,不得其所逍遥。"①又据《汉语大字典》载,《方言》:"遥,远也。梁楚曰遥。"《文选·贾谊〈吊屈原赋〉》:"见细微之显征兮,遥曾击而去之。"陶渊明《荣木》曰:"千里虽遥,孰敢不至?"可知在汉代确已出现"逍遥"的用法,姚氏刻本的改动当更趋精准。

---

① 蔡邕《琴操》,清平津馆丛书本卷上,第4页。

序号	年份	版本	卷数	字头	内　　容
1	1851	程恩泽批注稿本	三卷	祧	古兆声、翟声多通,如《书·顾命》郑注云:"洮,澣衣成事,沼,洮即濯字也。"《尔雅》亦以濯为"祧",《魏都赋》注:"'洮'或作'嬥'。"
	1879	姚觐元《咫进斋丛书》刻本	六卷	祧	知同谨按:古兆声翟声之字多相通,《书·顾命》:"王乃洮颒水。"郑君注云:"洮,澣衣成事意目,洮即濯字。"《文选·魏都赋》:"或明发而嬥歌。"刘达注云:"嬥,讴歌,巴土人歌也。"引何晏曰:"巴子讴歌相引牵连手而跳歌也。"刘意百跳歌解嬥歌,李善注引《尔雅》:"佻,佻。"今本误嬥,依陈少章别本。《契契》云:"佻或作嬥。"今《尔雅》作"祧"。《淮南子》"俶真训萧"条"宵霓",高诱注云:"霓,读翟氏之翟。"《方言》:"佻,疾。"郭璞注云:"佻音糴,此皆祧,古作濯之证。"依《玉篇》:"祧,重文作糴,注古文疑濯先变为糴。后乃改作祧也。"
	1881	傅世洵刻本	六卷	祧	同姚氏刻本。
2	1851	程恩泽批注本	三卷	醮	按:庾子山《镜赋》"黛醮油檀"始见此字。
	1879	姚觐元《咫进斋丛书》刻本	六卷	醮	知同谨按:钮氏云《尔雅》水醮曰厬。注云:谓水醮尽。楚词大招汤谷宗只王注云:"宗水醮之儿。"知醮乃是醮,后人妄加草,音仄陷切者,盖方音之转。今考醮盖别从蕉声,非加草,音仄陷切,则为以水投物,音义并与醮异。本六朝俗语,偕俗醮字作之。庾信《镜赋》"黛醮油檀"等文始通行之,大徐不知也。
	1881	傅世洵刻本	六卷	醮	同姚氏刻本。

相较而言,姚氏刻本的郑知同按语比咸丰元年程恩泽批注稿本内容更丰厚,增加了文献材料,扩充了例证,在一定程度上深化了《说文新附考》的稽考功能。程恩泽批注本并非郑珍最终稿,只是《说文新附考》反复删改,经40余年方成定稿的其中一环,对比咸丰元年手稿本与姚氏《咫进斋刻本》、傅氏《玲珑山馆丛书》本,程恩泽所批注的内容并没有被吸收进刻本中,如"鸭"字一条,程恩泽批注曰:"韦昭《国语注》云:'石首成魟,旧音曰魟,鸟甲

切，即鸭字。《玉篇》云：鸭作䳺。'"（81）今观姚氏、傅氏刻本未见收录。又"劇"字一条，程恩泽注曰："'劇'字《说文》本有《北征赋注》是一证。"（84）两家刻本均未得收录。又"阡"字一条，程恩泽注曰："《说文》水部有'汧洍'字，沟洫，从水，'汧洍'点可从水。"（196）如图三：

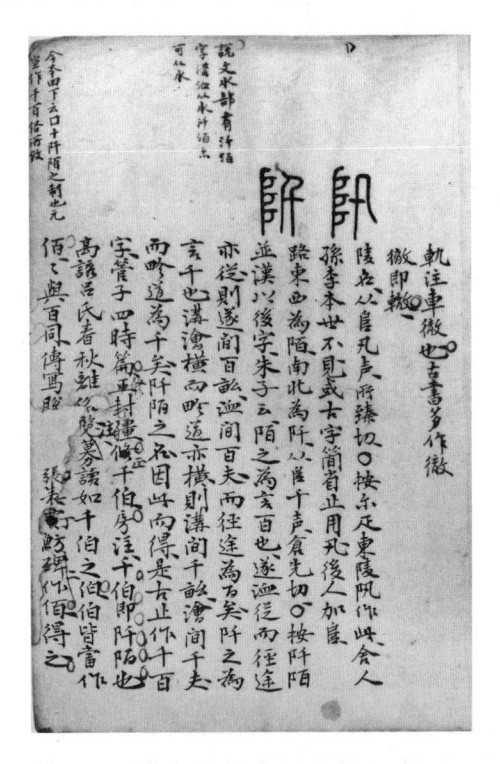

图三　《说文新附考》稿本"阡"字条书影

由此可知，此批校手稿本与后世传刻本形成了两个不同的传播体系。咸丰元年的手稿本经程恩泽手，后流入贵阳凌氏家族，为凌惕安笋香室所藏，"惕安藏书包括明清贵州地方史志53种、黔宦遗著26种，在1936年以极低之价转让给省文献征集馆。解放后，省文献征集馆将馆内藏书（包括凌氏所售之书）全部移交贵州图书馆收藏。其他大部藏书，多在解放后翻来覆去的政治运动中被收缴而付之一炬。还有少数或散落民间，为某些私家或图书馆藏"（72）。故咸丰元年《说文新附考》经笋香室辗转至贵州省博物馆，其流传范围限于贵州地区，与通行的刻本比起来显得格外珍贵。值得注意的是，咸丰元年稿本"珈"字一条的朱批校改已经与姚氏、傅氏刻本相符合，如郑珍初稿言："经注本皆作加。"（50）再稿本将"注"字用朱笔圈出改为"传"，初稿有"从玉后又改也"被朱笔圈出删去，再稿本又将"俗字之乱旧章晦经义如此"改作"《笺》云：'加，之言加。'知汉人已从玉，郑盖据俗行明之。"（51）又"珰"字一

条,郑珍将原稿"失其义矣"改为"他书有耳珰,又其后义"(53)。如图四:

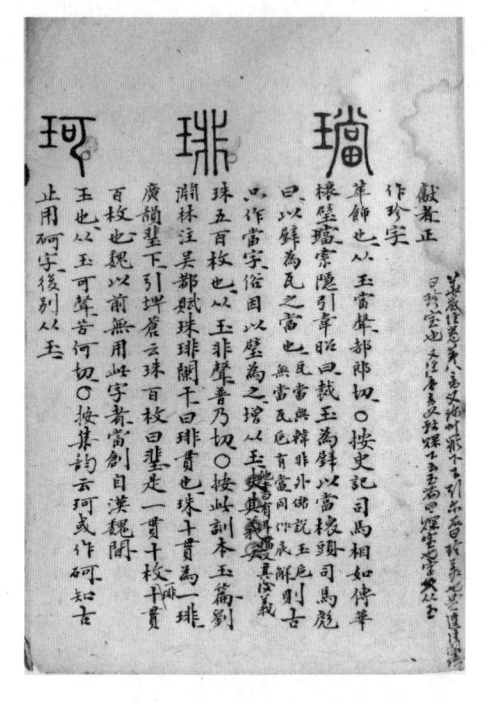

图四 《说文新附考》稿本"珰"字条书影

则贵州省博物馆所藏的程恩泽手校本、姚觐元刻本、傅世洵刻本都以郑珍复改的稿本为底本,前引郑珍诗曰:"我为许君学,实自程夫子。忆食石鱼山,笑余不识字。从此问铉锴,稍稍究溓喜。相见越七年,刮目视大弟。为点《新附考》,诩过非石氏。"①可知程恩泽的校注的确经过郑珍本人之手校阅,而程恩泽校本与传刻本的巨大差异则说明了《说文新附考》几经改动的成书过程。

简言之,郑珍《说文新附考》的版本源流大致如下:

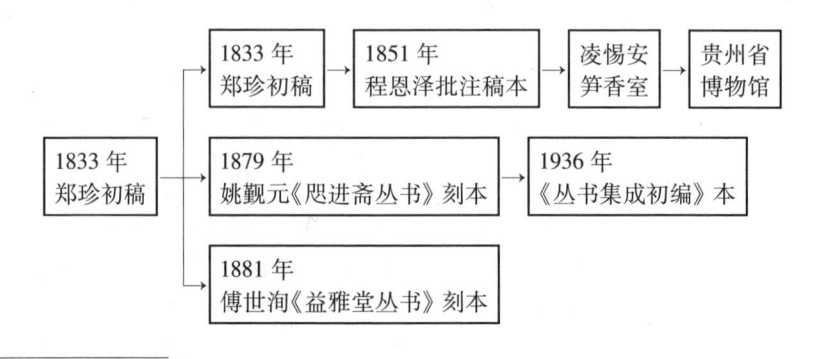

```
                    ┌─ 1833年       → 1851年         → 凌惕安   → 贵州省
                    │  郑珍初稿        程恩泽批注稿本    笋香室      博物馆
                    │
1833年 ────────────┼─ 1879年       → 1936年
郑珍初稿            │  姚觐元《咫进斋丛书》刻本  《丛书集成初编》本
                    │
                    └─ 1881年
                       傅世洵《益雅堂丛书》刻本
```

---

① 郑珍《巢经巢诗文集·诗后集卷二》,民国遵义郑征君遗著本,第18页。

2. 校勘价值

咸丰元年稿本是更接近郑珍初稿的版本，除了能够见出郑珍、郑知同父子观念的发展变迁，也可以与传世刻本相互参照，起到校勘的功用。

傅世洵刻本《说文新附考》"遥"字一条有"淮能原道训"，今查程恩泽批注咸丰元年手稿本与姚氏《咫进斋丛书》刻本俱作"淮南原道训"，知傅刻本误作"能"。

傅氏刻本"束皁有戋"，"皁"，咸丰稿本与姚氏刻本俱作"帛"。按："皁"指黑色的丝织物，《广韵·皓韵》："皁，黑缯。""帛"指白色丝织物，后泛指杂色丝织物，《急就篇》颜师古注曰："帛，总言诸缯也。""束帛"是古代聘问、馈赠的礼仪物品。《易·贲》："束帛戋戋。"①"束帛，财物也。举束帛言之，则金银珠玉之等皆是也。"②明清文献"帛"、"皁"可通，如明书林杨闽斋刊本《西游记》第六十一回："那八戒抖擞精神，束一束帛锦。"③"帛"又写作"皀"，"皀"与"皁"通。

咸丰元年稿本"翕呷萃蔡"，"翕"，傅氏刻本与姚氏刻本俱作"噏"。按：《说文》曰："翕，起也。从羽，合声。"段玉裁注："翕从合者，鸟将起必敛翼也。""噏"可作"吸"，又作"㛯"，作"㛯"时也有"收敛"之意，《集韵·缉韵》曰："㛯，敛也。或作噏。"《汉书》《文选》、钮树玉《说文新附考》作"翕呷萃蔡"，《史记》作"噏呷萃蔡"，《经籍篡诂》曰："噏呷，衣裳张也。"在本句中应取"捣衣之声"，故当作"噏"。

咸丰元年稿本"吉王宣璧"，"王"，傅氏刻本与姚氏刻本俱作"玉"。按：《广川书跋》"漱渊"条载："吉玉宣璧，盖取吉玉为宣璧也。"④《施注苏诗》载："秦嗣王敢用吉玉宣璧。"⑤知"王"为"玉"形讹。

咸丰元年稿本"春秋互出"，"互"，傅氏刻本与姚氏刻本俱作"错"。郑氏原引文出自《五经文字序例》："蔦蒬同姓，春秋互出。"⑥，钮氏《说文新附考》作"互"，应以"互"为是。

傅氏刻本"藋苇首千眠"，"首"，咸丰元年稿本与姚氏刻本俱作"兮"。郑氏原文引自王逸《九思》："藋苇兮千眠。"⑦"首"当作"兮"。

咸丰元年稿本"奴叶切"，"奴"，傅氏刻本与姚氏刻本俱作"他"。

---

① 李学勤主编《周易正义》，北京大学十三经注疏简体本，北京大学出版社，1999年，第105页。
② 李学勤主编《周易正义》，北京大学十三经注疏简体本，北京大学出版社，1999年，第105页。
③ 吴承恩《西游记》第六十一回，明书林杨闽斋刊本第十三卷，第723页。
④ 董逌《广川书跋》卷四，津逮秘书本，第8页。
⑤ 苏轼撰、施元之注《施注苏诗》卷一，清文渊阁四库全书本，第23页。
⑥ 陈树华《春秋经传集解考正》卷十六，清抄本，第7页。
⑦ 陈第《毛诗古音考》卷一，清文渊阁四库全书本，第41页。

姚氏刻本"旗幟即用識","幟",咸丰元年稿本与傅氏刻本与俱作"識"。

咸丰元年稿本"向诩传","诩",傅氏刻本与姚氏刻本俱作"栩"。

咸丰元年稿本"冯谖收责于薛","谖",傅氏刻本与姚氏刻本俱作"煖"。

3. 批注价值

郑珍曰:"'翠粲'、'崔粲'皆同声互用。"(54)程春海注曰:"本无专字,取声同即用之。"(54)又如"睚"字一条载:"则'睚'即'睢'之别,然《前汉书》有'睚弘',从嬴公受公羊春秋,则此字不始于汉人也。"(78)朱批改为:"'睚'则'睢'之隶省。……'睚字是省自汉人也。'""缃"字条载:"师古注:'缃,浅黄也。'此字西汉已有之,但非古。"此句被朱笔圈去,另有朱批曰:"皇象碑本缃作霜,知三国时尚无浅黄色正字,故犹假借为之,此晋以后新制。"(179)"茗"字一条,郑珍曰:"今呼早采者为茶,晚取者为茗,茗是茶芽,当用萌芽之萌。茗乃汉人吏变也。"(58)程恩泽批曰:"晚取者为茗,则非茶芽矣。宜酌。"(90)在字头处画叉则表示此条有误应改,如"糕"字一条,郑珍谓:"膏,古糕字。"(90)程恩泽批曰:"近于武断。'糕'字始见于《隋书·五行志》,故唐人疑之不敢用也。"(90)又"庋"字一条,郑珍曰:"皮庪即处字。"程恩泽曰:"庪皮之字皆古,当重改。"(138)如图五:

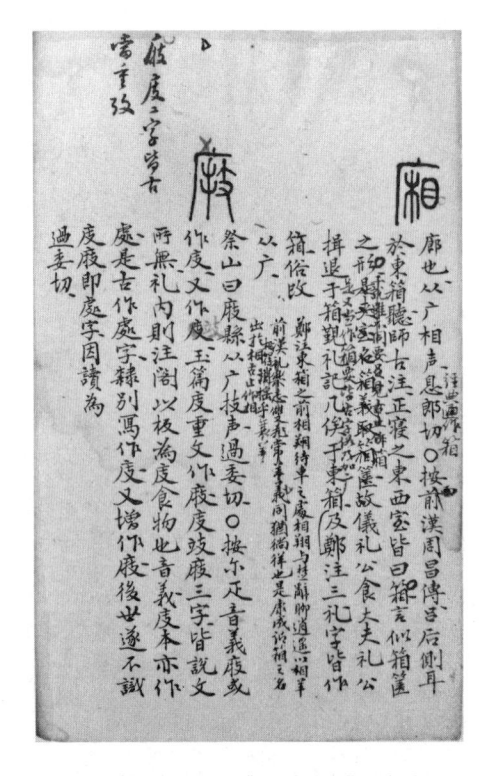

图五 《说文新附考》稿本"庋"字条书影

参 考 文 献

[1] 敖继公撰.仪礼集说[M].《影印文渊阁四库全书》本,第 102 册,台北商务印书馆,1983—1986.

[2] 班固撰、王先谦补注.汉书补注[M].上海古籍出版社,2008.

[3] 班固.汉书[M].中华书局,1962.

[4] 卞仁海.杨树达训诂研究[M].中山大学出版社,2014.

[5] 曹元弼.礼经学[M].清宣统元年刻本.

[6] 陈彭年等.宋本广韵(简称《广韵》)[M].影印张氏泽存堂本,中国书店,1982.

[7] 陈彭年等.宋本玉篇(简称《玉篇》)[M].影印张氏泽存堂本,中国书店,1983.

[8] 陈松长.马王堆简帛文字编[M].文物出版社,2001.

[9] 褚寅亮.仪礼管见[M].《续修四库全书》本,第 88 册,上海古籍出版社,2002.

[10] 段玉裁.说文解字注[M].影印经韵楼藏版,上海古籍出版社,1981.

[11] 段玉裁.说文解字注[M].中华书局编辑部编《说文解字四种》(影印本),中华书局,1998.

[12] 邓声国.清代《仪礼》文献研究[M].上海古籍出版社,2006.

[13] 丁度等.集韵[M].影印述古堂影宋钞本,上海古籍出版社,1985.

[14] 丁鼎.《仪礼·丧服》考论[M].社会科学文献出版社,2003.

[15] 方苞.仪礼析疑[M].《影印文渊阁四库全书》本,第 109 册,台湾商务印书馆,1983—1986.

[16] 方向东.孙诒让训诂研究[M].中华书局,2007.

[17] 复旦大学、(日本)京都外国语大学合编.许宝华、宫田一郎主编.汉语方言大词典(五卷本)[Z].中华书局,1999.

[18] 顾炎武撰、陈垣校注.日知录校注[M].安徽大学出版社,2007.

[19] 管仲.管子[M].缩印浙江书局会刻《二十二子》本,上海古籍出版

社,1986.

[20] 郭在贻.训诂丛稿(《郭在贻文集》第一卷)[M].中华书局,2002.

[21] 郭在贻.训诂学[M].中华书局,2005.

[22] 桂馥.说文解字义证(下)[M].中华书局,1987.

[23] 韩小荆.可洪音义研究——以文字为中心[M].巴蜀书社,2009.

[24] 汉语大词典编辑委员会.汉语大词典[Z].汉语大词典出版社,1986—1993.

[25] 汉语大字典编辑委员会.汉语大字典(九卷本)[Z].崇文书局、四川辞书出版社,2010.

[26] 洪钧陶、启功.草字编[M].文物出版社,1983.

[27] 何超.晋书音义[M].《影印文渊阁四库全书》本,第 256 册,台湾商务印书馆,1986.

[28] 何九盈、蒋绍愚.古汉语词汇讲话[M].中华书局,2010.

[29] 何九盈.中国古代语言学史[M].北京大学出版社,2005.

[30] 何琳仪.战国古文字典[M].中华书局,1998.

[31] 何琳仪.战国古文字通论[M].江苏教育出版社,2003.

[32] 胡朴安.中国文字学史[M].中国书店,1983.

[33] 胡朴安.中国训诂学史[M].上海书店,1984.

[34] 胡士云.汉语亲属称谓研究[M].商务印书馆,2007.

[35] 黄德宽.古文字谱系疏证[M].商务印书馆,2007.

[36] 黄德宽.古文字学[M].上海古籍出版社,2015.

[37] 黄德宽、陈秉新.汉语文字学史[M].安徽教育出版社,2014.

[38] 黄侃.黄侃国学文集[M].中华书局,2006.

[39] 黄万机.郑珍评传[M].巴蜀书社,1989.

[40] 黄锡全.汗简注释[M].武汉大学出版社,1990.

[41] 黄以周撰、王文锦点校.礼书通故[M].中华书局,2007.

[42] 黄征.敦煌俗字典[M].上海教育出版社,2005.

[43] 季旭升.说文新证[M].福建人民出版社,2010.

[44] 姜兆锡.仪礼经传内外编[M].《续修四库全书》本,第 87 册,上海古籍出版社,2002.

[45] 蒋礼鸿.敦煌变文字义通释[M].上海古籍出版社,1988.

[46] 蒋绍愚.古汉语词汇纲要[M].商务印书馆,2005.

[47] 孔广森.仪礼臆测[M].《四库全书存目丛书》本,第 89 册,齐鲁书社,1997.

[48] 黎庶昌.拙尊园丛稿[M].中国文史出版社,2007.
[49] 李慈铭.越缦堂读书记[M].上海古籍出版社,2009.
[50] 李零、刘新光整理.古代字书辑刊:《汗简》《古文四声韵》[M].中华书局,2010.
[51] 李学勤.失落的文明[M].上海文艺出版社,1997.
[52] 李学勤主编.字源[M].天津古籍出版社,2012.
[53] 李宗焜.甲骨文字编[M].中华书局,2012.
[54] 刘沅.仪礼恒解[M].《四库全书存目丛书》本,第91册,齐鲁书社,1997.
[55] 刘钊.古文字构形学[M].福建人民出版社,2006.
[56] 陆德明.经典释文[M].上海古籍出版社,2013.
[57] 罗君惕.汉文字学要籍概述[M].中华书局,1984.
[58] 吕浩.篆隶万象名义校释[M].学林出版社,2007.
[59] 梁启超.清代学术概论[M].朝华出版社,2019.
[60] 梁章钜、郑珍.称谓录·亲属记[M].中华书局,1996.
[61] 凌廷堪.彭林点校.礼经释例[M]."中研院"中国文哲研究所,2002.
[62] 凌惕安.郑子尹先生年谱[M].上海商务印书馆,1945.
[63] 娄机.汉隶字源[M].景印摛藻堂《四库全书荟要》本,第79册,世界书局,1985.
[64] 毛远明.汉魏六朝碑刻异体字典[M].中华书局,2014.
[65] 梅膺祚.字汇[M].上海辞书出版社(影印),1991.
[66] 彭林.仪礼全译[M].贵州人民出版社,1997.
[67] 钱仲联.梦苕盦诗话[M].齐鲁书社,1986.
[68] 钱钟书.谈艺录[M].生活·读书·新知三联书店,2001.
[69] 秦公、刘大新.广碑别字[M].国际文化出版公司,1995.
[70] 秦蕙田.五礼通考[M].清光绪六年(1880)江苏书局刻本.
[71] 裘锡圭.文字学概要[M].商务印书馆,2009.
[72] 阮元.揅经室集[M].中华书局,1993.
[73] 容庚.金文编[M].中华书局,1985.
[74] 司马迁.史记[M].中华书局,1959.
[75] 上海图书馆编.中国丛书综录[M].上海古籍出版社,1982.
[76] 史仲文、胡晓林主编.中国全史·政治卷(百卷本)[M].中国书籍出版社,2011.
[77] 释慧琳.一切经音义[M].《大正藏》第54册影印本,台北新文丰出版

公司,1985.

[78] 释空海.篆隶万象名义[M].缩印日本崇文丛书本(简称《万象名义》),中华书局,1995.

[79] 释行均.龙龛手镜(影印高丽本,简称《龙龛》)[M].中华书局,1985.

[80] 沈康年.古文字谱[M].云南人民出版社,2006.

[81] 沈彤.仪礼小疏[M].《景印文渊阁四库全书》本,第109册,台北商务印书馆,1983—1986.

[82] 沈文倬.菿闇文存[M].商务印书馆,2006.

[83] 盛世佐.仪礼集编[M].《影印文渊阁四库全书》本,第110册、111册,台北商务印书馆,1983—1986.

[84] 汤余惠.战国文字编[M].福建人民出版社,2001.

[85] 万斯大.仪礼商[M].《影印文渊阁四库全书》本,第108册,台北商务印书馆,1983—1986.

[86] 万献初.《说文》学导论[M].武汉大学出版社,2014.

[87] 王弼注、(唐)孔颖达疏.周易正义[M].北京大学出版社,2000.

[88] 王锷.三礼研究论著提要[M].甘肃教育出版社,2001.

[89] 王俊年编.中国近代文学论文集 1919—1949 概论·诗文卷[M].中国社会科学出版社,1988.

[90] 王力.古代汉语(第三册)[M].中华书局,2002.

[91] 王力.汉语史稿[M].中华书局,2008.

[92] 王力.龙虫并雕斋文集(第一册)[M].中华书局,1982.

[93] 王念孙.广雅疏证[M].江苏古籍出版社,1984.

[94] 王琪.上古汉语称谓研究[M].中华书局,2008.

[95] 王仁煦.刊谬补缺切韵(影印内府藏唐写本,简称故宫本《裴韵》)[M].《续修四库全书》本,第250册,上海古籍出版社,1996.

[96] 王仁煦.刊谬补缺切韵(影印内府藏唐写本,简称故宫本《王韵》)[M].《续修四库全书》本,第250册,上海古籍出版社,1996.

[97] 王士让.仪礼训解[M].《四库全书存目丛书》本,第88册,齐鲁书社,1997.

[98] 王锳、袁本良点校.郑珍集·小学[M].贵州人民出版社,2001.

[99] 王锳、曾明德.诗词曲语辞集释[M].语文出版社,1991.

[100] 韦协梦.仪礼蠡测[M].《四库全书存目丛书》本,第89册,齐鲁书社,1997.

[101] 吴仁敬、辛安潮.中国陶瓷史[M].北京图书馆出版社,1998.

[102] 吴之英.寿栎庐仪礼奭固[M].《四库全书存目丛书》本,第93册,齐鲁书社,1997.

[103] 萧统编、李善注.文选[M].中华书局,1977.

[104] 肖先治.贵州文化出版名人传略[M].贵州民族出版社,1999.

[105] 徐在国.传抄古文字编[M].线装书局,2006.

[106] 徐在国.隶定古文疏证[M].安徽大学出版社,2002.

[107] 许慎撰、段玉裁注.说文解字注[M].上海古籍出版社,2010.

[108] 许慎.说文解字(附检字)[M].中华书局,2010.

[109] 许子滨.《春秋》《左传》礼制研究[M].上海古籍出版社,2012.

[110] 颜元孙.干禄字书[M].影印明拓本,紫禁城出版社,1990.

[111] 姚际恒撰、陈祖武点校.仪礼通论[M].中国社会科学出版社,1998.

[112] 杨宝忠.疑难字考释与研究[M].中华书局,2005.

[113] 杨宝忠.疑难字续考[M].中华书局,2011.

[114] 杨宝忠.疑难字三考[M].中华书局,2018.

[115] 扬雄.方言[M].《四部丛刊初编》本,第64册,上海商务印书馆,1930.

[116] 杨元桢注.王锳、袁本良点校.郑珍集·经学[M].贵州人民出版社,1991.

[117] 杨天宇.仪礼译注[M].上海古籍出版社,2004.

[118] 余国庆.说文学导论[M].安徽教育出版社,1995.

[119] 佚名撰、王钟翰点校.清史列传[M].中华书局,1987.

[120] 袁枚撰.随园随笔[M].凤凰出版社[M].1993.

[121] 曾良.俗字及古籍文字通例研究[M].百花洲文艺出版社,2006.

[122] 翟灏.通俗编[M].《续修四库全书》本,第194册(辑无不宜斋雕本,清乾隆十六年刻本),上海古籍出版社,1996.

[123] 赵尔巽等.清史稿[M].中华书局,1977.

[124] 张舜徽.清人文集别录[M].中华书局,1963.

[125] 张舜徽.清人笔记条辩[M].华中师范大学出版社,2004.

[126] 张亚权编.汪辟疆诗学论集[M].南京大学出版社,2011.

[127] 张玉书等.康熙字典[Z].影印同文书局原本,中华书局,1958.

[128] 张涌泉.汉语俗字研究[M].商务印书馆,2010.

[129] 张涌泉.俗字里的学问[M].语文出版社,2000.

[130] 张自烈.正字通[M].清康熙间刻本,国际文化出版公司影印,1996.

[131] 朱熹.朱杰人等主编.朱子全书[M].上海古籍出版社、安徽教育出版社,2002.

[132] 周鼎主编.贵州古旧文献提要目录[M].贵州历史文献研究会,1996.

[133] 周积明、宋德金主编.中国社会史论(卷下)[M].湖北教育出版社,2000.

[134] 周祖谟.尔雅校笺[M].江苏教育出版社,1984.

[135] 郑玄注、贾公彦疏.仪礼注疏[M].上海古籍出版社,2008.

[136] 郑远汉主编.黄侃学术研究[C].武汉大学出版社,1997.

[137] 郑珍撰、白敦仁校注.巢经巢诗钞校注[M].巴蜀书社,1996.

[138] 郑珍撰、黄万机等校注.巢经巢文集校注[M].中央民族大学出版社,2013.

图书在版编目(CIP)数据

郑珍小学研究 / 史光辉,姚权贵著. —上海：上海古籍出版社，2023.3
ISBN 978-7-5732-0622-0

Ⅰ.①郑… Ⅱ.①史… ②姚… Ⅲ.①汉字-古文字-研究-清代 Ⅳ.①H121

中国国家版本馆 CIP 数据核字(2023)第 032034 号

国家社科基金后期资助项目
郑珍小学研究
史光辉　姚权贵　著
上海古籍出版社出版发行
（上海市闵行区号景路 159 弄 1-5 号 A 座 5F　邮政编码 201101）
（1）网址：www.guji.com.cn
（2）E-mail：guji1@guji.com.cn
（3）易文网网址：www.ewen.co
商务印书馆上海印刷有限公司印刷
开本 700×1000　1/16　印张 19.75　插页 2　字数 344,000
2023 年 3 月第 1 版　2023 年 3 月第 1 次印刷
ISBN 978-7-5732-0622-0
G·742　定价：88.00 元
如有质量问题，请与承印公司联系